China's New Revolution

我们首先是人，然后才是公民。

——亨利·梭罗

重新发现社会（修订本）

熊培云　著

新　星　出　版　社　NEW STAR PRESS

目录

梁文道序
允执厥中

有一种书会令人产生幻觉：一路看下去，你会以为这本书其实是自己写的。因为它谈的课题，恰巧是你最想谈的；它走进那个课题的取径，恰巧也是你自然而然会选上的那条路；甚至它的语气，它的说话方式，也和你内在的声音一致，恍如己出。接着，你难免自责：为什么是别人写出了这本书，而不是自己？为什么我就这么惰怠，不好好坐下来完成自己应尽的天命？

可是回头再想，便能发现既然这本书注定要被写出来，就不该再去纠缠谁是写它的那只手这等小问题了。更何况，只要静下心来，你还会注意到它的作者如此出色，根本他才是这本书最适合的作者，因为他知道你不知道的细节，他掌握你掌握不了的知识，他洞视到了你目力以外的远方。所以，你自以为是这本书作者的感觉，只不过是个幻觉。我读熊培云兄的《重新发现社会》，就经历了一次这种由幻觉中清醒的古怪旅程。

首先，这个书名就好，非常准确地捕捉到了近年中国的时代精神，以及过去三十年变化的要点。

我们知道，中国曾经是个“全能主义国家”，政府无所不能，人民则无所逃于天地间；几乎你想得出来的所有事情，皆在政府的规划之下。大如产业结构、资源分配，小如个人的娱乐方式、家庭生活，全都离不开国家的指挥布置。我还记得农村里的长辈告诉我，在文革高潮的那段期间就连新春拜年也不行，大家道上相遇，只能暗自点动手指，权充作揖。

而改革开放，就是一个国家退却的历程。今天的年轻人可以选择听摇滚，也可以崇拜周杰伦，因为国家不管了。毕业之后，政府不再为你分配工作；独立成家，你也不能指望政府替你安排住处；生病入院，你发现公立医院要先跟你算钱；甚至报案申诉，有时候也得花钱才能买到你以为不用钱买的服务。这个国家到底怎么了？它还要退到什么地步？为什么你觉得它不该退避的地方，它偏偏不在；你觉得它不该出现的地方，它却好端端站在那里稳如泰山呢？此外，我们还要仔细思考这种种“该”与“不该”：要依据何等标准，何种原则，我们才能够判断国家在与不在的范围和义务？又要用什么模型和方法去解释它的在与不在？更不要忘记，这三十年不是一个国家全面后退的直线历程；这三十年它且进且退，反反复复，有些领域它失而复得，有些地方它却一去不回。

我们可以大胆地说，几乎三十年来的所有争论都离不开这国家退与不退，何处该退何处不该退的大主题。有人认为国家退得不够彻底，这种人通常我们叫做“自由派”；有人认为国家退得太过分，这种人通常我们叫做“新左派”。为了理解这种种混淆晦暗的现象，我们又曾经历不同的重大典范。如果不嫌过简的话，我会说上世纪八十年代的主题是“个人”，大家直接把改革开放看成个人抬头、人性复归的契机；

到了上世纪九十年代以至本世纪初，主题变成了“市场”，改革开放被视做国家和市场两造之间的探戈与博弈。无论是谈个人还是谈市场，我们都能画出一道轴线去安放不同的立场，不同的态度，把它们粗略分为左右两大阵营。

走过个人和市场，今天我们该谈什么呢？培云兄提出的答案正好是我念兹在兹的课题：社会。在个人与国家之间，原来还有社会的存在；在政府和市场之外，不能忘记还有社会这一大块。既然培云兄已经用了一本书的篇幅去谈社会的再发现，而且说得极为精彩，我就不用赘言了。但我还是想提醒大家“社会”这个东西的暧昧。按照培云兄的思路，社会虽然不尽等同于“公民社会”，但二者却也有着千丝万缕的关系。如果是这样的话，高标社会就有靠右的嫌疑了。因为当前的中国十分特异，曾有媒体指斥“公民社会”是“西方普世价值那一套的产物”，不合国情；也有左派中人认为“公民社会”只是黑格尔“市民社会”的换装，乃代替市场的好听一点的说法。然而，我们也知道社会曾经是西方右翼重点招呼的对象，哈耶克固然批评“社会”以及“社会的”等词汇的滥用，前英首相撒切尔夫人更公开说道“社会是不存在的”。近年反全球化运动的其中一句口号“要市场经济，不要市场化的社会”，似乎又在证明“社会”那左的嫌疑。究竟社会是右派掩人耳目的新武器，还是左派暗度陈仓的小通道呢？

对于这个问题，培云兄的确给出了一套典范转移的新思路。尽管在我看来，他对许多问题的细节处理要比我“右”，但这套思路却是我非常认同的。那就是用“上 / 下”去取代“左 / 右”；提出社会，就是为了移置左右之间许多不必要的争论，重新认清中国的难题仍然是国家高高在上，社会被压在底下不得自主不得喘息的事实。社会若是不能自主自存，左右之分也就无甚意义了。

听起来很抽象，实际上它具体得不得了。举个简单的例子，很多人只要一说“言论自由”这四个字，就被认定是自由派，仿佛言论自由是右翼自由主义的专用名词。可是，难道新左派就用不着言论自由？就用不着无所顾忌地表达心中所想吗？当然不是。可见言论自由实在是任何立场都应共同预设共同捍卫的基本底线。而培云兄所说的“社会”，大略言之，就是一系列基本底线所划出的界域。没有这个界域，没有这一系列基本底线和共同价值，就什么都说不上。

我在陈丹青的《荒废集》里读到一个故事。话说胡适晚年在台湾被人问起“大陆现在正闹着革命，你说要是鲁迅活到今天，他会怎么样”？胡适的答案是：“你放心，鲁迅是我们的人，他是不会屈服的。”胡适、鲁迅的差异何其之大，向来被后人看成是不共戴天的论敌，他怎么会说“鲁迅是我们的人”呢？他所说的“我们”又是什么意思？我想，这就是知识分子的共同感了。大家尽可以有南辕北辙的不同主张，但不能不保持对异己的基本信任、基本尊重；这种信任与尊重不来自外在的表面的礼貌与虚伪，它来自大家对共同底线的信守。从这个角度看，《重新发现社会》不啻是熊培云兄对中国知识分子群体的期盼：让我们重新发现我们是谁，让我们回到共同的底线。

2009年7月18日

自序
问世间国为何物

2004年底，我在巴黎的日子突然变得闲散起来，时常跑到香榭丽舍大街的影院里看电影。至今印象最深的一部是德国电影《帝国的毁灭》(Der Untergang)。为此，我当时还写了一篇不短的影评——也许是因为中国与德国在历史上有着某种相似性，这些年来，我写的影评有意无意间多与德国有关，如《再见列宁》《窃听风暴》《浪潮》《朗读者》等等。记得当时，由奥利弗·西斯贝格执导的这部影片在欧洲引起强烈反响，每天都有媒体在讨论，因为它“打开了重新评价纳粹的潘多拉魔盒”，将希特勒从魔鬼还原为人，还原为一位“甚至可能引人同情的末路英雄”。

该片细节取材于历史学家约阿希姆·费斯特的《希特勒的末日》(2002)和希特勒最后的女秘书特劳德尔·琼格的回忆录《直到最后时刻》(2002)。琼格生于1920年的慕尼黑，22岁时被希特勒选做私人秘书。她一直供职到希特勒自杀并记录了希特勒的遗嘱，最后和一支小分队一起逃出地堡。令许多人不安的是，在这个打字员的记忆里，希特勒同样是个有教养、受人尊敬、做起事来斯斯文文的领袖。与情人爱娃·布劳恩结婚前，希特勒还当众吻了她。这位大独裁者多少有些诗人的多愁善感，他的办公室里不让放花，因为花会凋谢，他不喜欢看到死去的东西。或许，正是受希特勒的这些人性化特征的遮蔽，直到战后琼格才意识到自己一直生活在“盲点”之中。

寻找“替罪狼”

这部电影给了我极大触动。一是人性化希特勒。这也是我一直在思考的问题，希特勒不是恶魔，只是普通人。他的恶是众人合力的结果。没有谁天生就是独裁者。或许，只有透过《帝国的毁灭》里由魔鬼还原为人的希特勒、《意志的胜利》里如癫如狂的追随者以及《朗读者》里不识字却又理直气壮的女看守，生活于今世的我们才能真正回望历史的深处，体味个体在群体迷狂、巨浪扑来之时的无力与渺小，体味什么是时势造英雄也造独裁者。正是基于这一认识，当历史翻过这血腥的一页，当活着的人们只是简单地在精神与肉体上将一个束手就擒的纳粹头子揪出来示众，从历史的废墟中引渡到现实的广场，让他为一个时代的错误负全责时，在我看来，这亦不过是为这段共犯的罪恶历史找了一只“替罪狼”。

和通常意义上的替罪羊不同的是，我所说的“替罪狼”的确是做过了许多坏事的。但是，具体到个人，在强大的“公意”——准确地说是部分群体意志——面前，他亦不过是一个行刑者——独裁者所拥有的权力，从来都是那些甘心放弃自己权力或者权利的人聚沙成塔授予的。而在他行刑之当年，台下曾经有多少热闹的喧哗，多少幸福与狂欢的掌声！许多旁观者甚至还捐赠过磨刀石，亲手捧接了行刑者递过来的血和肉。在《意志的胜利》里，德国民众当时是何其狂热地追随他们的领袖，并视之为从云端降临人世的救世主。只不过浪潮退尽时，那些手捧鲜花、高声呼喊的人们已经很少愿意承认自己曾经裸泳其中。

另一个大的触动则来自于影片的结尾：戈培尔夫人将自己的六个孩子全部毒死。之所以如此狠毒，是因为她深信没有国家社会主义，人类就没有希望和未来，她不能让自己的孩子生活在那样的国家。

路易斯·博洛尔说，“政治使人变得罪恶”。然而，政治不足以使罪恶变成毁灭性的大灾难。它的另一个前提是“意识形态使人变得愚蠢”。而这意识形态，其核心价值就在于对国家的理解。回望二十世纪的这段历史，不难发现，当年迷信纳粹主义的那一群人，不仅屠杀了犹太人、波兰人、法国人、英国人……在他们选择纳粹主义理想并且甘愿为之献身的时候，用于自杀的断头台也已经竖起。

希特勒的“牛皮书”

捐躯赴国难，视死忽如归。

在《好女色还是好国色》一文中，我曾谈到好色的男人有两种死法：一是死于女色，二是死于“国色”。所谓“死于女色”，尽人皆知，最著名者莫如寻芳客们的口头禅——“牡丹花下死，做鬼也风流”。至于“死于国色”，则是把国家当做绝世美女去爱戴，爱到如痴如醉、死去活来，爱到不知所以，终于丢掉自己的人格与底线，甚而枉送性命。

希特勒当年是何其贪恋国色！又何其自负！这位落魄的画家一旦大权在握，就要以一人一党之意志强力实践自己的理想主义，禁止思想，杀人无数。法西斯上台没多久，罗曼·罗兰、托尔斯泰以及包括马克思等人的书都被拿去开篝火晚会了，而希特勒自己的那本《我的奋斗》却用德国良种小牛皮制成，文字全部手工抄写，封面是用钢铁纯手工打造。目的是一千年都不发乌、不生锈、不变形，因为第三帝国至少要维持一千年。通常政府会发布白皮书，而希特勒当年发布的却是“牛皮书”。其实，人类历史上许多乌托邦纲领不就是“牛皮书”么?

在电影《帝国的毁灭》中，当苏军将柏林炸得地动山摇时，躲在地下室里的希特勒甚至还露出一丝微笑。他对站在新柏林沙盘旁的建设师说:“柏林炸得越平越好，到时我们重建柏林就省力了。”在他眼里，改造旧世界，就像是在画布上作油画，不行就刮了油彩重新开始。

1904年，凯恩斯说:“民主政治尚在测试之中，但是到目前为止它还没有招致耻辱。”然而十年后，当民主与极端民族主义合而为一，“国家权力”超出了原有的界限，吞灭曾经授予它权力的人，悲剧也就在所难免。换言之，当主权变成难以驯服的猛兽，当国家这人之造物超出了工具的范畴转而成为人类的主人，我们最后听到的必然是意大利农妇那声令人毛骨悚然的呼喊——“快跑，祖国来了！”（霍布斯鲍姆,《革命的年代》）

故国·失乐园

当然，追求梦想中的国度，并非纳粹分子的专利。从柏拉图的理想国，到陶渊明的桃花源，到康帕内拉的太阳城，每个人心中都有一个乌托邦。区别只在于，有人愿为乌托邦而生，有人愿为乌托邦而死。具体到极权主义与乌托邦之关系，如秦晖先生所指出:罪恶不在乌托邦，而在于它是否与强制合流。

当我们重新翻检中国人的心灵史，亦不难发现，那种“浓得化不开”（徐志摩语）的情感，首先表现为一种家国情怀，其次才是情爱。只因中国历史多灾多难，以至于这种家国情怀的背后未免透着无限悲情。比如“商女不知亡国恨，隔江犹唱后庭花”。（杜牧，《泊秦淮》）“故国神游，多情应笑我，早生华发。人生如梦，一樽还酹江月”。（苏轼，《念奴娇·赤壁怀古》）“国破山河在，城春草木深”。（杜甫，《春望》）“僵卧孤村不自哀，尚思为国戍轮台”。（陆游，《十一月四日风雨大作》）

至于男欢女爱，在相关的修辞中同样多与国相关。如“汉皇重色思倾国，御宇多年求不得”。（白居易，《长恨歌》）“北方有佳人，绝世而独立。一顾倾人城，再顾倾人国。宁不知倾城与倾国？佳人难再得”。（李延年，《佳人曲》）

当然，这里的“国”，并非现代意义上的民族国家，它们有的指王权，有的指故土，有的指生活的视界与所能抵达的极限。如约瑟夫·R.斯特拉耶指出，国家产生的标志是这个地方的统治者开始区分公权和私权，并开始用公权保护私权，用公权为私权服务。而在中国帝制时期，帝王的权力是无限大的。

国家不幸词人幸。南唐后主李煜被宋廷捕去后，写了许多好词，而且多与家国有关。如“四十年来家国，三千里地山河。凤阁龙楼连霄汉，玉树琼枝作烟萝，几曾识干戈？一旦归为臣虏，沈腰潘鬓消磨。最是仓皇辞庙日，教坊犹奏别离歌，垂泪对宫娥”。（李煜《破阵子》）据宋史记载，李煜便是因为写了些思念故国的遣怀之词而被宋太宗用牵机毒杀。当然，李煜心中的“故国”既是空间概念，更是时间概念。如他的《子夜歌》：“人生愁恨何能免？销魂独我情何限！故国梦重归，觉来双泪垂。高楼谁与上？长记秋晴望。往事已成空，还如一梦中。”故国，这已然逝去的天堂，似乎总是比眼下的国家更真实——这不是因为国家和政府更像是一种“权宜之计”（亨利·梭罗语），而是因为故国乃精神所在，是可以安放灵魂、寄托乡愁的地方。

有意思的是，当人们回望逝去的天堂时，你总能听到心灵的钟声，窸窸窣窣，款款而行；而在展望未来的国度时，所能看到的却往往是全能理性的膨胀，是其可能与强力合流后的摧枯拉朽与房倒屋塌。而这，也是人类在二十世纪收获的最大教训。正因为此，世界终于从革命重新回到改良，从我说的“流血的二十世纪”转向“流汗的二十一世纪”。

1905 年 12 月 8 日，以《警世钟》和《猛回头》闻名的陈天华在日本东京大森海湾蹈海而死，抗议日本文部省颁布的《取缔清国留日学生规则》。据称陈天华的目的是为“以死唤醒同胞”。事实上，对故国的淡淡忧伤与未来之国的强烈期许，即使是李叔同这样的智者，在情感表达方面的反差也尽显无疑。对比“谁与我仗剑挥刀”“二十世纪谁称雄？”的《祖国歌》与《我的国》，他“高枝啼鸟，小川游鱼，曾把闲情托”的《忆儿时》显然少了些“杀气”，多了些温存。

在著名导演库斯图里察的影片《地下》里，那些从地洞里爬出来的人，辗转奔波，发现南斯拉夫解体后近乎号啕——“我的祖国，怎么没了？”同样令人记忆犹新的是，上世纪九十年代，在南斯拉夫解体后，一些带着怀旧情绪的前南公民在网上建了一个南斯拉夫虚拟国家，订立宪法，招纳公民。仔细想来，谁人心中又没有一个失乐园，一个复国梦？

少年时爱听《梅花三弄》，时常动情于其中一句歌词——“问世间情为何物，直教人生死相许”。这些年来，每当我看到或者听到一些人，无论是遭人憎恶、有进攻性的纳粹分子，还是受人敬仰的爱国者，抑或普通公民，为了想象中的国家前程而不惜以命相搏、“仗剑挥刀”时，我总忍不住要感慨“问世间国为何物，直教人生死相许”了。

谁为谁献身？

说到献身，中国历史上并不少有献身者。最惨烈莫过于宋亡之时。

1278年，宋端宗赵昰在流亡途中病死，年仅11岁，其弟赵昺继位，史称末帝。1279年流亡政府在崖山（今广东省新会市南部）被元军围困，虽有顽强抵抗最终还是兵败。陆秀夫背负年仅8岁的幼帝投海，跟随投海殉国的人达十万之众。《宋史·纪（三）》详细记载了当时一幕：“大军至中军，会暮且风雨，昏雾四塞，咫尺不相辨。世杰乃与苏刘义断维，以十余舟夺港而去，陆秀夫走卫王舟，王舟大，且诸舟环结，度不得出走，乃负昺投海中，后宫及诸臣多从死者，七日，浮尸出于海十余万人。”其时人命，与蝼蚁何异？

裴多菲诗云：“生命诚可贵，爱情价更高；若为自由故，二者皆可抛。”显而易见，裴多菲真正追求的是“自由”，而非“祖国”与“王国”。祖国也罢，王国也罢，都不过是人类发展过程中的寄身之所，只有生命与自由才是贯穿人类始终的。如果“为祖国献身”“为君王殉葬”所争得的只是一种身心奴役或寂灭的状态，那么这种献身究竟意义何在？

谈到救国与献身，民国时期有一段公案不得不提。1933年4月3日，农学家董时进在《大公报》上发表《就利用“无组织”和“非现代”来与日本一拼》一文，提出全民动员对日作战，面对中国国力与军力无法抗衡日本之事实，“到必要时，我们正不妨利用百姓的弱点，使军阀惯用的手段，去榨他们的钱，拉他们的夫。反正我们的百姓好对付，能吃苦，肯服从，就拉他们上前线去死，尽其所有拿去供军需，他们也不会出一句怨言”。对于这段话，胡适读后非常愤慨，并在4月16日出版的《独立评论》（第46号）发表《我的意见也不过如此》，对董文提出率直而严厉的批评：“老实说，我读了这种议论，真很生气。我要很诚恳地对董先生说：如果这才是救国，亡国又是什么？董先生的‘我们’究竟是谁？董先生是不是‘我们’的一个？‘他们’又是谁？董先生又是不是‘他们’的一个？这样无心肝的‘我们’牵着‘好对付，能吃苦，肯服从’的‘他们’‘上前线去死’——如果这叫做‘作战’，我情愿亡国，决不愿学着这种壮语主张作战！”

也许真如董时进所言，胡适部分误读了他的原义。不过，这并不妨碍我们分析问题和理解胡适。显而易见，在这里胡适秉持自己一贯的自由主义立场，即决不可以以集体利益或长远目标之名让个体白白送死，决不可以为了某个崇高理想而不择手段。胡适说：“我极端敬仰那些曾为祖国冒死拼命作战的英雄，但我的良心不许我用我的笔锋来责备人人都得用他的血和肉去和那最惨酷残忍的现代武器拼命。”

在胡适看来，那种不顾现在的长远打算也是靠不住的。如凯恩斯所说“长远来看，我们都是要死的”，但我们并不能因为将来谁都要死便否定一个人活在当下的意义。任何人都不可以以某种所谓的“神圣理想”，通过瞒骗或者某种暴力的手段驱使他人多做牺牲。

今日世界，个体的价值越来越受到重视。人们不再是皇家的臣民，同样，在经历了臭名昭著的二十世纪后，一度张牙舞爪、贻害无穷的国家或者政府开始被劝进笼子。人权与主权，孰重孰轻？其实早在两千多年前，孟子就说过“民为贵，社稷次之，君为轻”这样的话。短短十个字，举重若轻，已经为“人权高于主权，主权高于政权”之立宪国家的价值取向埋下伏笔。

刀剑与思想

1835年，年仅30岁的法兰西青年托克维尔在充分考察了美国的政治制度后出版了《论美国的民主》(上卷)。在他看来：当今世界上有两大民族，从不同的起点出发，但好像在走向同一目标。这就是俄国人和英裔美国人。美国人在与自然为他们设置的障碍进行斗争，俄国人在与人进行搏斗。一个在与荒野和野蛮战斗，另一个在与全副武装的文明作战。重刀剑，还是重思想，这两种国度的分野，也正是我在《思想国》一书中着重挖掘的两个概念：思想共和国与刀剑共和国。在小说《九三年》里，雨果借戈万之口区分了两种国家形态："老师，我们两人的乌托邦区别就在这里——您要义务兵役，我要学校；您梦想人成为士兵，我梦想人成为公民；您希望人拥有强力，我希望人拥有思想。您要一个利剑共和国……我要一个思想共和国。"而人类的真正希望就在于，经过千百年的磨难，终于意识到真正的革命是从人人都是国家战士的极权社会过渡到由自由人联合起来的公民社会，从刀剑共和国过渡到思想共和国。

必须承认，今日中国虽未建成思想共和国，但也不再是刀剑共和国。尽管在极端的年代里，这个国家曾经像斯巴达兵营，儿童都拿起了枪。而当我们回顾几千年的中国历史，更是满目刀兵。如唐德刚所说，在中国冗长的历史里，"外患"往往都是偶发的，而"内乱"则多为历史的"必然"。这方面最惨痛的记忆莫过于太平天国运动。不无遗憾的是，因为时代及研究者之局限，太平天国杀人如麻的历史细节被罗尔纲们所忽略，而历史学家钱穆与胡适的看法倒是颇为相近——洪杨政权是个背叛孔孟、违反中国道统的邪恶政权。

尽管中国的数目字管理从来就是一笔糊涂账，但太平天国运动究竟死亡多少人，后世还是可以寻到一些蛛丝马迹。根据一些历史资料的对比，目前主要有两种观点。第一种观点是根据太平天国前后《户部清册》所载的户口数，认为从1851年到1864年中国人口锐减40%，绝对损失数量达1.6亿；第二种意见则是将战前的人口数据与1911年宣统人口普查资料进行对比研究，认为太平天国战争仅给江苏、安徽、浙江、江西、湖北五省直接造成的过量死亡人口就至少达到5400万，如果再考虑到其他战场给湖南、广西、福建、四川等省造成的人口损失，那么太平天国战争给中国带来的人口损失就至少在1亿以上，直接造成的过量死亡人口达7000万。两组数字都够骇人听闻。众所周知，在第二次世界大战中，全世界死亡的总人口数也不过是7000万。

个人理想与国家理想

2008年国庆节，《南方周末》邀请了海内外的一些朋友，希望大家能结合自己这些年来的经历，回答以下几个问题，包括：你对国家做了什么？国家为你做了什么？你还能为国家做什么？国家还能为你做什么？

了解我写作立场和价值取向的读者会知道我不过是由着这个机会，重申自己对个人、社会与国家的关系的理解。

政治何为？国家何为？谈到对国家的理解，引用最多的恐怕就是美国总统肯尼迪就职演说时的那句话："不要问你的国家能为你做些什么，而应该问你能为你的国家做些什么。"就在人们以饱满的热情四处传播、赞扬肯尼迪的爱国主义时，身为美国公民的著名经济学家弗里德曼对此非常不以为然。

在弗里德曼看来，从本质上说，政府仍不过是一个手段，一个工具。政府既不是一个给我们带来恩惠与礼物的人，也不是使我们盲目崇拜和为之服役的主人或神灵。所以，弗里德曼说："除了公民们各自为之服务的意见一致的目标以外，他不承认国家的任何目标；除了公民们各自为之奋斗的意见一致的理想以外，他不承认国家的任何理想。"否则，这种个体与国家职能的本末倒置必然会腐蚀一个国家自由的根基。

事实上，上面提到的这些问题在弗里德曼看来甚至都是不需要回答的，因为"自由人既不会问他的国家能为他做些什么，也不会问他能为他的国家做些什么。而是会问：'我和我的同胞们能通过政府做些什么。'以便尽到我们个人的责任，达到我们各自的目标和理想，其中最重要的是：保护我们的自由"。

这话不难理解，就像我们从市场买回一把刀，究竟是用它杀人、自卫还是自杀，刀说了不算，关键还在于我们自己。也正是这个原因，林肯说"有什么样的人民，就有什么样的政府"。

市场政治：用脚投票与用手投票

关于国家与社会的关系，早在弗里德曼之前，西班牙学者奥尔特加·加塞特便已经在《大众的反叛》（1930）一书中发出警告：现代国家作为一种人造之物可能超出人类可以控制的范围，变成了一台可以操控一切的庞大机器。

在加塞特看来，威胁文明的更大危险是：国家干预、国家对一切自发的社会力量的越俎代庖，因为这等于取消了历史的自发性，而从长远来看，维持、滋养并推动着人类命运的正是这种自发性。当这种自发性被国家的干预打断，就不会有新的种子能够开花结果。社会不得不为国家而存在，个人将不得不为政府机器而存在。就这样，国家为了满足自己的需要，又对人类生活推行进一步的官僚化。上紧官僚机器的螺丝钉无异于把社会改造成一个军营，即我说的刀剑共和国。

可以想象，假如加塞特的预言在当时能被欧洲乃至世界所重视，二十世纪的历史也许会被改写。而那个时代，法西斯主义势力正在各国抬头。且不说个人主义传统深厚的美国在1930年代就有人开始高喊“美国就缺一个墨索里尼”，当时的中国同样开始流行一本名为《当代三大怪杰》的书，书皮上印了斯大林、希特勒和墨索里尼的像。那时候有一种思潮，“认为民主政治总是乱糟糟的没有效率，独裁政治强而有力，所以独裁政治才是方向，包括张学良在内，他到欧洲旅行了一次，回来以后认为中国还是要实行法西斯”（何兆武，《上学记》）。在此之前，1913年“二次革命”失败时孙中山同样将“二次革命”的失败归咎于“我们中国人”自由太多，认为只有采取集权的办法才能革命成功，并由此以帝俄为师，渐开中国“以党治国”“一党专政”之先河。或者说，国民党后来之独裁政治，便是始于当年“中国人自由太多”之判断。今天回头看这段历史，“二次革命”失败绝非中国人自由太多，有历史学家甚至认为孙中山在“法槌讨袁”与“刀剑讨袁”之间做错了抉择，过分迷信暴力革命。

如何限制权力？弗里德曼认为最好的办法就是分散权力，而美国的联邦制的好处就在于它不仅允许民众参加选举，还允许他们在不同的州里选择自己的生活。若干年前，我在文章中谈到中国不仅要有市场经济，更要有“市场政治”。我所谓的“市场政治”，同样既包括用手投票，也包括用脚投票。前者是民主，后者是自由。换言之，民主与自由是“市场政治”的两块基石。而在国家压倒社会的时代，不仅公民用手投票的权利被剥夺，连用脚投票的权利也被剥夺。三十年前，当停滞的中国重新起程，谁能说随之而来的成就不是因为人们不断赎回了自由迁徙与更换工作的权利而取得的?

没有谁可以做出永远正确的选择，如果说政治意义上的民主选举意味着在时间上公民可以“通过选择救济选择”，那么生活意义上的自由迁徙同样意味着人们可以在地理层面“通过选择救济选择”。而这种在时间与地理上的开放，正是一个现代国家的应有之义。

如孟德斯鸠所言，“有商业的地方就有美德”。准确说，在有市场、有公平竞争的地方，就有美德；也只有在有市场政治的地方，才会有政治美德。无论大国崛起，还是小国崛起，首先是国民权利包括选择权利的崛起。毕竟，国家不是目的，而只是国民将自己权利最大化的一种手段。

自由之邦：圣马力诺的小国威仪

我的生命中充满了奇遇。当我在法国小镇克莱蒙西的大街上懵里懵懂地寻访罗曼·罗兰的故居时，问到的第一个行人竟是罗兰仆人的表妹，正是她将我带到表姐布达夫人的家里。（熊培云，《寻访罗曼·罗兰》）另一年，当我随团旅行，不经意间抵达圣马力诺时，在我下榻的宾馆里，首先“接待”我的“地主”竟然是圣马力诺“总统”G.F.Terenzi先生。

当时Terenzi先生正邀请该国的中小企业主共进晚餐，不知何故跑到酒店前台闲聊，见到我的第一句话便是“你是不是汉族”？随后他和我说他对中国很了解，李先念和江泽民都接见过他。在知道我是记者后，Terenzi 先生将我带到了饭厅，并约好第二天上午接受我的专访。正是借着这个机会，我第一次了解到这个世界上最小、最古老、最没有可能被颠覆的共和国。

这是一次很仓促的采访，此前我对这个国家几乎一无所知。没有一点儿准备，随身又未带可查资料的电脑。晚上出门找当地人泡吧，正好遇到一位偷渡到圣马力诺来的福建人，余下时间全与他在酒吧里“故国不堪回首月明中”了，而他对这个国家同样所知寥寥。

桃花源总是在迷路时发现的。透过第二天的采访以及后来的一些资料，我开始喜欢上这个国家，更惊讶于人世间竟会有如此“迷你”又迷我的“政治桃花源”。

圣马力诺有 9 个政党，每年 4 月和 10 月由大议会选举产生两名权力同等的执政官。他们既是国家元首，又是政府和议会首脑，任期半年，不能连任，三年后可再次当选。也就是说，在圣马力诺每年能产生 4 位国家元首。如果以 60 年为一周期，且不考虑连任障碍，理论上一个人一生中可以有 240 次当选国家元首的机会。而议员为 60 位，五年一届，平均下来 60 年就是 720 次机会。同样是政治权利，和世界各国相比，圣马力诺的“含金量”当属最高，真有点儿中国人梦寐以求的“皇帝轮流做，明朝到我家”的意思。

西方人常说，“Small is beautiful”（小的是美好的）。中国人多说“大国崛起”，其实小国也可以伟大，也可以崛起。最意味深长的一组数据是：全球最富有（人均）的 10 个国家，8 个是小国；“透明国际”评出的最廉洁的 10 个国家，前 8 位全是小国；联合国人类发展指数最高的 20 个国家，小国占了 13 个……具体到圣马力诺，在这个面积只有六十多平方公里的小国，2005 年人口统计是 28880 人，其中 24649 人为圣马力诺国籍，整个人口数仅相当于中国稍大点儿的小区的规模。但在经济上，据2002年的一组数据，2001年的人均GDP便达到了34600美元，远超中国三十余倍。这是一个没有铁路、机场和港口，甚至也没有红绿灯的国家，但人均拥有两辆汽车。全体公民享受公费医疗，实行小学和中学16年义务教育制。即便是这样一个蕞尔小国，还划分出9个自治市。政府成员由大议会任命，不设总理，外长起总理作用。你可以批评这个国家毫无抱负，不生产核弹头这杀害人类的武器保家卫国，更不想谋求“大国崛起”，但在这里人们安居乐业，每个人的生命都重如蒂塔诺山。

在Terenzi先生送我的宣传册上，有一句话很耐人寻味：“圣马力诺一直有着充足的兵源。”这里没有官方报纸，只有外交部及不同政党主办的几种不定期发行的刊物，但我能想象，在这样一个美好的国家，不用灌输任何爱国主义，一旦遇到外敌入侵，该国公民都会奋起抵抗。

无论是当年走在圣马力诺的羊肠小街上，还是此刻独坐书屋，圣马力诺都是一个让我非常感动而难忘的国家。据称在公元301年，一位叫马力诺的基督徒石匠为逃避罗马皇帝的迫害，带着一群石匠逃出了罗马皇帝的控制区，从此藏身于距亚德里亚海仅二十余公里的蒂塔诺山顶，并且建立了由自由人组成的“石匠公社”。在此基础上，渐渐成长为一个自由国家。拿破仑当年横扫欧陆，虽然翻过了阿尔卑斯山，却没有登上蒂塔诺山，而是在1797年承认了这个国家的主权——因为拿破仑被这个世界上最古老的共和国的自由精神所折服，产生了敬畏之心。圣马力诺没有像古罗马一样在空间上拓展自己的领地，但却赢得了时间。

我时常在想，为什么中国历史上许多敢于到南洋创业的人，一旦在外面受到了不公正的待遇，或被人杀害，中国皇帝的反应通常是臣民离开本土死了活该？为什么春秋时期政治松弛、邦国林立，各国民众却收获了前所未有也后所未有的自由？为什么亚平宁半岛上当年逃难的一群人能够世代拥有自己的国家？在国家与自由之间，国家与社会之间，人们何去何从？如果国富民穷，“要大炮不要黄油”，大国崛起对于国民又究竟意义几何？

那年秋天，我站在高高的蒂塔诺山山顶上，环视着这个人口不足3万却又自称“兵源充足”的小国，我理解当地居民用脚投票与用手投票的荣耀，也第一次真切地体会到国家之于公民的意义，明了富兰克林为什么说“哪里有自由，哪里就是我的祖国”。

空间之维与时间之维

很惊喜自己当年的抉择，无论是辞去第一份工作，还是第一次走出国门，都让我的生命与思考一夜之间变得无比豁朗。我一直以为，我在欧洲读书与采访的几年，最大的一个收获就是明晰了自己对国家与社会的理解。其间零零散散的写作也多是围绕国家与社会的关系展开。而这些思考也成了日后我开始梳理《重新发现社会》时的重要材料。

2009年初，一本叫《中国不高兴》的书被炒得沸沸扬扬。因为北京媒体朋友的邀约，我也写了几篇批评性的文章。实话实说，对这种以“中国”口吻说大话的书我了无批评的兴趣。一方面，我认为中国当下最重要的是让民众说说自己具体的不高兴，而不是大谈什么子虚乌有的国家不高兴。国家只是一个工具，它不具有情绪能力，这一点理应成为常识。所以我写了《说说我为什么不高兴》这篇评论，相信许多读者都感同身受。另一方面，当前中国最需要解决的问题，这些年已经收获了哪些成长以及有着怎样的历史大脉络，我在即将出版的这本书里已经做了足够多的分析，不想赘述。对于我这样一个日日享受思维之乐的人而言，重复自己的观点去说服他人本是件十分痛苦的事情。更何况，你心如明镜，知道人家也许只是在做一单民族主义的生意而已。

早在几年前，我在思想国网站提过一个问题——人是什么单位？众所周知，在过去中国人多生活在单位体制与单位文化里。陌生人见面，或是办点儿什么事，也难免被人问及“你是什么单位”。既然大家总被问到“你是什么单位”，为什么不干脆多花点儿时间好好回答呢？

网上答案异彩纷呈，包括“思考单位”“权利单位”“赚钱单位”“消费单位”“生活单位”等等。当说，这个问题本无所谓标准答案。然而，在我看来，以上回答均限于从政治学或社会学意义上阐述人的功用，而没有从哲学意义上触摸到人的本质。我以为，一个人若要真正解放自己的心灵，就必须在时间与空间上对人之内涵拨云见日，而我关于“人是什么单位”的回答则是“人是时间单位”。

事实上，这些年有个问题一直在困扰我，甚至让我痛苦不堪，即“我死以后，谁计算时间”？是钟表？是日月星辰？还是对时间感觉各异的人？若都不是，当一个人失去了对时间的感知，那死后的世界他将如何丈量？在此，暂且搁置这个近乎无解的问题，留给有心的读者去思考。在本文中我只负责陈述自己对“人是时间单位”的理解。

为什么介绍思想家胡适时，会在他的名字后面加上一段时间——胡适（1891—1962年）？道理很简单，人是生命，有生卒年月，人归根到底是一段时间。我们在时间中获得生命。没有时间，就没有生命。

那么，胡适是不是地理（空间）单位呢？不是。胡适生于绩溪，长在上海，学在美国，死在台湾。显然，我们不能在“思想家胡适”

后面加上“绩溪—上海—美国—台北”这样一条地理尾巴。因为这些标注既不完整也不准确。一方面，它会遗漏其他许多地理信息；另一方面，这任何地方都不属于胡适。真正属于他的只有他曾经生活过的72年光阴。

理解人是时间单位，而非空间单位，更不是属于某个单位的单位十分重要。承认“我即单位”“我是时间单位”“我是时间的尺度”，在此基础上，我们关于生命意义的挖掘，将不再是忠诚于某个地理与环境，而是忠诚于我们自己的一生（这段时间）——正是通过这段时间我们参与并见证一个时代。一个人应该站在自己的生命本身，站在一个时代的立场上表达自己的心声，而非生在中国便只为中国人表达，生在美国便只为美国人说话。君不见，人类历史上那些真正留下丰功伟绩并且值得后世怀念者，其所创造的价值多是具有“划时代意义”，而非“划地理意义”“划种族意义”或者“划单位意义”。

那些真正推动人类进步者，因为将自己归属于时间而拥有属于自己的一生。人首先应该爱的是时间，其次才可能是空间。时间之爱是面向个体的，是绝对的，那是我们唯一的存在；而空间之爱则是相对的，是面向公众的，是通过物质或精神的契约才得以实现的。一个人，如果生于猪圈，便说自己“热爱猪圈”，这种“爱猪圈主义”显然不是一种高尚的情感。必要的时候，我们甚至可以断定这是一种“以空间之名限制或屠杀时间”、灭绝人类未来与希望的庸俗情感。是故，我愿意以更广阔的视角将我所热爱之国视为时间之国，一种立于时间维度上的精神与思想之国，而非空间意义上的逆来顺受或与生俱来的“嫁鸡随鸡”式的地理之爱。

做一个在时间里耕耘的人远比为空间疲于奔命可靠得多。回顾历史，多少国家因为对空间的迷信（比如罗马、苏联）而丢失时间——

美国将来又会怎样？其实，人亦如此，无论占有多少疆土与财富，如果不能在时间上做自己的主人，其所拥有的仍不过是贫困的一生。真正的强者是能够把握自己时间的人，是做时间之王，而非做空间之王（或者奴仆），因为只有这样的时候，他才可能是自由的。

正是基于上述思考，我在2007年《新京报》的新春社论中写下这样一段话："如果说中国是我们地理上的故乡，那么这个时代就是我们时间上的故土。如果说我们精神的疆土就是国家的疆土，那么我们生命所创造的价值就是时代的价值。不管我们正见证着怎样的繁华与荣耀，经历过怎样的忧惧与坎坷，我们所处的这个时代是我们一生的机遇。我们手握的时间与生命，正如我们所拥有的智力与权利，都是我们一生的资本。"（《走在雪地上，走在时间里》）

人是时间单位而非地理单位，而且必先站在时间的角度来思考问题，我们才有条件回到人与历史本身。我以"把一生当做自己的远大前程"警省自己，其实这句话同样适合劝诫一个国家。我自知我最真实的居所是时间，而非空间，这也是我为什么愿意站在个体权利与生命的角度而非空洞的国家利益的角度思考中国命运之缘由。

所有真心关注中国命运者，理应回到每一位国民的具体命运中来。当"重新发现社会"之旅程又一次铺开，让我们从空间回到时间，从国家的命运回到个体的命运，让时间站在我们一边。

2009年4月

本文曾刊于2009年10月4日《南方都市报》

第一章　国家与社会

我们首先是人，然后才是公民。

——亨利·梭罗

灵魂有多少形状，国家就有多少形状。

——柏拉图

有什么样的人民，就有什么样的政府。

——亚伯拉罕·林肯

从国家解放到社会解放

国外有些学者研究中国问题时，总是疑虑重重，要么替中国担心，要么担心中国。“崩溃论”害怕中国经济一落千丈，因“内爆”导致“黄祸”；“威胁论”则担心中国崛起，因“外爆”引发“红祸”。尽管中国政府一再强调本国崛起乃“和平崛起”，但是，有些学者们终究放心不下，他们认为你既然要“崛起”，就不可能“和平”。除了宏观政治、经济等分析外，甚至还有个细腻的理由——有汉学家对“崛”字不放心。

“崛”字新解

有一位外交官朋友，曾经和我谈起美国某些汉学家如何通过构词法理解“中国崛起”。只是，这些汉学家的说法多少有些耸人听闻。他们说，大家注意了没有，在汉语字典里，“崛”是“山峰突起”的意思，而熟悉地质学的人都知道，“山峰突起”的一个大前提可能就是发生地震！

人的想象真是离奇。汉学家发现“崛”字里有“出”和“山”，就想到中国崛起意味着中国“出山”，而且“出”字是两“山”相叠，凑一块儿就变成出“三座大山”压迫世界了。更让他们胆战心惊的是，在一山之旁、两山之上，更有伏“尸”要“出”。

或许有人说，这种解构难免牵强附会。不过，文化是观念的反映，美国汉学家之所以这样想，是因为他们对比其他大国的历史，担心崛起的中国会穷兵黩武，延刀兵之祸。

汉学家们有汉学家的局限。若要通汉学，仅仅知道“崛”字的几种解法远远不够。熟悉“愚公移山”的中国人知道，其实山是可以堆出来的。所以，若想平息汉学家们的忧虑，最好的办法就是多印点“愚公移山”的小册子给他们，或者带他们到中国北方城市里的“堆山公园”里转转，借此告诉他们“和平崛起”是可以堆出来的。

当然，这里还有一个问题。如果说“和平崛起”是结果，那么作为过程的“愚公移山”“愚公堆山”的合法性同样值得关注。比如，堆山之土从哪里来？国家做“愚公”时，民众如何避免做“愚民”？如果山是公民自己的，“社会山”本来风光无限，却要被强行拆迁到国库里去堆积“国家山”，自然令人担忧。如此枉顾民权的“愚公移山”，虽常见于和平年代，但以权利论，也可能像几百年前贝卡利亚描述死刑一样，被理解为一场“国家对公民的战争”。

一个国家，若不尊重本国国民的权利，如何能舍近求远，尊重他国？事实上，这也是一些西方人士担心发展中国家崛起会走德国老路的原因所在。更何况，用弗里德曼的话说，“已经集中起来的权力不会由于创造它的那些人的良好愿望而变为无害”。

国家崛起与民权衰弱

1840年，是意味深长的一年，它被视为中国现代化转型的开端。就在同一年，年仅35岁的法兰西青年托克维尔在漂洋过海、充分考察了美国的政治制度后出版了《论美国的民主》下卷。此前，在《论美国的民主》上卷中，托克维尔曾以寥寥数百字，概括了大国崛起的两种模式：

“当今世界上有两大民族，从不同的起点出发，但好像在走向同一目标。这就是俄国人和英裔美国人……美国人在与自然为他们设置的障碍进行斗争，俄国人在与人进行搏斗。

“一个在与荒野和野蛮战斗，另一个在与全副武装的文明作战。因此，美国人的征服是用劳动者的犁进行的，而俄国人的征服则是靠士兵的剑进行的。

“为了达到自己的目的，美国人以个人利益为动力，任凭个人去发挥自己的力量和智慧，而不予以限制。

“而为此目的，俄国人差不多把社会的一切权力都集中于一人之手。前者以自由为主要的行动手段，后者以奴役为主要的行动手段。”

托克维尔像预言家一样指出：“他们的起点不同，道路各异。然而其中的每一个民族都好像受到天意的密令指派，终有一天要各主世界一半的命运。”

托克维尔无缘像生活在二十世纪的人一样见证这两种模式如何演变为两个超级大国，更无缘看到主宰世界一半命运的纳粹主义德国、军国主义日本与极权主义苏联的倒掉。历史给这些国家开了个残酷的玩笑——所谓“大国崛起”，对于它们来说，不过是在国家主义的威权之下集全国之力空放了几个一毁俱毁的大礼花。

进一步说，根据各自实现的价值目标，“崛起”实际上可以细分为两种:一是国家崛起，二是国民崛起。前者是国家权力(政府)的崛起，后者是国民权利的崛起;前者信奉外表的强力与统一，后者注重内心的自由与幸福;前者信奉国家道德上团结，后者注重个人思想上创造;前者使社会走向封闭与单一，后者使社会走向开放和多元;前者表现为一种反向运动，国家崛起的过程，也是民权衰弱的过程，后者却是正向运动，国民崛起丰富了国家，使国家不至于凌空蹈虚，徒具虚名，并在适当的时候使国家这一政治工具得到修理或改进。

如国际历史学会会长于尔根·科卡所说，德国的现代化很大程度上是从上而下由国家发起和实现的，而美国和英国却主要是由社会来推动的，其动力来自于社会。有学者们用这样的语言来形容德国:这是一个奇妙的国家，它要么考问世界，要么拷打世界。当它用思想来考问世界时，它是伟大的;当它用战争来拷打世界时，便有了上个世纪的两次世界大战。(见《大国崛起》解说词)

用思想来考问世界，就是以思想为犁，以建立思想共和国为价值指引;而用战争来拷打世界，则滑向刀剑共和国。在此意义上，后冷战时代苏联的土崩瓦解与美国的继续繁荣，是思想共和国对刀剑共和国的胜利。而今人对于美国以枪炮谋求全球霸权的忧惧，正是因为看到了历史上所有刀剑共和国无不零落成泥碾作尘的前鉴。

谈到国家的意义，几年前我在相关的评论中指出“国家是一个珠宝盒”。国民是珠宝，国家是珠宝盒，意味着国家若不以国民价值为第一价值，则国家毫无价值。同理，国家崛起若不以国民崛起为前提和保证，就会闹买椟还珠的笑话。

机舱寓言

应该看到，几十年来中国由封闭而开放，既暗合"社会"从"国家"体制中逐步获得解放，同样见证了"社会"从"社会主义"中被发现的过程。任何试图否定改革开放或要求国家重新集权的人，都不可能从根本上推翻这样一个显而易见的事实：即近三十年来中国所取得的举世瞩目的成就，正是拜解放思想与解放社会之所赐。今人所谓谋求"新新中国"，即是在中国实现"国家解放"后再谋求中国的"社会解放"，而中国若要"和平崛起"，就必定要请社会"和平出山"。

笔者以为，所谓"国家解放"以及紧随其后的"社会解放"，不过是飞机起降的两个阶段。此一情形，恰似一场始于战乱的飞行。当人们拿着各自的行李物品，挤上了一架租来的救援飞机，赶往自己的逃生之地时，前一阶段，为了更好地逃生，机组人员让所有人进了飞机，以逃避外面的祸患，是谓"国家解放"；后一阶段，当飞机着陆，抵达安全地带时，人们走下飞机，每个人都有权取回属于自己的行李，是谓"社会解放"。从关紧舱门到打开舱门，事实上也是国家与社会由封闭走向开放的过程。在此意义上，所谓转型就是从"国家解放"转向"社会解放"，其成败关键就在于如何使此一过程有条不紊地缩减到最短。

在机舱这一封闭环境中也可能会发生以下某些小插曲：

比如说，机组人员以外部世界仍旧危险的名义迟迟不肯着陆，抑或因为对伤病者同情，抑或出于其他美好的情意，要求所有乘客交出自己的全部物品，并在此基础上实行平均分配。当然，这个想法多少有些乌托邦。人们注意到，在这个由商量演变为争吵的过程中，平均分配不仅未能被公正执行，而且违背客观规律，因为有些东西是不能平均分的。比如说，一把小提琴，你搞平均主义把它切成中草药碎片一般分给每位乘客，人们就不仅失去了一把小提琴，一个音乐家，而且可能从此失去了音乐。

同样重要的是，在机舱这个封闭的环境里搞平均分配，难免给人一种“幸福到此为止”的印象——这种分配着眼于分配过去，似乎忽略了乘客有朝一日走到机舱之外的所有创造。

当然，还有一种可能是，飞机虽然已经着陆，机组人员却让飞机维持着继续飞行的假象。关于这一点，前南斯拉夫导演库斯图里察在他的电影《地下》里已经有了杰出的概括。

重新发现社会

一场新的改革已经开始。中共十六届六中全会将“社会建设”与“政治建设”“经济建设”和“文化建设”放到同等重要的位置，并且提出“共同建设、共同享有”，藉此强调全民参与社会建设的重要性。

显而易见，自“治理”概念大行其道以来，以人类幸福自由为终极目标的世界政治出现了某种融合的趋势。当中国人将目光投向欧洲改良后的资本主义国家的“社会主义”内涵时，世界同样发现，这个为某些西方媒体所担忧的、“滑向野蛮资本主义”的中国，已经开始新的旅程，在“社会主义”中重新寻找和发现“社会”的价值。

有主义，无社会

回顾改革开放以来的中国道路，“社会建设”的首次着重提出，或可视为中国政府职能回归的标志性事件。这也是一场历史性告别的开始，即中国政府将逐步告别过去国家至上的单向度思维，开始了以个人社会权利为中心的整体性建设与改造。在完成对改革前“革命第一”的政治主导型全能政府以及随后“效率优先”的经济主导型政府的超越后，中国将从此进入“共建共享”公民社会的宽阔之境。

社会学将组织主要分为三大类，即政治组织、经济组织与社会组织。百余年来的中国风雨沉浮、兴衰荣辱，即是围绕着三者之间的权界展开。

伴随着新中国的成立，政治组织在1949年确立自己的权威。然而，由于当时特殊的历史原因、国际环境以及观念上的误区，经济组织与社会组织同时被纳入政治组织之中，并形成了改革开放以前掌管人民一切生活的全能型政府。在这种全能体制下，政府几乎无一例外地包办了经济与社会的所有职能，使之成为权力的附庸与延伸。所谓“单位办社会”便是这一体制的集中体现与概括。从社会学的角度讲，此一阶段“社会主义”所见证的正是“有主义、无社会”的悖论。

单位办社会，意味着单位是城市居民唯一经济来源，包括住房、医疗费用、副食补贴、退休金等福利也来自单位。企业不仅是一个生产组织，而且还是政府的一个附属机构。企业不仅要接受政府分配的计划生产，还要协助政府对社会成员的行为进行管束。在人还不是完整的“权利单位”，而只是“单位人”时，政府正是通过单位实现对社会成员的管理。同苛严的户籍制度一样，档案管理制度的存在不仅不会增加公民的任何权利，相反，共和国公民的合法权利往往只能通过单位证明才能获得。

直到今日，一些行政执法部门在进行执法时，仍然习惯于将企事业单位视为政府的附属机构，仿佛它们是维持公共秩序的派出所。诸如上海推广的“闯红灯职员照片送达单位”、南京“行人闯红灯，单位扣奖金”以及郑州“行人闯红灯单位受罚”等规章的出台，本质上更是将“社会人”拉回单位再做“单位人”。

今日中国正在走向开放时代。同单位一样，在旧有的计划体制下，经济组织的各种经营活动与分配都受命于政府。经济组织只与其上级主管部门发生垂直的单向关系，不同的经济组织之间缺乏横向联系，各个组织都是相对封闭的。换言之，这是一个以权力为中心向四周发散的星状体社会，权力是社会得以存在的基础与纽带。

哈耶克曾将社会主义视为“高尚而致命的自负”。此论正确与否姑且不论，可以肯定的是，如果公权力企图垄断一个国家所有的事务，则是一种“不高尚的致命的自负”。历史证明，在全能政治下，为了永远拿冠军，政府不仅当裁判、下场踢球，而且还会绞尽脑汁包揽对方球队的训练与挑选。

经济体制改革的意义是显而易见的。随着大批相对独立的经济组织的形成，资源配置良性发展，社会组织功能分化。与此同时，许多权力部门开始失去原有的利益，一些政府机关的工作人员甚至下海试水。

与此同时，人们同样注意到，“让一部分人先富起来”及“发展是硬道理”等政治动员口号本身所具有的模糊性与开放性使一些权力部门在追求效率最大化时完成了政府向经济主导型的转变。“效率优先，兼顾公平”的潜台词是：经济发展是第一位的。至于公平，只能看是否顾得上，而“效率优先”就是顾不上的最好理由。

近几年来，有识之士越来越意识到经济主导型政府的不足。吴敬琏、陈清泰等经济学家力主改变目前的政府主导型经济。众所周知，近三十年来中国经济的高增长基本上是靠投资尤其是政府的投资拉动的。然而不可否认的是，裹挟其中、席卷天下的各种政绩工程，因为不受市场规律制约，不考虑投入产出比，投资损耗极大。

据世界银行估计，“七五”到“九五”期间，中国投资决策失误率在30%左右，资金浪费损失大约在4000亿到5000亿元之间。面对中国新一轮的“圈地运动”，政府主导型经济在某些地方已经演变成对人与自然的“双重掠夺”：一方面是掠夺自然资源，大量圈地却抛荒无数；另一方面是掠夺民众，诸如野蛮征地与拆迁已成为中国基层社会的最主要矛盾。

改革开放之初，由于国家正处于极大危机之中，加上国家的治理资源匮乏、社会治理手段过于单一化，发展成为一个“硬道理”。但是，随着时间的推移，在具体实践过程中，这个部分解决方案变成了一揽子解决方案，由此异化为包治中国百病的偏方。由于“GDP压倒一切”“政绩压倒一切”，某些地方政府甚至喊出了“谁影响某地发展一阵子，我影响他一辈子”等令人毛骨悚然的口号。

谁在“打酱油”？

近两百年前，托克维尔在《论美国的民主》一书中曾经这样写道：“使人们能够用以确定什么是跋扈与暴政的，正是权利观念。权利观念明确的人，可以独立表现自己的意志而不傲慢，正直地表示服从而不奴颜婢膝。”相较而言，今日中国四处飘荡的恰恰是种种傲慢与谄媚的气息。

“我是来打酱油的。”从一个极端的年代走到一个“打酱油”的时代，若问今日中国最流行什么主义，答案一定是犬儒主义，“酱油主义”。没有理想、玩世不恭、冷嘲热讽，对现实不满却又远离政治与社会运动，带着一种自命清醒的虚无主义，从不与强权对抗。这些都是犬儒主义的特征。

按照欧文·豪（Irving Howe）的分析：政治全能主义有三个阶段，（一）乌托邦，令人心醉神迷的天堂理想，它诱发了狂热，而狂热则导致了（二）大规模的恐怖和人间地狱，然后，狂热与恐怖被耗尽，于是，（三）人们变得玩世不恭，“看透一切”，政治冷感，人际疏离，没有公共精神，即犬儒主义。当然，在某种意义上说，还应该加上一层，即在反抗未成功或者未能如愿时变得心灰意冷。约翰·密尔曾经指出，在一个政治压倒一切的社会里，统治者与被统治者都容易变成犬儒。统治者变成犬儒，因为他们早就不相信他们口头上宣讲的那套理论和原则，他们只把那些理论和原则当做维护权力的手段以及镇压反抗的借口。在被统治者方面，当他们一旦意识到自己在冠冕堂皇的旗帜下实际上处于被愚弄被压迫的境地，很容易转而对一切美好的价值失去信心，尤其是在试图反抗又遭到严重的挫折之后。

制度之病与人心之病仿佛是两生花。然而，在社会马铃薯般不能自组织起来的时候，苛责人们过于隐忍苟安，则多少有些残忍。如笔者在《一个人的宪政》一文中所写，我们时常责怪一个人或一个群体的懦弱，然而懦弱又有什么过错呢？无论是在极权还是暴民政治时期，与其说它是人们的处世抉择，弗如说是一项权利。它为生活于乱世之中的人们提供安身立命之所。当一个国家的大宪法失灵时，老百姓心里的小宪法就会立即生效，它们不会构成中国宪政共同体，却可以解释中国人为何一盘散沙、一塌糊涂、一地鸡毛。当国家宪法失之空洞、没有足够的力量加以护卫，当人们不能借着宪法上的白纸黑字保卫自己，便只好各顾各，充当犬儒或猪仙，热衷于在一个“盲社会”里践行“一个人的宪政”。

导演李杨借助《盲井》和《盲山》向世界展示了“盲社会”的存在。在那些对罪恶和危险视而不见的世界里，人的眼睛不是简单地瞎了，而是“死了”。正如李杨所说，所谓“盲”，就是“亡目”，而“亡目”的意思就是“眼睛死了”，死了和瞎了不一样。显然，这里“眼睛死了”并非生理而是心理上的，就像人们时常谈到的“哀莫大于心死”。尽管心脏还在跳动，但这个人的精气神儿都死了。同样，一个人如果“眼睛死了”，即使这双眼睛还能完成光学投射的功能，他也会对眼里的一切视而不见。

社会动荡与社会溃败

面对政府反复提到的“稳定压倒一切”等“维稳”思路，清华大学社会学系教授孙立平认为，尽管目前社会矛盾较多，甚至有激化的迹象，但中国发生大规模社会动荡的可能性并不大。在他看来，现在人们都在关心社会矛盾、社会冲突、群体性事件等问题。之所以有这样的关心，是担心发生大的社会动荡。但事实上对中国社会最大的威胁可能不是社会动荡，而是社会溃败。社会动荡是指严重的社会冲突会威胁政权和制度的基本框架，而社会溃败则是社会肌体的细胞坏死，机能失效。说得形象一点，动荡好比是健康的身体被别人打伤了，而溃败则是自身的组织或细胞出了严重的毛病。社会动荡的反面是社会稳定，社会溃败的反面是社会健康。

孙立平注意到，近些年来，社会溃败的迹象已经明显呈现。其中最核心的是权力的失控。在过去三十年改革的过程中，尽管建立起市场经济的基本框架，但权力仍然是我们社会的中枢。因此社会的溃败首先表现在权力的失控，腐败不过是其外在的表现。这种失控表现为，权力成为不但外部无法约束而且内部也无法约束的力量。一些地方性权力、部门性权力已经成为既无上面约束，又无下面监督，同时还缺少左右制衡的力量，这意味着国家权力的碎片化：官员不能负责任地进行工作，为保官升官不惜牺牲体制利益（更不要说社会利益了）。在此背景之下，腐败已经处于失控和“不可治理状态”。

与此相关的是，这种社会的溃败蔓延到了社会生活的各个领域：潜规则盛行于社会，甚至成为基本的为官为人之道——关于这一点，只需看看书店里有多少书在教人做好狼和狐狸；社会底线失守，道德沦丧；强势利益集团已经肆无忌惮，社会生活西西里化趋势出现；利益集团的肆无忌惮，对社会公平正义造成严重侵蚀；职业操守和职业道德的丧失是相当普遍的现象；整个社会的信息系统已经高度失真。随之而来的是，社会认同和社会向心力在急剧流失。正月元宵节央视一场大火，损失达几十个亿。然而，网络上一片幸灾乐祸之声。没有悲伤，没有痛心，幸灾乐祸中透露的是某种难以言表的快意。

有人的地方未必有社会

中国人常常说，“有人的地方就有江湖”。按照管理学家德鲁克的说法，有人的地方却未必有社会。“没有人会把船只失事时一群无组织、惊恐奔跑的人叫做一个‘社会’。那儿尽管有一群人，但并不存在社会。事实上，这种恐慌的直接原因便在于社会的崩溃；而克服这种恐慌的唯一途径，是要用社会价值观念、社会纪律、社会权利和社会组织来重建一个社会。”照此说法，你在公共场所看到“龙的传人”竟然不会排队，打成一团，甚至还有人提刀在春运窗口买卧铺票，这些也都算是零星的“社会崩溃”了。

德鲁克笔下的沉船与恐慌为世人展示了一幅“社会崩溃”的图景。“人类作为社会和政治的存在，必须要有功能正常的社会，正如人类作为生物的存在，必须要有空气以供呼吸……”正因为此，我说上世纪九十年代《泰坦尼克号》最震撼中国人心的不仅是爱情，更有旅客与船员在大难临头时的有序逃离。与此形成鲜明对照的是发生在新疆克拉玛依的那场大火以及当时“让领导先走”的壮语豪言。

民主并不只是选举，更不是几年赶一次集匆匆投票了事，自由也不只是简单的各行其是。二十一世纪的今天，当中国领导人开始意识到“没有民主，就没有社会主义的现代化”时，人们同样看到，没有对民主与自由价值的弘扬，就不可能有功能正常的社会，而没有“社会”，“社会主义”就无从谈起。

民主国家社会力量的强大是有目共睹的。以美国为例，除了由国家政党、总统政治以及官僚机构等操持的“政治”外，还有一种广泛存在于街坊邻里之间的民主。如果说前者是吸引眼球的“华而不实的想象”，它使公民成为旁观者而不是脚踏实地的参与者，那么后者则更像是“后院里的革命”，虽然悄无声息，却在一点一滴地哺育这个国家，小河有水大河满。

社会民主无疑是民主生活最重要的组成部分，它与政党政治一起构成民主生活的两翼。如托克维尔在《论美国的民主》中谈到，贵族制度把所有的公民，从农民到国王，结成一条长长的锁链，而民主制度则打断了这条锁链，使其环环脱落。当社会进入散兵游勇般的陌生人状态，没有人能够单枪匹马维护自己的自由。社会必须在独立中合群，重新组织以求自治。正因为此，我们看到今日美国活跃着百万余非营利性组织，它们的活动不仅为美国贡献了十分之一的国民生产总值，而且成为美国最大的“就业机构”。

柏克的问题与圣西门的醒悟

阿尔文·托夫勒在《再造新文明》中这样区别计划经济和市场经济：中央计划经济和市场经济的最重要差异是，前者的信息是垂直流动的，而在市场经济中，信息主要是水平及对角流动，买卖双方在各个层次交换着信息。

一个国家的整体性繁荣，有赖于政治、经济与社会的三维建设，任何一维的错位与忽略都有可能祸及其他，而让政府回归“仲裁者”“服务者”与“监管者”的角色，无疑是防止公权力成为“特殊利益集团”代言人与保护伞的重要路径。

二十一世纪中国的一个显著进步在于，越来越多的人开始意识到公民社会治理成本最低，“小政府，大社会”与建设一个“权小责大”的政府日益成为人们的共识。一个好的政府只是负责提供公共产品，担任社会“裁判者”和“守夜人”的角色。政府不能成为经济活动中的普通竞争者，也不能随意进入公民的私人领域。

令人遗憾的是，当经济改革将资本从权力中部分救赎出来后，官商合谋很快便形成了特殊权力集团，可能拒绝市场的利益分化，又可能拒绝社会力量的利益博弈。

商业改变中国，但在现有权利格局下，并不足以保障中国。经济改革带来的重重危机，政治改革的严重滞后性，使人们将目光再次投向了社会，并对其寄予厚望。

转型，更意味着各种力量之间充分博弈，它决定了公民社会的来临不可一蹴而就。有一点是清晰的，即通过一点点地厘清群己权界，使公民的权利得到保障，成为一个完整的权利主体，并在此基础之上进行联合，而这种联合正是一个封闭社会向开放社会脱胎换骨的动力。

其结果是，以公民权利为结点的网状体（公民社会）逐渐代替以权力为中心的星状体（政治社会）。

谈到法国大革命，英国思想家爱德蒙·柏克曾经提到一个问题：一个帝国为什么会在一夜之间坍塌？柏克的回答是："为了壮大自己，君主制削弱了其他一切社会力量。为了统制国家，政权摧毁了其他所有的社会纽带。一旦维系人民的纽带被割断，整个国家就土崩瓦解了。这时，再没有任何力量能够支撑君主、贵族以及教会。"（见《柏克通信》，转引自《中国之觉醒》，陈彦著，熊培云译）从今天理财的角度来说，帝国就像是一筐鸡蛋，把一个国家装在一个篮子里显然是危险的。

关于这一点，法国思想家圣西门也有相同的醒悟。和同时代的许多知识分子一样，圣西门曾经为法国大革命的不尽人意苦恼不已。那么，怎样才能让社会成功转型而不再发生流血呢？圣西门当时想到的办法就是建立各种各样的网络。当然，这是广义的网络，它包括完备的银行系统、公路系统、铁路系统、NGO 等等。换句话说，通过建立工业社会的各种网络，救赎政治全能主义，同时尽最大可能保障社会安全。

回顾一下中国历史不难获得类似印象。中央政府在割断民间的横向联系后，实际上也会将社会的"救亡"机制一并剔除。同样，在皇权时期，当外敌来犯，由于社会凡事都指望中央政府，社会自救很难展开，于是中央政府垮了，整个国家也便垮了。关于这一点，清军入关，明朝速亡即是明证。当然，从理论上说，社会早在外敌入侵之前便已经瓦解了。只不过，这一时期，社会弱不禁风的实质在强大的权力面前被掩盖了。

改革开放以来中国取得了前所未有的成绩。成绩从哪里来？来自改革开放。改革开放做什么？从本质上讲，就是建立各种各样的网络。所谓“与世界接轨”，也可以理解为一种网络上的接驳。今日世界热衷讨论“风险社会”，也是要通过完备的网络体系以分散社会风险。

2003年无以数计的网民为孙志刚之死拍案而起，一个被忽略或不愿被重视的细节是孙志刚大学毕业。通常，人们会认为一个人可通过个体奋斗改变命运，然而，孙志刚之死彻底否定了这一判断。孙志刚可以通过高考将自己从封闭落后的农村带到城市，但是，凭其一己之力，并不能抵挡公权力突如其来的袭击，以及不法之徒在权力授意下打出的组合拳。

能够在激流中屹立的人，未必能挺立于人海。一个人的幸福仅靠个人奋斗是不够的。如果没有社会在政治、经济、文化、法律等方面的整体性推进，一切个人幸福都是可疑的。自顾自地奋斗，就像走钢丝一样，随时可能坠入深渊。“权利短板”的存在意味着每个人都是弱者，每个人都是权利的孤儿。正因为此，当下人们对“福利工会转向维权工会”“村委会外设立农会”等呼吁才显得如此迫切和重要。

无社会状态与无政府状态

2007年10月，我在比利时参加中欧文化论坛。当时这个国家正深陷政治危机，已经几个月没有了政府。尽管议会选举结束了一百多天，但由于北部荷兰语区弗兰德斯和南部法语区瓦隆尼亚的政治领导人迟迟未就权力分配达成一致，组阁谈判陷入僵局。然而，几个月来，比利时人无不按部就班地生活，一切和我几年前路过时一样。如有媒体报道，人们每天正常上班，照常纳税，地铁准点来，不可不谓安居乐业。

之所以想起比利时的这一“无政府状态”，与我2008年暑假在老家县志上读到的一则文革史料有关。据记载，1967年初，“停产闹革命”使县政府瘫痪。几个月后，分化为两派的造反派发生大规模冲突，“7月4日，‘井冈山’聚集贮木场，‘大联合’调集民兵三面包围。凌晨二时，双方开枪射击，互有伤亡。11时，‘大联合’用六〇炮轰击贮木场。武斗中，双方共死亡10人”。

值得思考的是，同是“无政府状态”，为什么布鲁塞尔街头没有发生类似当年中国之混战？以及，两个时代的差别，是否更在于后者处于“无社会状态”之中？

如前文所述，人类作为社会和政治的存在，必须要有功能正常的社会，正如人类作为生物的存在，必须要有空气以供呼吸。没有人可能脱离社会而生存（德鲁克语）。君不见，即使是梭罗那样的著名“隐士”，也承认当年在瓦尔登湖畔过一种实验性的隐居生活时为自己备了三把椅子——“独坐时用一把，交友时用两把，社交时用三把。”

转型期中国人渐渐热衷于讨论政府如何对社会进行危机管理，事实上，同样值得思考的是：如何建立起一种制度文化，使社会能够充分自治，可以从容面对政府危机；能够在此危机中继续自由自我、自发自为地生活。在我看来，讨论一个国家是否稳定，政治是否文明，社会是否功能正常，首先需要观测的就是在政府出现危机时社会能否秩序如常。

如果一个国家是借暴力实现改朝换代，而且这种暴力逻辑还要继续下去；如果掌权者只能通过限制一部分人的自由，甚至剥夺他们的生命来维持自己的统治，我们就不能说这个国家及其政治是稳定的。自古以来，中国人称以暴力夺取江山为“打天下”，然而得天下者无不“像野蛮人一样”把本国当成新被征服的国家。所谓“逐鹿中原”，实则是将打天下当做打猎，将天下当做可被射杀或戏弄的猎物。及至打得天下，将天下收入囊中，盘剥民财亦如探囊取物。

相较之下，在拥有政治文明与社会文明的国家，短暂的“无政府状态”尚不至于使社会陷入“痛打天下”的混战，因为权力无主时，权利归属却还在；因为在那儿社会已经订立底线契约，既承认天下并非必将鹿死谁手的猎物，又圈定了政治与社会的界限。所以，无论政治出现了怎样的危机，掌权者如何易位，社会仍不至于受灭顶之灾。仆人走了，家还在。

不难理解，文革等时期之所以处处是“人对人的狼战”（霍布斯语），就在于当时政治绑架生活、国家吞并社会，既无现代意义之政府，也无现代意义之社会。或者说，文革的大混乱不仅在于这个国家进入了“无政府状态”，更在于在那个政治挂帅的年代里它已深陷“无社会状态”。

对于国民来说，最可怕的是自己的国家同时陷入“无政府状态”与“无社会状态”。但是，如果比较两种状态，“无社会”之害恐怕远甚于“无政府”。而且，更重要的是，一个功能正常的社会能够及时结束两种“无政府状态”。前一种，如法国“五月革命”的混乱就是在许多市民上街游行，在“法国要工作”“把索邦打扫干净”等口号中结束的；后一种“无政府状态”则是指政府空言政治，有权无责。这样的时候，选民可以通过手中的选票改弦更张。

比利时的这场政治危机足足持续了半年时间。如一位布鲁塞尔人所说：“也许我们缔造了无政府最长纪录，但生活并没有因此变坏。如果政客不小心点，他们会知道我们比利时人不需要他们。”由此可见，比利时人并非不需要政府，而是需要他们有权选择的更好的政府。

国富论与民富论

上世纪八十年代，中国人满怀忧患，许多人甚至担心黄色文明的中国可能在全球“蔚蓝化”的进程中失去“球籍”；二十年后，有关“大国崛起”的种种讨论则从另一个侧面见证了中国人正在重拾自信。显然，这一心理变化主要有赖于三十年来中国经济的高速增长。然而，与此同时，越来越多的人也开始注意到，国家崛起并不必然导致国民崛起，国家有钱并不必然意味着国民有钱。

1776 年，也就是美国《独立宣言》发表的那一年，亚当·斯密出版了《国民财富的性质和原因的研究》。这部有力推动资本主义社会发展的经济学著作在中国被译为《国富论》。然而，结合斯密提倡的经济精神，不难发现，书之关键仍在于“民富论”与“均富论”。斯密说:“哪里有巨大的财富，哪里就有巨大的不平等。有一个巨富的人，同时至少必有 500 个穷人。少数人的富有，必定是以多数人的贫困为前提。”

任何时代，只有货真价实的“民富”才可能有真正的“国富”。同样，一个社会致力于民主、民权等追求时，也不会割裂“民富”理想。事实上，“民富”不仅意味着个人生活与理想的实现，更蕴藏着一种社会抱负。用斯密的话说，虽然每个人“只想得到自己的利益”，但是又好像“受着一只看不见的手的指导，去尽力达到一个并非他本意想要达到的目的。……他追求自己的利益，往往使他能比在真正出于本意的情况下更有效地促进社会的利益”。如果政府掌握大量财富在自己手里，国家将会失去经济持续增长的内生动力，而如果是国民来支配这些财富，反而会在财富的自由流转中增进社会福祉。

社会分红：阿拉斯加的光荣与梦想

上海市政协委员邢普在2008年两会上正式提出：全国人民每人发放1000元以分享财政收入的高增长。在这个更多是强调纳税义务而非纳税权利的时代，人们似乎习惯于政府“取之于民”，邢普委员建议政府“还钱”，难免给人一种“不严肃”的印象。

然而今日世界昌明，“找政府分红”与其说是天方夜谭，不如说是国际惯例。此前不久，新加坡政府公布了“政府盈余全民分享计划”，仿照企业将盈余回馈给股东的方法，给国民发了一个相当于43亿人民币的大“红包”。中国香港特区政府紧随其后，因巨额财政盈余而准备退税400亿港元，退税率高达75%。为了刺激美国经济，布什政府提出了1450亿美元的减税计划。

尽管提案看似异想天开，但不得不承认，无论其结果如何，“给每个人发放1000元”的提出便已经是一次观念的胜出。而写在这个建议背后的更是沉重的时代之问，即我们能否建立一个可以实现社会分红的政府，以及需要一场怎样的国家伦理的革新。

“社会分红”是1977年诺贝尔经济学奖得主、英国经济学家詹姆斯·米德于1938年在《经济分析与政策导论》中正式提出。在米德看来:“国家将从投入社会化企业的资本和土地获得利润。它可以将利润的一部分作为社会分红分给消费者，将另一部分作为对社会化企业的再投资。”两年后，米德在《消费者信贷和失业》一书中进一步明确将直接分给每个公民的“社会分红”作为“反周期”的政策工具，还能使它起到在经济萧条时期的扩大消费的作用。

这方面，最有典型性和启发性的个案莫过于来自美国阿拉斯加州的实践。1968 年普拉德霍湾发现了丰富的石油和天然气资源。由于普拉德霍湾的土地属于阿拉斯加州州政府所有，次年 9 月州政府通过油田的租赁获得 9 亿美元的收入。为了避免这笔巨大的公共财富被花光，阿拉斯加州州长哈蒙德提出用这笔钱建立永久基金以造福阿拉斯加的后人。这就是后来由阿拉斯加州议会通过的“哈蒙德方案”的缘起。由于阿拉斯加州永久基金的设立，1982 年秋冬两季阿拉斯加州四十多万居民每人收到了第一张价值 1000 美元支票的社会分红。在道琼斯指数最高的 2000 年，每个阿拉斯加州公民收到了近 2000 美元的分红。

如今，社会分红理论在中国已经为越来越多的人了解和接受。除了清华大学教授崔之元等学者在学理层面倡导组建“中国人民永久信托基金”外，2007 年全国“两会”期间亦有政协委员提出相关提案，建议划拨部分国有企业利润组建相关永久基金，使人人都可以分享“社会分红”，拥有美国阿拉斯加人一般的光荣与梦想。

国家“三九化”

2007 年 5 月 30 日召开的国务院常务会议，研究部署试行国有资本经营预算工作，会议决定从 2007 年开始在中央本级试行国有资本经营预算，即政府作为股东，对国有企业的利润提取分红和进行再分配，这意味着长达十三年之久的国企只上缴税收不上缴红利的时代从此一去不复返。

此前一年，世界银行发布了一份建议中国大型国有企业向政府支付红利的报告。该报告认为中国国有企业的利润和改制收入属于公共收入，应当向国家分红，上缴财政部，有关红利支出的决定应该纳入统一预算，由全国人大批准。

众所周知，自1994年以来，中国数目庞大的国有工业企业，包括一些处于垄断行业拥有高额利润的企业，从未向财政部、国资委还有其他任何中央政府部门分过红。然而，一个不可否认的事实是，在过去若干年里，国家不仅承担了一些企业重组的大部分成本，而且已经接手了诸如学校和医院等原属国企的社会职能，而且国家在职工失业和提前退休等相关的成本方面还担负了主要的责任。与过去穷困潦倒、无红可分的光景形成鲜明对照的是，据财政部数据，2007年全国国有企业实现利润超过万亿元。

当然，政府分红的最后归宿是社会分红，因为国企的出资人以及改革成本的真正担负者既不是通过观念缔结的国家，也不是纳税人供养的政府，而是每一位具体的国民、劳动者。如果政府追逐分红而不将这些红利以各种形式归还给社会，那么这种分红便可能失去意义。

谈到国企为什么向政府（社会）分红，世行报告认为至少可以解决两个问题。一方面，国有企业向政府（社会）分红有利于改善教育和医疗等关键性资源的配置。根据世界银行的研究，如果将中国国有企业50%的利润纳入财政预算并分配给教育和医疗卫生事业，政府对教育和医疗卫生的支出将增加85%。另一方面，对发展中的中国经济而言，过度利用留存利润进行产业扩张构成了不利因素。企业内部的资本配置无法像从金融部门获得融资那样受到严格的审核监督，很可能影响投资效率。而缺乏审核可能导致顺周期投资，使经济更易出现大起大落。这方面给人们留下最深印象的莫过于三九集团。由于医药、汽车、食品等八大产业盲目扩张，该集团银行欠款已经从2003年底的98亿元增至2005年的约107亿元。

从世界银行关于国企盲目扩张的风险评估出发，值得追问的是，那些体现在国企方面的种种盲目扩张与刚愎自用是否同样适用于政府？当政府通过各种渠道聚敛超量的社会财富，它是否会累积同样深不可测的风险，甚至使国家“三九化”？

倘若能意识到这些潜在的危机，就不难发现，藏富于民或还富于民的意义并不仅仅体现于经济层面，更体现于政治层面，即财富的分散效应将大大降低政府在财富与权力高位中的运行风险。事实上，“小政府、大社会”这也是改革开放之初中国政府追逐的目标。遗憾的是，自1994年分税制改革之后，政府规模再度急剧膨胀，并在2007年登峰造极。

政府有多大?

著名学者陈志武在《政府有多大？》中这样写道：2007年，中国财政税收增加了31%，达到5.1万亿元，占GDP的21%，相当于同年3.7亿城镇居民的可支配收入、12.3亿农民的纯收入。也就是说，政府一年花的钱等于3.7亿个城镇居民、12.3亿农民一年可以花的钱。

这位耶鲁大学教授对中美两国财富在民间和政府之间的分享结构进行了对比：在美国资产基本都在民间个人和家庭手中，美国政府基本没有生产性资产，即使土地也只是少量。与此相反，在中国超过76%的资产由政府拥有，民间只有不到四分之一的资产。“正因为中国太多的收入和资产财富掌握在政府手中，而不是将更多收入、更多资产由私人去消费、去投资，使跟民生贴近的服务业难以发展。”

政府为什么“越做越大”？政府权力未受到有效约束无疑是主因。除此之外，至少还有两个观念上的误区。其一是“国富先于民强”。由于事事“以国家为重”，而政府又是国家的“代理人”，所以政府与民争利不但不可避免，而且具有某种正当性。显然，这一倾向不仅体现在国家对某些领域的垄断，同样体现在一些具体的公共政策上。近年来，政府出台了不少调控政策，不乐见的是，许多政策收效甚微之余，却让政府尽得好处。比如2006年名义上为了控制房价而对五年内二手房收取的5%的营业税，不但没有从根本上扭转房价突飞猛进地上升，反而因为这一进一出的税收使房价变相上涨一成。同样，“为股市降温”而上调印花税使2007年印花税超过2000亿元，较前一年增长了10倍。从成交额和税率算更超过了过去十六年的总和。“管理就是收费”如今变成了“调控就是增加社会成本”。这种既能“偷懒”又能尽得好处的调控，其所损害的必然是社会财富的增长和正在形成中的资本市场。

这种暧昧同样体现于“监护人政府”这一角色上。和“守夜人政府”不同的是，“监护人政府”认为自己较“未成年社会”更会花钱，更目光远大。在这样的“大政府，小社会”时代，社会就像是财务不能自理的孩子，必须将自己尽可能多的劳动所得或者财富压岁钱般通过各种渠道上交给国家（政府），由国家（政府）统一保管和支配。显然，在这里，政府多多益善地掌管钱财并非只是因为“贪婪”，同样源于某种“监护逻辑”，即政府自信能够代替民众花钱，而且花得更好。然而，人性的常识却告诉我们，每个人只有在花自己的钱的时候才更注重收益，更精打细算。当然，这里所谓的“钱”，实际上并不只是货币，同样包括土地、审美以及公民应有的其他权益。

“发放1000元钱”式的社会分红究竟有着怎样的时代内涵？不难发现，这里的“发放”实为“返还”，因为相较于国家或者政府而言，每一个具体的、有血有肉有力气的国民才是社会价值的真正创造者。

从“薅社会主义的羊毛”到“薅社会的羊毛”

在2008年3月22日召开的“中国发展高层论坛2008年会”上，国家统计局局长谢伏瞻谈到两个涉农观点：一是要调整理顺务工和务农收入的比价关系，加大对农业的补贴力度，防止务工收入的过快上涨，降低劳动力成本所推动的通胀压力；二是大力发展农业生产，增加农产品的进口，严格控制农产品出口，降低农产品流通成本，增加农产品的供给。

许多人会为政府官员以降低通胀压力为名抑制“农民工收入过快上涨”感到惊讶。事实上，根据中国社科院发布的2008年《社会蓝皮书》，过去一年中国城乡之间、地区之间和社会成员之间的收入差距扩大趋势尚未得到扭转。从整体上看，一个比较明显的趋势是，职工工资总额占GDP的比重、居民收入和劳动收入在国民收入分配中的比重均出现下降。一方面，职工工资总额占GDP的比重从“九五”末期的13.3%下降到“十一五”初期的11%；另一方面，资本利润由原来的20%提高到2006年的30.6%，再加上近年来财政收入的爆炸式增长，第二三产业的雇用劳动者尤其是农民工报酬收入并没有明显增加。相较而言，中国劳动者报酬占GDP比重不到美国的四分之一，而企业经营利润所占比重则相当于美国的三倍。

从理论上说，降低劳动力成本对降低通胀压力会有一定作用。问题关键在于，政府在制定政策时不能重蹈覆辙，像过去一样随心所欲地将国家建设与社会改革的成本转嫁给那些最没有话语权的个人和群体。众所周知，上世纪五十年代中期，中国以斯大林模式为样板建立经济体制，按照苏联经济学家的“社会主义原始积累”理论尽一切可能压低农民的生产、生活需要，让农民几乎无条件地为国家工业化担负巨额成本。这也是建国以来中国城乡“二元分治”的肇始。所以，无论是从历史角度还是从社会公正的角度来说，近年来务工收入的增长充其量只是一种“恢复性上涨”，而非真正意义上的“快速上涨”。

相关统计数字亦表明，近年来城乡差距没有缩小反而扩大。2005年一个被反复引用的数据是，珠三角地区农民工月薪十二年只“提高”了68元。如有经济学家指出，中国通货膨胀的出现，主要与近年来信贷过多、外汇储备过多、人民币升值等国内外因素有关，而这一切皆非控制务工收入所能解决，而以控制底层社会的务工收入来抑制通货膨胀，难免像有的政协委员指责“钉子户推高房价”一样避重就轻，错瞄方向。事实上，贫富分化既会导致消费领域的马太效应，也会间接推动物价上涨。聪明如王石者不也说过，中国之所以房价高企，症结不在于有人买不起房，而在于有人买得起房。简单说，中国贫富分化已经严重影响到了民生物资的定价。

维护社会公平正义无疑是政府的首要职责。尽管“三防”被列为2008年政府工作的重点，但任何政策的出台必须遵循社会公正的原则，而不能为了一个所谓整体利益而牺牲另一部分人的利益。否则，就难怪有人表扬现在的官员太“油菜花”了——为了刺激消费，政府就给公务员涨工资；为了抑制通胀，政府就“防止务工收入的过快上涨”。

社会上流行着一句顺口溜：“工资涨（长）得像眉毛一样慢，物价涨（长）得像胡子一样快。”在2007年，这胡子恐怕是拉登的胡子。其实，和胡子涨（长）得一样快的还有国家财政收入。如前所述，2007 年中国财政税收增加了 31%，占到了 GDP 的 21%。显然，无论是与 GDP 的增长速度、物价的上涨速度比，还是与财政收入的增长速度比，“务工收入过快上涨”只是子虚乌有，由此“防止务工收入过快上涨”注定也是个假命题。

笔者此前曾在《南方都市报》的专栏文章中公开反对政协委员“钉子户推高房价”一说。值得深思的现象是，为什么今日中国社会对官员、人大代表或政协委员们提出的一些观点，会在一夜之间形成一股声势浩大的反对声浪。从表面上看，这与近年来的“评论中兴”或者公共空间的异军突起有关，然而我看到更多的却是中国社会权利观念的成长。

二十一世纪的今天，中国改革已是船到江心，体现在国家与社会之间的博弈日益激烈。过去那个曾经由政府主导一切、国家吞没社会的时代正在成为历史。细心对比前后两个时代，不乏有趣的细节：在过去是集全社会之力帮助国家（或者政府）惩治社会、防范社会，务求“大公无私”“颗粒归公”。所以，当社员们“薅社会主义的羊毛”时难免为千夫所指，公民的经济诉求会落在道德与政治层面被压制。而现在，渐渐觉醒与成长起来的中国社会因为“小私”而走向“大公”与团结。许多人，无论是否有机会在公共领域里发出自己的声音，却都在心底里达成了一个共识，即不仅要不遗余力地规范政府行为，而且不忘关注每个弱者的命运，不忘在权力面前每个人都是弱者。当政府官员想方设法、似无还有地“薅社会的羊毛”时，社会能够异口同声、正大光明地反对。

从国家（政府）反对社会“薅社会主义的羊毛”，到社会努力反对国家（政府）“薅社会的羊毛”，不只是在语义上少了“主义”二字，这个转变更是改革开放以来中国社会收获的一个大进步，也是中国社会步步为营、节节胜利的条件。

“五有之乡”的国家伦理

没有面向社会的分红，不把国民视为股东，国企只能说是浪得虚名。任何一个标榜执政为民的政府，更不能以掌握在自己手里的钱越多越光荣。

相信许多人都听过一则比较中美两国市长的故事：中国市长敢请美国市长来中国，为其报销来去一切费用；而美国市长说他没有钱请中国市长去美国，因为他花的都是纳税人的钱。同样是嫖娼，有些中国官员会“开发票”，而在2007年底陷入嫖娼丑闻的德国市长安德里亚·兰格却因为嫖娼入不敷出不得不在妓女那里抵押自己的电脑。

2008年3月5日，温家宝总理在政府工作报告中一如既往地强调民生政治：这一年中央对教育投入将由前一年的1076亿元增至1562亿元、财政对合作医疗补助每人从40元提高到80元、中央财政新增167亿元用于卫生事业、中央新增17亿元用于廉租房建设等等。就在此前一天，《关于深化行政管理体制改革的意见》公布。民生政治与现代行政之所以相继被着重提出，并且一起指向2020年，正是因为民生与现代行政密不可分。

应该看到，尽管在谈到民生问题时人们多寄望于政府有所担当，但这并不意味着解决民生问题事事都要仰仗政府的亲力亲为，因为社会更应有大作为，更应成为推动时代变迁的主角。现代政治理论认为，一个有希望的社会政府当追求“责大权小”。所谓“责大”，从本质上说，就是为实现社会公平正义，政府必须担起更多的民生责任，让那些生活于底层者不因时代迁延而被抛弃，即使是最穷的人也能够享受医疗、教育和住房等基本权利；所谓“权小”，就是政府应该谦卑地使用手中的权力，不仅要受到社会监督，而且要充分放权，使社会有尽可能多的自由去创造财富和享受生活，让个人和家庭有机会通过独立或者合群的奋斗直接改善自己的生活，并间接地从整体上促进全社会民生的改善。

上世纪八十年代，崔健的《一无所有》唱出了一个时代的心声。如今的中国人已经从整体上告别了贫穷，而社会也在不断地分化与裂变中重组意义。继中共十六届六中全会提出“和谐社会”目标后，十七大报告将“民生”具体概括为让全体国民“学有所教、劳有所得、病有所医、老有所养和住有所居”。而这五个“有所”亦被概括为“五有之乡”而为人们寄予厚望。

改革开放三十年也是中国重建国家伦理的三十年。走过风雨征程，人们渐渐达成的共识是，为建立一个公正、开放、文明、富庶的社会，必须在政治建设方面还权于民，使一切权力在阳光下运行；在经济建设方面还利于民，政府不再身兼运动员和裁判员、与民争利；在社会建设方面允许社会成员充分自治和自组织，视社会组织为政府组织之必要救济；在文化建设方面赋予社会充分的创造自由。惟其如此，今世纪朴素无华的“五有之乡”的理想才不至于再次沦落为“乌有之乡”。

“历史三峡”与“敦刻尔克撤退”

中国转型几时大功告成，经常被提及的年份是2040年。旅美历史学家唐德刚在《晚清七十年》一书中作过这样的表述：“这第二次大转型是被迫的，也是死人如麻，极其痛苦的。这次惊涛骇浪的大转型，笔者试名之曰‘历史三峡’。我们要通过这个可怕的三峡，大致也要历时两百年。自1840年开始，我们能在2040年通过三峡，享受点风平浪静的清福，就算是很幸运的了。如果历史出了偏差，政治军事走火入魔，则这条‘历史三峡’还会无限期地延长下去，那我民族的苦日子就过不尽了。不过不论时间长短，历史三峡终必有通过的一日，这是个历史的必然。到那时‘晴川历历汉阳树，芳草萋萋鹦鹉洲’，我们在喝彩声中，就可扬帆直下，随大江东去，进入海阔天空的太平之洋了。”2008年初，政治学者周天勇等人主编的《攻坚：十七大后中国政治体制改革研究报告》一书同样将时间指向了这一年——中国从传统的计划经济转向现代市场经济、从低水平民主法制化转向较高水平的政治民主，如果从1979年开始，至少需要六十年左右的时间。

三十年“国退民进”

上世纪五十年代中期，中国以斯大林模式为样板建立经济体制。早在1917年苏联刚起步时，由于资金不足，对大规模工业化有心无力，于是采用了经济学家普列奥布拉仁斯基的“社会主义原始积累”理论，让农民无条件地为工业化支付巨额成本。轻农重工的结果是，“在传统社会主义国家，农业搞得一团糟”（阿尔文·托夫勒语）。

显然，“苏为中用”的这种模式也是中国城乡二元分治的肇始。除此之外，为尽快工业化，传统社会主义国家还经常贬损服务业和白领工作，大力颂扬体力劳动，注重生产资料，而漠视消费品。论及苏联的垮掉时，吴建民先生曾与我谈到自己当年两次路过苏联时的印象：苏联虽然在很多方面有进步，但民用工业一塌糊涂。

如上所述，中国照搬苏联，上世纪五十年代后期又在“无产阶级专政下继续革命理论”的指导下将苏联体制推到极端。随之而来的是1960至1962年的“三年困难时期”和1966至1976年的文革，贫困与混乱使中国政治、经济与社会几乎走到了崩溃的边缘。直到无路可走的小岗村农民按上逆境求生的血手印，在客观上完成了对旧制度的反戈一击，中国改革才终于浮出水面。

1978年12月召开的十一届三中全会结束了“两个凡是”，停用“以阶级斗争为纲”和“无产阶级专政下继续革命”的口号，开始把工作重点转移到社会主义现代化建设上来。1984年十二届三中全会推出“有计划的商品经济”或曰“社会主义的商品经济”。1987年“十三大”把商品经济的运行机制界定为“国家调节市场，市场引导企业”。1992年“十四大”正式提出确立“社会主义市场经济”的主张。1997年“十五大”明确了“公有制为主体、多种所有制经济共同发展”的基本经济制度。改革虽然在缓慢进行，但是“国退民进”的浪潮却清晰可见。市场化让中国人渐渐走出传统的生产生活方式，获得越来越多的个人自由。

没有经济自由，就不会有真正的政治自由。随着社会与经济的发展，财务自由与择业自由让中国人获得了更多的“自由资本”，可以不必像过去那样仰“单位体制”之鼻息了。

对此，经济学家茅于轼不无感慨：相较改革开放以前的穿衣服没有自由，找工作没有自由，想挣钱没有自由，想旅行没有自由，想思考没有自由等等，现在中国人的自由显然明显增加。“只要有钱，差不多什么都可以买了，除了土地以外。”

然而，“民进国退”既非大功告成，也非一帆风顺。众所周知，尤其在2000年以后，在一些领域出现倒退，有些地方甚至以“国有企业是党执政的经济基础”等为借口，搞“国进民退”的“二次国有化”或者“再国有化”。权力与资本的结盟尽享改革的好处，同时也成了继续改革的拦路虎，使社会再次陷入被抛弃与被背叛的境遇。

谈到中国近三十年的成就，经济学家吴敬琏认为关键在于改革开放过程中采取了一系列变通性的体制和政策，解开了命令经济中行政命令的束缚，扩大了居民择业和创业的自由权利，使得原来被压抑的潜能得以发挥出来。但在市场制度发展起来以后，就必须对这类过渡性的制度作进一步的市场化改革，否则就会带来种种消极的经济和社会后果。耶鲁大学教授陈志武更认为“只有还产于民，才能还富于民”。从交易公平的角度出发，上世纪五十年代全面国有化之时，政府曾向国民许诺：你把你的土地和财产都归公、给国家，这是你的付出，但你今后的工作、生活、医疗、养老、小孩教育都由国家包了。那是一种对称的交易。如今，工作和生活责任回归了公民个人，国家基本不管了，而当年被国有化的私人财产和土地并没有还给公民，如此交易显然有失公平，更会留下祸患。

一个共识是，中国当下的转型最重要的是权力的转型，即如何完成政府从政治统治型和经济建设型向公共服务型、社会管理型政府转变。所谓“权利”，对于一个身处转型期的社会而言，首先是“政治上还权”“经济上还利”。

社会比国家古老

人类历史是一部财产观念史，也是一部社会成长史。和贸易一样，社会比国家古老。

有人认为，社会不过是国家的附庸。用黑格尔的话说是社会“必须以国家为前提”。无疑，在过去相当长的时间里，中国一直奉行的便是国家高于社会、国家压倒社会的体制，以至于国家与社会高度一体化，社会生活高度政治化，观念压倒实体，政治放逐生活。

强国家—弱社会形态主宰了中国历史，在中国传统权力体系中，不存在社会独立于国家之外，并获得不受国家干预的自主权利的观念和理论。一代君王君临天下时，王权必定淹没社会。与此同时，在国家控制一切的全能主义时期，国家与社会高度同构的本质是国家吞并社会，而且有过之而无不及。“人民当家做主”被异化为“国家为人民当家做主”。

然而，从更古远的历史来看，人是一种社会存在，而非国家存在。如果国家注定像马克思所预言的那样会有朝一日消失，那么国家就不过是人类发展历程中的一段插曲或一个权宜之计。事实上，今天的欧盟建设已经开始了对国家的解构，同样，诸如人类社会、国际社会等词汇也表明社会与人类有着更加天然的亲近性。

在《致命的自负》里哈耶克谈到，在古希腊，斯巴达人是最强烈反对商业革命的人，“他们不承认个人财产，反而允许甚至鼓励偷窃”。而在深深卷入商业利益的元老院成员的统治下，罗马为世界提供了建立在个人财产绝对观念上的私法楷模。只是在罗马的中央政府日益取消了创业自由之后，社会自我扩展的秩序才开始衰弱并最终导致崩溃。

这一现象说明，如果政府不以保护公民的私有财产为自己的首要目标，甚至逆势而为接管公民日常生活的权利，则不太可能发展出先进的文明，因为在此条件下社会的发展注定会被“强大的”政府所中断。今天我们知道，近现代历史上“政治全盘设计社会”所导致的种种悲剧，不过是启蒙运动后全能理性的幻灭。用哈耶克的话来说就是，一切打算对整个社会实行计划的企图，无论是出于怎样一种高尚的动机，在它的背后都写着一种“致命的自负”。

所以，“对经济史的了解越多，就越会发现，一个高度组织化的国家的建立构成了早期文明发展的顶峰这种想法是错误的。由于我们对有组织的政府的所作所为的了解，必然大大多于个人之间自发的合作所成就的事情，因此历史说明严重夸大了政府的作用……强大的政府对自发的改进一再造成破坏，使文化的进化过程半途夭折……”

回顾本国的历史，许多中国人尤其是知识分子都会对春秋战国有着一种莫名的乡愁。那时候虽逢乱世，但在思想上却有着空前绝后的繁荣，以至于无所作为的后人抱怨这人世间的思想过早地被老祖宗们一锅端了。在那个“礼崩乐坏”的时代，每个人都在霞光与电火之间各奔前程。只可惜对于这些“乱象”，即使像孔子这样的“轴心时代环球十佳青年”也只看到时代在交媾，却未看到时代在孕育。更不幸的是，自始皇帝一统江湖之后，言论上的钳制使一代代才子佳人变成思想上的植物人。

当然，中国历史并非总是原地踏步，它宽宏大量，偶尔也会生产几位好皇帝方便千百年后的中国导演们歌功颂德。对于历史上曾经有过的繁华，爱做梦的摇滚歌手们甚至还要“梦里回到唐朝”。的确，中国历史一直并非积贫积弱。落后于世界文明，那也是近几百年的事情。事实上，在西方世界还在中世纪的黑暗中唉声叹气的时候，远在东方的中华帝国早已是盛世繁华，像今天的美利坚一样光芒四射。

谈到中国社会的大发展，熟读中国历史的人可能更愿“梦里回到宋朝”。笔者以为，唐朝虽然也曾强大，却也只是个用诗歌吹牛、一事无成的时代。相较而言，宋朝才真有万千气象。只不过，宋朝的社会成长在后世史学中多有淹没，以至于许多人误以为宋朝是个体弱多病却爱吟风弄月的孤儿。

难怪在《中国社会史》里法兰西院士谢和耐会这样写道：“从十二世纪开始浸透了中国历史之全部观念的正统伦理，再加上其过去历史，全部简化为一些失去了任何时间维度事件的传统史学范畴（它们只关心中央政权的生存和行政管理），它使我们发自内心地相信，中华世界的社会和政治形态、基本制度、经济、思想和技术都具有永恒性。而世界上一些最深刻的变化和最令人震惊的新生事物，中国人却视而不见、充耳不闻。在欧洲历史上被认为是标志着一个新社会出现的事件，在中国历史的传统视野中，却只不过是一种‘改朝换代’而已。”

此时的宋朝正在进行着一场中国式的“文艺复兴”运动。中国历史上的重要发明一半以上都出现在宋朝，所谓“四大发明”或者“四大发现”其中有三项便是在这一朝代出现或真正得到运用。宋朝航海、造船、医药、工艺、农技等都登峰造极，GDP 占全球一半，是当时世界上当之无愧的超级大国。如今，许多西方人仍在为抢做石油和上帝的生意打得头破血流，然而早在十二世纪，浦江一侧已经有了十座油井在生产。

今日中国仍没有走出农业社会，前现代、现代、后现代兼而有之，可谓“三代同堂”。然而早在北宋时期的工商税一度占到了70%（其中一半来自海上贸易），而农业税只占30%。这意味着宋朝一度走出农业文明迈向了工商业社会。

历史学家李约瑟曾经说过，罗马的衰弱并没有永久终止欧洲的进化过程，但亚洲的类似发展却被强大的政府所阻止。中国文明和科技获得大发展，恰恰是在政府控制暂时被削弱的时期。显而易见，宋朝社会之所以获得空前繁荣，一个重要原因就在于当时政府没有抑制社会成长。宋朝也是中国历史上唯一长期不实行“抑商”政策也没有“文字狱”的王朝。相较宋太祖“杯酒释兵权”的政治，朱元璋及其他朝代对建国功臣进行屠戮者，当无地自容。

只可惜，尽管宋朝在世界上最早使用火炮等热兵器，但终究没有殖民国家的扩张性或游牧民族收割他人庄稼与人头的嗜好，终于孤木难支，像希腊一样为野蛮所吞噬。外族权力对宋朝社会的屠戮，使中国社会在连续几个涨停板后终于由牛转熊，盘整至今。不过，宋朝的开放也使尚处于野蛮中的民族看到了文明，并间接导致了西方社会在文艺复兴时期的爆炸式成长。回想这个朝代对人类文明的贡献，及其后中国历史的衰败，那一时代的中国人真可谓“只顾耕耘，不问收获”了。

梳理中国早期历史上曾经有过的社会繁华，或许更有助于我们理解国家与社会。如前文所述，中国改革实际上暗合了一个“重新发现社会”的过程。在此意义上，上世纪八十年代以来的中国之所以取得举世瞩目的成就，与其说是因为政府做了什么，不如说是政府没做什么。

从行政改革到政治改革

由于时代的原因或者局限，今日中国的政治体制改革一次次被“矮化”为行政体制改革。应该说，行政体制改革同样是政治体制改革的一个细节。人们关心的是，如何能够避免“膨胀—精简—再膨胀—再精简……”的“政改怪圈”一再出现。

在《攻坚》一书中周天勇等学者提到：在二元结构转型和经济发展的关键阶段，政治体制改革的目标不应该是采取普选制、多党制和新闻自由的模式，而是采取政治上适当集中、经济上向市场经济迈进的模式。因此，未来一段时间政治体制改革的重点应该是“那些阻碍经济协调运行、市场有序发展、社会充分发育的政治体制部分”。至于行政体制改革要和其他的改革，要与人大、司法、公民社会配套。没有人大制约，行政体制改革就不可能成功。

中山大学教授任剑涛认为，当国家行政机关僭越为国家权力管理机关，试图自发自为地处置自己的权力，既制定规矩，又行使规矩，还自我评价，建立在这个基础上的政府机构改革，从一开始就丧失了改革的合法性，注定难以成功。而且这样的行政机构改革越多，社会资源的消耗愈多，最后政府还是走不出“全能政府”的怪圈。

学者张雪忠在新加坡《联合早报》上发表《没有政治改革，行政改革就不会成功》，指出自1982年以来中国几乎每五年都要进行一次声势浩大的政府机构改革，而每一次改革的目标都大致相同。每一次机构精简，国家都要付出巨大的代价，向“被精简者”进行现金或其他形式的补偿，但这些人腾出的位置很快又被更多的新进人员填满。1995年，中国行政事业支出在财政总支出中所占比重是11%，到2006年却达到19%~20%。另外，经过多次机构改革后，中国的政府系统似乎仍不以公正、透明、廉洁和高效而著称。“如果政治学的一些重要原则在中国也能适用的话，那么让一个无须问责的政府自我革新，并不会比让一个人抓住头发把自己拽离地面更为容易。”从政治理论上说，国家通常被分为契约型国家和掠夺型国家两种。只有政治权力能够在公民之间平等地分配，才会有契约型国家。在这样的国家，政府及其组成人员只是民众授权的社会管理者，管理者并不固定地来自某一集团，并须不断面对民众定期及不定期的问责。政治动力学上的分析表明，在契约型国家，政府系统将不断趋于公正、高效、透明和廉洁。

高昂的政治成本主要表现于行政扩张。建国之初，大的县机关也就百余名干部，而现在一些乡镇机关干部就多达四五百人。人大代表、中纪委原副书记刘锡荣在2008年两会上更透露中国有的县政府配了17名副县长。刘锡荣由此建议制定五部新法反腐败，包括国民收入分配法、财政预算法、惩处集体贪污法、公务员财产申报法及行政机关编制法——因为我们不仅要廉洁的公务员，还要建设廉洁的政府。面对中国实际财政收入远高于公布的数字，周天勇等学者亦认为，“要推进人民民主政治，关键就是要人民控制住预算”。

此前，中国现代国际关系研究院经济安全研究中心主任江涌在《警惕部门利益膨胀》中写道，近年来，随着市场经济的发展，中央政府机构中的部门利益问题日益突出。在决策或履行职能过程中，有些部门过多从本部门利益出发，过于强调、维护与谋取本部门利益，影响了决策的战略性、全局性和前瞻性，损害了社会公正与大众利益，增添了国家经济及政治风险。在他看来，尽管“大部制”为大势所趋，可以精简政府机构，减少部门之间的职能交叉和权限冲突，简化公务手续，提高行政效率，降低行政成本，有利于建立统一、精简、高效的符合市场经济和民主法治要求的现代化政府体制。但是，“大部门体制”改革意味着部门的重组，必然涉及部门之间权力和利益的重新分配。“大部门体制”改革的最大阻力仍然是多年来被不断强化了的部门利益。由于部门利益膨胀涉及的不只是一般政府部门，因为中国政治体制特殊，诸多政府职能延伸到执政党以及人大系统。因此，成功的“大部门体制”改革，肯定会牵动政治体制改革，涉及和涵盖到党政、人大等权力系统。没有政治体制改革推进，“大部制”建起来也很可能貌合神离。

今天中国的“大部门”改革，是围绕着三权分立展开的。“‘三权分立’成了官方用语，单就这一点说，‘大部制’就已经迈了一大步。”学者吴稼祥在其博客中将“三权分立”分为大中小三种，“大部制”是小三权分立，即行政权内部的三权分立，它是一种行政体制安排，把行政权划分为“决策权、执行权、监督权”，让其各司其职；中三权分立是孟德斯鸠意义上的“三权分立”，它是一种政治体制安排，指的是立法权、行政权和司法权的三种权力分开设立，相互制衡；大三权分立指的是党、议、行三种权力分开。改革前，中国实行的是苏联式全权体制，这种体制的特点之一，是党权代替行政权，行政权代替议会权。“这样做的优越性是干好事效率高，弊端是干坏事效率也高。”

大海中造船——从改革开放到开放改革

2006 年 12 月 11 日，中国结束了加入世贸的五年“过渡期”。世贸总干事拉米给五年来中国打的成绩是“A+”。尽管入世同样带来了或这或那的问题，但有目共睹的是，中国积极融入世界、充分世界化，并没有形成“引狼入室”或“以身饲狼”的乱局。

盘点入世以来所取得的成绩，官方数据表明，从2001年到2005年，在物价基本维持稳定的前提下，中国人均GDP由1038美元增长到1700美元，贫困人口从2001年底的3209万人减少到2005年底的2365万人。然而，对于中国这个转型国家来说，入世的意义远不止于经济层面，其对中国政治与社会改造同样意义深远。

如果把开始于上世纪七十年代末的“社会解放”称为中国自1949年“国家解放”以来的第二次解放运动，那么至今为止，这场“社会解放”同样包括两个阶段：第一阶段为“改革开放”，第二阶段则是中国努力谋求及加入世贸后促成的“开放改革”。前者是通过国家之力自上而下形成的，而后者则是通过国际之力与社会之力自外而内、自下而上推动的。此一上一下，一外一内，成为见证三十年来中国“社会解放”的一个坐标系。

就中国加入世贸而言，在入世之前，中国所进行的变革主要是“改革→开放”，而入世之后，则是“开放→改革”。前者是“以改革促开放”，后者是“以开放促改革”。从“改革开放”到“开放改革”，两者并非泾渭分明，而是良性互动。具体表现在，一方面，开放是改革的结果；另一方面，开放也为改革提供源源不断的动力。

如上所述，“以开放促改革”并不局限于经济层面。加入世贸促进了中国经济体制改革和经济结构战略性调整，增强了经济发展的活力和国际竞争力，为中国赢得了更好的国际环境。与此同时，更应看到的是，这种“以开放促改革”更体现在政治层面。加入世贸之后，中国同样经受着转变政府职能、完善法律体系的压力，而这种压力更是一种建设性的压力，是一种为了美好前景以求自新的压力。在这个“从适应到认同”的过程中，来自世界的外在压力将转化为推进改革的内在动力。

早在一百年前，美国传教士明恩溥在《中国人的素质》一书中曾经如此对比东西文明："西方国家都面临未来的黎明，而中国却时时处处面对着遥远过去的黑夜。"在我看来，面向"遥远过去的黑夜"，既是在知识上也是在心灵上对自己进行双重自闭。如有西方人所说，不借助外力，中国完成改革"一千年都太短"，明恩溥同样认为，"若不'借助外力'，而要改革中国，就如同在海水中造船，海风和海水不会让这事办成"。因为"凡是始于并终于一部机器的力，不能带动这部机器"。在此意义上，中国充分世界化、积极全球化，既是向世界开放，更意味着以世界之力救济一个国家，意味着世界将成为推动中国变革的"新大陆"。

一个国家的开放，正如一个人的呼吸与饮食，人必须通过与外界的交流获得力量。系统论的一个常识就在于，任何一个生命系统若要得到维持，就必须有无数开放的途径与外部世界相连，藉此完成能量输送与新陈代谢。正因为此，"与世界接轨"成为推动中国转型的一个重要力量。

至于有人批评某些部门"以开放为名，谋垄断之实"，比如说中国油价搞双重标准的"与世界接轨"，国有垄断企业纷纷改制并到境外上市强化了相关行业的垄断等等，显然，凡此种种皆是垄断出了问题，而不是开放出了问题——就像我们检讨中国农村问题时发现农村问题的根子在于有人垄断了城市不让农民进来，而不在于农民挑着被褥走四方寻找出路。如果有人非要说这是开放的问题，那也是中国当下的权力开放得还不够，垄断部门的利益开放得还不够。

丁学良的药方

香港科技大学教授丁学良在《对付官僚腐败和特权的四种办法》一文中指出，检视过去的二三十年，对于中国重大的社会现象，中国国内的“左派”与“自由派”之间可以说在一切问题上都针锋相对，但在官僚的特权和腐败问题上却能达到惊人的共识。二者基本上都认定，改革以来官僚特权和腐败愈演愈烈。

丁学良认为对付官僚腐败和特权，二十世纪至少提供了四种可能的方法。

第一种在很多第三世界国家都试过，二十世纪初的中国也在一定程度上试过，那就是军人当政。巴基斯坦、印度尼西亚、非洲、拉丁美洲都发生过多起军人、尤其是少壮派军人以救国委员会的名义上台，理由常是：文官政府腐败无能，社会矛盾日益突出。但是其结果只不过是用枪杆子赶走了腐败的文官集团，但并没有用枪杆子来推动经济的长时期发展。巴基斯坦大部分时候都是军人专制，其后果不过是以更秘密的方式，把以前文官政府的广泛腐败变成军人集团的封闭性腐败，同时军人又不会搞好经济，所以这种方式只能在极短时间里赶走一个腐败文官体制，不可能使国家在经济上长时间发展。

第二条路子是暴民政治。这个暴既有暴力的意思，也有狂暴的意思。这方法就是以不受法律约束的暴民运动，狂风骤雨般地冲垮腐败特权的官僚体制。其结果是：官僚体制当然被打得鸡零狗碎，但同时社会受到全面破坏，生命财产、教育文化受到的损伤不计其数。这方面，中国曾经深受其害。

第三种办法是所谓的开明专制。中国观摩最多的，是新加坡和香港。这里既没有多党公平竞争的普选制，同时腐败受到严格控制。中国高层这些年来最想引进的就是这种体制，但是这种开明专制整体上对中国似乎并不适合，虽然有些局部方法可以参照。最大的区别就是规模，新加坡四百多万人，香港700万人，等于中国一个中等城市。中国13亿人口的社会怎么可能像它们那样，在拒绝民众参政和治理腐败之间得到平衡呢？

第四种就是开放民众参政、推进公平政治竞争，即民主化改革。最近的案例就是印度尼西亚。苏哈托当政虽然推翻了腐败的苏加诺政权，也带来一定的经济发展，但以后苏哈托集团及其家族势力愈益腐败，把印度尼西亚经济搞垮了。印度尼西亚曾被认为在苏哈托下台后，最可能出现暴民政治和种族屠杀，因为全国有几千个岛屿、几百个部落。但十多年来，民主化的方向明确，步子虽然摇摇晃晃，一步步走过来，对腐败在高层的抑制效果很显著。最基本的一点就是媒体开放，然后最高层让法律系统独立运转。一个社会对付腐败最重要的两个工具，一是透明的媒体，二是司法独立。如果这两个工具都是在官僚集团的控制之下，他们永远也不可能自砍手脚。

丁学良认为，如果把二十世纪的中国政治和比较政治放在广阔的背景上看，过去的二三十年，是中国的官僚制恢复和发展的二三十年，是中国社会全面官僚化的二三十年。在此过程中，随着中国经济越来越壮大，受不到有效约束的官僚特权越来越促使腐败精致化、深度化和全面化。同时期里，中国民间以及体制内那些正义的、公正的反腐诉求，却越来越被边缘化，起不了制衡作用。于是可悲的、文革式政治的情绪重新抬头，吸引越来越多的人。上述对付官僚腐败和特权的四种方法，二十世纪的中国已经试过两种半，即军阀的、暴民的、半开明专制的，均无效，但又延滞了第四种。

重温法国大革命

托克维尔在《旧制度与大革命》中回答了这样一个问题：路易十六统治时期是旧君主制最繁荣的时期，何以繁荣反而加速了大革命的到来？

托克维尔注意到，假如人们按照旧制度存在末年的样子去描绘旧制度，那么绘出的将是一幅比真容更美却又不太像的肖像。路易十六时期的法国：人口在增加，财富增长得更快，北美战争并未减慢这一飞跃发展；国家因战争虽然负债累累，但是个人继续发财致富，他们变得更勤奋，更富于事业心，更有创造性。公共繁荣在大革命后任何一个时期都没有大革命以前二十年中那样发展迅速。

不过，经济繁荣的背后，不满的情绪也在积聚。国民在精神层面却显得更不稳定，更惶惑不安；对一切旧规章制度的仇恨在增长。而且，后来成为这场革命主要发源地的法国那些地区，恰恰是进步最明显的地方。如果研究法兰西岛旧财政区留下的档案，就不难发现，正是在邻近巴黎的地区，旧制度最早最深刻地进行了改革。在那里，农民的自由和财产，已比任何其他财政区受到更好的保护。相反，没有什么地方的旧制度像卢瓦河流域及河口处、普瓦图沼泽和布列塔尼荒原那些地方保存得更完整了。谁知却是在那里点燃并滋养了内战战火，那里对大革命反抗最激烈，时间最长久。以至于有人会说，法国人的处境越好就越觉得无法忍受。雨果小说《九三年》里反抗革命的人，便是出自布列塔尼地区。

托克维尔说："革命的发生并非总因为人们的处境越来越坏。最经常的情况是，一向毫无怨言仿佛若无其事地忍受着最难以忍受的法律的人民，一旦法律的压力减轻，他们就将它猛力抛弃。被革命摧毁的政权几乎总是比它前面的那个政权更好，而且经验告诉我们，对于一个坏政府来说，最危险的时刻通常就是它开始改革的时刻。只有伟大的天才才能拯救一位着手救济长期受压迫的臣民的君主。人们耐心忍受着苦难，以为这是不可避免的，但一旦有人出主意想消除苦难时，它就变得让人无法忍受了。当时被消除的所有流弊似乎更容易使人觉察到尚有其他流弊存在，于是人们的情绪便更激烈：痛苦的确已经减轻，但是感觉却更加敏锐。封建制度在盛期并不比行将灭亡时更激起法国人心中的仇恨。路易十六最轻微的专横举动似乎都比路易十四的整个专制制度更让人难以忍受。博马舍的短期监禁比路易十四时期龙骑兵对新教徒的迫害在巴黎引起更大的民情激动。”

与此同时，旧制度的弊端也显露无遗。这就是财政上的捉襟见肘，1788年法国又一次面临财政危机。和前两次财政危机（1720年和1763年）很快化险为夷不同的是，在权利意识方面已经觉醒的法国人此时已经对王室彻底失去了耐心和信心。虽然路易十六也在改革，但是他的改革没有跟上社会的节奏。托克维尔将这场浩劫发生的原因归结为一个悖论：一方面是一个民族，其发财欲望每日每时都在膨胀；另一方面是一个政府，它不断刺激这种新热情，又不断从中作梗，点燃了它又把它扑灭，就这样从两方面推促了自己的毁灭。

改革与革命赛跑

理想的国家结构是国家、社会与市场“三分天下”，国家不能越出权力领域进入市场—价格领域和公民—社会的自治领域。毫无疑问，在经过三十年的改革开放之后，市场与社会正在从国家或者政府那里一点点“收复”自己的疆界。这不仅体现在市场经济中，同样体现在公民社会的建设中。细心者会发现，近年来中国媒体甚至已经开始部分地出现了有关“罢工”或者“游行”的新闻。只不过，“游行”在词语上被改头换面以“散步”等平和的方式出现。2008年“两会”期间，经历了“厦门PX”事件洗礼的厦门市政府发布公告，承诺“公众参与和市民反映强烈的项目不批”。由此可见公民参与在塑造政府性格时究竟有着怎样重要的影响。

相较经济与社会变革而言，政治改革无疑更缓慢曲折。谁也不能否认，尽管已经取得了举世瞩目的成就，但中国改革最艰苦或最关键的一段路程尚待开拓。早在1980年，中国改革的总设计师邓小平在“八一八讲话”中谈执政党和国家领导制度的改革，着重强调要克服“党政不分、以党代政”“把一切权力集中于党委，党委的权力又集中于几个书记，特别是集中于第一书记”等弊病。如今，当中国改革船到江心，人们最为关切的仍然是，如何能够切切实实地推进政改，闯过转型时期“最后的大关”。

2008年，经济学家茅于轼在《绿叶》杂志上发表文章，指出改革开放三十年来，中国在财富、自由和对内对外开放三个方面取得了很大的成就，这和政治方面摆脱了毛泽东时代的不自由大为相关。今天中国所谓的问题，从道德滑坡到发展道路其实都与政治相关，其求解在于能否还权于民，用法治保护每个中国人平等自由的权利。但是，在一元政治之下，经济可以取得成就，却存在一个突出的矛盾，就是政权是为了极少数人的。当这个少数人的利益跟多数国民利益不冲突的时候，还可以相安无事，而一旦发生了冲突，就只有执政者的利益。在茅于轼看来，中国当下的许多问题，诸如道德滑坡、环境恶化等同样与政治有关。总而言之，“政治好了，其他问题都不是问题”。

你不关心政治，但是政治关心你。近年来，诸如党内民主说、宪政民主说、合作主义国家模式说、咨询型法治政体说、国家制度建设说、增量民主说、协商民主说等各种政改路径设计陆续出台。然而无论哪种改革，最后给人的感觉总是“只听楼梯响，不见人下来”。中央编译局当代所所长何增科直言不讳地指出当代中国人“患上了民主恐惧症”。在何看来，回顾中国政治现代化历史，渐进与激进、改革与革命曾经屡次交替出现，但是渐进改革曾多次因贻误时机而被激进的革命所代替，中国的政治现代化也因此命运多舛。而中国今天的渐进政治改革到底能走多远主要取决于两大因素：一是改革能否适时推进并取得突破；二是现有政治制度的容纳量和领导集团的学习能力。如果领导集团缺乏改革意愿，任由矛盾和危机积累并最终总爆发，改革的机会就会悄悄流走，革命则会不期而至。改革和革命都在与时间赛跑。

网上曾经热传“布什”的一篇演讲：“人类千万年的历史，最为珍贵的不是令人炫目的科技，不是浩瀚的大师们的经典著作，而是实现了对统治者的驯服，实现了把他们关在笼子里的梦想。”熟悉霍布斯政治学理论的人知道，政府像“利维坦”（Leviathan）一样具有双面性格：它由人组成，也由人来运作，因此也就具有了人性的那种半神半兽的品质，它在保护人的同时，又在吃人。

转型国家政治改革的成败得失取决于如何将“利维坦”关进笼子。纵观人类历史，其具体路径不外乎权力主导、权力裂变、外部输入及社会反叛（革命）等几种。比较而言，权力主导无疑是社会总体代价最小的一种方式，如英国的光荣革命、日本的明治维新等等也一直为人们津津乐道。至于这种渐进式变革能否取得成功，关键在于权力对自己前途的认识，以及社会在赎买权力时究竟愿意支付多少社会成本和时间成本。从这方面来看，中国当下的改革，无论有多少挫折，有多少奋进，种种利益交换的背后，或多或少都有些“花钱买宪政”的救赎意味。

有理由相信，发生于大革命之后的中国转型从本质上说是要完成一场关于国家权力的转型。即完成权力（或者国家）之于社会领域的“敦刻尔克大撤退”——既要避免社会动荡，又要使权力能够安全归位。这是一场新的革命，其目的就是要让中国历史真正“告别革命”。

而眼下的中国，社会生机初现。一切正如罗曼·罗兰眼里当年的法国：“我明白了我的力量，明白了我的民族的力量。我们只要等洪水退下去。法兰西的质地细致的花岗石决不会因之剥落的。在洪水带来的污泥之下，我可以教你摸到它。眼前，东一处西一处，有些岩石的峰尖已经露出水面了。”

爱国如何主义

“一个爱国，各种表述”。曾经被视为高尚的情感为什么渐渐沦为一种“脏话”？爱国还是不爱国，以及怎样爱国，这些原本不是问题的问题，如今为什么也成为问题?

如果站在三十年来社会成长的角度来加以审视，不难发现，这些问题的提出便已经彰显了中国社会的进步。至少，这种“精神分裂”表明有越来越多的人正在走出旧有的“国家至上”的价值体系，开始重新审视一个现代国家的价值内涵以及国民应该就此秉持一种怎样的情感。而一个国家有着怎样的未来，必首先决定于全体国民尤其是年轻一代对国家抱持一种怎样的态度。

加塞特的不安

爱国必须讲逻辑。归根到底，国家只是全体国民缔约产生的一个组织，是国民用以谋求幸福生活的工具。在此意义上，爱国主义者真正要做的不是忙于督促每个人去爱国家，而是要让国家能够爱每一个人。不认清这一点，不对潜藏于爱国主义和国家之中的某种进攻性设限，事情便有可能走向善良愿望的反面。

关于国家与社会的关系，早在上世纪初，西班牙学者奥尔特加·加塞特便在《大众的反叛》一书里条分缕析，发出警告："欧洲文明构成最严重威胁的一件事物，同其他的所有威胁一样，它也是文明自身的产物，甚至可以说，还是欧洲文明的一大荣耀——它就是尽人皆知的现代国家。"此时，加塞特已经意识到国家变成了一台可以操控一切的庞大机器。"一旦国家在社会中拔地而起，只消轻轻一摁按钮，它就可以启动无数操作杠杆，并以它们势不可当的力量作用于社会结构中的任何一个部位。"

让加塞特不安的是，国家作为人之造物，它是由某些特殊的人所发明的，并需要某些美德和基本品性来加以维持，而这些美德和品性虽然人类过去曾经拥有，但明天很可能就会消失殆尽。威胁文明的更大危险是：国家干预、国家对一切自发的社会力量的越俎代庖，因为这等于取消了历史的自发性，而从长远来看，维持、滋养并推动着人类命运的正是这种自发性。当这种自发性被国家的干预打断，就不会有新的种子能够开花结果。社会不得不为国家而存在，个人将不得不为政府机器而存在。就这样，国家为了满足自己的需要，又对人类生活推行进一步的官僚化，上紧官僚机器的螺丝钉无异于把社会改造成一个军营。在加塞特看来，"国家至上主义"悖谬的悲剧性就在于：为了使整个社会可以生活得更好，人们建立了作为一种手段的国家，但是，国家随即盘踞于社会之上，反而使社会不得不开始为国家而存在。同样糟糕的是，谋求同质化的国家必将压垮那些保持特立独行的个人或小群体。

大众要求同质化和极权政治一样，都会压垮每一个反对派。在《大众的反叛》中，加塞特这样谈到“大众人”（A Mass-Man）：他从不根据任何特殊的标准——这一标准的好坏姑且不论——来评价自己，他只是强调自己“与其他每一个人完全相似”。除了这种可笑的声明之外，他感觉不到任何烦恼，反倒为自己与他人的相似而感到沾沾自喜，心安理得。一个真正谦逊的人则会试图评估自己的特殊价值，努力发现自己可能拥有的这种或者那种才能，或者任何一方面的特长——尽管他可能最终发现自己并没有什么非凡的禀赋，资质平平，但他永远也不会认为自己是一个大众人。

就像平常的讨论中我们经常见到的“愤青”与“精英”之争。加塞特将人分为两种，一种对自己提出严格的要求，并赋予自己重大的责任与使命；另一种则放任自流，尤其是对自己。前一种人，即所谓“精英”。“精英”与“大众人”的区别，不在于禀赋，而在于对人生和周遭事物的态度。或者说，这个世界只有两种人，一种是独立思考者，另一种是想当然的附和者。按照这种区分，每一个能够独立思考的人都是精英。

加塞特的洞见预言了发生在上一世纪的第二次世界大战，它同样是今天欧洲国家让渡主权，建设欧盟的一个重要精神来源。正是因为这一洞见，该书出版不久后，《大西洋月刊》称加塞特的《大众的反叛》之于二十世纪，有如卢梭的《社会契约论》之于十八世纪，马克思的《资本论》之于十九世纪。

替罪羊和替罪狼

德国电影《帝国的毁灭》的结尾，戈培尔夫人之所以将自己的六个孩子全部毒死，是因为她深信没有“国家社会主义”，人类就没有希望和未来，她不能让自己的孩子生活在那样的国家。由此可知，生而为人的纳粹分子，不仅屠杀了犹太人、波兰人，同时也是为意识形态预设的疯狂逻辑的受害者。当说，二十世纪极权主义流行，是启蒙运动以来人类预言“唯一未来”（人间天堂）的最大恶果，也是科学昌明的二十世纪费尽千辛万苦走出大劫难的人类的最大教训。

“问世间国为何物，直教人生死相许？”为国家献祭通常不外乎两种形式：一种是将自己奉献出去，从某种意义上说，这也算是一种个人自由；另一种是将别人奉献出去，此时“爱国”便与寻找替罪羊紧紧联系在了一起。这方面，当年纳粹无疑是将两者演绎到了登峰造极的地步。

如果说二战期间犹太人是替罪羊，那么二战结束后人们将纳粹犯下的罪恶完全推给希特勒则无异于寻找“替罪狼”。毕竟，希特勒是民选总理，他在组织吃人的时候每个选民都在场，甚至领到了自己的一份血和肉。

尽管旧时代已经翻过去，但“爱国者”热衷寻找替罪羊的事情并没有结束。“爱国者”假定国家和自己永远正确，一方面当国家面临所谓“危机”时，“爱国者”会竭尽全力从外部或内部寻找敌人，并认定他们是所有罪恶的根源，将自己的责任一笔勾销，以此维护所谓的民族自尊与国家荣誉；另一方面，又会单方面赋予某些人以“爱国”责任，然后监督他们是否爱国或叛国。在此逻辑下，监督者永远爱国，而且指责别人越多，自己就越爱国。“寻找替罪羊”因此成了“爱国”者只赚不赔的买卖。显然，这些“爱国者”有多“爱国”，不在于自己做了多少有益于国家的事情，而在于他们认定多少人“有罪”，从国家内部圈出了多少个“汉奸”。

如果我们洞悉了国家因何而生，为谁服务，就不难理解，爱国的当务之急是爱国民，而不是爱某个空洞的国家理想或者宏大概念。

上世纪八十年代，处于改革开放之初的中国社会曾经有过“我爱国家，国家为何不爱我”式的伤情追问。应该说，任何时代都会有或这或那的不足，任何国家都会给人还不够美好的印象。然而，正是因为看到时代有不足，看到“国家还不够爱我”，每个身处其中的人才有机会大有可为。近两百年来，几代中国人不畏艰难困苦，努力建设一个梦想中的现代国家，就在于实现公民与国家相爱的宪政爱情。

被策划的情绪

哲学家萨特说过：“人是一堆无用的激情。”如果这堆激情被策划、被煽动，恐怕就很有用了。上世纪九十年代中期，《中国可以说不》的流行表明了民族主义情绪可以卖钱。十来年后的2009年，一本由五个人拼凑而成的《中国不高兴》出版，据说这是上一堆情绪的“升级版”。

该书高呼中国要“持剑经商”，与西方“有条件的决裂”，面对外部的“欺压凌辱”，中国要有改造世界体系、领导世界的雄心，要明确“惩罚外交”概念。而一大批公开支持中国走西方市场经济道路，或者赞同西方式民主人权的国内精英：龙永图、厉以宁、林毅夫、樊纲、钱锺书、王蒙、王朔、王小波夫妇……从经济界到文化界，从官员到体制外知识分子，都成为“中国不高兴”的对象。这本书里的许多极端观点被媒体讨论来讨论去，最后的结果是：中国不高兴，但是写这书的“五人帮”与出版商却很高兴。事实上，只要看看《环球时报》的头版标题，你就知道，在中国谈政治还有比民族主义生意更好做的吗？

新加坡《联合早报》北京特派员韩咏红就此撰文：“以情绪化的对

抗姿态作为卖点，这在书名中尤其一览无遗。所谓‘不高兴’就是情绪用语，而非理性措辞。实际上，这些年来每当中国社会高调张扬民族主义时，晃出来的往往不是民族主义精神，而是民族主义情绪。”

据报道，《中国不高兴》的策划者就是当年《中国可以说不》的出版策划人。2008 年 10 月 3 日，该策划人把几位作者召集到北京郊区的一处农家乐一住三天。“这三天，我们什么事情都不干，就是讨论、神侃。我们刚开始讨论的时候，是从去年 10 月的两件大事开始的，然后就发散思维说下去，结果三天三夜的讨论，讨论出了现在大家看到的这本书的内容。”三天“闭关”结束后，学者们各奔东西，而策划者和出版社的编辑们则根据这三天的讨论录音进行分类和梳理，整理成文字资料，“书中 99% 的内容都是这三天讨论的”。对于书名，也是从图书市场的角度考虑的。

有人批评《中国不高兴》是一部“山寨作品”，并非没有道理:其一，它的确是五个人在山寨子里商量出来的，而且商量了“三天三夜”；其二，是该书基本上只是 copy 网上部分“愤青”的部分言论，内容也谈不上什么创新。

有趣的是书的封面竟然写着“为国直言，替天行道”。想想宋江当年“替天行道为招安”，想想洪秀全从金田村杀到九江东进南京为称帝，再为争帝位几位天王互相杀，我本以为那种以“替天行道”为名、以“替天行房”为实的年代已经翻过去了，谁知这几个字如今还是被人拿来当做封面女郎招揽顾客。

而如果你把几位“熬夜”与“替天行道”连接起来，就不难发现几位作者为何能在农家乐里大辩“三天三夜”而乐此不疲——莫非他们是在给上天打电话、发传真、写 E-mail？只是不知道当时上天是如何批准了他们要行的道，给了他们救世军的授权书，不知道当时是否有人口吐白沫，倒在地上，胡言乱语，传达了上天的旨意。又抑或经过三天三夜的辩论，最后论定上天不死亦废，于是自作主张，自封为二十一世纪的天兵天将了。

在很多场合，中国人的利益被人莫名其妙地代表着，而现在中国人的情绪也要被人代表了。众所周知，中国本无情绪，有情绪的只是每一个中国人，而且人们情绪各不相同。所以，“中国不高兴”远不如“我不高兴”来得真切与诚恳。陆游当年写《书愤》，写“早岁那知世事艰，中原北望气如山。楼船夜雪瓜洲渡，铁马秋风大散关”，其所表达的都是内心的真实感受，对北伐的渴望。而现在的“中国不高兴”，却是几个日日夜夜享受着人类文明共同成果的人不眠不休策划出来的。

早在若干年前，龙应台先生写过一篇流传很广的文章——《中国人，你为什么不生气？》。在这篇文章中，龙先生说：“在一个法治上轨道的国家里，人是有权生气的。”而且，“不要以为你是大学教授，所以做研究比较重要；不要以为你是杀猪的，所以没有人会听你的话；也不要以为你是个大学生，不够资格管社会的事。你今天不生气，不站出来的话，明天——还有我、还有你我的下一代，就要成为沉默的牺牲者、受害人！如果你有种、有良心，你现在就去告诉你的公仆立法委员、告诉卫生署、告诉环保局：你受够了，你很生气！你一定要很大声地说。”

“不高兴派”当然有理由告诉国际社会自己很生气，但是冒充中国着实有越界之嫌。本书作者在国外也经常见到“一个人的示威”，比如有一年在柏林的马路边上便看到一位中年男子举着个纸牌——“反对美国入侵伊拉克”。但是这位男子只代表自己。如果他自诩代表德国，代表所有德国人的意志，那他就已经变成一个“侵略者”、一个“意淫犯”了。

是做时代进步的生意，还是做时代退步的生意？是促进人类和解、共享文明成果，还是煽动极端民族情绪，发“未来的国难财”？相信许多读者心中都有定论。无利不起早，就生意论，在推销思想上商人往往会比哲学家更有热情。如罗伯特·达恩顿在《启蒙运动的生意——〈百科全书〉出版史（1775—1800）》一书中介绍，在十八世纪，一个天才的狄德罗身后，往往有十个更天才的书商在忙碌。像《百科全书》这样一部象征着整个启蒙运动的时代之书，最初就是在一个书商提议下上马的。或者说，“启蒙运动的生意”的主角，不是狄德罗，而是那位叫庞库克的书商，一位巴尔扎克式的资产阶级英雄。这位十八世纪的法国红顶商人，一边和哲学家们称兄道弟，一边想方设法在政界寻找保护伞。从庞库克到狄德罗，这些人之所以能为时人与今人津津乐道，显然在于他们做了一桩促进时代进步的生意，而不是策划一堆无用甚至有害的情绪，从中牟取蝇头小利。

粗看“不高兴”，也的确是一堆情绪，更谈不上什么思想原创。“不高兴学者”说，“我们中国需要一群英雄，一个真正的英雄集团。多少人我不知道，总之人数不能太少，我不相信一两人就能解决问题。我们需要这样一个英雄集团带领我们这个民族，完成在这个世界上管理、利用好更多的资源，并且除暴安良的任务。我们要有制度建设，也要有文化建设。文化建设，就是我说的尚武精神。”这些“绕口令思想”基本上语无伦次了。

中国真正需要的不是一个“英雄”集团，而是在一个更开放的环境下每个人都能表达自己的见解，能够人尽其才，能够在他们拥抱世界时不被“英雄集团”的推崇者们动辄列上“汉奸排行榜”。更何况，如果只靠着“英雄集团”来为中华文明延续香火，万一遇到张贤亮小说《一亿六》里那种“有精英，无精子”的尴尬，中国将如何是好？

至于尚武的精神，早在上世纪初胡适等先贤就已经讨论得很透彻。一方面，中国要以一种开放的精神学习西方的文化、科技与制度；另一方面，他们也意识到长期以来中国“学得了西方的文明，却学不了西方的野蛮”，而这里的“西方的野蛮”，即尚武精神。所以胡适他们希望中国能够建立起一种“有兵的文化”。然而，面对时代的困顿时，胡适那一代知识分子更多的是反省自身，而不是拿“帝国主义”当做本国政治或者文化一无所成、一塌糊涂的替罪羊与遮羞布，更不会言必称“决裂”，在嘴巴上做“救世主”，解放全人类，除暴安良。在胡适看来，一个人也好，一个国家也好，最紧要的是自救，每个人争自己的自由，就是争国家的自由。换句话说，每个人救出自己，也是救出国家。而那个时代的当务之急是完成文化与制度上的改良：一方面要“整理国故，再造文明”；另一方面实施宪政这平常人的政治，以清除“贫穷、疾病、愚昧、贪污、扰乱”这困扰中国几千年的五大祸害。

对比两个时代知识分子对本民族命运的思考，两个时代的开放与自闭，难免让人觉得一代不如一代。好在，拼凑《中国不高兴》的五位虽然毫不犹豫地代表了中国人“不高兴”一回，但实际上他们还不能代表中国知识界，更不能代表中国的全部。

中国会走德国的老路吗?

上世纪九十年代以来，中国的民族主义受到了海内外学界以及各国政府的持续关注。如果极端民族主义有朝一日再次遗祸中国，可以肯定，现在有些媒体对这一思潮采取一种暧昧甚至怂恿的态度，无异于在发“未来的国难财”。

有人曾这样形容时代变迁的动力：后一种思想战胜前一种思想，

未必都是因为前一种思想不好，而是因为坚持前一种思想的人慢慢过世了。此说并非没有道理，人既是社会存在，同时也是自然存在。自然死亡的循序渐进与内生秩序，足以消化人世间许多无谓的挫折，使世界重新回到寂静中的生长。

几年前，我与法国民族主义问题研究专家德兰诺瓦先生聊天。他与我谈到二十世纪有三件大事，其中一件便是“中国往哪儿走”。国外一些学者在研究中国问题时，总是疑虑重重、寝食难安，一会儿“中国崩溃论”，一会儿“中国威胁论”。前些年，甚至有人担心，同样有着历史屈辱与极端民族主义浪潮的中国，会不会像德国一样崛起？

当然，类似担忧并非空穴来风，然而，以目前的中国人心与世界大势，中国当不会也不可能重蹈德国的覆辙。首先，德国的国家社会主义，作为一种“国家”吞并“社会”的主义，在复兴与复仇的狂热中形成并且壮大，其崛起是在德国社会由开放走向封闭的呼声中完成的。与此相反，今日中国，无论是官方还是民间，虽然观点纷呈，或有对立，但在努力接驳世界、充分世界化等方面却早有共识，开放是中国崛起的源头活水，没有开放中国就没有未来。而且，绝大多数青年人也是在这种开放的环境中成长起来的。

从历史与传统来看，现代政治意义上的民族主义在中国的形成是很晚近的事。中国自古具有天下主义传统，“普天”“四海”“宇内”等都不具备“民族国家”的概念，没有可供民族主义走向极端的哲学支撑或思想来源。而且，中国也没有发育出具有排他性的宗教，中国文化极其包容。事实上，从中国知识分子对欧盟建设的关心就不难发现，中国人关于“四海之内皆家国”的天下传统并没有丢失。

学者吴稼祥不无道理地指出，把北京奥运会当做 1936 年德国柏林奥运会的中国版加以诋毁，对一个正在崛起并有待民主化的大国进行价值围剿，表明近一个世纪过去了，西方政治家和西方舆论界在政治智慧上并没有太大长进。德国纳粹也是“一战”战胜国亲手制造的祸患，他们对德国崛起的恐惧导致他们对德国的过度惩罚，使得德国的民族主义情绪裂变为仇恨和报复，这正是酿造希特勒主义的最好酵母。而这一切，显然是今日中国政府以及所有外国政府都不愿意看到的。

如上所述，如果“西方世界”继续将中国设为假想敌，鼓吹“中国威胁论”，势必激起国内极端民族主义的高涨，同时也为那些反对开放、想着开历史倒车的人提供观点或者决策上的支持。问题在于，如果国外封锁你，你自己也真的封锁起自己来，开始抵制“洋货”，一起做中国的减法，岂不是“锁上加锁”，对自己的不幸命运“落井下石”？

左右之争，还是上下之争

在历史上，“左”似乎一直是个坏东西。比如在中文里，“旁门左道”“左迁”“左嗓子”“左性子”等等，都表明人们对“左”有着某种程度的恶感。

在汉高祖刘邦死后，吕后当权，培植了不少吕姓势力。吕后死了以后，太尉周勃夺取了吕氏的兵权，就在军中对众人说：“拥护吕氏的右袒（露出右臂），拥护刘氏的左袒。”结果大家都“左袒”。从此，“左袒”便成了见风使舵、偏护一方的代名词。

同样，在相当长的一段时间内，西方社会将“左”视为一种反常行为。左似乎是不好的。法文中“sinistre（灾难）”一词即是来自拉丁文“sinister（左手）”。与此相反，人们无一例外地要用右手敬礼、宣誓；英文里的“right”与法语中的“droit”既有“右”的意思，更是“正确”“合法”“权利”等意义的多位一体。左手是罪恶之手，而右手不仅灵活有力，而且也是高贵的。所以，在西方的教堂绘画中，刺杀者用的是左手，夏娃摘取禁果的手是左手，而耶稣的姿态表明了最后审判青睐右手——他的右手高举，表明自己的选民将进天堂，左手下垂，意味着罪人将被赶到地狱里去。如此一上一下，一右一左，将人类推入善恶的两极。

正是因为右手对左手的压迫，自十七世纪以来欧美一直有着“左手解放运动”。从某种意义上说，结束“右手的统治”，同样意味着人类在政治观念上有一个质的飞跃，意味着人类正一步步走向“左右共治”。如亚里士多德所预言：“右手的优势是因为我们习惯于使用右手。一旦我们习惯于使用两只手，我们就有了两只右手。”

然而，就在许多国家开始走向“左右逢源”的时候，为什么中国历史上发生了一场声势浩大的“反右斗争”？这里的“右”指的究竟是什么？它是否意味着当时的中国进入“左手的统治”？

社会与主义

显然，兴于上世纪五十年代末的“反右斗争”并非真正意义上的“左右之争”，而是发生在国家与社会之间的“上下之争”。不可否认，1949年中国的国家解放并没有必然导致中国社会的解放。全能国家体制的过于强大，主要体现在这个国家的经济组织与社会组织都被政治组织所吞噬。政治本为“众人之事”，也因此失去其应有之义。

建国之初的中央集权与公有制道路，实际上暗含了国家对社会的两次“没收”或“充公”。其一是经济上的没收，比如“割资本主义尾巴”；其二是知识上的没收，这就是紧随其后的“反右斗争”。当公有制异化为对民众精神与肉体双双充公的一种国家体制，社会主义同样表现为“有主义无社会”，或者“主义压倒社会”。

毛泽东曾经说：“我们提倡百家争鸣……可是就世界观来说，在现代，基本上只有两家，就是无产阶级一家，资产阶级一家。”当“百家争鸣”沦落为“两家争鸣”（胜负已成定局），这种主义上的“两极分化”，本质上说是将人类已经取得的文明成果或者知识一分为二，使之裂变为两个截然对立的主义直至“一个政党，一个主义，一个领袖”完全胜出。主义代替知识的结果必然是主义君临一切，并且直接导致“知识被主义所奴役”，导致整个社会知识体系的崩溃与丧失，从而进入一种“无知无识的状态”。或者说，进入一种国家有行动力，而社会无判断力和约束力的危险之境。

有人说，“反右斗争”就是依靠知识分子中间的左派力量，起来革那些除左派以外的知识分子的命，最后的结果是“没有一个胜利者”。应该说，从表面上看，“反右斗争”的发起的确像是“左派清算右派”，然而，谁都知道如果只是一个社会内部的观点纷争，绝不可能在中国思想史与社会史上酿成这样一场反智的灾难。正是因为看到国家力量的介入，笔者认为“反右斗争”不是“左右之争”，而是“上下之争”，它突破了左右共谋社会福利与自由的底线，“反右斗争”的结果是主义对知识的流放，是高高在上的国家对生机勃勃的社会的清算，是政府在没收资本之后继续没收知识。其结果是，社会陆续丧失了产生“资本家”与“知本家”的土壤，甚至连最日常的思维体操都开始销声匿迹。政治话语占领社会的每一个角落，人们不仅失去说不的自由，而且失去了不说的自由。当社会被国家机器化，人们变成了只问耕耘不问收获的螺丝钉。螺丝钉虽然也有大头儿子一样的脑袋，但它并不用来思考。

幸运的是，自改革开放以来，中国社会迷途知返，逐渐迎来了自己的解放。在经济改革的直接影响下，社会力量一点点复苏。

始于上世纪七十年代末、八十年代初的中国改革，左右之间虽然时有争论，但是，时至今日，无论是右派的“反左”，还是左派的“反右”，人们渐渐达成一个共同的底线，即知识必须为社会享有。思想者虽为世所用，然而他们不必“按需思考”或者“奉旨思考”。从这方面说，中国自九十年代以来出现的左右之争，是中国社会进步的一个表征，它表明中国社会渐渐具有了西方开放的市场政治中的舆情雏形，在经济市场之后也有了意见市场。

失衡的思想

无论是突破自由底线的极左，还是突破平等底线的极右，都可能导致“堪萨斯暴乱”。“堪萨斯暴乱”出于影片《幸运数字》里的一句经典台词——“所谓‘堪萨斯暴乱’就是当所有人向右走时，你向左走。”

相同的逻辑，当所有人向左走时，向右走的你会被汹涌的人流踩踏。即使方向一致，卷入人群者同样可能因为身不由己而成为没有恶意的踩踏者，并且最终迷失自己的方向。极左与极右所导致的悲剧，就是无数人“同去同去”，他们无不朝着一个方向走，最后都在一个方向中失去了方向。个体的命运，在万众一心（方向）的洪流中从此湮没无闻。

2006 年，笔者在柬埔寨旅行，亲眼见证了这个国家至今未愈的破败以及极端年代留下来的创伤。在首都金边，由于电压不稳，上网都是件不容易的事。时常有人说，自启蒙运动以来，法国人向这个世界输出的多是包含着危险基因的思想，比如青年时代深受法共《人道报》熏陶的波尔布特，最终在柬埔寨制造了血流成河的人间地狱。然而，这并不意味着《人道报》及其宣扬的共产主义必须对此负责。法国生产思想，但不只是生产一种思想，它生产矛也生产盾。

法国有罗伯斯庇尔，也有雨果和夏多布里昂；有萨特，也有阿隆。法国从来并不缺乏极端的思想，2006 年底的民意调查显示法国极右翼势力获得超过四分之一的支持率，然而谁会相信今日法国人真会将自己的命运交付给国民阵线？真正重要的是，在这个国家各种观点可以充分表达。所以，法国的自由制度从来没有因为豢养“一个主义”而遭受灭顶之害。

显然，共产主义思潮流播到柬埔寨，并且导致“南橘北枳”“西风东疯”的危局，完全是因为在柬埔寨本土并没有与之平衡的主义与力量。从这方面说，从制度上保证每个人都能自由思想与自由表达，能够自由组织，是避免一个主义践踏整个社会的唯一可靠手段。

如上所述，在英语与法语中，“右”还具有“权利”之含义。应该说，一个公民无论是信奉左派还是右派，抑或中间派，这都是个体可以自由选择的权利。在此意义上，“反右斗争”所反对的正是公民自由思考的权利。或者说，反右（Right）的本质就是反权利（Right）。二十一世纪的今天，人们越来越认识到，政府不可与民争利，同样不可与民争思想，使民众变得无知无为。

对立之中也有自由

人，这充满悖论的生物！在大地上生活与行走，见证了许多看似对立的关系。比如早期的人类，站起来行走，头顶星空、脚踩大地，这里便有了“上下”这组关系。在具体的行走过程中，会有前进和后退，如果只知道向前走，不知道转弯，不知道退步，一个人即使体力再好，恐怕也不能到达自己的目的地。同样，说到转弯，便有向左转，还是向右转的问题，其所涉及的便是“左右”关系。

如果我们稍有一点头脑，能够抱持一点美好的愿望，都不难发现，这里的上与下，前与后，左与右，并非水火不容。显然，对于一个人来说，无论他向前向后、向左向右、蹲下抑或跃起，无论方向如何改变，怎样位移，所有“对立”都会回到“统一”的层面，统一到行动者——人这一层面。无论朝着哪个方向前进，人始终如一是出发点。

换言之，“左右之争”不但不是你死我活的“矛盾”，而且社会需要它们互相救济与协调。在民主国家，左右两派无论怎样互挖墙脚，谁也不可能完全取代另一方。因为议会不是战场，议员并不杀戮，理论上，每一个派别都有卷土重来、引领社会的机会。

一个社会中没有对立的观点，只会一团和气、随大流，这个社会就不会有真正的幸福与自由。我们讲左右之间“同社会共济”，并非一厢情愿或不切实际地鼓吹合流，而是要坚守这个社会追求自由与幸福的底线，通过左右之间的充分争论与积极思想，从而超越于左右纷争之上，以达到这个国家向上与向前的目的。

思想如何解放?

有时候，政府会站出来鼓励思想解放。当说，世间万物，论及本性，都是倾向于“解放”或者自由的。比如，婴儿的第一声啼哭，便是发乎自然而且美好的自由之声。又比如，有科学家曾经做过实验，把一颗种子埋在瓦砾之下的土里，每天浇水，种子便会从瓦砾之下钻了出来。同样，如果把种子装进坚硬的头盖骨里浇上水，种子会有惊人的力量将头盖骨分开。种子的信念，让我们看到自由生长的力量，也让我们看到自然自发的秩序怎样丰富我们周遭的世界。

思想也是如此。从本质上说，每个人都是天生的自由思想者。不幸的是，在其成长过程中，一个人随时可能失去自由思想的动力和活力。为什么有人会失去其自然的禀性？显然，这和人的另一个天性有关，即人都有自私或者趋利避害的倾向。如果一个人不但得不到思想自由的好处反而深受其害，他便有可能会放弃这种禀赋的发挥，宁愿让自己的大脑处于一种“被奴役”或者“抛荒”的状态，让私田长草。

心理学家做过一个有趣的实验：将跳蚤随意向地上一抛，跳蚤能从地面上跳起一米多高。但是，如果在一米高的地方放个盖子，让跳蚤跳起来会撞到盖子，而且是一再地撞到盖子。过一段时间后，拿掉盖子就会发现，尽管跳蚤还在继续跳，却再也跳不到一米高了，直至结束生命都是如此。为什么呢？理由很简单，跳蚤们已经调节了自己蹦跳的高度，而且渐渐适应了这种情况，愿与盖子“白头偕老”，不再改变。类似的实验还有很多，心理学家将这种“跳蚤效应”解释为“习得性无助”。简而言之，长期积累的负性生活经验，会使人丧失信心，继而丧失创造力。韦尔奇说，世界是弱者的，因为弱者学会了适应。这话并非全无道理。但是，这种适应绝不应该是上述跳蚤式的适应。

由此不难发现，影响一个人思想自由的东西主要表现为两个盖子。一是实体之盖，这是外部环境，包括制度设计、文化传统、当下有着怎样的风俗或者偏见等等，这一切都会影响到一个人对思想自由的发挥；另一个则是虚拟之盖，它像一张无形之网，通过自我设限或“体制化”（电影《肖申克的救赎》中的概念）在心理上束缚每一个人，让这些人成为自律与“绝望”的牺牲品。这也是为什么在二十一世纪的今天，有些人仍然保持着上世纪六七十年代思维定式的一个重要原因。这些人一方面自己赶不上时代潮流，客观上也限制了其他不受“虚拟之盖”役使的人们追赶时代潮流。

鉴于虚拟之盖与实体之盖的存在，解放思想需要从以下两个方面着手：

其一是个体层面，解决“思想自由”的问题。这主要表现为对人的精神与心灵层面的呵护与建设。帕斯卡说：“我们的全部尊严就在于思想。”自由思想同样是人性的一部分，解放思想同样意味着人性的复苏。尽管世界上没有绝对的自由，但在任何时候、任何不自由的环境下，每个人都应该保持“独立之精神，自由之思想”，要积极地维持心中的光和热，使自己处于一种“思想解放”的状态。惟其如此，他才有可能和环境保持一个良性的互动，不至于在环境有积极变化时，失去了适应新环境的能力，成为新时代的落伍者，甚至在不觉中拖时代进步的后腿。

其二则表现为对制度环境的改善，解决“表达自由”的问题。正如婴儿生来会啼哭，尽情表达是符合人类的本性的。而且从积极自由与消极自由的角度来说，来自民间的草根思想、观念不仅不需要“解放”，反而会对来自公权部门的具有强制性的“解放”抱持一种谨慎的态度。思想是一种自发秩序，在社会领域，权力不能越俎代庖。正因为此，政府倡导思想解放，其意义更多在于从行政层面凝聚“改革共识”，以利于进一步深化改革；而对于社会而言，其所希冀在于政府在思想解放方面不设禁区。

进一步说，思想解放的获得，有赖于人心与制度等方面的共同建设。最好的结果莫过于，让自由思想成为一种价值观，让自由表达成为一种可选择的生活方式。

草色遥看近却无。历史的波澜壮阔，无不源于日常的积累与生长。当我们回顾自小岗村农民按下血手印以来中国流行与风尚之变迁，亦不难发现，这个社会早已通过其润物无声的点滴之功走到了官方号召的“思想解放”这一宏大历史叙事的前面。

思想自由是第一生产力

人类文明起源于人的两个本能。其一是性欲，有性欲，才有人类；其二是思想，有思想，才有文明。然而，在国家与主义至上时，身体和思想却只能处于双双没收的状态。正因为此，当历史步入柳暗花明，性自由与思想解放总是成为引领开放社会的先锋。

2006年，温家宝在与文学艺术家们谈心时谈到“钱学森问题”——“现在的学校为什么培养不出杰出的人才？”在我看来，至少有两个原因。其一，许多人并不具备独立人格；其二，虽有思想，却缺少公共空间。即所谓“传播真理难于发现真理”。

前者，不能独立思想者，虽然以思想为业，多因不能行使自己的大脑主权而失去创造力。其结果只能是抄袭成风，人云亦云汗牛充栋。就像法国影片《新桥恋人》所揭示，一个连自己都不拥有的人，怎配拥有爱情？这种自弃难免演变为一种病态——自暴自弃的男主角渴望身边罹患眼病的女人永久失明，希望能以共同沉沦或同遭不幸的名义与其“门当户对”、长相厮守。至于后者，当归咎于当下半封闭、半垄断的文化与信息传播体制。

发展中国家的崛起，常给人一种“突如其来”的印象。不可否认，近年来中国经济狂飙突进，一个重要原因就是对自然资源和劳力资源的过度开发。然而，尽管“血浆经济”的存在表明过度开采同样牵涉到对国民身体的开发，但思想作为一种“奇妙的能源”却在一定程度上被浪费了。

任何国家的发展，都少不了脑力资源与自然资源。不同在于，自然资源的过度开发与使用有个透支与稀缺的过程——今日世界，从原油、铜到黄金，甚至包括粮食，能从地里刨出来的都在涨价。而人脑却是取之不尽的资源。更重要的是，脑力开发得越多，今世与后世的积累也就越多，不开发反倒被浪费。

思想自由是第一生产力。两百年前，思想家圣西门曾生动设喻："假如法国突然失去了自己的50名优秀物理学家，50名优秀化学家，50名优秀诗人，50名优秀作家，50名优秀军事家和民用工程师……法国马上就会变成一具没有灵魂的僵尸。"英国前首相丘吉尔同样表示，宁愿失去一个印度，也不肯失去一个莎士比亚。

既然独立思想者是一国最宝贵的财富，那么重建社会的第一步就是让每位公民都有条件、有能力拥有自己头脑的主权。国家的崛起，必先决于国民的崛起。任何致力于焕发本民族创造力的政府，理应不遗余力地促进各个领域杰出头脑的崛起，不断发现社会、培育社会，激发社会创造。而社会解放，既意味着社会努力从国家体制中尽力抽身，也意味着在自强的道路上努力前行，借此完成人之上升与社会之上升。回顾二十世纪的历史得失，不可否认的是，一个开放社会的形成，更是避免一个国家"盲目崛起"及"一崛不振"的不二之途。

第二章　经济与社会

有商业的地方，便有美德。

——孟德斯鸠

发展是为了自由。

——阿马蒂亚·森

要市场经济，不要市场社会。

——利昂内尔·若斯潘

社会化与资本化

若问今日世界最流行什么主义，不是社会主义，恐怕也不是资本主义，而是二者的折衷，是“社会资本主义”。

回顾改革开放以来中国的发展，一个显著的变化就是社会化与资本化的进程已经启动，并且小有所成。过去，无论是推崇社会主义，还是反对资本主义，最后都是主义挂帅，既表现为“主义压倒社会”，同时又表现为“主义压倒资本”。其结果是，现实社会同资本主义与社会主义都相去甚远。

社会主义经典理论集中批判资本主义的资本化将资本利益放在第一位，并主张社会主义要搞社会化，应将公众利益放在第一位。然而，时至今日，当意识形态的执迷被时间吹散，人们蓦地发现，在权力、社会与资本这三大要素之间，最令人不安的既不是资本的贪婪，也不是社会的自由，而是有组织的权力的不受约束，是社会化与资本化都让位于权力化，并导致权力吞噬一切。

资本时代的自由

上世纪九十年代以来，随着中国经济改革与社会化的深入，中国经济进入一个全面资本化的过程，即“财富”转化为“资本”的过程。如耶鲁大学陈志武教授所指出，与以英国为肇端的工业革命一样，金融革命同样是人类历史上最伟大的创举，许多现代发达国家都是受益于这一百五十多年来的金融革命而迅速发展与强大起来的。一百年来美国的繁荣，其动因有三大支柱：工业革命、科技创新以及金融革命或经济的“资本化”。

中国改革开放近三十年来所经历过的金融化发展，也是美国过去一百五十年来金融化发展的一个缩影。相较而言，改革开放前的中国是一个“有财富但没有资本的社会”。土地、自然资源为国有且不能出让使用权，不具备资本价值；企业为国有、集体所有，它们的财产和未来收入流也不可以交易，不能买卖，更何况这些产权也没清楚界定过；而公民作为社会主义大机器中的“螺丝钉”，个人的劳动力与智慧也属于国有财产，所以公民未来劳动收入不可能被金融票据化。而三十年来，中国不断将以上三种资源做渐进的资本化操作，已为社会提供了大量资本。第一阶段是从1978至1990年代中期，其核心是给老百姓选择与买卖的自由，包括劳动力市场与创业市场上的自由，即从计划到市场的“市场化”。此后特别是1998年之后则进入“资本化”阶段，就是让企业资产（包括有形资产和未来收入流）、土地和各类自然资源、劳动者未来收入流，都可通过产权化、证券化或者金融票据化转变成流通的资本，把死资产和未来收入流变成随时能变现、变成可以花的钱。

陈志武在接受《南方周末》采访时谈到市场与资本对中国传统社

会的改变：在过去市场不发达的情况下，农业生产能力又极其有限，温饱总是最主要的挑战，所以，儒家主张以血缘家族为基础来实现人际间的资源共享、风险共担，并给它配以“三纲五常”文化价值和名分等级社会秩序，那可能是过去两千多年里相对最优的一种安排，使中华民族能够繁荣昌盛。在那种社会秩序下，“三纲五常”和名分等级秩序的刚性当然阉割人的个性，却可以使人际间的交易风险大大降低，节省交易成本，所以，牺牲一些个人自由和权利似乎是当时生产能力低下的条件下迫不得已的选择。加上当时的人口流动少，世世代代是左邻右舍，这也使儒家依赖的道德约束多少能行得通。

可是到了今天情况已大不一样，人口的广泛流动，市场范围的扩大，已大大削弱了道德的约束力。再加上今天金融市场已经在许多方面取代了家庭的保险以及其他经济交易功能，没必要再把亲情和经济利益交换混在一起，也没必要再接受“三纲五常”对个人自由的约束。换句话说，今天为这些约束所要付出的代价远远高于所能得到的好处，所以儒家主张的约束已不合算，而自立和个人自由的价值更高。

据陈志武理解，中国过去三十年经历的情况可能是这样，从1980年代先是市场化发展，把各地区间的市场整合到一起，包括劳动力市场和商品市场，劳动力开始跨地区流动，在哪里工作、生活逐步跟你在哪里出生、长大脱离关系，中国人和产品也开始大量出国。与此同时，他们的私有财产也在增加。到1990年代，人们开始接触现代金融产品，先是各类保险品种，然后是养老投资、基金品种、按揭贷款品种，慢慢地人们越来越意识到金融产品的好处，其中最重要的莫过于金融产品让你能把自己未来的各种经济需要、保险和养老安排好，让你在未来不管发生什么事，都不需要靠别人的施舍过日子，保证你总有独立的人格尊严。经济上的自足历来是人格独立的基础，而金融又是保证未来经济自足的工具。

此外，陈志武看到的另一个显著变化是：过去二三十年里市场发展和金融发展已经改变了中国人很多的文化价值观。

“当你观察上海、北京等大城市里父母亲与他们的孩子交流的方式时，你会发现，它正变得越来越像在典型美国家庭观察到的那样，也就是，父亲通常不会试图在孩子面前摆出一副威严、一副不可亲、不可近的样子，已经不是一种从上至下的、单向的、命令式的姿态。相反，你会看到，更多父母以一种非常平等的方式与他们的孩子沟通，试图进行一种心对心的对话沟通。”

当父母不再把孩子当做他们的养老保障、当做他们的投资载体时，他们没有必要担心“天啊，如果我的孩子现在就不听话，他将来怎么会孝顺？我在他身上的投资怎么会有回报”？于是，他们也就没必要处处打骂孩子、压制阉割孩子的个性，迫使孩子时时听话。这些父母为自己买好保险品、退休品、养老基金等等。此后，从经济上，他们就没有依靠儿女的必要。当然，这种“资本主义”生活方式只见于经济相对发达的城市，在中国更广阔的西部与农村，依旧流行“养儿防老”。

除了陈志武所说的这种改变之外，还有一个重大变化是：在过去，被体制驱逐的才子佳人往往不得不面临窘迫的命运，而现在他们照样可以在社会上谋得一份待遇优厚的差事，或者通过手中的财富与资本过上有尊严且有自由的生活。

如米尔顿·弗里德曼在《资本主义与自由》一书中文版（2002）序言中所说：“中国仍然远不是一个自由社会，但是毫无疑问，中国居民要比在以往更为自由及富有——除了政治以外，在各个方面都更为自由。在政治自由方面甚至有了一些初步的、微小的增长的征兆，具体的表现为日益增多的农村干部的选举。中国还有很长一段路要走，但是它是朝着正确的方向前进。”

资本主义 3.0

戈尔巴乔夫曾经说：“我们的共同家园是这个世界本身，我们的命运是相同的，如果说某一个地区只想着自己繁荣昌盛，而身边的整个世界都是饥荒的话，它的繁荣是不可能的。”历史一次次证明，无论过去的冷战，还是现在似有还无的“文明的冲突”，那些无谓的对抗并不能解决人类的当务之急，真正有益的是要回到人的条件本身来思考人类文明。

两大阵营不复存在。与此对应的是，这个国家在价值论上渐渐褪离共产主义的理想躯壳而转向对共生主义的无名探索。从“共赢”到“和平崛起”，从邓小平取道市场经济到江泽民时期公开承认资社共存，从胡锦涛“和则两利，斗则俱伤”到十七大呼吁结束两岸敌对状态，中国政府积极融入世界、从共产主义到共生主义的大脉络已渐清晰。

共产主义与共生主义都重视公共性。区别在于共产更重对过去与结果的分配，而未有效解决生长问题；而共生则更重当下与未来的存续生长，更重对自发秩序与自我拓展的认同呵护。如果说共产面向一个正在消逝的世界、权力分配的世界，那么共生则因面向生命而面向未来。那是一个由生命分配的世界，生命之平等决定了随之而来的分配平等更货真价实。

资本主义国家亦面临抉择。显然，尤其经过上世纪九十年代的融合后，老牌社会主义国家与资本主义国家之间的真正区别在于民主政治而非主义。比如欧洲尽管“姓资”，但在民权视野下许多国家并未放弃社会主义理想，密特朗不也私下表示其执政理想便是消灭法国的资产阶级？上世纪六十年代，在西方世界指责社会主义国家极权时，马尔库塞同样将发达工业社会描述为技术进步下的新极权社会。今日更有美国知识分子鼓吹为资本主义升级，即在经历了“短缺与匮乏”的“资本主义1.0”和今天“过剩与铺张”的“资本主义2.0”后，资本主义必须进入讨回公共权益的“资本主义3.0”的时代。

今日世界，资本主义与社会主义已经由对立走向融合，具体表现为“资本主义社会化”和“社会主义资本化”。一方面，像中国这样曾经追求绝对公有制的社会主义国家，由于经济与政治几乎走向了崩溃的边缘，终于在改革开放的旗帜下走向新生。市场经济与民营经济的发展，私产入宪与物权法的制定等等，为中国的社会主义注入了它过去曾极力反对的资本主义因素，使之收获现实的活力与历史的报偿。另一方面，在资本主义国家，福利资本主义、民主资本主义和股票资本主义也取得了长足的进步。当股份制成为社会分配财富的重要方式，现代资本主义实际上已经从过去的私人资本主义过渡到了“社会资本主义”。当中国讲到“全民所有制”的时候，常常会陷入“国企为什么不向社会分红”“全民是谁”的争论，究其原因，问题关键仍在于国民没有明晰的产权与股份。在一些资本主义国家，由于资本市场的发达，多数国民持有大公司的股票，以至于这些公司更具有全民所有制的性质。

社会资本主义

早在1988年，著名学者、社会主义学家高放在《从传统社会主义到现代社会主义》一文中提到“社会资本主义”这个概念。高放将世界资本主义的发展概括为四个阶段：即16世纪初到18世纪末的封建资本主义（此时资本主义在欧洲封建社会内部孕育成长）；18世纪末至19世纪末的自由资本主义；19世纪末大体上至20世纪70年代的垄断资本主义；而1980年代以来可称之为社会资本主义，即社会化程度更高、社会主义因素在逐步增长的资本主义。

2001年，高放又在《江汉论坛》上撰文指出社会资本主义阶段的六个主要特征：第一，社会生产力的社会化程度更高了；第二，资本主义生产关系社会化的程度更高了，社会资本股份化，股份资本职工化、大众化、分散化、全球化；第三，资本主义社会的结构发生大变化，中间阶级扩大化，工人阶级出现白领化、多领化、知识化、有产化趋势；第四，国家政府的社会职能大为增强；第五，全球各国之间的竞争与协作大为增强；第六，社会主义因素逐步增长，有越来越多的工农大众出资自办企业与合作社，职工参与企业管理，政府实行社会保障与福利政策等等。总体而言，当代资本主义由于从生产力到生产关系，从经济基础到上层建筑，从社会结构到社会生活，从内部关系到国际关系，社会化的程度都越来越高，范围都越来越广，层次都越来越多，社会主义的因素又在逐步增长，所以可称为社会资本主义，或者说是含有社会主义因素的资本主义。在高放看来，资本主义的最高阶段不是列宁在1916年批判的帝国资本主义，而是社会资本主义；资本主义也不是必然腐朽的，而是被社会重新焕发了活力。

为什么帝国资本主义衰亡了，社会资本主义却欣欣向荣？无论中国现在走的是市场社会主义，还是社会资本主义；无论资本主义将来是否还有其他更高形式，不可否认的是，迄今为止社会资本主义能成为“资本主义的最高阶段”，是和社会与资本的相互渗透与联合分不开的。社会资本主义取代过去的私人资本主义、野蛮资本主义，是社会民主主义不断推动的结果，是资本不断社会化的结果，是现代传播科技发展及治理模式变革的结果。也正是这个原因，越来越多的学者试图从资本社会化、管理社会化和分配社会化等方面来理解当代资本主义的这一场至关重要的转变：资本的社会化表现在股份的分散化和大众化，员工持股和人力资本的发展，在一定程度上缓解了劳资对立；管理的社会化使企业决策更加民主，员工可以影响企业决策过程；而分配的社会化使资本主义社会分配趋于公平和合理，政府与工会对收入分配的干预程度增强，工资由资方单方面决定改为双方谈判，除了工资收入外，员工还可能持有一定股权。

而这种社会化浪潮，并非突如其来。只是在过去，资本主义的社会主义因素被遮蔽与忽略了。有人甚至认为，从17世纪初荷兰出现首个股票市场开始，企业所有权和管理权分离，资本社会化便已经悄然开始。如今，经过几百年的发展，资本主义的许多骨干企业都已经完成了大规模社会化改造，社会化的资本市场也日益成熟，庞大的中产阶级和有一定消费能力的工薪阶层不断地为各国市场提供新的资金来源。这一部分资金以养老金、基金和个人直接投资等形式进入了股票市场，成为股票市场的重要资金来源。

当然，资本社会化并非只有共享收益的好处，告别过去资本与社会的对立，它同样意味着这个社会开始共担风险，一毁俱毁，一荣俱荣。

三生主义：生命、生活与生态

制度不断升级是文明进步的法则。当全球治理的观念渐入人心，当政府不再靠着寻找内部和外部“敌人”操纵人心，这一升级过程必然是不同文明互相取长补短、共同成长的过程。

在此过程中是否有共同的参照？纵观世界大势，笔者曾在《南方周末》和《亚洲周刊》撰文指出“三生主义”当成为二十一世纪世界的政治指南。而且，无论现在有着怎样的主义与分歧，一切积极努力最后都会回到这一价值尺度。

所谓“三生主义”，本质上说是一种关乎生命、生活与生态的价值观，一种精神高度。佛教讲“往生”“今生”与“来生”，而“三生主义”则着眼于个体，社会与世界，注重生命、生活与生态。倘使可以在这三方面做到“三生有幸”“三生万物”，就一定会有美好而丰富的世界。

三生主义的提出旨在梳理三种关系或完成三种对话：

首先是生命。这是个体层面的，是人与自己的对话，关乎人对生命的敬畏及意义的追寻，关乎生命信仰的重建，体现人类对自身命运的观照。生命是一切权利与价值的基础，没有对生命的尊重，就不会有普世的人权；没有对生命的尊重，最强者也会沦为贱民，所谓“文明”也只有钢筋、水泥而决不会有生命的温度。

其次是生活。这是社会层面的，是人与社会的对话。如萧伯纳所说，“人生有两出悲剧：一曰万念俱灰，二曰踌躇满志”，政治与经济亦如是。过去是政治压倒生活，现在是经济压倒生活，至于中国人的GDP崇拜则兼而压倒之。

从“国家万岁”转向“国民万岁”，从“领袖万岁”转向“生活万岁”，是经历二十世纪诸多灾难后人类获得的一个大教训。回到生活就是回到世俗幸福的本源，因为只有生活才能让人类重拾朴素意义，从集体自负回到人的内心与本性，从极端革命狂热回到日常改造，让削足适履的政治服务每日维新的生活。

最后是生态。这是人与自然的对话。人是生物，地球是人类赖以生存的家园。无论政治人、经济人还是社会人，终归都是生态人，这也决定了生态问题才是人类必须解决的真问题。只有与自然和解，人类才能持久地享有大地的恩泽，播种并收获文明。

简单说，只有尊重生命，才会有平等与文化的多样性；只有尊重生活，一切政治与社会变革才不至于凌空蹈虚，因主义放逐生活；只有尊重生态，人类文明才有可持续发展，不因饮鸩止渴自我消灭。

最重要的是，三生主义是关于生命、生活与生态的哲学，也是关乎灵、肉与世界的哲学。它超拔于传统的经济、社会与政治三大组织之上，跳开传统的资本主义（经济极端）、理想的社会主义（社会极端）及国家主义（政治极端）的方法路径之争，使人类理想回到人的条件与意义本身。即使是我在此提倡的三生主义，也不像过往主义一样强加于人、淘空心灵与头脑，而是服务于人的价值，助益于人类的生活。

绿色警戒

如何在中国实现“文明宪政、轻松生活”？几年前，吴敬琏在接受《中国青年报》采访时强调“改革，我们正在过大关”，号召中国民众齐心协力闯难关。2003年，中共元老任仲夷先生在接受媒体采访时也谈到，中国改革仍未过大关，并以“改革尚未成功，同志仍需努力”与国人共勉。不过，在这一节中本书作者着重要谈的是“过大圈”。

又见约翰·波米尔

世界上许多国家都有“圈地运动”的历史，最著名莫过于英国。关于这段历史，曾有群农民就一位叫约翰·波米尔的领主的巧取豪夺向国王“上访”:“这个有权有势的约翰·波米尔用欺骗、暴力占有您的苦难臣民——我们的牧场，这些土地是我们世代所拥有的。他把这些牧场和其他土地用篱笆围上据为已有。后来，这个约翰·波米尔又强占我们的住宅、田地、家具和果园。有些房屋被拆毁，有些甚至被他派人放火烧掉，我们被强行驱逐出来。如果有谁不愿意，波米尔就率领打手包围他的家。这些人手持刀剑、木棒，气势汹汹，砸破他家的大门，毫不顾忌他的妻儿的啼哭……”这个场面，在“房吃人”的今日中国并不陌生。

如果说英国绵延几个世纪的圈地运动源于养羊业的高额利润，那么今日席卷中国的圈地运动的动力则不仅来自经济暴利的诱惑，更来自“政治暴利”（政绩）的诱惑。正因为此，在无数中国“约翰·波米尔”的身影背后，是权力与资本的合谋与分利。

尽管中央政府提出对耕地实行特殊保护，严格限制农用地转为建设用地，并成立了“联合督察组”对“开而不发区”的圈地行为进行打击，然而，非法征地的现象未得到有效遏制，在许多地方甚至愈演愈烈。风行于中国城乡的新圈地运动被海外媒体讥为“吃社会主义的散伙饭”。

根据国土资源部对2004年10月至2005年5月部分城市卫星照片执法检查情况统计显示，违法用地占新增建设用地宗数、面积的比例分别达到61%和50%，有的地方甚至高达80%。与此相对应的是，各行各业都谋求自身加强发展，最直接的体现就是多要地、多圈地。国土资源部掌握的各行各业提出来的用地需要，甚至超过了我们的国土面积。

同样被圈的还有江河。2003年6月水利部在全国范围内进行了拉网式清查，查出仅“四无”（无立项、无设计、无验收、无管理）水电站就有三千多座。《中国经营报》曾发表《脱贫工程带来的返贫危机》提出警告，要求国家以立法的形式保护库区人民的权利，否则一旦悲剧酿就，局面势必无法挽回。

此外还有“圈矿”热，由于国家垄断自然资源形成了自然资源主体的实际缺位，导致资源集中在一小部分人的手中，以致大量资源被浪费、破坏、偷窃甚至掠夺。这也是近年来有些掌权者能够在短期内暴富之原因所在。当资本化过程中产权界定不清，社会便将自然资源的命运及其定价权拱手交给了掌权者。

两种不公平

从时空两个维度来看，不公平有两种：一是同代之间的分配不公平；二是代际不公平。

关于前者，尽管全球化论者相信“世界是平的”，但是如果以发展的眼光看，透过中国城市与乡村、东部与西部、沿海与内陆的差距比较，不难发现中国财富如何倾斜。

近年来，一些地方为了扩大招商，滥征、强征农民集体土地，或者通过压低补偿标准，拖欠、截留、挪用土地补偿安置费等完成权力寻租。与一些地方政府获得高额土地出让金形成鲜明对比：一方面部分失地农民变成了“种田无地、就业无岗、低保无份”的“三无公民”，无力维权者甚至走到自焚申冤的地步；另一方面则是权力与资本借“地利”大发横财。

随着中国的城市化和现代化建设的发展，各地工业园区、开发区甚至“大学城”开始恶性膨胀，其后果是大批农民丧失土地，再一次为中国“现代化”买单。与此相反，一些房地产商却赚得盆满钵满。在2006年福布斯中国富豪榜上，前50名富豪中有20名跟房地产业有密切关联。他们要么以房地产业为主业，要么房地产是其重要的财富来源。在另外一个富豪榜——胡润的百富榜上，2006年前10名富豪里面有6名是主要经营房地产的，还有两名房地产也是其主要产业之一。2004年胡润百富榜上，有45位上榜企业家主营房地产。

有调查表明，地方政府通过土地出让金所获得的净收益多是“取之于农，用之于城”，被征土地收益分配格局大致是：地方政府占二成至三成、企业占四成或五成，村级组织占近三成，农民仅占半成到一成。

关于后一种不公平，美国国际法学者爱迪·B·维丝早在1984年就提出了“代际公平”理论。作为可持续发展的一个重要原则，代际公平已经广为人们接受，其核心价值观是资源与财富的使用不能向任何一代人绝对倾斜——当代人应托管好而不是挥霍尽后代的财富。

显然，当下的土地批租制度，无论是对环境损害，还是财富挪用，都意味着对后代人的财富与健康严重“透支”。一位公民拿明天的钱，做今天的事，本无可非议，毕竟一切都是自己偿付，然而对于政府来说，多快好省、透支尽下几代人的土地收益，则无异于抢夺。

如有财政专家指出，短短十余年，通过现有土地出让制度，地方政府收敛了万余亿元的巨额可支配财力，但是它是对50至70年的地租采取一次性收取资金的方式进行的，其所反映的是某些权力部门“寅吃卯粮”或“与子孙争利”。

掌勺者私占大饭锅

被害者与凶手在恋爱。没有谁会否认正在崛起的中国同样面临一场文化危机。上世纪八十年代的中国人在“让世界充满爱”“明天会更好”“好人一生平安”等乐声中生活，二十年后的中国流行的却是一些诸如“披着羊皮的狼”“老鼠爱大米”这样可以作为“虐恋国”国歌的情歌：“我确定我就是那一只披着羊皮的狼，而你是我的猎物是我嘴里的羔羊……”一切都变了，想一想齐秦的北方的狼，就知道这世道连狼也变了。

2005年8月，香港经济学家郎咸平教授连连在媒体上发出“重磅炮弹”，指名道姓地痛斥许多中国企业领导人借国企改革之机大肆化公为私，侵吞国有资产。这些被指责的企业几乎都是过去被树为改革成功典型的“明星企业”，包括TCL、海尔、格林柯尔、科龙等。

郎咸平的炮轰引起强烈反应：平面媒体与互联网上出现一面倒的声援之声，而被批评的企业则纷纷叫屈，格林柯尔老板顾雏军甚至在香港把郎咸平告上了法庭。郎咸平回应时表示：他并非与顾雏军个人过不去，实在是针对国有资产流失的严重事态而言。郎咸平由此就“案例”进入“问题”，对中国经济转轨中的不少方面提出了尖锐批评。

对于郎咸平的发难，中国“主流经济学”界“集体失语”。郎咸平则为自己因为捍卫国有资产而斗争却得不到同行的响应而大表感叹。然而事实上，对于上述问题，早在郎咸平之前清华大学教授秦晖早已尖锐地批评过。1997年十五大之后，“国企改革攻坚战”成为时髦，许多地方出现了比“分”和“卖”更刺激的做法。如长沙在1999至2000年间对一批赢利的大型国企实行“靓女先嫁”的“界定式私有化”，用政治权力直接把国有资产划拨给“内部人”并一步到位地实现管理者控股（MBO）。这是世界各国包括中东欧转轨国家在内在公开领域都前所未见的“激进”做法。对此，秦晖曾在《财经》杂志上提出批评。2002年十六大后，开始实行“国有资产分级管理”，舆论认为这是正式放手让“各级政府各自处理各级资产”。同时管理者控股的呼声大涨，风传转年将是“MBO年”，秦晖为此又写了《国有资产如何公正“退出”》与《要MBO，不要MBO年》等文，指出“分级管理”不能改变政府只是国民资产的看守者而非所有者的性质。

在秦晖看来，公正的改革应当“在起点平等之下产生最初的所有者，在(竞争)规则平等之下产生最终的所有者”。中国要搞市场经济，就是因为相信只有通过市场才能实现资源优化配置。从逻辑上说，如果权力就能把资源配置到“优者”手中，还要市场干什么，还要搞什么产权改革？

不对等的私有化

对于过去的国营企业和乡镇“集体企业”的产权改革，秦晖强调处置公共财产应该遵循“群域要民主”的原则，因为在缺乏公共参与、公共监督、也没有利益相关各方充分博弈的情况下，公共资产的“看守者交易”往往就是“掌勺者私占大饭锅”。当年如果人民公社也按这种方式搞私有化，把公社变成公社领导人的私人庄园，农民变成打工的，或者干脆被赶走，那农民还不造反了？幸亏当时农村改革是农民自己搞起来后上面才承认的，农民平分了土地（当然只是“承包”，地权问题遗留至今），打破了“大锅饭”。如今土地是农民各自经营的，并没有“掌勺者”。然而耐人寻味的是，这反而成了地权改革比其他公共资产（包括乡村中除土地以外的其他公产如企业等）的产权改革更为困难之处：土地如今不是由官家经营、而是由农户经营的，于是有些人就绝不允许它私有化！

相较之下，由官员控制并经营着的公共财产在没有民主的条件下搞私有化，则很容易会变成权贵私有化。事实上许多企业，无论是国有企业还是农村中所谓的乡镇集体企业，产权改革几乎都是给了“看守者”。工人只能像彪哥一样“看成败，人生豪迈，只不过是从头再来”！

以《潜规则》一书闻名的学者吴思在《谁家之天下:“权贵资本主义”辨析》一文中分析“当代中国到底是什么性质的社会?”指出当下中国社会主义云云已经不值得讨论了，资本主义似乎也有问题。针对吴敬琏此前提到的中国“权贵资本主义”，吴思认为这个概念和一度流行的“官僚资本主义”一样强调了资本和行政权力的密切关系，但都暗含了一个前提，即中国已经或即将进入资本主义。

吴思反问，如果把“资本主义”定义为资产阶级说了算，资产阶级控制了暴力，掌握了立法权，那么，中国可曾有过资本主义?中国的资产阶级从来不能说了算，权贵或官僚才是最终说了算的集团。所以，把“官僚资本主义”或“权贵资本主义”倒过来说才比较准确，即“资本—权贵主义”或“资本—官僚主义”。

市场不畏惧“天价”

“天价”正在充斥着中国人的生活。打开百度搜索一下，与“天价”相关的新闻超过几十万条。譬如“哈尔滨天价医药费”“天价滞纳金”“某某豪宅拍出天价”“天价月饼”等等。

2007年，有两条“天价”新闻曾经成为人们争相讨论的焦点。一件发生在北京，另一件则在外省。

发生在北京的事是这样的:几位北大教授搞了个“青春写作旅”作文培训班，短短八天时间，收费竟然高达4900元。

另一件事发生在江西上饶市广丰县洋口镇。一位村民只因开货车剐坏该县建设局局长私宅外墙的三块瓷砖，在县交警大队调解时，这位胆小怕事的农民竟被告知要支付赔偿费和鉴定费共4000元。然而，从《人民日报》刊登的照片上看，瓷砖的损坏面积不过两厘米宽。所谓“局长一块砖，农民一年汗”，此事在网上曝光后立即引来恶评如潮。

从表面上看，两起“天价事件”并无联系。相同的是，它们都“功败垂成”。

“青春写作旅”涉及的是人们在市场经济条件下的选择与生活。从经济社会学的角度来看，人人都是“经济人”与“理念人”，人们的一切行为无不与其利益相联系。从自利原则出发，每个人做出适合自己的选择，社会理性将达到最优。在一个开放社会，此事无须道德出场，市场的无形之手足以使之流产。

其一，透明性。尽管广告商吹嘘“将在未名湖畔打造中国写作的‘黄埔军校’”，但是绝大多数人都知道所谓“大腕”都不过是凡夫俗子，不可能通过八天教出一群作家，更不可能教出“作家中的军官”。

其二，可选择性。试想，如果规定所有立志当作家的孩子必须参加这个冒牌的“黄埔军校”，那么，在别无选择的情况下，孩子们便只能接受这种漫天要价。否则，天价是否成功，完全决定于民意市场。

这个天价作文班，难免让人想起王小波在《谦卑学习班》里给富人精英上的一堂课——精英理应谦卑，不要太低估社会的智商。

相较之下，发生在洋口镇的天价索赔案讲述的则是权力视野下的公民生活。区别于上述“商品天价”，这位建设局长展示了“权力天价”。三块普通的瓷砖，稍有点常识与理智的人，都不会相信它们会价值几千元。荒诞的是，被这位建设局长唤来的县交警大队，竟然相信了，而且理直气壮地朝那位农民“秉公执法”了。令人宽慰的是，这起事件借媒体之力终于大白于天下，这位建设局长此时不得不面对“170万元建私宅”的追问。

透过此番天价索赔与荒谬执法，在人们讨论某些地方权力“西西里化”的同时，不难得出以下结论：

其一，互相包庇纵容的权力形成权力垄断，继而导致权力天价；

其二，权力天价强买强卖，社会将成为最大的受害者；

其三，来自媒体与社会的监督有助于权力的正常运行，或回归正常轨道。

显而易见，真正给公众生活造成“天价伤害”的不是市场，而是垄断。事实上，真正的市场并不畏惧天价，鱼龙混杂同样是一种社会生态。如果将这种选择性的“天价消费”理解为一种“奢侈”，天价也会有积极意义。在市场经济条件下，天价甚至可能引领时尚，并且通过“拖拽效应”使奢侈品逐渐成为日常用品。当社会不断前进，奢侈品往往是暂时的。比如说，在1900年室内盥洗室是奢侈品，如今早已进入寻常人家。

如孟德斯鸠在《论法的精神》中所说，“富人不奢侈，穷人将饿死”；维尔纳在《奢侈与资本主义》中也表达了“奢侈带来资本主义”这一观点。当有学者指出奢侈破坏人类天性时，主张“富足与自由乃人生两大幸事”的亚当·斯密同样在《国富论》中指出，禁奢法代表了“君王大臣们力图监管个人经济活动的无能和想当然”。在经济层面，一个社会可以通过富人的天价消费（奢侈），实现财富的转移与重新分配；而在政治与社会层面，这种“必要的奢侈”同样因为承认人的欲望和天性，可以在客观上抵御“安贫乐道法”里所承载的隐秘的统治。

垄断者的游戏

“天价产品”为社会所接受至少要满足以下两个条件：

其一，它不是非竞争性的公共产品，如水电、石油，甚至包括政府运营成本；

其二，它是可选择性的自主消费，而不是被动的必须消费。

换言之，这种“天价产品”既不是权力联盟摊派下来的账单，也不包括市场垄断条件下的生活必需品。

联合国开发计划署发布《2006亚洲太平洋地区人的发展报告》指出，整个东亚都在经历“无就业增长”时期，中国的情况尤其严重。同样，瑞士银行公布《全球价格及收入》研究报告，就薪酬指数和购买力而言，在被调查的71个大城市中，作为内地发达城市的北京和上海分别排在第65位和59位。然而，在这种情况下，一些垄断行业继续以“与世界接轨”的名义，试图“与天价接轨”。

垄断方利用排他性地位，限制竞争对手或潜在对手的进入，进而限制公平竞争。有的地方出台文件，指定当地只能销售某一种啤酒、某一种烟、某一种电动车，让消费者无从选择。有的垄断企业拟定霸王条款，要求消费者被动地接受其“高价格、弱服务”。由于“只此一家、别无分店”，消费者只能硬着头皮接受其种种不公平条款。垄断方借垄断轻易获得超额利润，也就失去了改进技术和服务的动力，降低了经济效率。广东电力系统抄表工年薪15万元、浙江某烟草公司中层年薪达30万元等新闻不断被曝光。2007年8月，中石油披露：尽管上半年国际油价下跌，渤海湾遭罕见暴风雪，但员工酬金成本仍增长三成多，达54亿元。

拥有垄断优势的国企“福利腐败”只是个表层问题。更严重的是这种权力垄断扼杀了中国人创业和竞争的起点公平。据统计，1994至2004年十年间，有770万家个体户消失。经济学家吴敬琏在一个以“收入分配”为主题的论坛上同样指出，机会不平等导致中国当前贫富差距不断加大，而造成机会不平等的因素，一个是腐败，另一个就是垄断。垄断一方面使人们的消费不断地“与天价接轨”，将社会不断分化为“房奴”和“房主”，使绝大多数人不得不为天价疲于奔命；另一方面，又在日复一日，腐蚀一个国家创造未来的根基。

转型时代既是最好的时代，也是最坏的时代。如果说媒体制造消费是后现代社会的重要特征，那么，垄断制造天价则或多或少具有前现代气息。如今，有人将住房、医疗和教育比做和平时期的“新三座大山”。

没有受到制约的权力，是天底下最大的垄断。2007年8月30日，《反垄断法》千呼万唤始出来。遗憾的是，《反垄断法》在中国不过是半部法，而非十分完备的法律：一方面表现为具体细节粗陋；另一方面，作为一部以反垄断的执行机构为核心的法律，主要是靠反垄断的执行机构来运作，而执行机构又是政府部门，某种程度上，反垄断的执行机构跟政府是合一的。换句话说，《反垄断法》没有更多地强调司法的功能，没有为企业与政府的博弈留下更多空间。

“绿色警戒”

“红色警戒”是美国EA游戏公司开发的一系列即时战略虚拟游戏，“绿色警戒”则是本书作者的一个“发明”，其所要描述的是与当下中国人息息相关的生活。

中国经济的资本化过程无疑是中国经济发展的必由之路。关心社会的人早就指出，中国经济的资本化过程是在国有产权的基础上，或国有产权占主导的基础上来完成的。而国有产权的性质也决定了中国经济的资本化不可能让产权运作成本与产权运作收益完全归结到相关当事人身上。

极端的例子就是一些单位或个人让社会担负成本，让自己尽享收益。国有企业追逐上市，同样是因为上市是件一本万利或无本万利的好事，既可以让公司获得低成本的资金，又可以让公司高管一夜暴富。大小非带来的不公平交易，更是逼迫无数投资者用脚投票，远离中国股市这台巨型的榨汁机。

在经济改革的大背景下，一些政府部门与上市公司形成了“圈钱利益共同体”毋庸讳言。许多上市公司都送原始股给各级政府官员，脑满肠肥的官员们等股票价格涨起来后一抛售就凭空大发横财。及至萧条时，网络之上立即哀鸿遍野，而那些盼望救市的中小股民更像是唐朝末年的遗民一般，形容枯槁，怨声载道，只等着仁慈的官府开仓放救济粮。吴敬琏说中国的股市很不规范，像个赌场，结果引来一片反对声，指责吴敬琏唱衰中国股市。事实上，连吴敬琏自己也知道中国股市甚至还不如赌场，因为“赌场里面也有规矩，比如你不能看别人的牌，但中国的股市，有些人可以看别人的牌，可以作弊，还可以搞诈骗”。

2007年底以来中国股市大跌引起了不少争论。应该说，中国股市的发展不失为集合了中国资本化与社会化的一个缩影。以“为国企脱贫减困”为目的的中国股市时常让人匪夷所思——政府允许那些资质不良的公司上市圈钱，却又要通过打压股市等方式让股民赔钱来为垃圾公司“挤泡沫”。权力与资本默契合谋的结果是让社会承担企业的业绩风险和政府的政策风险。当国外“敌对势力”为防止中国崛起而大呼“红色警戒”时，面对股市的“中国式监管”，许多中国股民早在心底向管理者竖起了“绿色警戒”的警示牌。

中国已经告别了红色革命的年代。如果读者能从一个更闳阔的背景来看待中国财富的非正常流转，能洞悉国富民穷与贫富分化背后的奥秘，理解权力在今日中国财富分配地图上所占的权重，就不难发现本书作者所说的“绿色警戒”有着极其深刻的时代内涵。其所涉及的，自然不限于股市，它还包括在税收及其他公共政策方面导致的财富流动，涉及社会如何保卫自己的财富不被坐庄的权力蚕食鲸吞——如前所述，不被薅了“社会的羊毛”。

“社会资本”主义

前文谈到资本主义由于实施了资本社会化的政策而进入“社会资本主义”时期，本节所要阐述的则是“社会资本”主义，强调社会关系的资本内涵。

在过去相当长的一段时间里，虽然中国一直在搞社会主义建设，但是“社会”却处于一种没收与没落的状态。中国原有的社群组织与社会规则，在狂风骤雨式的改造中变得湮没无闻，而无所不在的国家体制，以及源自意识形态的狂热与敌意，更使资本变成了一个坏东西。

改革开放以来，人们渐渐意识到，资本来到世间并非每个毛孔都滴着血和肮脏的东西。时至今日，在西方一些政治家与学者眼里，中国正在滑向“野蛮资本主义”，而一些中国本土学者透过“权力私有化”带来的种种社会不公，同样将这种新趋势称为“资本—官僚主义”。显而易见，凡此种种批评，并非是为反对资本，而是反对资本的变异。

同时值得注意的是，在中国渐次走向开放，终于放弃“姓社还是姓资”的争论时，国际学术界对“资本”理论的诠释也早已有了新发展。从某种意义上说，中国现代化，同样暗合了“资本”概念的现代化。而这一概念的现代化，对于处于转型期的中国来说，关键之一在于如何增进政府与社会对“社会资本”的理解。

关系是一种资本

二十世纪六十年代“人力资本”的出现，使物化的资本部分回归于人的价值。若干年后，法国社会学家皮埃尔·布迪厄首次将资本区分为“经济资本”“文化资本”和“社会资本”，“社会资本”因此渐成国际学术界关注的焦点。尽管对于社会资本目前还没有一个完整的、权威的定义，一个共识是，社会资本是继物质资本、技术资本与人力资本之后的一种新的资本形式，是一种可资利用的社会资源，其意义在于通过强化或重塑社会关系（社会契约），社会能够从中获利。进一步说，承认社会资本的存在，将为社会资源的配置提供一个良好的出路。对于国家与社会来说，投资社会关系的改造与培育，不仅可以使个体、团体获利，同样可以使国家获利。

美国社会学家罗伯特·帕特南指出，“与物质资本和人力资本相比，社会资本指的是社会组织的特征，如信任、规范和网络，它们能够通过推动协调和行动来提高社会效率。社会资本提高了投资于物质资本与人力资本的收益。”

早在几十年前，谈到为什么反对阶级斗争时，梁漱溟从文化的角度来分析中国的社会组织结构，认为在不同类型的文化中，社会构造各不相同。由于“西洋”人重集团生活，中国人重家庭生活，于是中国由家庭生活推演出伦理本位，同时走向职业分途，形成了由家族伦理关系构成的社会。而“西洋”却从集团生活演为阶级对立，因此“西洋”可被称为阶级对立的社会，而中国则是职业分途的社会。近代中国虽不能称为平等无阶级的社会，但尚未构成阶级，这是中国社会的特殊性。梁漱溟由此认为，中国的自救之路，在于建设一个新的社会组织构造。它是中国固有精神与“西洋文化”的长处二者的沟通调和，也就是要学习“西洋”的团体组织和科学技术，以此来培养发展中国的固有精神，即伦理情谊、人生向上的精神。“要改造中国的政治，必须从基础做起，国家宪政要以地方自治为基础。从基础做起，就要从最基层开始做，搞乡村的自治。一乡一村的自治搞好了，宪政的基础也就有了……全国就会有一个坚强稳固的基础，就可以建立一个进步的新中国。”（梁漱溟，《回忆我从事的乡村建设运动》）

同样反对阶级斗争的还有哲学家张东荪。1932年8月20日，张东荪在《再生》杂志第一卷4期上发表《阶级问题》一文，集中批判阶级和阶级斗争、无产阶级专政之理论。张东荪认为，阶级意识完全不同于阶级利益，阶级利益是一个阶级普遍而共同的利害，阶级自觉则比较复杂，决不是有了阶级利益就一定有阶级意识或阶级自觉：“我承认中国的各阶级有阶级利害，因为这是事实。但事实迫我无法承认中国各阶级已有了阶级意识。于是我们可以说——中国的任何阶级，资产阶级也罢，小资产阶级也罢，无产阶级也罢，都还没有到造成阶级意识的程度，至于我所说的余剩者乃是人自为战之徒，不成为一个阶级，更谈不到阶级自觉了！”他断定：“我们对于政治的主张不必建立在任何阶级上。这是第一点的意思。还有第二点是：我们必须注重于所有的各阶级。这句话的含义就是说：我们必不可建立在上述所谓剩余者（流氓）之上。”

近些年来，人们经常会被问到下面这些问题：为什么中国社会有“超稳定结构”？为什么王朝一次次崩溃而家国仍在？为什么中国人屡经“民不聊生”最后总能起死回生？转型期的中国，当社会不公正几近极限，在政府救济不力时，为什么中国社会仍然没有出现世界预言的“崩溃”？原因自有千种。在笔者看来，其中一个重要原因即在于家族作为一种“组织”部分化解了政府失灵或者市场失灵时所带来的种种弊病与危机。

比如说，对于一个农村贫困家庭来说，子女通过考学或者外出打工改善了生活，会不断地接济家用，在一定程度上起到了一个“小政府”或“临时政府”的作用。除了不负责征税，他们在家族中几乎要担当包括弟妹教育、父母医疗到养老所需的一切费用。而那些正在咬紧牙关支持孩子读书的父母，同样将希望寄托在后代身上。从这方面说，尽管在中国现代意义上的社会组织培育很不发达，但是家族的存在在某种程度上弥补了这种不足。

在专制或者封闭时代，经营一个家族，是唯一合法的自治。然而，在极端的年代，甚至家族自治也被“充公”，大跃进时期社员家里做饭用的铁锅都被拿去炼钢了。当然，这种中国式的家族自救还不是现代意义上的社会自救，二十一世纪的今天，中国的社会自救理应拥有一个宽阔的前景。

从孤立到合群

帕特南注意到，民主进程取决于许多因素，但是普通公民在公民社会中的群众性基层活动影响民主制度的绩效，社会资本的数量和质量是民主进步的决定性因素，民主的改革者必须从基层开始，切实鼓励普通公民之间的民间约定，鼓励民间组织和民间网络的发展，即促进社会资本的累积，既维持原有社会资本的存量，又实现增量。

就像婚姻缔造了家庭，自由结社同样是产生社会资本的重要源泉。

早在十九世纪，托克维尔便在《论美国的民主》中对美国公民精神大加赞扬。在他看来，自由结社与热情参与是美国公民社会的显著特征，是现代民主政治的必要条件。在《独自打保龄——美国下降的社会资本》一书中，帕特南还注意到另一个现象，自二十世纪六十年代起，随着美国社会的变化，这种公民精神正在走向衰弱。以投票为例，在1960年有62.8%的人参加了对肯尼迪与尼克松的选择，而三十年后只有48.9%的人参加了对克林顿、多尔与佩罗的投票。同样，公民的公共表达，诸如递交请愿书，给议员写信等也呈现下降趋势。今天的美国人是如此独立（个人主义），以至于在闲暇时间宁可独立自己去打保龄，或者一个人待在家里看电视，也不愿与邻居聊天，或者参加社区集体活动。

当然，多数中国人并不会“独自打保龄”，而是“一起打麻将”，但经常聚在一起打麻将并不代表他们参与到公共事务之中。中美仿佛处于两个季节，如果说美国的社会资本在部分凋谢，那么中国的社会资本更需要培育，需要生根发芽。今天，“投资社会资本”和“全球治理”“公民社会”一样，渐渐为政府与民众所熟悉。应该看到的是，对于政府来说，所谓“投资社会资本”既不需要什么投资环境，也谈不上等待什么成熟的时机。如果政府放手社会资本的自发性的成长，政府不但不用花费一个铜板，反而可以坐收社会救济政府的巨大利益。两者的边界是，政府的归政府，社会的归社会。显然，划分公民社会的边界，主要不在于阶层意义上的权利边界，而在于确定社会私权利与政府公权力之间的边界。

走向极端的国家主义与个人主义都是一种孤立主义，前者使社会处于一种被吞噬的状态，而后者则使社会变成一盘散沙，两者都意味着社会力量或社会资本的土崩瓦解。正因为此，笔者认为衡量人类进步的两个重要价值是独立与合作。一个社会，由封闭走向开放，本质上说，就是社会组织复苏或再生的过程，是社会资本生长与重新配置的过程。也正是看到社会的创造之力与缓冲之力，吉登斯之发现社会，被理解为在个体与国家之间找到了“第三条道路”。

被垄断或异化的社会资本

历史学家黄仁宇在《关系千万重》中有篇短文，提到了世界绝无仅有的中国“关系文化”，指出“Guanxi”这个名词可以不时出现在国外的报纸上，几乎成了英文所吸收的外国词语之一，“有半公半私，介于合法和非法中间地带的模样”。

黄仁宇将千万重关系厘清为最重要的三种，第一种是生存的关系，第二种是性关系，第三种是经济关系。在中国古代，将这三种关系演绎得最好的是齐宣王，齐宣王向孟子交心所称“寡人有疾”就是这三种重要关系：“寡人好色”（性关系），寡人“好货”（经济关系），寡人“好勇”（生死关系）。至于如何更好地表述中国人所面临的这三重关系，黄仁宇认为这应分别去问弗洛伊德（性关系）、达尔文（生存关系）和马克思（经济关系）。

应该说，社会资本的本质也是“关系”。人们倾向于将其理解为公民之间互信互惠，合作成长的良性的社会网络。对于民主运行与一个社会走出集体行动的困境来说，它同样至关重要。如学者燕继荣指出：“一个人、一个组织或团体，其收益的多少，取决于其社会资本的存量，而社会资本的存量来自于他（它）的社会网络关系。”（《投资社会资本——政治发展的一种新维度》）

社会资本虽然以自治的形式出现，同时应该具备某种开放性，否则便有可能因为封闭而转向异化。关于这一点，深谙官商勾结“关系”之苦的中国人并不难理解。某些社会资本的“消极的外部性”为人们所重视——封闭的社会资本同样可能起到绑架或隔离公众的作用。

在普林斯顿大学社会学教授波特看来，如果一个群体的目标是反社会的，那么，这个群体内部的社会资本必然会产生危害社会的作用，正是因为社会资本的“外部负效应”的存在，使社会资本的投资与培育更应有所作为。然而问题在于，究竟该怎样培育社会资本，是政府通过干预投资，还是公民通过自己的行动与观念投资，并因此获得社会的回报？

亚当·斯密说：“同行人很少聚会，但是他们会谈时不是策划出一个对付公众的阴谋就是炮制出一个掩人耳目提高物价的计划。”一些利益团体通过对社会资本的操作同样可能形成一种对公众的合谋。举例说，近年来调而不控的高房价，无疑与开发商之间、开发商与政府之间的默契合谋不无关系。当政府三心二意地开始调控房价，地产大佬同样召开闭门会议，甚至有地产商以“不盖房”为由相要挟。对利益的追逐既是经济资本的属性，同样也是社会资本的属性。资本会因为繁殖而增值，而强化，值得注意的是，社会资本的“外部负效应”并不是社会资本的致命之处。真正的短板在于，在一个社会中，有些人可以建立自己的社会资本，而另一些人却处于被禁止的状态；有些人可以建立自己遍及全国的关系网络，而另一些人却只能在邻居家串门。在此意义上，如果说任志强的“不盖房倡议”是挑了一次惊艳的花枪，那么，民间“不买房运动”的昙花一现，留给人们的则是一种“蚍蜉撼树”的悲凉，是一曲局部见证中国社会手无缚鸡之力的挽歌。

官场与市场

2008年，在北大校庆所举行的“校长论坛”上，中国人民大学校长纪宝成对当前“大学围着市场转”的问题提出尖锐批评。纪宝成表示，市场经济“是以物质利益为动力的”，但大学的使命和精神，要求它与市场保持一定距离。大学喧嚣、浮躁、拜金、学术造假、急功近利。有些大学教师成了某些特定利益集团的代言人，学术大师难以出现，高水平的科学研究成果受到严重影响。与此同时，纪宝成也对有些人将大学当成了一个政府机关的附属物，当成了工厂的一个车间来进行指挥表示了自己的不满。

纪宝成在这里提到的不外乎两个问题：一是市场化，二是官场化。前者是“市场压倒大学”的问题，后者是“官场压倒大学”的问题。然而，只要对中国目前的大学体制稍有些了解，就知道真正伤害中国大学、使大学弊病积重难返的是官场而非市场。

回顾中国近些年来的社会发展，市场因素进入大学显然不是坏事，更不必然导致大学使命与大学精神的丧失。从理论上说，改革开放三十年来最大的一个成就就是社会横向联系不断增强，并伴随着以权力为纽带的纵向联系不断减弱甚至瓦解。而这种自上而下的权力管制，恰恰是束缚大学自主办学、积极创造的关键所在。在此意义上，大学及教授不断走向市场，可被视为中国社会成长的标志性事件。而从公正角度上说，市场行为至少是建立在横向、平等的立约之上的，相较过去强买强卖的“权力之约”，也是一种进步。当大学或者学者可以从社会上找到赖以自救的市场，市场的出现也在客观上完成了对官场（权力）的重构与分权。

有人指责某些大学教授与社会既得利益集团“沆瀣一气”，为一己利益，甘愿成为利益集团的代言人，成了利益集团的鼓吹者、宣传者和传话筒。持此批评者不知道，一则“观点平衡世界”，只要不是集体性地被强制去代言某个集团的利益，世界仍不失希望；二则能够“为利益集团代言”者在大学里也只是凤毛麟角，绝大多数学者不过是象牙塔里的“沉默的大多数”。他们领着不足与人道的薪水，虽多有闲暇，却也不得不时常为“屡败屡战”的课题申请向技术官僚低声下气，必要时甚至还要带着学生一起造假以应付各种评估和检查。

由于必须接受权力自上而下的指导或者资源分配，许多学者进行研究时只能做有希望被批准的研究，如此做学问难免被打上“奉旨研究”的烙印。在此条件下，如果学者们能够在官场（权力体系）之外获得市场（社会）的支持，则不仅不会让大学精神丢失，反而可以使被磨损的大学精神得到某种程度的修复。另一方面，如果了解启蒙时代的出版史，了解市场对观念进步起到的关键作用，就会发现学者走向市场积极做时代进步的生意，同样可以居功至伟。

显而易见，现在真正伤害大学的不是市场，而是无所不在的官场。三十年“小政府、大社会”的追求如何走样，大学即是缩影与见证。如今的中国大学早已是一个个臃肿的行政机构。行政化管理、文牍主义让许多工于思想与创造的学者们苦不堪言。大学内部日益膨胀的行政部门更像是特洛伊木马一样策应上级行政单位对大学的“进攻”，而舍身从事管理工作的教授们因为层出不穷的“填表工作”也不得不以后半辈子“学术抛荒”为代价。行政评估、审批、审查等等组成的巨大打磨机，让所有大学在技术官僚面前失去光鲜与棱角。

为什么出“大楼”，不出“大师”？为什么出“官府”，不出“学府”？论及中国大学的解决方案，相信许多人早已心知肚明，比如让学术与行政分开，让大学回归教授治校的传统，重拾“自由之思想，独立之精神”等等。决策者若真有抱负建好中国大学，不必劳民伤财到哈佛、牛津去取什么经，其实只要买张去昆明的火车票，到西南联大的废墟上走一走，想一想，相信在那儿你什么答案都有了。

两种社会资本

既然重建社会资本的本质是重建社会关系，那么首先就要知道需要建立怎样一种社会关系，以适合民众创造力的发挥，适合一个开放社会的成长。显然，在政治全能主义社会里，在只有一个中央连接点的星状体结构中，并无真正的社会可言。因为在这里，一切纽带都需要通过位居中央的权力而不是权利来进行连接。其危险在于，当权力失灵，整个结构立即土崩瓦解。

社会学家倾向于将社会资本的组织形式分为垂直式与平面式。前者为柱状，后者为网状；前者是等级制的，而后者则贯穿着一种平等精神。

如帕特南指出，任何社会，现代的或传统的，专制的或民主的，封建主义的或资本主义的，都是由一系列人际沟通和交换网络构成的，这些网络既有正式的，也有非正式的。其中一些以“横向”为主，把具有相同地位和诉求的行为者联系在一起。还有一些则以“垂直”为主，将不平等的行为者结合到不对称的等级与依附关系之中。

这种柱状的等级式的结构所代表的仍是一种封闭的、断裂的社会结构。这种密集但是彼此分离的垂直网络虽然可以勉强维持每一个集团内部的合作，但是不会使全社会进入一种信任与合作的状态。

从本质上说，中国转型就是中国社会的转型。由于过去社会一直处于被压抑或者没收的状态，社会首先必须寻到并赎回自己应有的边界。而开放社会的好处就在于，国家有义务承认公民个体的价值优先于国家的价值，而公民能够遵照自己的权利而不是政治或权力设定的纽带来缔结自己的关系，或者说开拓自己的社会资本，并在此基础上使一个国家的社会资本达到最大值。

被缚的“蜘蛛侠”

谈到什么是慈善，被引用最多的莫过于美国卡耐基基金会创始人安德鲁·卡耐基的一段佳话。1889 年，卡耐基指出富人使用剩余财富的方式有三种：(一)传给家族和子孙；(二)死后捐给公益事业；(三)生前就作出安排，用于造福社会的公众事业。在卡耐基看来，死时仍然拥有巨额财富是一种耻辱，只有第三种选择才称得上明智。

有人批评中国人没有慈善精神，这种苛责显然有悖于历史与现实。所谓“老吾老以及人之老，幼吾幼以及人之幼”“安得广厦千万间，大庇天下寒士俱欢颜”，无论是纵向关系的“慈”，还是横向关系的“善”，此二种品格在中国人身上并不少见。2008 年汶川大地震所掀起的救济浪潮，感天动地，更表明中国人之所缺不是慈善之心。那么问题出在哪里？

权力下的道德摊派

中国需要慈善家，更需要生长慈善家的制度环境与社会心理之养成。不得不承认，在相当长的时期内，由于社会组织的发育不良和社会力量的缺席，由政府一单位主导的“中国式慈善”容易演变为一种权力背景下的“道德摊派”，在客观上激起公众一定程度上的抵制或者消极应对，从而影响慈善事业的发展。

2008 年“汶川大地震”发生后，社会各界踊跃捐款。一个引人关注的消息是“网易中止与红十字会合作”，对于双方解除合作，外界的猜测更多是放在红十字会总会捐赠渠道不透明上，并由此引发网民“声讨”。尽管红十字会此后对此做了相关澄清，但是类似担心并非空穴来风。金融界网站的相关调查显示，只有 13.16% 的人相信善款应该不存在挪用的问题，能够安全完整地送到灾民手中。与此同时，88.1% 的人认为慈善机构可以提取善款的 10% 作为管理费不合理。

人性变动不居，更不会完美。历史与现实一次次表明，任何时候，都不要低估人性中高贵与善的萌发，也不要低估人性中的恶与丑陋的蔓延。前者，曾几何时，许多人批评当代中国人信了“拜物教”，没有公共精神，然而，汶川地震却让这个社会看到了久违的团结与人性的光辉；后者，就在人们积极募捐的同时，也有新闻曝出一些丧尽天良的不法分子已经开始通过短信或者网络平台，试图冒用慈善组织的官方账号以达到骗取善款的目的。若是承认人性不分体制内外，透过这一细节就不难发现，假使没有有效监管，善款在其流转过程中，就随时有可能会因为某些漏洞而减损与变质。

100 家 VS 100 万家

现代慈善的主体是全民，它关乎每个人的良心、责任、自由与权利。然而，在当下中国，在许多场合，慈善更像是一种关系，一种模仿与竞技，而且不时被行政暴力或者道德暴力裹挟。

“汶川大地震”发生之后，企业各界纷纷慷慨捐款。港台在震灾面前踊跃捐款，表现极为出色，包揽赈灾英雄榜前三名。与此形成鲜明对比的是，被称为地产龙头的万科只捐助了200万元人民币。这笔捐款数额以及万科董事长王石之后的表态，给万科带来了近年来最大的公共信任危机。随后，万科宣布以1亿元资金参与灾后重建，王石公开致歉。尽管人们标榜捐一元钱和捐一个亿性质一样，但在具体慈善行为中还是会被比较，使公民慈善让位于“熟人慈善”，以至于有人感慨捐款像是“随份子”，有钱却随得少，就会遭人鄙视。

一份慈善公益调查显示，国内工商注册登记的企业超过1000万家，有捐赠纪录的不超过10万家，这意味着有99%的企业从未参与捐赠。由此，工薪阶层时常抱怨自己成了当前慈善捐款的主要来源，而掌握巨大社会财富的富人阶层在慈善事业中却屡屡缺位。但如果对比中美两国的慈善基础，就会发现，中国公民只有10%捐过款物，而美国则高达85%。当然，这一切并不能表明中国人的人心不如美国人慈善。关于这一点，或许我们可以从另一组统计数据中找到答案：目前中国有一百多家慈善组织，而且多具有官方色彩，而美国有100万家。显然，中国慈善事业没有大的发展，更多是在于体制原因。除了公民的自由联合、自我组织在中国仍然受到一定程度的压抑外，还有一个重要原因是迄今为止中国没有专门的慈善事业促进法。

2008年4月发表的《中国慈善捐赠发展蓝皮书》指出，中国慈善事业大多停留在“政府主导”的形态中，“一方有难，八方支援”是中国慈善事业的缩影，还没有成为全社会的事业。显而易见的是，尽管即时行善的观念渐渐为越来越多的人们所接受，但和许多先进国家相比，中国慈善事业的发展尚缺少一种鼓励人们行善的“制度性力量”。

举例说，美国为慈善减免税收的历史将近百年。在联邦政府首次开始征收个人所得税4年后，美国国会在1917年通过一项鼓励人们捐赠的宪法修正案，规定捐款或实物捐助可以用来抵税。所得税可抵税部分最高可达15%。1935年，政府提高了个人所得税和企业税，但同时允许公司用捐款来抵税。到1952年，收入最高可抵税比例增加到20%。目前，美国个人所得税的可抵税比例维持在50%，公司企业的标准则是10%。

这种促进是立竿见影的。随着收入增加和税收水平提高，越来越多不愿让收入落入税务部门的人选择了慈善，水涨船高的是非营利慈善机构也得到迅猛发展。半个世纪间，美国慈善组织数量激增20倍。事实上，富人也愿意通过行善来重新分配自己的财富，与纳税相比，他们不仅收获了一个好名声，而且获得了政府一样的主动权，变纳税为“执政”。

“能力越大，责任越大”

中国社会望穿秋水，时时期待“公益领袖”的出现，在一些会议上，也经常会见到“寻找中国的卡耐基”这样的口号。在卡耐基眼里，自己的巨大财富并不属于自己，而是代替全社会“保管并分配这些财富”，所以必须在有生之年把财富返还给社会。多赚钱是一种能力，花好钱则是一种责任。如电影《蜘蛛侠》里的箴言所揭示，“能力越大，责任越大”。

与此同时，你又不得不承认，在今日中国，这些以慈善为己任的“蜘蛛侠”被束手束脚，难以施展平生抱负。

谈到政府与社会的关系，托克维尔在《论美国的民主》一书中这样区别法国大革命前后世界政治的分野："在法国，凡是创办新的事业，都由政府出面；在英国，则由当地的权贵带头；在美国，你会看到人们一定组织社团。"如今，绝大多数国家的慈善事业都是通过社会来完成，即使是托克维尔当年批评的法国，也早已翻过政府主导社会的沉重一页，让权利个体在社会的自我组织中生根发芽，实现互相救济。

回顾改革开放的"光荣三十年"，体现在慈善事业方面的一个重大变化莫过于：随着中国经济与社会的发展，政府渐渐由全能型政府向公共服务型政府转变，过去由政府代办的慈善开始向社会组织转移，各种非政府、非营利性的民间公益组织正在成为推动中国慈善事业发展的重要推动力。论及中国慈善事业的发展，一个共识是，政府有必要通过立法，鼓励和引导非营利组织及其所兴办的公益事业的发展，通过政府向运转规范、廉洁高效、声誉优良的非营利组织购买服务，委托它们为政府向社会提供服务，促进和引导非营利组织的自我管理；通过向社会特别需要的社会救助、教育、科学、文化、卫生、环保等非营利组织提供资助，引导非营利组织发展的正确方向；通过税收优惠措施，引导社会资金向公益事业领域转移。

慈善活动被视为市场分配、政府分配之外的第三次分配。近三十年来，中国贫富分化加剧，通过慈善事业完成社会财富的再分配，推进社会公平正义，化解时代危机，无疑是当务之急。以"善款抵税款"促进慈善事业的发展，实际上也意味着国家向社会让权，即将原属于政府的财富分配权力交还给社会，以完成国家与社会的共同治理。与此同时，对于着眼于"收复权利"的中国社会而言，让政府从慈善领域淡出，也是避免政府将募捐变成另一种"税收"的必由之路。

两种冒险

“人们不讲道理、思想荒谬、自我中心 / 不管怎样，总是要爱他们 /……你所做的善事明天就被遗忘 / 不管怎样，总是要做善事……”在特蕾莎修女创办的加尔各答“儿童之家希舒·巴满”的墙上有这样一首诗。与这种淡定的情怀不同的是，今日中国社会，慈善对于捐款者与被捐款者来说，常常意味着某种冒险。

行善者冒险：深圳市民丛飞生前资助了一百多位贫困学生和残疾人，然而，当丛飞去世的消息迅速在网络论坛传播时，许多曾经受助于他的人不但没有对丛飞生前的善行表示出半点感恩之情，相反却是“贪念”和嘲讽；青岛村民王明殿自 1993 年开始为数百名学生捐钱捐物，价值累计达到一百余万元，引来各路索捐者无数，若是不遂人意便被骂成沽名钓誉的骗子。

受助者冒险：受助一年多，没有主动给资助者打过一次电话、写过一封信，更没有一句感谢的话，襄樊五名受助大学生的冷漠，逐渐让资助者寒心。而新浪网的相关民意调查显示，有超过 80% 的网友认为贫困大学生应该为自己“受助不感恩”付出代价。曾经接受捐赠的人因此不得不面临一场来自公众的道德审判。

第一种情形，为什么有人会受助不感恩甚至要逼捐、索捐？笔者曾经在专栏文章中谈到，时至今日，许多人对群己权界、个人与社会、权利与义务的界定并不清晰。在中国社会的转型过程中许多人内心产生“相对剥夺感”。当受捐者或索捐者将自己所受到的赠予视为“迟到的正义”，那么在接受社会或个人援助时就难免有“理所当然”“受之无恩”的心理。当他们认为自己受赠得到的本是他“被剥夺的”或者“本来就应该得到的”，受赠因此就变成了某种意义上的“失而复得”。

既然“失之桑榆、收之东隅”，而且可能还“远远收得不够”，甚至“收吃了亏”，“感恩之情”自然就无从谈起。

第二种情形，捐赠者如何判断及为什么要求受助学生感恩？一方面，感恩是一种心理状态，显然我们不能凭着一两封物化了的感谢信来评价这些学生是否心存感恩；另一方面，如果捐赠必须附带一年写几封感谢信的义务，那么这个慈善活动其实从一开始便已经走调了。

显然，现代慈善文化是区别于中国传统的“报恩文化”的。中国人常讲的“知恩图报”，实际上包括“知恩”和“图报”两个部分。所谓“报恩”只是“报文化”的一种，后者还包括“报仇”“一报还一报”等等。而从程序上讲，无论是报恩还是报仇，它们都是封闭式的。诸如“君子报仇，十年不晚”“冤有头，债有主”“投我以桃，报之以李”“饮水思源”等等，无不见证“报文化”的背后是个封闭的情仇圈。

与封闭的报恩文化相比，慈善却是开放的。这种区别至少体现在两个方面：其一，施恩者并不以“图报”为目的，所以慈善不像“报文化”那样具有交换性；其二，受恩者“图报”并非被动的指向原来的施恩者，因而具有开放性。简单说，如果受恩者在“报文化”中是被情义“奴役”的“报人”，那么在慈善文化中则是让情义自由流动的“社会人”。如果学生们认定女企业主的捐赠是一种慈善行为，那么就应该看到，他们并非只是代表自己和家人，而是以“社会人”的身份来接受女企业家的捐赠，他们所谓的图报，应该是回报社会，让情义像商业一样不断地创造财富，而不是急着偿还捐赠者的恩德，使感恩文化停留于“礼物交换”的原始阶段。

有人指责“受助大学生家长需要反省，受助大学生更应该深刻反思自己，反思自己对资助者、对社会造成的伤害”。基于以上理解，我却更能体会这些贫困学生所受到的伤害。事实上，这种捆绑了“感谢信义务”的捐赠从一开始更像是一次获取受赠者感恩红利的投资，一次交易，而非真正的慈善。至于汇报学习状况更是一种过分的要求，因为即便学生接受了捐赠，这并不意味着他们的精神世界局部沦陷，失去自治的能力，必须向捐助者“招供”自己的隐私——如果他们认为这是隐私的话。

改革开放以来，中国社会获得了前所未有的大发展。不可否认的是，中国人离“社会人”其实还很远，离慈善文化还很远。与此缺失相对应的则是“报文化”的继续流行。然而，隐藏在“报恩封闭圈”内的报恩机制，恰恰是最脆弱的。这种封闭性决定了无论捐赠者，还是受赠者，都像是在为情义单打独斗，所以稍有点风吹草动，各方都难免觉得自己委屈——看落日飘摇，人生多有不如意。

民间是个好东西

2008 年 5 月 12 日，当四川发生强烈地震的消息传出后，名列 2008 中国慈善排行榜榜首的江苏黄埔再生资源利用公司董事长陈光标，立即做出去现场救灾的决定。离汶川灾情发生仅两个小时，在灾情的严重性还不为大多数人所知的情况下，陈光标率 60 辆挖掘机、吊车等大型工程机械和一百二十多位操作人员组成救灾队伍出发了。日夜兼程，14 日凌晨 3 点，车队几乎与军队同时抵达了灾区，成为自发抗灾抵达地震灾区的首支民间队伍。

“以自由人为本”

陈光标的当机立断揭开了此次民间力量大集结的序幕，也向世人呈现了三十年间中国民间力量有着怎样的成长。为此，笔者在《南方周末》上发表《民间是个好东西》一文，为民营企业家陈光标为代表的社会救援力量当时的表现喝彩，并强调一个国家是否强大，关键不在于国家，而在于社会，在于民间力量的养成；而一国政治是否文明，同样取决于政府对民间社会采取怎样一种态度。

不可否认的是，今日中国的一个显著进步在于民间社会的成长，在于体制内外越来越多的人开始意识到“民间是个好东西”，意识到一个自发自为、自由自我的民间社会的存在，是一个社会永葆创造精神，在日常生活中谋取进步，并在关键时候化解危机的力量之源。因为民间永远在时代的风口浪尖上，在生活的最深处；民间在日常生活中感知社会的进步与腐朽，通过一点一滴的改造使社会不断告别绝望走向新生。大凡是有理想的国家，必先使公民的权利得到保障，使公民成为一个完整的权利主体，并在此基础上实现“自由人的联合”，所谓以人为本，自然首先是“以自由人为本”。

其后，同在广州的《同舟共进》杂志就“民间是个好东西”做了一期专题，亦算是对本文有所呼应。专栏作家十年砍柴在《三位民间商人的不同命运》中将陈光标此举的意义上接到春秋时期。秦国派兵偷袭郑国，在边境遇到正赶着一群牛去贩卖的郑国商人弦高。弦高知道自己的国家毫无防备，急中生智的他径直将牛群赶到秦军军营，对其主帅谎称郑国国君特命他犒劳远道而来的秦国客人。秦军认定郑国早有准备，立刻班师回国。一个商人就这样化解了本国的一场危机。

十年砍柴注意到，两件事虽然相隔了两千余年，其间中国的社会状况已有了天翻地覆的变迁，但两位商人急纾国难的责任感和智慧却是相同的。比之秦汉以后皇权时期的商人，在商人的自由度与自主性方面陈光标和春秋时期的弦高距离更为接近。

而在秦始皇统一中国后，特别是从汉武帝开始到1911年清朝覆亡，长达两千年的帝制时代，最具有经营天才的中国商人却活得最窝囊，他们对公共事务根本不敢有自己的主张，必须仰官府的鼻息。

由于几十年的政治原因，至1978年改革开放初始，中国的民间工商业几乎从零开始，民间社会的空间也被挤压到极点——这个时期连商人都几乎没有了。前改革时代不是臣民社会，但也不是公民社会，政府通过城镇的单位体制和乡村的人民公社体制，对社会进行全方位管理和高度控制，多数普通人被赋予一个具有高度意识形态色彩的集合名词——“人民”。这个名词在那个特定的历史时期抹杀了公民间的个性差异，也遮蔽了单个公民所应有的一些权利。改革开放以来，可以看到两条相辅相成的脉络：一条是私营经济不断壮大，一条是保障公民权利的法律体系逐步建立。正是这两股力量，不断促进着民间社会的良性发展，使中国人看到了公民社会的雏形。

以上论述，感兴趣的读者可以重温本书第一章所涉及的“柏克的问题与圣西门的醒悟”。

关爱之川，隐于地下

同样，在《NGO：细胞的作用比口号更坚实》一文中，“自然之友”的创始人之一梁晓燕回忆了该组织的源起及中国 NGO 的发展。梁晓燕指出 1980 年代就有公民自由结社投身公共事务，只不过刚开始时人们是本能地去做，还没有给它一个明确的历史定位。

“1990 年代初，整个社会的公共领域非常沉寂。在北京，相当多的人对国家、社会、公共事件有关怀，但是不知道用什么方式凝聚起来。我和当时的全国政协委员梁从诫先生聊天，讨论我们能做点什么，谈及环境保护，觉得这是一个不少人关心又适于表达的问题，而且便于在政协这样的公共场合大声说话。梁先生对我说，不能光我们两个人，要有那么一群人。你和年轻人熟，能不能找几个人一起来筹划筹划。我就找了杨东平和王力雄。1993 年 3 月，我们第一次聚会，希望能通过这件事更大程度地凝聚公共关怀。这就是‘自然之友’的雏形……很多人觉得世风日下，道德沦丧。确实，不健全的市场经济，不通畅的社会言论状况，急速打破了约束这个社会的原有道德，而新的道德建设过程极其缓慢。但同时也要看到，人心是不死的。总有那么一些人对这个社会做出良性反应。有了这一些人，就会有越来越多的人，公民社会组织就会壮大起来。”

梁晓燕由此强调，在中国关爱之川隐于“地下”，需挖一道明渠将其汇聚。至于汶川地震时中国志愿者的精神与表现，更令她无比感动：

“灾难突然而来，志愿者的热情也是突然而起。哪个地方被媒体报道，大家就跑到哪儿去救灾。一窝蜂去，一窝蜂走。如果志愿者形成民间组织，保持常规化活动，遇到突发事件做事就会更有计划，更有方向，更有效率，更少盲目性。这次抗震救灾表明，中国人不缺少志愿者精神，不缺少慈善资源，不缺少公益热情，但缺少良好的自组织功能，不能形成横向的有机联系。这需要长时间的构建，更需要能令民间组织正常发育的制度环境。

政失求诸野

著名政论家周瑞金则在《民间动力：中国改革发展的希望》一文中指出：从三十年改革开放和现代化建设的经验看，第一阶段的动力，来自亿万民众摆脱贫穷的强烈愿望与执政党那种“不改革死路一条”的危机感的相互推动。进入初步小康后，改革开放的动力则来自执政党注重 GDP 增长提升政绩的强烈要求，与企业家占据更多更好生产要素的强烈愿望的结合。在这一阶段，一些民众被边缘化，地区、城乡、贫富三大差别被扩大。

周瑞金认为，中国改革发展的真正动力源自民间，化解经济危机的重要力量源自民间。也就是说，进一步深化改革的阻力，在于对民间改革动力的不信任不鼓励甚至压制；而所谓新一轮思想解放，最需要解放思想的并非广大民众，而是执政理念落后又失去深化改革愿望的官员，是那些在第二阶段的改革发展中获取巨大利益的既得利益阶层。

上一个三十年，每当改革面临重大进展或某个局部改革取得重要突破，几乎都围着这样的线索展开——民间小人物“胆大妄为”的冒险“违规”，取得阶段性成果之后，得到开明的地方领导干部的默许甚至鼓励，经由目光敏锐的媒体报道，引发热烈讨论和争议，最终得到高层认可，推向全国，并以政策或法律使之制度化。

农村改革序幕的拉开，“始作俑者”是安徽凤阳小岗村的18个穷得叮当响的农民。他们冒着坐牢杀头的危险签下“大包干”生死状，并一举大获丰收，这点星星之火，才渐次燎原全国。而从乡村涌向城市、最初被报界称为“盲流”并欲严厉禁绝、后被称为“农民工”的“民工潮”促使了城乡二元结构的松动、推动了城市化并成为托起“中国制造”奇迹的基石。这股大潮一次又一次地冲击着旧有的土地制度、城乡壁垒和工农业的“剪刀差”。工业方面，浙江萧山的鲁冠球悄悄办起的乡村小小农机厂，在财大气粗、包揽几乎所有资源的国营工业的夹缝中渐成气候。众多的“鲁冠球”和千万个曾被蔑视的“个体户”一起，艰难磨砺、胼手胝足，把曾经被体制和政策“围追堵截”得灰头土脸的乡村工业和小摊点小门面壮大成被红头文件从否定到默认，到鼓励、赞许，最终蔚为壮观的民营经济，在中国经济中三分天下有其二。安徽“傻子瓜子”拥有者年广久的出现，冲决了“雇工八人以上就是剥削，必须打击”的铁律；温州街巷中涌现的小摊主、小业主

“八大王”的命运起伏，抓而又放，成了民间市场及多元流通渠道走向合法化付出的局部代价；浙江海盐一剪子剪开国企改革帷幕的“小裁缝”步鑫生、河北石家庄斗胆承包亏损造纸厂的小小业务科长马胜利……来自年轻知识阶层的IT人士及新技术人士代表……不管其后的命运怎样，他们都在不同层面冲击着几十年计划经济的体制性堤坝。

不用再一一列举了。民间是个好东西，已是无数贤良之共识。这世界最可赞美者莫过于沃野千里，满目生机。无论遭遇怎样的酷暑严寒，民间社会终还是那片让一切文明赖以生根发芽、开花结果的大地。

野火烧不尽，春风吹又生。

第三章　物权与税权

没有财产的地方亦无公正。

——约翰·洛克

灵魂失去了庙宇，雨水就会滴在心上。

——里尔克

果壳上的物权

就宪政而言，物权与税权无疑是最重要的两块基石。如果说前者的作用在于确定哪些财产属于公民，那么后者的作用则为商定公民为购买政府提供的服务理应支付的价格。近些年来，中国公民之所以对物权与税权寄予厚望，就在于他们越来越重视通过重申这些权利以重订个人与国家之间的契约。

2007 年 3 月 16 日上午，全国人大高票通过《物权法》。这部法律历经了十三年的酝酿和广泛讨论，创造了中国立法史上单部法律草案审议次数最多的纪录。《物权法》规定："国家、集体、私人的物权和其他权利人的物权受法律保护，任何单位和个人不得侵犯。"和私产入宪一样，在中国通往宪政的道路上，《物权法》的通过无疑是个标志性事件。

就在此前一个月，温家宝撰文指出"科学、民主、法制、自由、人权，并非资本主义所独有，而是人类在漫长的历史进程中共同追求的价值观和共同创造的文明成果，社会主义制度与民主政治不是相背离的"，"（中国）要大胆吸收和借鉴人类社会创造的一切文明成果，吸收和借鉴当今世界一切反映现代社会化生产规律的先进经营方式、管理方法”。

显而易见，在“一切文明成果”中，除了自由、民主等价值外，分立的产权制度同样是转型期中国亟须吸收和借鉴的文明成果。尽管《物权法》曾经因为导致“建国以来第三次意识形态大讨论”而“暂时搁置”，但是谁也不能否认，伴随2004年“私产入宪”与2007年《物权法》的出台，中国正在寻找新的坐标与起点，重新定义和丰富自己的文明。

镰刀·斧头 VS 推土机

这是一个最好的年代，也是一个最坏的年代，更是一个推土机的时代。就在《物权法》通过的这一年年底，合肥市十八中临时工巨凤国夫妇的住所半夜遭人强拆。为此，这双可怜的夫妇不得不在学校值班室的地上度过第一个无家之夜。难以理解的是，拆房公司却说这只是“一场误会”。无独有偶，就在这年夏天，西安市唐代艺术博物馆遭城管半夜强拆。其情节和上述拆房颇有些类似，晚上9点多，二十多个头戴“城管执法”白色头盔的人员突然将西安一博物馆层层包围封锁，同时四十多个不明身份的人迅速包围博物馆，并强拆博物馆，用旧瓦砾强行封堵博物馆大门。10点多，几十个来历不明的人手持斧头和棍棒冲入博物馆，将馆内值班人员粗暴撵出馆外……类似新闻屡见不鲜。

究竟是“误会”还是不择手段？相信公众自有公论。除此之外，当地警方轻描淡写地认定“拆迁方法不当”同样令观者寒心。

事实上，无论是强奸民意还是民权，它们都是做与不做的问题，而非“做好”“做坏”的问题，或者说都是是非问题而不是方法问题。侵权就是侵权，它与误会无关，正如天黑不能成为心黑的理由。哪位律师会以“强奸方法不当”为强奸犯开脱呢？

推土机正大刀阔斧地改变中国人的生活。倘使有人愿意为当下中国寻找一个“权力图腾”，相信最后结果非推土机莫属。读书人谈到“国家机器”时总会说得云里雾里，什么法律、制度、执行机构、暴力等不一而足，但若是让失地农民或失去家园的拆迁户们来讲解什么是国家机器，一切或许就简单了——显然他们目前体验最深也最直观的“国家机器”便是推土机。

在乡下，“拆迁党”也不忘四处出击，四处招摇。同样是在这一年，河南确山县发生一起“铲地案”：五一黄金周的一日清晨，一支由机关工作人员、警察和教师组成的三百多人的队伍，在刘店镇乡党委书记、乡长和推土机的带领下，对独山村的麦田进行了“大偷袭”。农民辛辛苦苦种植的近千亩小麦，就这样被乡镇领导派来的推土机给铲了。不愧为“史上最牛乡政府”，其倾巢出动的气势，其“鬼子进村”般的勇猛，其大张旗鼓的静悄悄，其动员三教九流的效率都足以让人心生赞叹。

如果以权利视角来俯视这起“日常冲突”，不难发现，乡干部搞的“推土机政治”，与其说是执行公务，不如说是对公民权利进行“扫荡”。不同的是，这是一个歌舞升平、外表光鲜的年代，鼓吹“建设性”的推土机已经取代了战争年代的坦克，而这些农民也没有能力组织“反扫荡”了。

谁是这里最可怜的人？上述农民自不用说，逆来顺受的他们在遇到记者时只能像是遭遇了“天灾”一般抱怨，“谁说话把谁拘留起来，都不敢吭声了”。回想起这三百余人的阵容，还有一种“可怜”是送给乡村教师的。他们本应站在公民教育的讲坛上，而不是走入侵权者的队伍。在“鬼子进村”时，他们客观上更像是“翻译官”，像是“精神道具”——政府正是利用“老师都这么认为”或“老师都站在政府一边”来说服农民“投降”，与知书达理接轨。

谈到私有财产的保护，近几年人们重复最多的一句话莫过于“风能进，雨能进，国王的卫兵不能进”，在这里却是“风能进，雨能进，国家的推土机更能进”。

推土机进村了，以地方要发展的名义，它正在淘汰农民手里曾经象征工农权力的镰刀，上升为象征“推土机政治”与“推土机经济”的新权力图腾。显然，在这种标榜公共利益却又无视民生与民权的政治背后潜藏着一个深刻的悖论。它不仅表现为当代人拆毁上代人留下来的东西，表现为曾经的允诺与随之而来的背信弃义，更表现为同代人之间弱肉强食的无情与摧折。说到底，在这里弱者与逝者有着相同的属性，那就是他们都没有能力为自己维权，他们的人生与创造在这个国家得不到必要的尊重。当强者失去约束，当社会不能自我保卫，当幸福不得不寄希望于权力部门偶尔“良心发现”，最后的结果必定是“拆如既往”、朝不保夕，见证笔者所说的“我们在创造未来，而我们的创造没有未来”。

拆迁律下的和平塌陷

面对四处风起云涌的“拆迁运动”，有中国人自嘲“China”就是“拆哪”，GDP 就是“搞地皮”。如此“原音重现”虽有夸张、戏谑之嫌，但它无可怀疑地触及了埋藏于中国人内心的某种隐痛。

千百年来，中国人常以“祖宗文明”雄视天下，时而扬言“祖宗之法不可变”。然而，当我们仔细检点自己的历史时，发现真正支配中国历史走向的却是一部“拆迁律”——这既包括改朝换代、换汤不换药的“政治拆迁”，也包括一代人对另一代人的创造物的拆迁。前者表现为“一朝天子一朝臣”，新的王朝建立往往伴随着对旧王朝的全盘否定，而后者更常见于日常生活中的拆房毁屋。二者相同之处都是以“改天换地”的名义，“先拆迁、后安置”。

心理学家认为扳机会带动手指，人的破坏力会被引诱。中国人也时常将前辈消灭古屋的纵火豪情归咎于木质结构，仿佛烧得活该。尽管如此，中国人不注重本土文化保护是显而易见的。走在巴黎或欧洲其他一些地方的中世纪小城里，无处不在的文明遗迹及建筑群落会让你有穿越千年时光的惊喜与从容，然而，在更为古老的中国，映入我们眼帘的却只是几个孤零零的牌坊或高塔，就像一幢大楼毁灭了，只留下了一个雕着花纹的传达室供人凭吊。

文明，作为人之造物被人赋予生命。今天的钢筋水泥同样没有阻挡中国建筑“短命”的颓运。2007 年 1 月 6 日，随着几声闷响，有着西子湖畔第一高楼之称的浙江大学湖滨校区 3 号楼被爆破拆除。据了解，该大楼为国内第一高度“框筒楼”，按照设计使用寿命，该楼至少可以使用 100 年。然而，到被爆破拆除时，仅仅使用了 13 年。差不多同一时间，沈阳五里河体育场同样瘫倒在一片瓦砾之中。几包炸药的功夫，这个曾经见证过中国足球成长的体育场变成了“美丽的传说”——有人开玩笑说，这一天中国足球遭遇了“9・11”。

今日中国政治相对安定、社会平稳发展，少有“恐怖分子”，但这并不妨碍这个和平年代里处处充满硝烟。电视新闻与报纸头版最抢眼的莫过于某某城市又搞了“××第一爆”。“第一爆”的美名与噱头让不少媒体与官员面露喜色。很难理解，在这些创造物灰飞烟灭之际，拍板点火者竟然没有丝毫的疼惜与仁慈。“拆迁律”为我们展示的时代悖论是:人们一边为中国的“和平崛起”击掌欢呼，一边为“和平坍陷”幽灵不散扼腕叹息。就这样，“拆迁”日复一日地腐蚀着文明的根基，朝不保夕的创造就像是在同一平面上铺砖，不会增加一个文明的任何高度——正如互相抢劫不会给社会增加任何财富。

中国人不知珍视本国历史与创造么？这并非全部真相。否则，我们就不能解释在近年来伴随着房地产暴利水涨船高的拆迁纠纷中，为什么有民众拼死相搏仍不能保全自己的房屋。事实上，正是这种“有心无力”使人们将“拆迁文化”与“和平塌陷”的症结投向了分立的产权制度，使文明忧思转向权利建设。

现实是，近年来各类丑闻此起彼伏。一件丑事被曝光，很快便会在另一个地方找到相同的版本。“拆迁党”之胡作非为，之鸿篇巨制，更是无人可及。而且，拆迁的队伍越走越长。许多本来应该“善前”的事，偏偏做成了“善后”。比如说，湖北汉圣庵被拆，襄樊官员也说要“异地重建”。在这些官员眼里，对文物进行“先斩后奏”式的毁坏仿佛只是为了搞换头术表演，而不是杀人。本质上说，“先拆迁，后安置”是一种生米做成熟饭的流氓逻辑。

笔者以为，中国的历史悲剧，很多情况下都是“拆迁政治”造成的。在生活方面更体现为“先拆迁，后安置”。“先拆迁”就是旧屋已去，新屋未建;而“后安置”则有可能再也不安置了，于是乎被拆者只好忍受天寒地冻，或在户外尽享“席卷天下”的好处。比如历史上的许多革命或者造反，便是将新天地允诺得光彩照人，然而，实际上却是无法兑现的空头支票。

如何毁灭一座城市?

人们常说“条条大路通罗马”。罗马既是人类文明的一个重要源头，也是参照。德国法学家耶林曾经这样概括罗马对人类历史的影响：“罗马曾三次征服世界——第一次以武力；第二次以宗教；第三次则以法律。而这第三次征服也许是其中……最为持久的征服。”李约瑟分析罗马帝国衰落的一个重要原因是：个人物权的丧失，被王权与神权霸占，抑制了个人的创造，终于欧洲经济千年等（停滞）一回。个体对物权的占有程度，决定了罗马的中兴与败落。

和雅典的民主一样，罗马的物权观念对人类文明的进程影响深远，欧洲资产阶级革命的前夜，同样迎来“罗马法复兴运动”。遗憾的是，几十年来，谈到世界历史上承前启后的革命时，人们多谈“自由”“民主”，至于大革命对个人财产权的肯定却被有意无意地淡化与忽略：1689年脱胎于“光荣革命”的《权利法案》与紧随其后的《王位继承法》确立了英国“议会至上”的原则，同时强化了对私有财产的保护；1776年美国独立革命带来的《独立宣言》将公民的财产权与自由权、生命权视为同等重要；同样，标榜“自由、平等、博爱”的法国大革命将“私有财产是神圣不可侵犯的权利，任何人的这种权利都不得剥夺”写进了《人权宣言》。如果说自由、民主等价值代表着人类精神的某种高度，那么对个体物权的肯定则让这种高度扎根于大地之上，不至于沦落为凌空蹈虚的理想，无根无基的观念浮萍。

承认个体的物权，归根到底就是承认个体自治的权利，并在此基础上拓展秩序，缔结坚实的社会之网，借此抵达更高的富庶与文明。依照休谟的理解：“分立的财产得到承认，标志着文明的开始。”

显然，在“普天之下，莫非王土”时，财产分立不过是种奢望，当“君要臣死，臣不得不死”成为一种主流的价值，命都保不住，遑论财产？而在国家吞并社会、“普天之下，莫非国土”的时代，这种保护同样因为缺乏道德与法律上的合法性举步维艰。

如何毁灭一座城市？两种广为人知的方法：一是希特勒式的狂轰滥炸；二是消灭这个城市的产权。当这座城市名义上属于任何人实际又不属于任何人时，必然会在一片混乱中上演“公地悲剧”，芳草萋萋的牧场在人们的粗暴、短见的放牧中失去生机，寸草不生。

物权与创造

在西方，民法被概括为“社会生活的圣经”，是“公民、法人的权利宣言”。市场经济，就是靠这本“圣经”来调整。近些年来，强行征地、拆迁导致纠纷甚至自焚抗议事件时有发生，它表明部分无序与野蛮的拆迁已经严重威胁到中国社会的稳定与发展。一个悖论是：现在世界上有一百一十多个国家有民法典，然而作为世界第三大经济体的中国至今没有民法典，现行《民法通则》亦不过是156个条文，而在两百多年前，法国的《拿破仑法典》就有一千多页。新中国建国六十年，至今没有《民法典》，足见国家立法工作的严重滞后性及其深刻的悖论——“法治国家”无法可依。

法学家江平曾经感慨中国民法典的缺失。自1949年新中国成立后，废除了国民党的一切民事法令。刑法、刑事诉讼法、民事诉讼法等一系列法律陆续制定通过。从建立共和国到现在六十年来没有自己的民法典，是任何国家没有的。

有统计数据表明，2004年中国各级法院受理的刑事案件50万件左右，行政诉讼不到10万件，而民事案件有500万件，占各类案件的

80%以上。法学家王利明以“公民、法人的权利宣言”来评价民法典，王家福在谈到物权法时同样表示，“物权本身也是基本的人权”。人不可无物而存在，保障物权，就是保障人权，就是保障生活。

人不能活在理想的真空之中，物权是人权重要的组成，也是人权的重要保障。没有个体物权，就不会有持久的创造。显而易见，今日中国不断收获希望正是因为中国社会得到了前所未有的解放，承认个体的人生所得，而中国历史上的积贫积弱同样在于个体权益没有得到充分的尊重，以至于每个人的创造性及创造物消失于时代的风雨飘摇之中。

人类的公序良俗是在个人充分自治的基础上不断扩展而成。文明的演进同样是财富与创造不断累积、完成历史增量的过程。这种累积，简而言之是“从一个胜利走向另一个胜利”。为了获得这种胜利，人们必须步步为营，保护自己已经取得的创造，并在此基础上不断获取人生的收益。试想，一位农民在老家盖了间房屋后到城里又赚了间房，倘使村长以“公共利益”为由拆去了农民乡下的房子，我们就不能说这位农民是“从一个胜利走向另一个胜利”，因为他的后院起了“州官之火”。

个体如此，社会亦如此。只有财产权受到严格保护，一个社会才会拥有真正的前途。否则，一切创造都会在顾此失彼中灰飞烟灭。

哈姆雷特的果壳

约翰·洛克说：“没有财产的地方亦无公正，人们联合成为国家和置身于政府管理之下的重大的和主要的目的，是保护他们的财产。”亨利·梅因认为谁都无权既攻击分立的财产制又自称看重文明。在西方，

“私有财产神圣不可侵犯”早已深入人心。与此相反，中国虽然有“人为财死，鸟为食亡”等“人间指南”，但是，自古以来，卧拥后宫、坐拥天下的天子并没有赋予平民保卫自己财产、对抗国王的权利。王权统治之下，臣民只能像宫女一样“有床位没地位”。记忆犹新的是，就在几十年前中国仍有“抄家”流行。

在此历史背景下,《物权法》的规制对于中国人来说，显然不仅仅是权利保障法、财产保障法，它更是一部转变社会观念、重塑文化心理、再造政治文明的法律。

透过不绝于耳的拆迁纠纷以及由《物权法》立法引起的激烈讨论，今日中国人对西方平民对抗国王的几个维权经典已不再陌生。

一个是关于“波茨坦磨坊”的故事。1866 年普鲁士国王威廉一世为在波茨坦建造行宫，强行拆掉了一座并不属于他的旧磨坊，被磨坊主告上法庭。最后，法院一致裁定威廉一世因擅用王权侵犯原告人由宪法规定的财产权利，责成其在原址立即重建一座同样大小的磨坊，并支付赔偿。

第二个经典则是十八世纪中叶英国老首相威廉·皮特的一段著名演讲:“即使是最穷的人，在他的寒舍里也敢于对抗国王的权威。风可以吹进这所房子，雨可以打进这所房子，房子甚至会在风雨中飘摇，但是英王不能踏进这所房子，他的千军万马不敢踏进这间门槛已经破损了的破房子。”

“即使被关在果壳之中，我仍自以为是无限宇宙之王。”《物权法》通过时，上海东方卫视邀请我参加了一期评论节目。我特意引用了《哈姆雷特》里的这句经典台词来概括物权法之于公民生活的意义。在我看来，物权制度就是要形成一个坚硬的果壳，使身处其中的种子可以延续自己的生命力与创造力，并且可以与来自外界的侵害进行有希望的对抗。在这坚硬的果壳里不仅有着无限的空间和时间，同样可以让有生命力量的种子适时而出，完成自己的创造与繁衍。在此意义上，受法律保护的分立的物权就像坚硬的果壳一般为每位公民建起坚硬的房屋，使他们可以各居其中，拥有一个属于自己的、不容侵犯的权利共和国。

关于这个“果壳”的作用，早在十八世纪的美国，律师詹姆斯·奥蒂斯在抗议英国政府授权海关官员可以在任何人的屋里搜查走私物品时便已经有了精彩论述：“有了这个令状，每一个人都可能成为暴君……英国自由的最重要的一部分便是一个人的房屋里的自由。一个人的房屋就是他的城堡，只要他安分守己，他在自己的城堡里就应当受到像王子一样的保护。”

物权是一种分权

回顾新中国的民法典立法，首次起草是在1954年，1957年由于“反右”中止；第二次从1962年开始，到1965年“文化大革命”前中止；第三次是在改革开放之后，1982年开始起草，但是由于中国经济体制改革刚刚起步，一切都在试验之中，“宜粗不宜细”。1986年后，《民法通则》及其后的《合同法》等单行法成为权宜之法。应该说，前两次民法典的规制夭折是必然的，因为在强大公权力与政治全能主义面前，民权与私有财产并不被提倡，甚至被禁止。无民权，就谈不上真正意义上的民法；无财产权，物权自然也是空中楼阁。而按照江平的理解，民法典就是要确立这样一种精神——在庞大的国家公权力面前筑起一道私权利保护墙。

关于民法的立法价值取向，江平细分两路：规范民事活动和规定民事权利。前者是以国家限制为立法方针，防止私权利过分庞大；后者则给私权利以充分发展余地，保护并促进市场经济和社会生活发展。中国现在多为前者，即国家防控民事活动。这也是现有民法典草案的不足之处。于此出发，江平提倡中国制定民法典的核心应以权利为主导，主张要制定一部开放式民法典。"只要法律没有禁止的都可以从事，给民事权利以充分扩展的空间和余地。"

潘恩在《常识》里说："社会在任何状态下都是一种福祉，而政府，即使当它处于最佳状态时，也不过是一件不得已的祸害。"密尔也指出："所谓自由，是指对于统治者的暴虐的防御。"而产权的作用即在于为种子提供了一种果壳一样的保护。或者说，物权持久地独立于政权之外，既是对政权的一种防御，也是一种分权。历史一次次证明，如果物权不能高于并独立于政权之外，物权便会因为政权的倒塌而受到伤害，甚至随时会被焚毁契约、推倒重来。

同样重要的是，如果产权能够得到真正的保护，对于掌权者来说，失去权力也不是一件令人绝望的事情。或者说，产权不只是一种权利，同样意味着是另一种可以支配或者参与社会的权力。明白这一点，就不难理解为什么华盛顿在独立战争结束后拒绝做国王而是回到了自家庄园的葡萄架下安享晚年；而时至今日，中国的富豪面对未来却仍时时心有不安。究其原因，不外乎当下中国的物权保护还没有进入理想状态。

"钉子户"引导人民

肆意践踏公民生活与物权的"推土机政治"或"推土机经济"正在成为全民公敌。2007年初，在《物权法》颁布之前，几张有关"史上最牛钉子户”的照片传遍中文网络。原本平坦的土地，被开发商挖出了近二十米的深坑，中间泊着一块孤岛般的土地。孤岛上面，是一幢同样孤零零的二层小楼。小楼虽然有着“风能进、雨能进”的破旧，但它却以“国王卫兵不能进”的桀骜不驯站在那里。

如此奇观，坐落在重庆九龙坡区杨家坪轻轨站旁。由于不能接受开发商提出的补偿条款，这对重庆夫妇坚持三年不搬迁，以其前无古人的韧劲做了“史上最牛钉子户”。

近年来一些城市拆迁运动此起彼伏，的确也出了许多“钉子户”。有心者若是将他们所受到的不公正待遇汇集成册，大概也是一本不薄的“钉钉历险记”。“哪个地方拆迁不死几个人啊？”甚至成了某些官员的价值观或口头禅。值得庆幸的是，在民权日益被重视的今天，对于大多数人来说，“钉子户”已不再是一个具有破坏性的、不识时务的贬义词汇。从公权时代主流话语中的“螺丝钉”到私权时代受人礼赞的“钉子户”，可以看见三十年间中国社会有着怎样的进步与觉醒。

“钉子户”也要与国际接轨。在私权之风的吹拂下，人们不约而同地想到了发生在一百年前的波茨坦磨坊主故事，那是一则有关公民物权的宣言：虽然很少有人能做到“富可敌国”，但是一个好的制度安排以及私权神圣的信仰却可以让那些即使是最弱的公民正大光明地谋求或者算计自己的收益，让法律成为其真实的“后台”，做到“权（利）可敌国”，不容侵犯。具体到重庆这家遭遇强制拆迁的“钉子户”而言，即使是一个“失意的标本”，也足以令人振奋。

媒体之所以近乎无节制地对其抒情，就在于从中倾听到了一个时代的脉搏。也正是这个原因，当有“钉子户”将毛、邓、江、胡的领袖像当做“门神”贴满房屋外墙，或在屋顶上钉满18000颗铁钉以维护自己的权利时，立即会引来媒体的广泛关注与同情。所谓“时势造英雄”，当一个人的价值顺应了时代价值，便随时可能会走到时代的风口浪尖上。而网上的PS图片“自由引导人民”版里的“钉子户”，似乎向我们昭示，在这个开始重视物权的时代，“钉子户”将引导人民。

并非所有的“钉子户”都有这样的幸福，能够坚持，而且不被偷袭。尽管《物权法》的生效告诉人们这场关于物权的混乱之战已经结束，有些人却无视这一纸“停战协定”，继续将推土机改装成“坦克”，向民宅“开火”。

2007年12月20日安徽巢湖市圩墩新村发生了一起“野蛮拆迁”事件。当日正午，有推土机开到司有霞家房屋前，仅几分钟时间便将她家三间小门面房和两层住宅房（共二百多平米）变成了废墟。家里的衣物、家具全部被废墟掩埋，连租用司有霞家三家小门面房的租户也遭到同样“待遇”，衣物和几万元存折全被压在废墟里。

在司有霞家被强拆的事件中同样有一个耐人寻味的细节：“获悉家里房子被强拆，清洁工司有霞一路跑回家，看到自家被毁的房子，一下晕倒在地。”据说，当时有位在一旁观看的老太太也晕倒了。尽管笔者不知道这位老人究竟为何触景伤情，但是我确信，在中国人的物权尚未得到彻底保护之前，在“推土机政治”与“推土机经济”仍像当年“英国羊”一样肆意侵害社会的时候，更多的“钉子户”像司有霞那样倒在路上。

法本善良

俗话说，“恶法胜于无法”。以人类追求幸福自由的本性，笔者宁愿相信，真正的法律都有着向善的本性。规制一部开放式民法典，其核心就是要为生活立法、为多一些自由立法、为开放社会立法。

尽管《物权法》还有许多不尽人意之处，如将所有权分为个人、集体与国家三种表述，在“公共利益”方面的含糊其辞，使社会仍然不能抵抗权力的侵袭，但可以欣慰的是，今日中国，人们对法律的创制与意义有了新的认识。法律不为服务于政治而规制，它当与政治一起服务于生活，而非反其道而行之，让生活服务于政治；或者让生活服务于法律，继而让法律服务于政治。法律基于性恶论而制定，让违背法律的人受到惩罚；但在本质上，法律以人之自由幸福为终极目的，却是向善的。所谓宪政，归根到底，就是要让政治服从于法律，让法律服务于生活。如果我们看到中国人在努力为生活立法，我们就看到了中国的进步。

有关物权观念的再认识与公开讨论，在一定程度上见证了今日中国的开放程度。从没有民法到1986年通过《民法通则》及其后《合同法》等单行法的出台，再到近些年来《物权法》和《民法典》所引起的争议与关注，不难发现，“为生活立法”、为可持续的、有保障的幸福立法已经成为“中国共识”，这既反映了改革开放后人们重建秩序与文明的渴望，同样也反映了这个时代有着怎样的价值取向与精神高度。

对于走出“王”“国”体制的社会人来说，对个体物权的肯定，就是对个体价值与个体创造的肯定。种种挫折与努力，更意味着今日中国人正在重新寻找文明的坐标，期待有朝一日，连接时间、空间与人的三维，见证文明的钉头粼粼，大地繁花四起，人人因创造而得报偿。

普天之下，莫非国土

土地问题左右着中国的历史，也深刻地影响着今日中国的发展前景。《物权法》的颁布，唤醒了公民对其私有权利的保护意识，也在某种程度上开始了由“普天之下，莫非国土”的观念向“风能进，雨能进，国王的卫兵不能进”的私有财产权属意识的转向。

两种极端

历史的变革总是围绕着土地所有权的争夺展开。对于许多参与改朝换代的普通人来说，拥有属于自己的土地是伴随其一生的朴实梦想。回顾二十世纪中国历史上的共产主义革命，并非没有谋求土地私有的传统。

自 1931 年 2 月中共苏区中央局首次明确地提出给农民“土地所有权”，到 1954 年中华人民共和国的第一部宪法，“土地农民私有”都得到法律的确认。只是历史风云际会，农民的土地最后像变戏法般变没了。1952 年完成土地改革后开始的集体化道路探索，从最初农民被组织成立农业生产互助组到初级社、高级社、人民公社，本属于农民的土地被划归集体所有，开始了“土地充公”的过程。从这方面说，今日中国是否搞土地私有化，取决于我们要上接到哪一个传统，是最早“耕者有其田”的承诺，还是“不断革命”后的土地充公。一个深刻的悖论是，二十世纪的中国革命，是以承诺土地私有“打天下”始，以土地收归国有“坐天下”终。

上世纪八十年代，随着“包产到户”“家庭联产承包制”“责任田”的实行，中国大地出现了久违的生机。然而，九十年代以来各地有关土地兼并的纷争不断，让人看到更多的却是危机。

土地实行家庭承包后，集体的所有权只剩下出售土地、变更所有者的权力，以及将土地发包给本经济组织以外的单位和个人承包的权力。而且，集体不过是一个虚置的权利主体。由于只能无条件配合国家征购土地，却无权出售自己的土地，集体因此成为国家或特殊利益集团侵占社会的连接器、桥头堡。更形象地说，这种国家至上的产权制度设计，无异于捕鱼者常用的那种因装有倒刺而只进不出的“鱼笱”。

无论是在国王至上的王权主义时期，还是国家至上的国家主义时期，“普天之下，莫非王土”与“普天之下，莫非国土”代表了两个极端。前者，君王垄断一切，天下归一个人所有，臣民实际上是一无所有，关于这一点，皇帝享有的“抄家”权无疑是最好说明；至于后者，在国家垄断一切、政府包办一切的时期，名义上一切属于人民，但是，人民是一个虚拟的主体，从产权上说，属于任何人的东西也意味着不属于任何人。

这方面，西方的理论家有“公有地悲剧”一说，中国的慎子同样贡献了“兔死谁手”的寓言：“今一兔走，百人逐之，非一兔足为百人分也，由未定。由未定，尧且屈力焉，而况众人乎？积兔满市，行者不取，非不欲兔也，分已定，分已定，人虽鄙不争。故治天下及国，在乎定分而已矣。”这段话的大意是说：一百人追赶一只野兔，并不是因为这只兔子可以供百人分，而是因为人人都想捕为己有，因为这只兔子权属未定；而到了兔市，谁也不能随便拿，正是因为其确定了权属。

正因为是无主之地，近年来中国“国土”严重流失。当然，和“王土”在一夜之间被抢光相比，国土则属于数年之间被偷光。回顾始于上世纪五十年代“反右”带来的知识国家化，经济国有化，不难理解的是，当时变戏法般的土地集体化式的充公，不过是国家吞并社会的不同步骤。其核心内容却是一样的，即完成政府、国家与社会的“三位一体”。在此意义上，土地私有化既意味着将社会从国家体制中重新解放出来，也意味着权利的赎回或者失而复得。

安泰悲剧

有人将中国人“富不过三代”归咎于富家子弟挥金如土，这显然不是问题的关键。关键在于无论是战争还是和平时期，诉诸强力与暴力的“拆迁政治”与“拆迁文化”主导了中国的历史。当财产得不到真正的保护，人们对财产的占有就只能追求谁占得最多，而不是谁占得最久。

一个腰缠万贯的大财主，平日里过得优哉游哉，有次遇到了大洪水，于是抱着财宝爬到了树上。由于水没有退，他也下不了地，这些财宝全是累赘，最后他掉到水里淹死了。这个故事间接表明，土地所有权才是一切权利的根本，因为人必须依托大地创造、生活与积累财富。没有土地所有权的任何财产权，甚至包括人权，都可能变成水月镜花、空中楼阁。从这方面说，没有什么比把国土归还给国民更有益于长治久安的了。否则，国民便可能像那位大财主一样处于那种“穿金戴银挂在树上”的境地。

类似的故事还有“巨人安泰”的悲剧。古希腊神话中的安泰从地球母亲盖娅身上获取力量，挑战敌人并打败他们。当“大力神”赫尔克里斯知道了他的秘密，就把他举起来。脱离了大地母亲的安泰因此变得不堪一击，最后被赫尔克里斯撕成了碎片。或许这也是未能真正拥有属于自己土地的人时常遭遇的悲剧。

那些失去了大地的人，也同样会失去天空；正如失去了物权的人会失去人权。如果连基本的物质生活的权利都要仰权力之鼻息，个别人也许能在精神上保持某种自由，但对于绝大多数人来说，他们所能坚持的自由与权利必定大打折扣。

如上所述，中国农民失去土地所有权，始于政府的“不断革命”。问题在于，如果政府（国家）可以“不断革命”而不受约束，那么公民纸上的产权，就不可能成为“风能进，雨能进，国王的卫兵不能进”的真正产权。从这方面说，即使有朝一日农民再次获得土地所有权，也还需有制度保卫他们的土地。国家禁止社会成员之间的彼此侵害，社会同样要有力量免于来自国家或政府的折腾。

铁打的房子也在风雨飘摇

2003年以后，随着中国房产市场的升温，在巨大的经济利益的诱惑下，许多村镇开始直接或间接开发“小产权房”。然而无论政府以什么名义“叫停”，以其低于城区一半甚至更多的价格来看，相信“小产权房”热还会持续下去。因为老百姓越来越买不起房，因为“大产权”

房盘剥得太多。有开发商曾经“爆料”：“楼盘开发成本只占房价20%，开发商能够拿到其中40%的利润，余下超过40%的利润全部被相关职能部门‘层层消化’掉了。”所以，在政府的参与下房价越调越高，而“个人合作建房”“不买房运动”等同样在各种因素的干预下一事无成。

“小产权”房低价热销，独辟蹊径地嘲讽了政府“调而失控”的政策——在政府缺席的地方，社会反而将房价调控得很好。

产权就是产权，只有“有”和“无”的问题，没有“大”和“小”的问题。就像一个人，有生命就活着，没有生命就死了，若非有人无事生非或者势利歧视，本也无所谓“一条大命”和“一条小命”的区别。如果“小产权”房都违规，那么农民自己盖着住的房子又算什么？能把产权分出个“乡镇级”与“国家级”，这不得不说是转型期中国的一大发明。

退一步说，就当今日世界有“小产权”和“大产权”之分，笔者以为这个区别也不在中国。中国人习惯拿自己的房价和国外比，其实从购买力的角度来计算，中国的房价已经高到天花板上去了。这还不是最重要的。最重要的是，以中国房地产的产权格局，与国外对比房价本来就不在一个重量级上。区别在于，中国人讲“房地产”，实际上只有“房产”而无“地产”。在此意义上，中国的商品房基本上都是“小产权”房。

政策专家反复告诫大家，“小产权”有风险，不受国家政策保护，其实在我看来，房屋的最大风险并不在于不受国家政策保护，而是在于可能遭受国家行为的侵害。以目前大行其道的“拆迁政治”与“房地分离”的政策来论，中国什么样产权的房子没有风险？

在信奉土地私有的国家，买了房子便是置了祖业，可以一代代传下去，因为土地是自己的，拆掉重建也没有关系，其权利不会因为天灾人祸而消灭于无形。而在中国，买房子不过是买了地面上的几块砖，因为所有权并不包括土地。土地永远在那儿，而砖块总有一天会消失，这决定了中国人当下拥有的这种权利不过是一种可以“被风化掉的权利”。套用海子的一句诗歌，在“房地分离”的状态下，铁打的人也在忍受生活，铁打的房子也在风雨飘摇。

与此相关的法律背景是，1990年颁布的《城镇国有土地使用权出让和转让暂行条例》对住宅土地最高使用年限做了七十年的规定，即今天说的“七十年大限”。从法理上讲，使用他人土地建筑的住宅权利属于地上权，是限制物权而非完整物权。

更令人不安的是，在2009年春，新的《土地管理法》修订案征求意见稿对住宅到达七十年期限后的土地使用权改变了说法，从原来的“无偿自动续期”变成“按照国家有关规定自动续期”，从而给有偿续期埋下伏笔。

杞人忧地

谈到土地私有化，反对者曾经列出两个理由：一是土地是农民生活的保障手段，不能私有化；二是农民一旦有了所有权就会发生土地兼并，就会产生无地农民，所谓市场推动造成两极分化。

清华大学教授秦晖从逻辑上对前者加以厘清与驳斥：所谓土地保障不能私有化，这个概念本身讲的是社会保障的义务不能私有化。那些主张所有权都给了农民反而农民的保障少了的说法，无异于是在说自耕农没有保障，成了佃农反而有保障了。

至于后者，论证者与中国民主缓行论者如出一辙。说农民保护不了自己的土地，就像他们保护不了自己的选票一样。其潜在的逻辑是“有钱会使人变穷”，因为一个人有钱了会乱花掉。然而，回顾近年来的土地兼并，不难发现中国式“圈地运动”早已来临，而造成农民失地的主要原因正是来自于行政垄断部门“权力市场化”。耶鲁大学教授陈志武认为，中国农村的根本问题是“乡村社会的官权过剩，民间权力衰落”。

历史是种种增量的累积，对于一个转型期的国家来说，权利亦如是。打破政府对土地的垄断，明确地权，还土于民，也是在既有权利基础上增加一种权利。然而，为什么会有那么多人一厢情愿地认为农民没有能力妥善处置自己的财产？杞人忧天是担心天塌下来，杞人忧地担心的则是农民目光短浅，不会算计自己的利益、打理自己的人生，从而导致大地沦陷，葬送了中国的前程。

如上所述，从本质上说，那些认为农民不配拥有地权者与某些官员或者学者拒绝中国人拥有民主权利如出一辙。不同的是，害怕农民不会正确处理自己的土地指向的是经济权利，而民主指向的是政治权利。四字以蔽之——中国国情。

中国的“国际接轨”与“中国国情”有着十分微妙的关系。凡是对自己有利的改革措施，就大呼与国际接轨，仿佛不如此，就不能见容于世界；凡是对自己不利或要承担更多责任的改革措施，就拼命强调中国国情，仿佛不如此，就不实事求是。最惊艳的是2009年春天，当有高官被问及财产申报制度进展如何时，这位高官竟有“与百姓接轨”之愿望——凭什么老百姓不先公布自己的财产？

几千年来，中国人渴望拥有真正属于自己的土地，竟然变成了不知天高地厚，没有自知之明的“你也配”？

转型，拿土地开刀

为什么中国实行最严格的耕地保护制度，但在实际操作中往往落空？对此疑问，国土资源部耕地保护司负责人将矛头指向现行土地收益分配办法——“多占地、多得益”及“耕地保护越好，地方越吃亏”的旧机制使一些地方或部门热衷于“低进高出”“权大责小”，谋求“地利”最大化。

市场可以细分利益，但是未必能约束权力。“看不见的手”在“看得见的脚”面前总是显得力不从心。所以，当人们对“既得利益集团”进行口诛笔伐时，更应该将矛头指向某些与民争利的“既得权力集团”。

中国现行土地批租制度在上世纪八十年代借鉴于香港，它从客观上解决了土地不能流转的问题和城市改造建设的资金匮乏问题。但是，1993年底分税制改革将土地出让金完全划归地方政府后，这些土地收益顺理成章地沦落为地方政府的“金库”与“提款机”。中国经济的发展和各地政府“PK政绩”，终于导致了今日“土地财政”中兴的局面。二十年来中国经济发展曾经历三轮“圈地热”，究其原因都是地方政府把土地当成生财之道，很多土地储备中心甚至把农用地预征后直接纳入土地储备，“守土有责”因此变成了“靠地吃地”。

另一方面，中国土地所有权问题目前仍然未解决。这个时代迫切需要回答的是，当人们群起呼吁“必须保卫土地”时，究竟谁最有资格奋起保卫具体哪片土地。对于每位公民来说，只有他知道自己拥有什么，才谈得上要誓死保卫什么。

若干年前的一次采访中，社会学家陆学艺老先生曾向笔者感慨，乡村土地名义上是集体所有，实际上许多土地被父母官任意支配，“我们把不可再生的最宝贵的资源，委托给了一些最不可靠的人”。还有一次是在天津武清做有关征地纠纷的采访，当地农民在路边搭了个帐篷，轮流看守。帐篷外高高悬着一条红布横幅，上面写着“各族人民团结起来保护我们的每一寸土地”，帐篷里面则祭着一口空棺材。如此情景，不可不谓触目惊心。

人类文明史，到底是一部关于土地的历史。从旧时“废井田，开阡陌”到今日《物权法》出台，从拿破仑横刀立马翻越阿尔卑斯山到今天欧盟开放国界，这一切无不说明，人类关于土地的态度将决定自己的命运。和美国史诗《乱世佳人》一样，影片《大地雄心》(Far and Away) 同样演绎了欧洲人寻找土地的壮阔精神史：

约瑟·多内里是生活在十九世纪爱尔兰的一位农民，他的“爱尔兰梦”就是拥有一块自己的土地。父亲临终前留给他的唯一遗产是一段充满温情与希望的话：“一个人只有拥有土地才有价值，才有灵魂。当你拥有自己的土地时，父亲便在上帝所在的天堂里微笑，在天堂里看着一路上倒下又站起来了的我的孩子。”

无疑，中国在进行一场史无前例的转型，“转型”因此成为我们这个时代的显著特征。然而，对于转什么型，许多人并不清晰。说来凑巧，我在“型”字上观察到一些有趣的东西：“型”字，一“刑”一“土”，“刑”即“开刀”，“转型”就是要“拿土地开刀”。读者一定会说我牵强，中国的未来，当然不在于这个字如何写。不过，透过我的上述分析，这一判断也并非完全无理。

转型，实际上是完成一场关于土地的革命。广义而论，“土地”并不局限于物质层面，还关乎精神层面；既关乎物权，又关乎人权。即，每个人不仅要拥有属于自己的可以自由行走的土地，还要有属于自己的、不容他人侵犯的精神领地，以及自我实现的权利。没有这两个层面的充分自治，人就不可能真正获得自由和幸福。

开放社会，关门大吉。本书作者以为，宪政第一步是“关门大吉”，即每个人都可以守住自己的所得。转型时期注定是个“悲欣交集”的时代。一方面，旧的事物在发酵；另一方面，新的事物在生长。而我们之所以“自夸”身处一个“伟大的时代”，就在于这个时代为这场关乎土地的“双元革命”提供了某种可能。

土地与宪政

谈到宪政制度的起源，里查德·派普斯在《财产与自由》里论证了土地私有制是英国宪政、代议制的基础。由于土地私有权神圣不可侵犯，所以国王必须求财产所有人交税。由于私人财产所有者财政上独立于国王，反而是国王有求于百姓，所以收税一直是个头痛的事。早期英国王室卖王室土地得到相当财政收入，后来主要靠税收。为了解决税收的困难、国王开始召集国会，让国会自订税率，并形成宪制承诺——“不经国会同意，不能加税”。

国会在英国历史上是独立于王权的另一个政治中心。国王虽然不会喜欢它，但在私有财产不可侵犯的约束下，又不得不在国会的帮助下收税。英国国王的财政在这种制度环境下不得不依赖民意代表机关。有几位国王尽量少开国会，只是要加税时才想起开国会。但这种制度逐渐演变成习惯：“没有代表则无税。”国王慢慢接受了这种公共财政与国王税收之间的关系。

到了十七八世纪英国的平均税率比法国高得多，但老百姓老老实实交税，却民富国强（比法国人均收入高三分之一），这自然是私有财产加代议制的功劳。法国虽有《拿破仑法典》，但对私产的侵犯比英国厉害得多。土地地表下的矿藏在法国就不是土地所有者的，而英国的土地私有权却非常彻底，地上地下的东西都归地主所有。按默克的说法这是英法宪制游戏规则差别的基础。有了代议制，让人民自己决定税率，税率反而可以高些，以用于公共建设。关于税收意义在宪政国家与专制国家的区别，历史学家黄仁宇在其著述中曾经表达了相同的观点。

为什么英国崛起的同时法国却衰落了？关键就在于英国宪政限制了王权，从而确保产权明晰，不受最高统治者干扰；而法国的绝对王权使腐败丛生，落后利益集团维护旧的秩序，产权不受尊重，压制新兴的工商阶层。用已故经济学家杨小凯的话是，“如果不保护土地产权的制度是对的，当年就应该是法国比英国更富强，而不是法国在落后的刺激下爆发大革命，不得不改专制制度。”

相较重建对法律的信仰，重建对权利的信仰或许更切合这个时代。因为一切法律的规制都是为权利而设；因为权利是法律的根本；因为只有秉持坚实的权利观念，才能支撑起制度与法律的良心。如果承认宪政必须有税权与产权支撑，就不难发现，在“去权力化”背景下的中国社会化与资本化过程，并非只是一个简单的重新发现社会的过程，它更在为中国走向宪政奠基铺路。

"没有理由不纳税"

如前所述，从财产权的角度来说，物权与税权是保障宪政的两块重要基石。一个国家，若不能从法律上确立个人与国家在财产上的关系，公民与国家之间的契约就会失去基础。其所激发的矛盾，随时可能将整个国家与社会置于某种巨大的危险之中。

《金融时报》的忧虑与胡适的愿望

在中国，偷税、漏税成风早已不是什么秘密。而且，相关传言与事实还颇具国际影响。

2005年6月8日，美国联邦执法机构和密歇根州警方联手突袭全州17家中餐馆和21处中国人居所，拘禁数十名中国公民，起缴了40万美元现金。警方搜查的理由是这些中餐馆业主偷税，因为他们只上报了三分之一的收入，并且将所得的钱大量带到美国境外。

几个月后，英国《金融时报》刊登了一封读者来信，信中提到："我在西方生活了很多年，最近来到中国，在一家公司搞融资。看到很多企业家中饱私囊，真的是为中国的经济担忧。很多公司都有两本账，一个税前利润五千多万的公司，上税只有一百多万人民币。”同期刊登的还有一篇题为《中国税改:挑战与良机》的评论文章。文章指出，大多数在中国生活的人都能讲出一些不良“企业家”逃税的故事。在中国名列“十大暴利行业”之首的房地产企业，却在纳税榜上名列末座，仅北京一地，从2003年至2005年上半年，北京地税局调查的房地产企业逃税率就高达66%，查处的涉案金额在1000万元以上的房地产企业就多达24家。

《金融时报》注意到一个奇怪的现象:虽然在中国逃税的内企、外企、国企、私企均不在少数，但中国的税收收入却节节攀升，而且增幅显然远远超过GDP增幅。财政部长谢旭人披露说，“十五”时期（2001—2005年），中国税收收入共计109217亿元，年均增长19.5%，五年翻了一番多。尽管中国财税部门和官方学者为此辩护说，考虑到刚刚上调16.8%的2004年GDP修正数字，中国税收增幅并非“超常规增长”，但这并没有阻止《福布斯》杂志把中国的税负“痛苦指数”从2004年的第四位升到2005年的第二位。

中国的经济学家承认“中国富人的税收负担在世界上是最轻的”，媒体同样抱怨尽管社会各界多年来一直呼吁中国“与国际接轨”，开设消费税、奢侈品税、汽油税、遗产税等专为富人保留的税种，但这类税改措施却偏偏就是干打雷、不下雨。当然，这一切也是博弈的结果。不言而喻，当前的中国税制不但没有起到平衡财富的效果，而且具有劫贫济富的特征。

1935年，胡适在《大公报》上发表了《新年的梦想》(《胡适文集》第11卷532页），文中提到国联卫生专家给胡适的一个警告:“先生，中国有一个最大的危险，有一件最不公道的罪恶，是全世界文明国家所决不能允许的。整个中国政府的负担，无论是中央或地方政府，全部负担在那绝大多数的贫苦农民的肩背上；而有资产的阶级差不多全没有纳税的负担。越有钱，越可以不纳税；越没钱，纳税越重。这是全世界没有的绝大不公平。这样的国家是时时刻刻可以崩溃的。”胡适最后写到：“我的第一个新年愿望是梦想在这个新年里可以看见中国赋税制度的转变。”应该说，直至今日，胡适的这个夙愿仍未实现。

众所周知，税收的一个重要功能就是调节收入差距。其原则是从富人那里多征一点，用于帮助低收入阶层的教育、医疗、市内交通等开支。一般所采取的办法是累进所得税。但在中国，由于财产性收入很难征到税，所得税征收的对象主要是工资所得，而财产所得是富人的主要收入来源。结果是富人收入中有较大的部分没有交税。

经济学家茅于轼由此提醒读者，不要只是关心个税的起征点是1600元还是2000元，而把纳税的大头给忽略了。事实上，在总税收中个人所得税只占7%，其余的93%也都是从老百姓那儿征来的。只不过，“我国政府很聪明，收了税还不让你知道。不像大部分别的国家，从百姓那儿收了多少税必须清清楚楚地告诉纳税人。我们从超市买东西，价格里面都包含着税，只不过收据上并不写出来。我们打电话，用电交电费，里面都有税，而且收据上都不写明白。”（茅于轼，《穷人的税负比富人高》）

“没有理由不纳税”

在中文语境中，“没有理由不纳税”具有完全相反的两层含义：一是公民没有理由拒绝纳税，这是相对于公民的义务而言；二是政府征税时，必须有说服百姓的理由，否则百姓便可以拒绝交纳这种税收，其所相对的是公民的权利。两层含义看起来对立，实则是权利与义务的统一。

前者，在现代社会，人们将死亡和纳税看成是人生不可避免的两件大事。死是每个人到头来不可逃避的，纳税也一样。一个人，生活在有组织的社会里，享受着各种社会服务，而服务是有成本和价格的。

就义务而言，茅于轼曾经撰文指出刚刚从计划经济转型过来的中国人纳税的意识还没有建立起来。不但老百姓这样想，连政府也还保留着类似的想法，并没有把纳税看成是一个人不可避免的事。最初有奥林匹克运动得冠军运动员的奖金可以免税（此项规定已经取消），后来又有科学院院士的奖金可以免税——这些人可以因荣誉而免税，多少有点像当年享有“财政豁免权”的法国贵族——似乎纳税是普通老百姓的事，得了冠军，当了院士就不是普通老百姓了，税也可以免交了。国外对政府官员的纳税情况监视特别严格，这是检验一个人够不够资格当官的起码标准。而在中国，几乎从来没有听说对哪位官员检查过纳税情况。

而现在老百姓中间又有一条逃税的理由，说是因为政府不够廉洁，缴税去给贪官花天酒地，不高兴。但是，这个逻辑如果成立，后果同样不堪设想，因为腐败一时还难以消灭，而政府如果没有了税收，国家同样难以为继，即使反腐败也是要花钱的。政府是自己的办事机构，又不是别人的事，怎么可以袖手旁观呢！因为政府不够廉洁就不纳税，实际上是部分放弃了自己的公民权利。毕竟，有偷税行为的人通常也很难理直气壮地监督政府。（茅于轼，《没有理由不纳税》）

至于权利，从财产权的角度来说，征税意味着纳税人的部分财产权被政治权力“合法的剥夺”，但必须看到的是，这种“剥夺”的权力并不是国家或政府“天然”就拥有的。著名税法专家李炜光认为，在民主、法治的社会里，政府向公民提供公共产品和公共服务，公民向政府缴纳税收。这里，税收既是政府提供公共服务所获得的报酬，也是公民购买政府服务的价格，而税收负担的高低则主要取决于政府所提供的公共服务的数量和质量。从这方面说，国家与纳税人之间的关系，就很像是市场上的交易者，体现的是一种利益交换、平等互惠的关系。既然双方是一种平等的法律关系，如何征税也就不能只由政府单方面说了算，而是必须事先取得另一方——纳税人的同意。纳税人通过自己选出的代表，按照立法程序制定各项税收法律，除此之外的一切征收行为都是无效的和非法的。

假如政府“天生”就有权自定税收章程，那就等于承认政府对纳税人的财产权拥有支配权，这就等于从根本上否定了宪法所规定的纳税人对“合法”的个人财产享有的所有权。为了达到纳税人决定和控制国家征税权的目的，国家就必须建立一套运转良好的选举制度，以保障纳税人的选举权和被选举权，保障纳税人的思想自由和言论自由，保障纳税人免于恐惧的自由，并把税收“授权”的权力永久性地留在议会或人民代表大会等公意机关手里。所谓“无代表则无税”，实质就是税收立法的“议会保留”。如此，国家征税的权力才是正当的、合法的。简单说，税收是一个义务与权利的统一体。权利是主动的，代表着利益；义务是受动的，代表着负担。一个社会的权利总量和义务总量大体上是相等的，它们相互依存，相互制约，没有无义务的权利，也没有无权利的义务。

英国大革命前的财产权与自由

戴维哈里斯·萨克斯（David Harris Sacks）在《税收困境：英格兰

的财政危机、国会和自由》一文中分析了1640年英国大革命前两个世纪的财税思想。

早在十五世纪，英国思想家福特斯鸠将君主专制分为两种：一种是绝对君主制，统治者在其主要仆人的协助下，自行判断他的收入需要和掠夺本能什么时候会对其臣民的生产生活造成长期的伤害，或者刺激他们造反。在这样的制度下，臣民无异于“家长治下的奴隶”。另一种则是当时英国的混合君主制，在此国度，国王根据其人民同意的法律来治理人民，因此在没有他们同意的情况下不得对他们征税。

尽管福特斯鸠对当时的法国保持着某种偏见，但必须承认的是，他对未来两国的分途有着清醒的判断。福特斯鸠清楚地看到，如果国王的统治像法国一样，“仅仅是君主的”统治，那么所有类型的邪恶都会产生，比如士兵驻扎在村庄不用支付任何费用，如果村民拒绝这种负担就会遭受棍棒的敲击。相反，在尊重个人自由与财产权利的英国，没有人违背主人的意志而住进另一个人的房子，也没有人不受惩罚地强制使用他的物品。尽管国王可以通过王室食物征用权从他家里拿走必需品，但是国王必须以适当的价格进行补偿。正因为此，福特斯鸠相信，在英国，民众不会彼此伤害，而且拥有生存所必需的所有物品，他们不仅强大到可以抵抗王国的敌人，而且会比法国的臣民更加善待自己的国王，给他带来更多的利益。关于这一点，透过后来的历史可见分晓。英国与法国虽然在革命的年代都处死过自己的国王，但是英国不像法国大革命那样血流成河，而且至今仍保留了君主立宪制度。

1610年，在反对王室对一系列进口商品课征的调节税的时候，一位叫托马斯·赫德利的律师曾经做过一个精彩演讲。赫德利并不反对国王征税，但前提是这种征税应该征得纳税人的同意，英格兰应该同时保卫居民财产免受来自邻居或者政治的抢劫。和福特斯鸠一样，赫德利认为由于英国人自由地享有他们的财产，所以适合成为战士，像骑士和绅士一样保卫他们的自由与财产。任何对财产的侵犯必然不可避免地导致对自由的侵犯，不能保护自己的财产的人，也一定保卫不了自己的自由。1628 年的权利请愿书提议对财产与自由加以保护，反对非国会批准的税收，没有正当理由的囚禁，士兵驻扎而未经同意并没有恰当的补偿以及对普通臣民运用军事法等等。在他们看来，任意征税和任意拘禁都会使公民在这个国家失去安全感，损毁这个国家存在的价值。

应该说，正是上述一以贯之的税权思想，为英国后来的两次革命以及《权利法案》的颁布提供了理论资源。

法国大革命时的税权

2008 年的两会上，温家宝就公共财政改革谈到这样一段意味深长的话："其实一个国家的财政史是惊心动魄的。如果你读它，会从中看到不仅是经济的发展，而且是社会的结构和公平正义。"而熟悉法国大革命历史的人知道，那场革命最核心的问题就是当时法国的王室财政出了严重问题。

在《逃往瓦朗纳斯——法国大革命前夕财政改革启示录》一文中，李炜光对法国大革命前夕的法国财政做了深刻的分析。尽管文章通篇未提中国，但对当下中国的借鉴意义却是显而易见的。

首先，法国的君主专制制度制造了一个超级庞大的政府，人民不得不用有限的资源去填补这个巨大的无底洞，由此形成无法摆脱的财政负担和难以化解的社会矛盾。在君主专制制度下，统治者的财政需求是无穷的，"加之又不愿意向三级会议索取，于是卖官鬻爵制度应运而生，这种现象世所未见”。早在亨利四世时代，就建立了卖官鬻爵制度，路易十三以后达到了疯狂的程度。而且，鬻官制犹如“潘多拉盒子”，一旦揭开盖子，“就再也无法将它关闭”。

资产者在买得官职后，便成为封建统治阶级的一员，虽然他们与旧贵族有所区别，但官职所带来的社会地位和各种特权仍然使他们中的大部分人心甘情愿地为君主专制制度服务，而这也正是封建君主利用鬻官制分化瓦解资产阶级的政治目的。由此产生的经济结果是，鬻官制使得资产者将大量资金用来购买官职，而无法将其用于生产经营投资，法国的资本主义发展因而受到不良影响。

在旧制度下，国王的财政资源配置的权力是无限的，他把国家财政当做私产，没有有效的监督机制，钱用到哪里是他自己的事，旁人无权说三道四，这也是无限政府的表象之一。在法国，国王把贵族们尽可能地笼络到身边，让他们成为弄臣，花天酒地，醉生梦死。大革命前夕，凡尔赛宫内常有一万七八千名贵族廷臣，其中469名专侍王后，274名侍奉王弟，国王的伯母有200名随从，连路易十六的新生女儿也有80名贵族侍候，养活这些人的金钱，也是全部来自王国政府财政。

其次，君主专制政府的赋税征收缺乏正义和平等，是导致阶级矛盾和社会矛盾激化、最终引发革命的根源。法国的旧制度就其性质而言是一种贵族政权，国王为了削弱和分化贵族阶层的权力，防止其对王权构成威胁，便向封建贵族和教士作出妥协，放弃了向贵族和教士征税。

更严重的是，资产阶级中的一部分人也加入到盘剥农民的队伍中来了。一些资产者向政府购买官职，获得官职以后，他们便拥有赋税的豁免权，而政府为了获得更多的金钱也就不断地发明新的职位出卖，于是又出现了一大批新的免税者。

这样，在政府的赋税征收额不断增长的同时，承担这些赋税的人数却不断下降，维持无限政府庞大国家财政需要的税收负担便全部落在第三等级的肩上，尤其是落在农民肩上了，于是出现了托克维尔所描述的那种情况：“最有能力纳税的人免税，最无能力应付的人却得交税，当捐税以此为宗旨时，就必然要导致那一可怕的后果——富人免税，穷人交税。”“于是，在已经存在所有个别的不平等中，又加上一项更普遍的不平等，从而加剧并维持所有其他的不平等。”与此同时，资产阶级与贵族之间赋税负担的不平等，以及因此而产生的严重阶级对立，是导致资产阶级对君主专制政府不满，在大革命中毫不犹豫地起来“造反”，推翻君主专制政权的原因。

以研究法国财政闻名的历史学家马塞尔·马里恩则认为，法国大革命时期摧毁法国财政的力量正是特权以及享有特权的人，即贵族。他们享有的财政豁免权，不管是继承的还是购买的，在摧毁法国财政的同时也将国王置于一个荒谬可笑的位置：对那些没什么东西可征税的人征税。尽管一些敏感的贵族提出愿意放弃财政豁免权的想法，但在当时的环境下这些细节都被忽略了——尤其是在法国王室前后化解了1720年和1763年的两次财政危机之后。而且，如托克维尔所说，那个时代在法国历史上是个既开明又富裕的时代。谁也没有意识到，一场人头滚滚的革命即将来临。

尽管法国大革命之所以发生还有其他很多原因，但是在众多原因中，民众没有税权和预算权既是专制政府无限扩张的理由，也是法国民众在弱肉强食的社会里最终忍无可忍，走向革命的源头。今日中国，透过无以数计的学生放弃创业，纷纷挤破脑袋去考公务员，便知道政府部门有着何等诱人的待遇。与此相关的是，政府规模在几十年间急剧膨胀。如前文所述，建国之初，大的县机关也就百余名干部，而现在一些乡镇机关干部就多达四五百人。

个体权利与公共精神

伊丽莎白一世在其著名的“金色演讲”中强调，君主有一种神圣职责，要保护王国免受“危险、不名誉、耻辱、暴政和压迫”，它们既容易来自王国内部，也容易来自王国外部。为了提供这种保护，不仅需要警惕，而且需要行使权力，并因此需要资金。

尽管如此，预算还是必不可少的一环。如萨克斯所说，对于那个时代而言，预算的好处不仅在于避免财政危机，同样在于尽可能避免国家卷入战争。一个国王进行战争，他的花费超过了他所收的税。如果他借债弥补了这个差额，就没有财政危机。但是如果他不能借到足够多的钱，或者如果他被迫拖欠旧的贷款，那么危机就爆发了。如果他采取狗急跳墙的措施，譬如说掠夺其臣民的财产，或克扣部队给养，那么危机同样爆发。所以，为了避免这种情况发生，聪明的国王会尽可能节制，因为一旦遇上难缠的敌人，有可能因为战争带来的巨额开支导致政府破产。

在十四五世纪的英国，征税的理论依据是必需理论。当王国面临紧急情况或处于危险之中时，其所有成员有责任来帮助它。有时，和平计划也能得到直接的国会税收的支持，为了做到这一点，王室律师不得不寻找聪明的方式，把它们说成是在面临即将到来的危机情况下为国防所做的准备。比如，在英国历史上有一种税收叫“抗丹税”（Danegeld），目的是为了应对丹麦人的入侵及其余殃。而到了十六世纪中期，支持税收拨付的这种法律的或者说辞上的基础有了修正，王室要求资金的理由已不仅是支持它的军事需要，而且是帮助它提供好政府的一般成本。简单说，是为了购买政府更好的服务。

说到战争与税收，就不得不提到梭罗以及他为什么抗税。尽管抗税的行为多不见容于现代社会，但在十九世纪的美国，梭罗抗税却是受到某种公共精神的驱使。

这位《瓦尔登湖》的作者，曾经因为拒绝交积欠了几年的人头税而入狱。之所以抗税，不是因为梭罗家贫而交不起税，而是因为他反对当时的美国政策：其一是奴隶制度，其二是美墨战争。因为这样的理念，他愿意入狱而拒绝交税。据说亲戚主动为他补税后梭罗很气愤，不愿意出狱，直到狱长把他赶了出来。这一细节，颇有点百年后美国黑人维权时“把监狱填满”的气势与决心。有关这段经历，梭罗后来写下了《论公民之不服从》。正是这篇文章中所表现出来的“非暴力抵抗”的思想和“公民不服从”的精神后来影响了托尔斯泰和甘地。

在《瓦尔登湖》一书中，梭罗简单记载了这一段经历，并解释自己为什么采取非暴力而不是极端的方式抗税：“有一天下午，在我的第一个夏天将要结束的时候，我进村子里去，找鞋匠拿一只鞋子，我被捕了，给关进了监狱里去，因为正如我在另外一篇文章（即《论公民之不服从》）里面说明了的，我拒绝付税给国家，甚至不承认这个国家的权力，这个国家在议会门口把男人、女人和孩子当牛马一样地买卖。我本来是为了别的事到森林中去的。但是，不管一个人走到哪里，人间的肮脏的机关总要跟他到哪里，伸出手来攫取他……真的，我本可以强悍地抵抗一下，多少可以有点结果的，我本可以疯狂地反对社会，但是我宁可让社会疯狂地来反对我，因为它才是那绝望的一群。”显然，梭罗在这里谈到的“社会”，严格说并非德鲁克意义上的社会，而是被政府裹挟的社会与国家。

相较而言，中国人为什么鲜有公共精神？为什么远离政治？明恩溥在《中国人的素质》一书中讲了这样一个意味深长的故事：

1851年，就是道光皇帝“驾崩”的那一年，一个叫赫克（Huc）的外国人和几个朋友离京外出，在一家客栈饮茶时，遇到一伙中国人。几个外国人想发起一场“小小的政治讨论”，他们针对皇位的继承问题提出了各种猜测，意在引导在场的中国人说出他们的看法。但是，那几个中国人对此无动于衷，继续喷云吐雾，大口饮茶。中国人的冷漠激怒了外国人，并且引起了他们的不满。这时，一个中国老者起身走过来，把双手放在赫克先生的肩上，冷笑着说：“听我说，朋友，你为什么要让这些无聊徒劳的推测来劳心、费神呢？大臣们关心此事，他们拿的就是这份俸禄。让他们拿他们的俸禄去吧，可别让我们操这份心。我们一无所得，还要去关心政治，岂不成了天下最大的傻瓜？”

所谓“你不关心政治，但政治关心你”。无论你是否关心政治，政治最后仍会影响每个人的命运。然而，从整体而言，国民公共精神的多与少，与其享有的权利是密不可分的。没有权利的社会令人沉睡。如果国民得不到应得的权利，久而久之，他们就会对这个国家失去信心，对国家的关心也会越来越少，这样的国家迟早会分崩离析。显然，一个国家更应该用货真价实的权利团结民众，重建公共精神，而不是虚伪的道德说教。这种说教得到的往往是表面上的应承，内心的反抗。

用罗曼·罗兰的话说，一个国家，如果让它的国民连批评的兴趣都没有，那才真是不可救药。

“看不见的政府”

奥利佛·霍尔姆斯说：“税收是我们对文明社会的支付。”约翰·马歇尔说:“有权征税就有权毁灭。”一方面，税收可以从个体或者机构那里汲取财富；另一方面，又不得不承认，如果没有税收支持的有组织国家力量的保护，生活和自由就不可能得到保障。从这方面说，税收既可以保障权利和自由，也可能威胁权利和自由。关于这一点，孟德斯鸠有很好的概括。在《论法的精神》一书中，孟德斯鸠分析了税收、不同政体和自由之间的关系，指出“公共税收是每个公民从其财产中出让一部，其目的是为了保护和享受剩下的部分”。孟德斯鸠相信，温和政府会比专制政府更可能对其公民征收重税，因为“公民一旦认为是在付钱给自己，他们就会高兴地交税”。

一个国家的治理能力的高低，同时决定于国家的预算能力以及征税是否征得国民的同意。从表面上看，税收与公共预算只是政府关于未来某个时期的收支测算，是一个技术问题，实际上它是一个政治问题。从某种程度上说，也是政治最核心的问题，牵一发而动全身。如果说一个未经人民同意而征税的政府，是一个“明火执仗的政府”；那么一个没有预算的政府，便是一个“看不见的政府”。

如李炜光所说，《中华人民共和国宪法》第56条规定——“中华人民共和国公民有依照法律纳税的义务”。从形式上来讲，税收也算是进了宪法，但其不完整性是显而易见的。与税收对应的同样有税权，税收应该是权利与义务的统一。从宪法的规定看，上面既没有任何税收法定的内容，没有任何纳税人权利的规定，也没有明确说明征税是否需要代议机关（人民代表大会）的同意。在税收这个涉及国家生死存亡以及政府与公民关系的最重要问题上，国家的根本大法竟然是一片空白，不能不说是一个极大的缺憾。

由于宪法存在明显欠缺，税收立法必然更加残缺不全。中国目前所开征的二十多个税种，经由全国人民代表大会立法的仅有三个，即

《个人所得税法》《外商投资企业和外国企业所得税法》《税收征管法》，而且税收立法绝大多数都是违宪的，也是违反《立法法》的，比如税收行政法规没有明确的授权，更不用说符合《立法法》所规定的授权要求了。

根据李炜光的理解，就纳税而言，权利是第一位的因素，义务是第二位的因素。税法是以纳税人权利为本位的，纳税人权利构成税收法律体系的核心。权利是纳税个体的自主性、独立性的表现，是国家创制税收法律规范的客观界限。纳税人权利是目的，义务是手段，义务的设置是为了纳税人权利的实现。而在专制社会或非民主社会里，这个关系正好相反。法律是统治者维持特权的工具，他们拥有无限的权利，人民则承受着无限的义务，是义务本位的法律。中国传统社会制度的最大弊端，就是重义务、轻权利，把法律视为防民、治民的工具，把民众看做唯统治者马首是瞻的仆人。而中国人至今所能理解的国家、政府与人民的关系，仍然是“亲民”“爱民”，这不过是传统的官在上、民在下思想文化的反映，与我们对现代民主文明社会追求的权利本位观念相去甚远。（李炜光，《写给中国的纳税人》）

第四章　从自由到民主

比起个人来，时代更容易出错。

——约翰·密尔

自由是反对滥用权力的唯一堡垒。

——安德鲁·汉密尔顿

帝国稻草人

近年来的中国，“农民该不该拥有土地”一直是社会讨论的热点。不过，考虑到五十余年的城乡分治限制了中国农民的迁徙自由，并上溯到千百年来帝王对流民的控制，将他们牢牢拴于故土，本书作者宁愿相信，中国首先需要解决的是“土地该不该拥有农民”的问题。

得而复失的宪法权利

1954年，中国颁布实施第一部宪法，其中规定公民有“迁徙和居住的自由”。然而，1956年、1957年不到两年的时间，国家连续颁发4个限制和控制农民盲目流入城市的文件。1958年1月，以《中华人民共和国户口登记条例》为标志，中国政府开始对人口自由流动实行严格限制和政府管制。第一次明确将城乡居民区分为“农业户口”和“非农业户口”两种不同户籍。在事实上废弃了1954年宪法关于迁徙自由的规定。其目的无非是为了发展经济，稳固新生的共和国政权以及实现毛泽东组织起来的“跑步进入共产主义”的乌托邦梦想等等。到

1975年，宪法正式取消了有关迁徙自由的规定，此后一直没有恢复。

在严格的户籍制度管理下，城市与农村以及城市之间处于一种“隔离”状态之中。出生在农村的孩子如果想进入城市，只有考学、参军（提干）、招工（或者顶替在城市工作的父辈）等非常有限的几种途径，而城市之间的户口迁移也是非常困难的，特别是从小城镇迁往大中城市。尽管1978年之后，中国的户籍制度逐步有所松动，近年来，相当一部分省市已经开始了户籍制度改革的探索。但是，北京、深圳、上海等大城市仍然实行严格的户口管制。

对于中国的城乡隔离，秦晖先生写过一篇《南非，中国的前车之鉴》，将中国与南非历史上的暂住证做了简要的比较：“中国的市场竞争力，来源于中国的低自由、低福利、低人权。中国如果不搞全球化，就相当于朝鲜，不可能有什么奇迹；如果不是低人权，也就相当于现在的东欧国家，也不会有太大的奇迹——全球化和低人权这两个加在一起，就有了奇迹。中国经济奇迹的终极因素，就是两个：圈地运动，农民工——如果没有这两条，就无法想象爆炸性的城市化和世界工厂地位。”相较而言，南非黑人在城里打工，黑人家庭安置在城外的隔离型贫民区；中国也差不多，让农民在城里打工，但农民没法在城里安家，中国的办法主要是把他们安置在单身的集体宿舍。这种举措就产生了一种身份证制度——南非叫通行证，中国叫暂住证。两国有个共同的景观，就是大批的城管在街上巡查，可以将没有暂住证的人抓走。南非1984年有16万黑人因为没有通行证被抓走；广东的人口相当于南非的两倍，但2000年，因为拿不出暂住证而被抓的进城农民，相当于南非的3.5倍。这也是当年孙志刚死于非命的时代背景。

斯诺曾经感慨长城让中国人在精神上处于一种“戒严状态”，事实上，中国的户籍制度亦如是。如果农民被固定在土地上，不能自由迁徙，农民就只能像“帝国稻草人”一样被种植在土地上，听任有权有势者摆布，甚至像得了“斯德哥尔摩综合征”一样，被掏空了灵魂，在心底默唱“我是你的稻草人，我没有自己的灵魂，我只能听你的摆布，都觉得幸福”（歌曲《稻草人》）。

“一孔教”

笔者曾经撰文指出，中国从封闭走向开放，当务之急是需要“孔先生”，让社会重新发育，拓展联结，其功劳绝不逊色于收获鲜花无数的“德先生”与“赛先生”。“孔先生”的意义在于让社会更自由与开放。一个好的社会应该在自由与开放中寻求平等，而不是在约束和奴役之中寻求平等。

开放的社会是一个多孔性的、人与物皆可以自由流动的社会。与此相反，封闭社会则要以“一孔治天下”。关于这一点，早在两千多年以前，管仲曾经这样劝诫其服务的君王：“利出一孔者，其国无敌；出二孔者，其兵半屈；出三孔者，不可以举兵；出四孔者，其国必亡。先王知其然，故塞民之羡（多余的钱财），隘（限制）其利途，故予之在君，夺之在君，贫之在君，富之在君。故民之戴上如日月，亲君若父母。”（《管子·国蓄》）

简单说就是：一个国家要想天下无敌，就要建立一套“利出一孔”的制度，让老百姓只有一个获利的通道。这样，老百姓就只有依赖于君王政府，事事仰君王鼻息，而君王就可以有效地控制民间势力，并积极地调控自由市场的无序状态——用管仲的话来说，就是“人君挟其食，守其用，据有余而制不足，故民无不累于上也”。自入了这“一孔教”，臣民就只能吃君王的“君饷”，上帝国的战车，为帝国效力，

"长恨此生非我有"了。帝王之所谓"以天下为己任"亦不过是"以天下为己用"。

利出一孔的极致，就是政治全能主义时期的"一个主义、一个政党、一个领袖"。哈耶克在《通往奴役之路》一书中曾经转引托洛斯基的如是说："在一个政府是唯一的雇主的国家里，反抗就等于慢慢地饿死。'不劳动者不得食'这个旧的原则，已由'不服从者不得食'这个新的原则所代替。"显然，利出一孔便是"通往奴役之孔"。

没有经济自由，就不会有政治自由，西方的民主无疑起源于商业文明。因为人是会交换的动物，商业让人们合群生活，自我组织，可以不断地"以选择救济选择"。市场经济之所以使社会走向自治更走向善，是因为商品必须是一种善，而有远见的生产者在"善的推销"中看到自己的前途。与此同时，因交换而缔结的横向之网形成了对纵向的权力之网的挑战。我们不难理解为什么自古以来中国的专制主义者不仅采取了严苛的户籍制和什伍保甲连坐制，还采取"重农抑商"的政策，让农民成为"帝国稻草人"，在其耕种的田地上站岗、流放。

用脚投票

中国转型至今，发生在上世纪初的选举如今更像是一道历史的苍凉手势。然而，在人类历史上，获得"用手投票"的权利之前"用脚投票"的筹码同样居功至伟。回顾近三十年中国社会的成长，最赏心悦目的进步莫过于一个开放社会的正在形成，以及用脚投票的机会增加。

2006 年"中非论坛北京峰会"召开时，北京出租司机都开玩笑说

“老家来人了”。显然这不只是开玩笑，而是有科学根据的。人类学家和历史学家们早就论证了人类最早起源于非洲大陆。至于理由也是异彩纷呈，除了埋藏于远古的头骨化石之外，有人甚至找到中国成语撑腰。在我印象中，有位法国人类学家便是从汉语“树倒猢狲散”一词中获得灵感，坚信人类最早起源东非大裂谷附近，由于当地倒了许多大树，以至于猿猴像熟透的果实一样纷纷落地，从此走出非洲，在世界各地埋下了文明的种子，开始享受人类文明的初夜。直到有朝一日生根发芽，繁花四起。照此理论，不难推断，如果没有当年“猢狲英雄”之“出树梢记”，断然不会有后来的雅典、罗马、巴黎、伦敦、北京、纽约以及我在《一个村庄里的中国》里记录命运的村庄。

简单说，人类文明首先是自由行走出来的。当然，这不仅包括走出地理，同样包括走出禁忌、苦难与不公正。我曾经多次提到，古罗马时代是人类历史上最风光旖旎的时代，也是现代文明的摇篮与草图。比如，共和制之于三权分立，辛辛那提图斯之于华盛顿，康茂德之于极权统治，角斗场之于大众传媒，元老院之于议会等等，无论是制度、法律，还是体育、文化，似乎都不难从中找到参照。通常，人们将甘地的“非暴力不合作”思想源头追溯到瓦尔登湖畔的亨利·梭罗，其实，梭罗这种“公民不服从”的思想乃至行动早在古罗马时代就已经深入人心，并且一直是平民博弈贵族的利器。

公元前510年，此时的罗马虽然已关上王制的大门，转入了共和时代，但由于当时是贵族共和，由贵族组成的元老院控制了一切，平民有的因为债务变成了奴隶，所以矛盾十分尖锐。最后的结果是，为了摆脱贵族的控制，许多平民带着武器和生产工具离开罗马城。公元前494年，一大群平民撤出罗马城去了东郊的圣山，表示要建立自己的城市。“永别了，罗马！”由于平民大量出走，势必造成生产停顿、兵源匮乏，贵族一时慌了手脚，于是派出代表追到圣山找平民谈判，最后谈出了保民官制度。应该说，这是世界历史上最万种风情的用脚投票，最有收获的用脚投票——因为此后，只要保民官一声“veto”（拉丁语：我禁止）就可否决政府的法令和元老院的决议。作为罗马法渊源的《十二铜表法》同样是平民与贵族博弈的产物。用脚投票的可能不仅使平民挺直了腰杆，更是他们自我价值及有权选择更好生活的无声宣言。面对这场“古罗马式罢工”——准确说是“罢国”，你会知道，旧时代有旧时代的自由，而且其时的壮观与成就远在“厦门PX”事件时小试身手的“中国式散步”之上。

市场政治

罗马平民能够取得胜利，至少有两个条件。其一是可以自由离开罗马城；其二是在罗马城外有一片可以属于他们的土地。前者保障了罗马平民用脚投票的权利，后者则使他们在用脚投票时不至于无路可去，陷入“霍布森选择”或“普天之下，莫非王土”的困境而别无选择。在国家吞并社会，有主义无社会，禁止自由行走的特殊时期，用脚投票多是空谈。

事实上，正是因为古罗马时代的先民们有这种“用脚投票”的权利，我才有缘在公元2000年后的一个秋天，在意大利旅行时，在不经意间走进一个叫圣马力诺的国家，并在群山的怀抱之中倾听与我不期而遇的圣马力诺“总统”（联合执政官）讲述这个国家用脚投票的久远传说。

回到中国，上述封闭的情形直到上世纪八十年代以后，在经济体制改革与开放的拉动下，社会才一点点地从国家体制中解放出来，即我所谓的“社会解放”。不可否认，近三十年来所取得的成就，就在于逐步打破了原来的单位体制，使国民能在不同单位、不同地区之间自由流动。从单位人变成社会人，从政治人还原为有血有肉、有情有欲的自然人。

而在开放国家，不同的州之间是竞争的。如弗里德曼所说，“假如我不喜欢我居住的州所做的事情，我能迁移到另一个州。”也就是说，在那里不仅要有市场经济，同样应该有“市场政治”。自由抉择的背后是一套“市场政治”的法则。活跃于政治市场的竞争不仅体现在不同国家之间的移民，同样体现在一国之民可以按照自己的意愿自由迁移。由于没有户籍和单位的禁忌，开放时代的居民可以通过居住地的自由抉择客观上使地方政府陷入关乎治理能力的竞争之中。就像平民离开罗马城，借自己用脚投票的权利与治理者充分博弈一样。

如果承认好社会是不断地用脚投票的开花结果，就不难发现，开放社会及随之而来的用脚投票其实暗合了一种民主内涵。甚而，大到美国，小到圣马力诺，何尝不是“用脚投票”投出的国家。在严格的产权制度下，如果土地私有，每个人都可以完成某种意义上的“建国”。或许我们可以说，在地权慈母般的眼神里，每一片土地都是一个国家。你种下一棵树，如果土地是你的，它就可以在这里自由生长几万年。

然而，在国家压倒社会的时代，自然资源实际归属于“权力所有制”的时代，人们却不得不面临“无地自容”、“走投（用脚投票）无路”的困境。真正的“国家”，应该是有“国”有“家”，公私分明。国家至少应该保障国民这样一种权利，即当他们无心国事时可以用脚投票回到自己的茅屋或精舍以求自治。

出乡村记

我在《南方都市报》连载的《乡村纪事》中，有一节是“出乡村记”。众所周知，“出埃及记”讲述的是古希伯来人在先知摩西的带领下走出埃及、重归自由之乡的故事。而我所谈到的“出乡村记”要勾勒的则是几代中国农民淡出农村的几道侧影。相同处在于，二者所描述的都是一群人，他们迫于生计或者只是向往另一种生活不得不离开一个地方去了另一个地方。不同者，“出埃及记”讲述的是一群人跟随先知从异乡到故乡，首先是他救;而“出乡村记”则是一群人分期分批，近乎自发地离开故乡，而且要把他乡当故乡（所谓“融入”），在这里没有先知，每个人都只能自救。如易卜生所说，“全世界都像海上撞沉了船，最要紧的还是救出自己”。

幸福，首先来于可以选择。如罗素所说，“须知参差不齐乃是幸福的本源”。只有人人都可以自由抉择，人类的生活与利益才有可能从整体上达到最优。无论是上述希伯来人的“出埃及记”、圣马力诺人的“出罗马记”，还是中国乡民的“出乡村记”，背后的逻辑都莫过于——每个人都应该拥有随心所往、自由迁徙的权利。

今日中国人从上世纪八十年代渐入眼帘的民工潮中看到了中国的希望。事实上，早在民国时期，中国知识界便已经开始关注当时的“民工潮”了。关于这一点，我在《近代中国农民进城的社会史考察》中读到不少有用的资料。根据1923年至1925年的抽样调查显示，农村人口的离村平均数为4.61%，而进入三十年代，农民离村率有了大幅攀升。据1933年国民政府中央农业实验所对22省农户的调查，统计出“全家离村之农家”共有1920746户，占报告各县总农户的4.8%;“有青年男女离村之农家”共3525349家，占报告各县总农户的8.9%。到

1935年，全国22个省中举家外迁至城市逃难、做工、谋生、住家的户数比分别为14.2%，21.3%，15.4%，8.2%，四项合计达59.1%，到别村垦荒、务农、逃难的占36.9%。同一时期对青年男女离村之去处的调查表明，因各种目的离村进城的达64.9%，而到别村务农或垦荒的为28.5%。

和现在一样，在中国近代城市人口性别年龄结构中，农村人口流入城市者主要是男性青壮年人口，根据《独立评论》李景汉的调查，在1338位被调查者中，20岁至49岁“离村”的农民，占到71.28%。另据陈翰笙等人调查，广东、广西及河北等省的离村人口中，男性占85%以上，而年龄在20至40岁之间者，占四分之三以上。与此相伴的，自然是农田大量抛荒。1932年，《农业周报》刊文指出：“强健者多逃入城市，另谋糊口；而所残留于乡村者大都老弱贫病者流。农民麇集都市，都市固嫌人口过剩；但农民离乡，则农村基础根本动摇，农村经济惟有日见摧毁。”时光倒转，得见如此光景，两相对映，其与今日之中国究竟何异？

论及当年农民为何进城，理由自然繁多。比如，天灾、人祸。天灾古已有之，至于人祸，主要指胡适所谓“五蠹”之一的扰乱。据统计，仅自1927年夏至1930年夏这短短三年中间，动员10万人以上之内战已多至近30次。由于长期战乱，大批散兵游勇变为土匪，一些没有生活来源的流民也加入了土匪队伍，因此，不少地方简直成了土匪的世界。据称在河南南阳等地，有的农民外出耕田，竟还要背扛枪支以防止土匪抢劫！由于盗匪横行，一些农民只好求生于相对安定的城市。

除此之外，还有中国的城市化与市场经济的发展。上世纪三十年代，费孝通在《江村经济》一书中谈到，此前一二十年，上海附近的城市机缫丝业的发展极快，城市工业吸引了大量农村人口。江村周围的蚕丝厂也是遍地开花，许多女青年被吸收到工厂里做工，江村 16 至 25 岁的女青年共有 106 名，“80% 以上现在村外的工厂或在合作工厂工作。她们就是新的挣工资的人”。

重读这些段落，难免令人想起几十年来无以数计满身力气的男男女女，因为中国城乡分治这一基本国策几十年不许外迁或打工，尽做“帝国稻草人”。从 1990 年代开始，民工潮像上世纪初一般在中国各地卷土重来。这种“而今迈步从头越”的景象，更给人一种光阴虚掷、今夕何夕的历史悲情。事实上，一个多世纪以来，并可以上溯到更遥远的年代，无论农民为何走出乡村，最真实的理由也许只有一个，即每个人都有逃避灾祸、追求美好生活的动力与权利。

岁月如流，光阴荏苒，好在近二三十年来中国开始悔过自新，终于续接了人类之猿祖猿宗“出树梢，走天下”时的自由传统，使中国乡民能够在幸福的召唤下逆境求生，感受杨万里《桂源铺》一诗中的禁忌与解放：“万山不许一溪奔，拦得溪声日夜喧。到得前头山脚尽，堂堂溪水出前村。”

国界与自由

2010 年初，我在日内瓦有过一次短暂停留，对日内瓦有了点浮光掠影的印象。日内瓦城区并不大，从规模上看很像是中国的一些中小城市。最让我惊讶的是在日内瓦城里能看到清澈见底的湖水，看到天鹅。虽然很小我便在书上读到“天鹅湖”这个词，但在现实中见到天鹅湖却是平生第一次。待明亮的阳光从云底钻出来，照在湖面和几近环城的雪山之上，你真的会心生忌妒——为什么有些人会出生在这样的美丽城市、世外桃源？

想起我在日内瓦大街上寻访卢梭故居时，看到他内室的墙上端端正正地写着“L’homme est né libre，et partout dans les fers（人生而自由，却无往不在枷锁之中）”，我便不由感慨：虽说人生而平等，但这世间的不平等实在太多了。

又记得，托克维尔在《论美国的民主》中谈到决定一个国家形态的有三个要素，包括环境、法制、民情。其作用是法制优于环境，民情优于法制。美国的民情源于新英格兰乡村自治的民主精神，正是这种植根于美国建国初期的民主意识影响了美国未来的民主建设。仔细想来，这三个要素又何尝不是纠缠在一起。环境的好坏，法制的有无，同样会深深地影响民情。至少我认为，瑞士无与伦比的自然风光，给人带来的内心的安宁，在瑞士成为永久中立国方面起到了非常重要的作用。因为大家相信，战争不会让这里变得更美好。在此意义上，瑞士的国界的确起到了保护国民的作用。至少在人类疯癫的20世纪，它是一道防火墙。

然而日内瓦湖并非简单的、让人避世退隐的江湖。事实上，这一片靠山近湖、看似远离尘嚣的土地，在欧洲乃至世界历史上一直发挥着极其重要的影响。在过去，它是人们逃避战乱的自由之邦，而现在又成为人类超国界合作的典范之城。

关于前者，你可以轻而易举地想到一些与这座城市相关的人和事。

比如，1803年，法国思想家圣西门为号召社会变革而在巴黎发表《一位日内瓦居民给当代人的信》，一是因为该文是此前一年他住在日内瓦时写的；另一方面，作者直接以“日内瓦居民”自命，同样表明日内瓦在当时已经具有了一种特殊内涵。

十九世纪英国的两位“被赶出了国土”的诗人雪莱与拜伦也曾经

在日内瓦湖畔游荡。他们一起拜访过历史学家吉本的故居，为此雪莱还不无诗意地形容其时的观感："他们领我们看了吉本完成《罗马帝国衰亡史》时住的房子，还有老洋槐树遮蔽下的露台——吉本写到作品的最后一行时，就是在这里久久地凝视着勃朗峰。"而雪莱的妻子玛丽写鬼故事的灵感，正是得益于几位才子佳人当年的相遇。据说当时大家是在拜伦的提议下，各自讲鬼故事，一直讲得天昏地暗、飞沙走石，雪莱也近乎发疯。若干天后，玛丽因为小说《弗兰肯斯坦》从此扬名。

同样值得一提的是罗曼·罗兰。在结束第一次婚姻后，罗兰深居简出，十年间只顾埋头写作《约翰·克利斯朵夫》。待第一次世界大战爆发，罗兰因为反战而被法国人骂为"卖国贼"。1915年11月，罗兰获诺奖却遭到法国政府反对。几年后他离开法国，从此在瑞士"隐居"十几年，但他从未停止写反战文章，《甘地传》一书即在此时完成。所谓"跨国归隐"，对于许多有济世理想的人来说，不过是找一个可以自由表达的容身之所。

世界也在悄悄变化。在日内瓦的时候我抽空去了一趟附近的乡村，并在一个叫埃和芒斯（Hermance）的千年古村做了短暂的停留。一位老太太向我诉说了她的幸运，因为生活在这么美丽的一个地方。望着阳光下远处的雪山与平静的湖水，我们甚至不约而同地说到，"天堂的景象也不过如此吧！"

从近千年前在这里建立第一个庇护所以来，尽管埃和芒斯始终没有发展成一座大城市，至今也不过五百多人，但当你看到村庄完整地保留着数百年前的教堂与墓地，看到被严格保护的私产与古堡遗迹，以及周边未被污染的湖光山色，你真有信心说这个村庄将永远留存。更耐人寻味的是，曾经为抢夺这个村庄及周边地区而打得头破血流的一个个封建领主早已灰飞烟灭，而两个法语国家也不再兵戎相见，并且开放了边界。

埃和芒斯正好位于法国和瑞士边界，一度归属于法国。1815 年瑞士成为永久中立国，从此告别战争，转年该村 318 人连同土地也都并入了瑞士。

说到国界，几年前，我曾经看过一部名为《送信到哥本哈根》的丹麦电影，印象最深的恐怕还是集中营里也有人性之美，以及那位瑞士老太太闯关时的机智幽默了。老太太想把在路上遇到的一个从集中营里逃出来的保加利亚小男孩带进瑞士（过境去哥本哈根），在边检站他们受到了边防人员的盘问。就在边防人员执意要看“孙子”的证件时，老太太风趣地说：“不能通融一下吗？他只是到贵国来一下，推翻了政府后马上就走。”边防人员听完也很识趣，不仅不再索要孩子的证件，还同样风趣地朝这孩子回了一句：“好啊，年轻人，推翻政府后别忘了给我涨工资！”

有意思的是，在过去，为了自由人们筑起了国界，同样为了自由又想方设法从一个国家逃到另一个国家。而现在，随着欧盟的建设和对国家意义的再认识，欧洲国家渐渐褪去了它画地为牢或各自为阵的本性。埃和芒斯村东边，那条窄窄的界河也已经没有了卫兵，只剩下潺潺流水。只需轻身一跃，你便可以从一个国家跳到另一个国家。

那一刻，我更在想：国界这人造之物，既为人类的自由而生，也将为人类的自由而死。

乳房与民主

没有国王，人民照常生活；没有人民，国王可一天也过不下去。国王与人民，谁比谁重要，大家早已心知肚明了。需要说明的是，尽管生活在世界各地的臣民们很早便意识到了这一点，并且奋起反抗，但是，民主的大树从破土而出到枝繁叶茂，却足足花了二十五个世纪。

那时花开，民主的起源

人类文明史，同样是部民主发展史。民主是人类的发明创造，却不是一次性的发明创造，甚至也不限于某一个地方。不过，每当谈到民主的起源，人们仍会不约而同地将目光投向雅典和罗马。

古希腊由包括雅典、斯巴达在内的数百个独立城邦组成，并非现代意义上的国家。每个城邦都有自己的疆域和自治权。大约在公元前507年，雅典采用了一种民选政府的制度，尽管两个世纪后雅典被马其顿征服，但是雅典创造的民主却留传了下来。

与此同时，在古罗马也出现了与雅典相似的民选政府。罗马最初也只是个小城邦，当它征服了周边许多地方后，罗马政府甚至也将公民权赏赐给那些位于边远地区的臣服者。然而，由于传播和制度设计的缺陷，当中绝大多数人并不能真正以公民的身份参与管理——因为作为权力中心的公民大会在罗马广场上，虽说“条条大路通罗马”，但是，对于那些居住在帝国圆周上的公民来说，亲自到罗马广场议政并非一件容易的事。

简单说，这里涉及“权力半径”和“民主半径”的问题。一方面，帝国的战车可以轻易抵达边境，画出统治者的权力半径；另一方面，由于没有发明建立在民主选举之上的代议制政府体制，也没有便捷的交通和足够大的广场，民主半径则只能紧紧围绕着罗马城，处于一种萎缩状态。在此意义上，一党制国家从党内民主走向全民民主的过程中，最需要解决的仍是权力半径与民主半径如何辐合的难题。

显而易见，无论古希腊还是古罗马，当时的民主只具雏形。雅典政府的核心部门是公民大会，每个公民都可以参与其中选举重要的官员；至于其他的公职人员的遴选，则是通过抽签产生。据说，按人口密度计算，理论上每位公民一生都会有一次机会当官，有点“村长轮流做，明年到我家”的味道。

有人或许会问：中国有没有民主传统？答案应该是肯定的。即使许多人不愿承认中国有民主的制度传统，但是民主的思想传统还是有的。在中国还没有长成秦朝这个大一统的怪物以前，曾经空前繁盛的民本思想或可成为民主的起源。只可惜星火不曾燎原。甚至，那时花开于尧舜禹时代的禅让制度——如果它是真的，何尝不是民主早夭的雏形？只不过因缘际会、历史弄人，在各种合力的作用下，这些民主的种子终于被飞鸟衔走，变成历史的有机肥，却始终没有长出民主制度的大树。至专制既出，往日光辉的思想无奈流落于江湖，消失于草莽。

所幸，东边不亮西边亮，人类终究要在黑暗中寻找光明，而此时的雅典，生机勃勃，已经面朝大海、春暖花开了。

积极公民与消极公民

必须承认，民主的发展同样是一个不断自我完善的过程。毕其功于一役的民主，在人类历史上闻所未闻。即使是那些今日看来玉树临风的民主国家，其公民权的普及同样经历了一个漫长的拉拉扯扯。

如美国1776年《独立宣言》就宣告“人人生而平等”，但事实上这里的“人”并不包括黑人和印第安人，甚至未包括占人口半数的妇女。美国废奴运动持续了近九十年，最终还是通过内战，黑奴才成为自由人。直到三四十年前《民权法》通过，黑人的公民资格才得到真正的承认。

同样，公民权的普及在人权与人道主义故乡的法国也有着相同的坎坷。1791年法国宪法仅赋予450万人以选举权，不到当时法国人口的五分之一。尽管该宪法以《人权宣言》为序，名义上取消了等级，却又采取政治隔离政策将公民分为“积极公民”和“消极公民”：凡不符合财产规定的消极公民都没有选举权和被选举权。几百年后我们在中国看到了类似的逻辑——2004年湖南人事厅对女公务员提出“双乳对称”的要求，何尝不是将妇女的天乳分成了“消极乳房”和“积极乳房”，并在此基础上“有奶才是公务员”？

尽管政治平等的原则在1789年已经被法国的“公民们”接受，然而事实上，包括卢梭本人在内，没有哪位启蒙思想家赞同一人一票。显然，此时的权利更多是面向经济意义上的有产者，而不是政治意义上的公民。专事普选史研究的法国著名学者罗桑瓦龙在《公民的加冕礼》里写到：此时的社会更像个大企业，积极公民就是社会大企业的股东，他们具有投票权，而消极公民则是那些被排除在政治权利之外的人。

大革命前后占法国人口1/12的家仆是没有选举权的。在许多人看来，他们没有主见，而且，既然主人已经去投票了，他们的投票就只能是重复票，仿佛他们是不知权利与思想为何物的"鹦鹉公民"。当然，有一点似乎是"公平"的，既然没有选举权，他们也不必纳税。梭罗因为抗税而引起的那些麻烦事倒也免了。

此外，"流放家中"的妇女同样没有选举权。甚至像卢梭这样自称被人类抛弃了的平等派，依旧认为妇女不过是"有缺陷的男人"，解放妇女只会使妇女堕落。

如罗桑瓦龙所指出，此时"就妇女的地位本身而言，在人类学上没有完成；就家庭的认识而言，在社会学上没有完成"。在这个"情欲放纵悖论也放纵"的世界，一方面男人们热烈地追求女人的爱戴，并自称是爱女人的，另一方面却又让她们手无寸权。直到1801年，法国甚至还出现了禁止妇女读书的法案。"理性希望每种性别各在其位……理性希望妇女保持礼仪方面的优势，不要向往政治方面的优势。"

英国也不例外。十七世纪中叶，英国"平等派"战士为了实现成年男子普选权甘愿牢底坐穿，然而即使到了十九世纪，平等逻辑仍只是对少数人才有效。一则来自不列颠百科全书的资料表明，平等派运动结束近两百年后的1831年，英国20岁以上投票人数的比例仍只占到了总人口数的4.4%，直到1931年，这个比例才扩大到了97%。从平等派起义到97%的投票率，英国足足花了三百年时间。

眼镜蛇与鸽子

为什么实行民主？二十一世纪的今天，在经历无数历史的磨难之后，我们可以轻而易举地找出许多理由。比如，民主可以避免暴政，可以保障国民基本权利、普遍自由、独立思想，可以让人性在宽阔舒展的环境中健康成长，可以让社会在政治平等的条件下走向和平与繁荣等等。不民主的恶果同样显而易见。在极端的年代，“意识形态屠杀”和“种族屠杀”一起将人类推到了苦难的极致，使人类文明濒临破产。

从1789年美国建立起世界上第一个民主国家到今天全世界60%以上的国家实现民主化，民主的大发展是显而易见的。当然，世界上不乏民主国家，同样不乏“冒牌民主”国家。

遥想萨达姆先生当年手握枪杆、威风凛凛，甚至要为美国穷人捐款时，伊拉克是何等的民主与团结！伊拉克民众不但可以参加选举，而且还可以在光天化日之下，万众一心地投独裁者的赞成票。全票当选？！真可谓“给民主一个机会，还领袖一个奇迹”！然而，谁都知道，此时的投票不过是枪杆子指挥笔杆子交朝廷作业。否则，我们就很难理解为什么在美军压境时，这位全民拥护的总统先生，竟无人救驾，甚至忠心耿耿的共和国卫队也都用脚投票——跑光了。

对于这种冒牌民主国家，罗伯特·达尔在《论民主》中这样评价：“一只眼镜蛇不会因为它的主人说它是鸽子它就成了鸽子。无论一个国家的领袖们和宣传家们说得多么动听，只有当它具备了民主所必需的全部政治制度，这个国家才有资格被称为民主国家。”

宪政，一场“蝴蝶梦”？

没有民主的推动，就不会有真正的宪政；没有宪政的坚守，也不会有可持续的民主。今天我们不难理解民主与宪政之间有着怎样紧密的联系，宪政约束但不反对民主，它巩固和加强民主体制。然而，在相当长一段时间里，包括卢梭、潘恩和杰斐逊在内的时代风云人物都认为民主与宪政水火不容——因为宪政强调现在对过去的某个静止状态的遵循，而民主则更多是着眼于未来，关系到变化与进步，具有一个动态的视角。

反对宪政的民主主义者认为宪政是死人设计出来的，而民主却是活人参与的。如果人们在追求民主的同时，却要服从宪政的条条框框，那么就无异于做了一场“蝴蝶梦”，让活人接受死人的管束，让死人折磨活人。正因为此，宪政被视为死人统治活人的工具。主张“每一代人都要来一场新的革命”的杰斐逊相信宪政是反民主的——“地球是活人的天下，不是死人的天下。”言下之意，接受宪政就意味着今人坐古人的牢。与此针锋相对的是，反民主的宪政主义者则相信民主是一种“暴民的统治”，其最后的结果是走向无政府主义。由此出发，宪政主义者的理想是打造一个公正有序的政府。

然而，这种对立并非不可救药。历史的风云际会使人们渐渐达成一个共识：民主将受到宪政保护并使后者有尊严地运转。显而易见，有的转型国家之所以像微软推出 Windows 新版本一样马不停蹄地修宪，一个重要原因便是在宪法制定过程中没有充分吸纳民意，并获得一个实用的、具有前瞻性的法律文本。

在民主与宪政的理论融合方面，佛罗伦萨政治学家布隆代尔曾有深刻挖掘。在他看来，宪政与民主实际上分别代表了对人类两种天性的防范与弘扬。宪政所面对的是人性悲观的一面、恶的一面，宪政的目的就是通过制度建设约束人类。相反，民主所面对的则是人性乐观的一面、善的一面，民主主义者相信通过民主参与人类将拥有美好未来。他们相信，这个美好未来掌握在多数人手里。今天，当我们回顾人类历史，最大的悲哀或许就是，我们相信真理掌握在少数人手里，结果少数人成为暴君。

简而言之，民主与宪政并非一对天然矛盾，它们为人性的善恶而设，其目的就在于“阻恶扬善”。前者，人们通常以为，宪政的目的在于限制公权、保障民权。理解这一点并不难。但是宪政的作用并不止于此，因为它不仅要限制公权，同时也要为民主设一个底线，防止出现“多数人的暴政”。殊途同归的是，无论是限制“唯一政府”还是限制“多数民众”，无论是立足宪政还是民主，一切目的莫不都是为了保卫具体的个人，使其拥有最大限度的自由，免受来自政府与社会的侵害。

民主社会主义

今天的中国，如何重新评价民主社会主义？推崇者认为中国过去对民主社会主义的批判是“唯我独革”“唯我独社”“唯我独马”的僵化思维，不能以开放的眼光看待世界，吸纳世界，其结果是社会主义道路越走越窄。中国人民大学前副校长谢韬在《炎黄春秋》撰文指出，一个制度好不好，不是理论问题，而是实践问题。中国制度不能够阻止把 50 万人打成“右派”，不能阻止人民公社和大跃进的疯狂，当“文化大革命”废止中国宪法，停止议会活动时，中国的制度没有任何反抗。谢韬认为，民主社会主义是马克思主义的正统，只有民主社会主义才能救中国。

民主社会主义在哪？不少人将目光投向了以北欧为代表的福利国家实行的社会民主主义。这种制度在政治体制上强调民主，与西方其他国家一样有条共同的民主底线，与此同时，在经济上比较照顾弱势群体的利益。此外，中国曾经取经的“新加坡模式”也是一种民主社会主义模式。新加坡前副总理拉贾拉南总结新加坡道路就是政治上的社会主义，经济上的资本主义。新加坡本土学者认为，新加坡模式更像是一种社会主义和资本主义的融合，即利用资本主义手段去创造财富，通过社会主义方法来分配财富。

反对派则将民主社会主义的矛头直接指向前苏联的“破产”。他们认为短短六年的时间，戈尔巴乔夫鼓吹和推行的“民主社会主义”非但没有给苏联百姓带来真正的“民主和人道”，反而导致亡党亡国，政治上遭到了彻底的失败。

争论归争论，不能忽略的是，无论实行怎样一种制度，国家必须捍卫民主与自由等价值。事实上，西方民主国家不会因为左派和右派的互相攻击和拆台而分崩离析，便是因为有一个共同底线。以人类进步与幸福的名义，应该说，无论是社会民主主义、自由主义、保守主义、社会主义，都有一个共同底线。如秦晖先生所说，共同底线是个不可妥协的领域，简言之就是“权界要划清”“己域要自由”“群域要民主”“权责要对应”。显而易见，在威权主义、法西斯主义、斯大林主义泛滥时是没有这种“共同底线”的，因为它们既不相信民主，也不相信自由。

在此，不必去纠缠什么是“救中国”的唯一道路，有一点是可以肯定的，即对共同底线的坚守保证已经获得的幸福不再流失。

好东西？坏东西？

民主是好东西？还是坏东西？相关争论由来已久。从民主在雅典生根发芽，到罗马共和国的建立，二十五个世纪以来的民主历程不可不谓艰难困苦。有史料记载，斯巴达的民主其实比雅典还要早一百年，只不过中途夭折，从此以专制的面目跳上历史的擂台。

二十世纪，民主更经历了前所未有的惨败，其被专制政权取代的例子不下 70 起。直到二十世纪下半期，伴随着苏联解体与柏林墙的倒掉，这一局面方有所改观。在民主浪潮“第三波”（亨廷顿语）的席卷之下，某些地区非民主国家变成了被民主国家包围的“飞地”。

如罗伯特·达尔所说：“所有对民主的主要替代物要么烟消云散，蜕变成稀奇古怪的残存物；要么退出原来的领域，龟缩进它们最后的堡垒中去。”二十世纪，不仅让建立在排他性参政权之上的中央集权君主制、世袭的贵族制、寡头制在人们眼里丧失其合法性，同样让那些披着进步马甲的反民主体制消失在给人类带来深重灾难的战争废墟里。

民主是人类创造的、用于改善自己命运的工具，所以并非全能。如有学者指出，民主化并不必然带来经济增长、社会和平、管理效率、政治和谐、自由市场及“意识形态的终结”，更不可能导致弗兰西斯·福山所说的“历史的终结”。然而，民主政权有着良好的自我纠错能力和自组织能力是不容置疑的。如果不考虑产油国，世界上几乎所有最富裕的国家都是民主国家，而几乎所有最贫穷的国家，除了印度及其他一两个特例外，都是非民主国家。民主不是万能药，但却是其他灵丹妙药的先决条件。

无论是“好东西”，还是“坏东西”，民主首先是个为人所用的“东西”。今天，历史翻过极权的一页，从价值理性上说，绝大多数人都相信民主是个好东西，但从工具理性上说，认识到民主在一定条件下会变成“坏东西”也未尝不是件好事，毕竟希特勒是通过竞选握住了第三帝国的权柄。认识到民主是个“好东西”，所以人们不惜冒险犯难，坚守民主的价值；同样，认识到民主可能衍生出“坏东西”，民主才有进一步提高的必要和可能。

民主进步史，就像飞机发明史。我们不能因为偶有飞机失事便否定人类的飞行理想。时光永远流逝，不难想象，后人站在未来观看我们，就像我们坐在波音飞机上回望1903年莱特兄弟制造的“飞行者1号”一样。今天，我们看到了雅典民主的粗陋，也在漫长的时光长河中见证今日民主究竟获得了怎样的成长。作为工具，民主并非十全十美，可以不断进化与修正；作为价值，我们看到的则是人类想飞的信念始终不渝。

新“农村包围城市”

本节开篇，我不禁要问：“又要农村包围城市了吗？”近年来，中国基层民主实验与地方政府创新可谓异彩纷呈。比如在2008年《南方农村报》报道了广东蕉岭农村搞了个草根版的“三权分立”。这一“三权分立”制度的内涵是：村民代表大会就好比立法机关，村委会好比行政机关，而监事会则好比司法或者监督机关。三种力量互相制约，构成了一种蕉岭特色的乡村民主政治模式。无论其效果如何，中国社会为了一个可期的前景，努力求进、日拱一卒的良苦用心与赤诚都是显而易见的。与此同时，个中不乏走样与曲折，令人捧腹，又无比辛酸。

案例1　电线杆上的民主

民主是怎么炼不成的？2007年北京通州区宋庄镇大兴庄村的村委会换届选举给出了点解释。在选举前一周，该村出现了公开叫卖选民证的热闹景象。谁能相信，在二十一世纪的今天，作为“权利图腾”

的选票竟然像性病小广告一样曲折却又堂而皇之地爬上了电线杆。

民主之花凋谢在电线杆上。按村民的说法，在当地，选民证“跟股票一样，一天几个价”，最高的已经涨到600元。

或许有人会说，这种两厢情愿的合谋“最大化”了双方利益，卖选票的村民急于兑现眼前的交易，而买选票的人则更倾向于将此视为长线投资。然而，稍有一点民主常识的人都知道，民主权利作为一项政治权利，既不可以被剥夺，也不可以被收买。

谈到村民为什么乐于出卖手中的选民证，有人轻而易举地找到“众所周知的原因”——农民“贪图小利”“见识短浅”。然而，人毕竟是活在自己的经验世界中，如果我们进行深层次的挖掘，就不难发现，这个所谓的“原因”实际上只是另一个原因的结果——即这个社会还没有让这些选民看到600元以上的“民主的好处”。换句话说，“民主不值600块”才是我们真正需要面对与思考的现状与困境。

与买卖选民证相比，更为恶劣的是村干部“不说理由便将选民证拿走”。面对这种种发生于光天化日之下的“权利抢劫”，有村民提起粉笔杆子出来“反抗”，比如在家里的蓝色大门上写着三行字：“谁拿选民证，必须交600元，二话别说。”这或许是我们所能见到的最草根也最无奈的“钱权交易”。和通常理解不同的是，这里的“钱”更像是一种小恩小惠，而“权”则是公民权利。

值得追问的是，《村民委员会组织法》规定，以威胁、贿赂、伪造选票等不正当手段，妨害村民行使选举权、被选举权，破坏村民委员会选举的，村民有权向乡、民族乡、镇的人民代表大会和人民政府或者县级人民代表大会常务委员会和人民政府及其有关主管部门举报，有关机关应当负责调查并依法处理。然而，为什么这些规定对于选民与买票者双方都没有形成有效的约束？

法制形同虚设，民主也便淘空了意义。当村官及其随从可以百无禁忌、大摇大摆地跑到村民家中索要选民证时，对于许多村民来说，他们对民主的信心便已经动摇。村民们私下里会认为即使不卖掉自己手中的选票，其他人也会这样做。在这场个人对抗“组织”的博弈中，结果必然是有钱有势的买票者笑到最后。

买票者的到场实际上已经启动了“选票垃圾化——回收”的过程。既然民主变成了有钱人的买卖，既然选民倾向于认为手中的选票如同废纸，那么将一张“废纸”卖到600元也算是卖到了天价。从这方面说，村民跟风而上，做出叫卖选票的“短视”抉择，也并非没有内在的理性。事实上，这也是为什么在有些地方选民宁可用一张选票换回几个鸡蛋的原因所在——在他们看来，这几个鸡蛋总比换个“民主的鸭蛋”要强。

如何使民主成为公民头顶上的星空和心中的道德律？首先得让村民相信民主。如果选民认为手中的选票与自己的命运毫无关系，而投票也只是毫无意义的参与，那么选举就不会有一个乐观的前景。即使我们可以通过某种渠道说服村民不主动叫卖自己的选票，也难免不遭遇“无人投票”的尴尬局面。

案例2 “拆迁户公投”

在民权觉醒的今天，当民众要求自己做主，“拆迁党”的日子就不是那么好过了。2007年初在重庆上演的“钉子户引导人民”，着实让那些自以为掌管了推土机“拆按钮”的官—商被动了。拆迁遇到了“钉子户”怎么办？痛定思拆，有高人在北京酒仙桥打出“化钉绵掌”——大家去投票吧，如果多数人同意拆，就一鼓作气，把那几个钉子给拔出来！

2007年6月9日，涉及5473户居民的《酒仙桥危改工作补充意见》首次尝试“全民公投”。当晚11点40分，在公证员和观察员的见证下，酒仙桥街道办事处公布了最终投票结果，2451票同意，1228票反对，32票无效，共3711票。该街道办事处负责人表示，酒仙桥危改项目肯定会继续推进，开发商将对投票结果进行评估，拿出下一步的实施意见。(《京华时报》6月10日)

且不说最后投票结果如何及如何“评估”，事实上，这个“公投方案”从一开始便受到民众的广泛质疑。面对如此“唯民意马首是瞻”的民主方略，为什么街头巷尾、网上网下竟然未见掌声如雷，反而骂声一片？答案或许就在接下来的问题里：作为各自财产的拥有者，每个人只能对自己的那份契约负责，既然我没有权利通过自己的签名取走你银行里的存款，那么你又有什么权利通过选票上签字夺走我的应有之物？

发生在酒仙桥的“零敲碎打的民主”从一开始就走样了。表面上看，拆迁最后决定权似乎从推土机高扬的铲斗下放到每一位居民手中，政府与开发商不再心急火燎地走到台前进行协调与谈判，而是将“钉子户”问题直接抛给了拆迁户。然而，一个微妙的变化是，在没有进行投票表决之前，每家每户有着同等的权利，他们团结一心、最大化自己的权益，在某种意义上说更是一个利益共同体。一旦付诸“民主”表决，原有的利益共同体迅速被瓦解成两半。

有人说，“拆迁户公投”可以避免因为“钉子户”的出现而导致的对其他居民不公平。我想，稍有点产权常识的人都知道这个“送温暖”的逻辑如何没有根基。中华人民共和国的“宪法底线”是“公民的合法的私有财产不受侵犯”，它意味着所有公民的私有财产权作为一项宪法权利已经受到了国家根本大法的认可与保护。在此意义上，罔顾公民宪法权利的所谓“一碗水端平”，不过是摆了个优雅的Pose，究其实质，端的却是个“漏碗”——照这样端下去，用不了多久，公平与正义之水恐怕都要流光了。

不难发现，当业主与开发商之间的讨价还价让位于民主表决，实际上是将个体利益绑上群体利益的战车，是将一对一的“经济问题”付诸多对多的“政治解决”。在这个信手拈来、可有可无的伪民主程序面前，坐收“公共利益”红利者必然是坐山观虎斗的开发商与相关权力部门。这种虚置民意的冒牌民主因此变成了算计社会、瓦解社会甚至使社会族群对立的工具。

民主，和其他许多价值一样，是全人类共享的文明成果。作为一个政治文明后发国家，自改革开放以来，中国没少进口民主零部件，也试图组装，但是最后多半走了样，不是装错了零件，便是放错了地方。比如说价格听证会，自从上世纪九十年代引入中国后，十有八九最后都难逃“听必涨”的宿命。在很多地方，价格听证会不但没有真正起到保障民权的作用，反而为相关部门的“为所欲为”提供了堂而皇之的辩护——人民需要涨价，政府顺势而为。同样，当“超女民主”席卷长城内外，黑龙江省也出现了惊动全国的“报纸选票民主”，为选优秀人物，一份普普通通的报纸竟被炒到50元。当公民的评议权被附着在报纸上随意转让与买断，所谓“民主”不过是挂在公意羊头下的狗肉。

俞可平说“民主是个好东西”，并由此引发争论。其实，不管民主是个好东西，还是个坏东西，民主首先得是个东西。如果民主连东西都不是，恐怕应该讨论的就不是民主的好坏问题，而是民主的真假问题。当有关部门虚拟出一个莫须有的“公共利益”来让酒仙桥的拆迁户们“公投”，“私权充公”的程序其实已经启动。显然，这种假借公意试图通过投票来损害他人权益的所谓“民主”并非真正意义上的民主，更不是我们这代人或上几代人所盼望的民主。按照托克维尔的理解，“酒仙桥式民主”充其量属于“多数人的暴政”。在我看来，这是有人在酝酿一场“多数人参与的有道德的抢劫”。

案例 3　后安岭婚变

2008 年 9 月，北京市怀柔区汤河口镇后安岭村开始新一届村民代表选举。不料随之而来的是该村近二十户村民同时“闹离婚”。他们的目的很明确，是通过离婚的方式实现夫妻分户，从而增加选票，选出自己支持的村民代表。

此番“后安岭婚变”难免让人想起贵州农民“分公章”以限制公权的故事。它们同样都发生在农村，同样关乎权利或者权力的“算计”，而且这些“算计”都近乎粗陋。但是，你也不得不承认，正是这些“原生态”的拆分与重组，为我们毫无遮拦地展示了这个转型时代特有的分分合合。

对于“后安岭婚变”，许多人从中解读出不少积极意义，认为它从侧面生动地反映了基层民众依法参与、直接行使民主权利的热情，表明了他们“不惜代价”维护自身民主权益的决心。

在中国，通过离婚来获取更多的权利早已不是新闻。比如，2005 年 8 月，为帮助下岗职工特别是单身下岗职工再就业，位于河北省任丘的华北油田管理局规定允许离婚的下岗职工（视同单职工）重新上岗，但以离婚证为准。政策一出台，许多职工选择了“突击离婚”。同样，2007 年 5 月，宜宾县革坪村上百对夫妻相继闹起了“突击离婚”，个别家庭甚至还出现父、母与儿、媳双双离婚的情况，原因是离婚者可以在即将到来的征地拆迁过程中获得奖励和补偿。

民主的发展同样是一个不断自我完善的过程，它同样为我们见证了“从户到人”的转变。在我看来，这种以户为单位的选举方式，实际上在一定程度上重温了世界历史上的“消极公民”与“积极公民”等民主实践的缺陷。比如在十九世纪初的法国，由于穷人和妇女作为“消极公民”被剥夺了选举权，这种选举实际上是以“富户”为单位进行的。从这方面说，西方民主进程可以概括为从“富户”扩大到“户”再落实到每一位公民。

回到后安岭。今天以户为单位分配选票与上述消极公民和积极公民无疑有着本质区别，但必须承认的是，在同一个家庭里，上述“消极公民”并非不存在。因为以户为单位的权利实际上通过“家长制”而不是由每一个具体的公民来实现，正是这种家长制使家庭的其他成员处于一种未成年人式的被监护状态。当然，和以往不同的是，由于没有户的歧视，这里的“消极公民”随时可以通过离婚“另立门户”而变成“积极公民”。顺着这个思路，我们不难发现，尽管这种转换是开放的，但是“离婚”却是“消极公民”转向“积极公民”时必须支付的成本。

案例4 “计划政治”下的民选坏蛋

总统有民选，坏蛋也有民选。若干年前，安徽亳州某所技校便发生过一桩“民选坏蛋”的伟大事情。由于该校屡次发生失窃事件，在查无结果的情况下学校便举行了这样一场选举：投票选小偷！结果6位同学榜上有名，并因此受到处罚。

显然，从“疑罪从无”的法治精神出发这6位同学都是清白的。然而，这种异化的选举却真实地发生了。“民选小偷”以其特有的诙谐方式为我们再现了发生于日常生活中的“多数人的暴政”。

有人可能会说，总统能民选，坏蛋为什么不能呢？不都是货真价实地体现民意了么？个中区别，相信许多人早已心知肚明。不过，在此我们不妨再换个角度加以赘述：总统是自己报名参选的，而坏蛋并非心甘情愿。总统在当选后会兴高采烈地发表就职演说，而坏蛋却只能低头，更不会讲一些感谢国民信任之类的大话。简单说，民选坏蛋违背了“坏蛋”的意愿，所谓选举由此成为对“坏蛋”侮辱与损害的开始。

同样，民选总统会因就职领取薪水，而民选坏蛋则不一样。尽管民选坏蛋也会在当选后时常被作为反面典型用来教育民众，但是他们充其量只是在一种被动境遇中做道德建设的“义工”。如你所知，杀鸡儆猴时，鸡被杀的过程同样是鸡被工具化的过程。但是，鸡是从来不会因为自己被工具化而获得儆猴的报酬的。

之所以想起这个“民选坏蛋”的故事，是因为曾经读到的一则新闻。据《城市晚报》2008年2月26日报道，长春市公安局为了提高警察的纪律作风，将在年末抓各类反面典型，并确定了全局民警1%的比例。这些1%的待遇将是集中学习，学习不合格者将被取消其执法权。

今日中国社会的确大有进步。在过去，这种“大快人心”的消息一放出来，相信很多人都会叫好，比如显示“重拳治警”的决心云云。然而，现在不一样了，无论是面对社会生活还是权力运行，公众目光的重心已经渐渐移向了程序的正当性与具体的权利本身。长春公安局的“数目字管理”却让人满腹狐疑，为什么是1%，而不是2%或0.5%？

曾经风行一时的计划经济的一些坏处历史早已证明。显然，那种刻舟求剑式的制度安排不仅低估了人类社会生活的复杂性，同时也大大限制或者降低了国民在日常生活中一点一滴解决问题的能力和机会。众所周知，计划盛行的时代，实际上也是权力登峰造极的时代。除了计划经济，同样也有“计划政治”。当然，这种“计划政治”并不是指现在政府做预算，而是指一种异化的计划，指的是有些执法部门或者单位，将抓坏蛋当做一种生产性行为，只需随心所欲地圈定一个比例，准备生产多少就是多少。而这种指令性生产通常都具有刚性，所以，为了完成这个比例，哪些人是合格的坏蛋还要取决于不断地定义。计划刚性导致的定义的随意性使按计划抓坏蛋变成了“打哪指哪，百发百中”的荒诞游戏。

谈到“按指标抓坏蛋”，难免让人想起那个法治荒芜甚至人治也崩溃的时代。为了狠抓右派，一些单位被下达了“右派指标”。于是乎人人挖空心思找坏蛋，社会风气恶化到无以复加的地步。而从概率上说，一个地方坏蛋越多越安全，没有坏蛋的地方反倒是人人自危。在此逻辑下，坏蛋只会越造越多。就这样，鲜有坏蛋的地方纷纷造出“民选坏蛋”“计划下的坏蛋”。

“按比例抓反面典型”之所以无人喝彩，是因为历史已经告诉未来“按计划抓坏蛋”将会给这个社会带来多少痛苦的记忆，是因为“按计划抓坏蛋”在改革开放三十年后已经成为新时代的“反面典型”。

案例5 “萝卜白菜议事规则”

当然，并非所有民主实践都那么令人沮丧。2009年2月11日,《新文化报》报道了这样的一条新闻：安徽阜阳颍州区南塘村村民新近学习应用了一种名为“萝卜白菜规则”的议事方式。据南塘兴农合作社负责人称，自从2008年11月培训以来，南塘村村民活学活用“萝卜白菜规则”，已经知道如何民主辩论与表决了。

什么是“萝卜白菜规则”？读完这则新闻才知道它指的就是早已风行世界的“罗伯特议事规则”。该规则由亨利·马丁·罗伯特撰写，于1876年出版，几经修改后于2000年出了第十版。罗伯特议事规则的内容非常详细，包罗万象，堪称会议宝典。尽管西风东渐已逾百年，但是这个规则相信绝大多数中国人都没有听过。难怪南塘村民听到这个“拗口”的外国规则时，索性就地取材直接译成了“萝卜白菜规则”。这一点想来就十分有趣，今日中国，常常有人说农民愚昧、落后，不适合民主。谁知如今他们已经先行一步，开始和国际上的会议规则接轨，都“罗伯特”了。

政治的关键之一就在于议事程序。环视古今中外，议事程序主要区别不外乎两种：一种是只有重要人物在会场上说话、训示，大多数人只顾埋头做笔记，开会变成了“听话”“学习”和“传达精神”；另一种则是每个人都有一个麦克风，都有机会发言，会场也是针锋相对的辩论场。当然，议事规则不同，话语权也就不同。比如同样是在近千年前的东方与西方，同样是英雄豪杰，欧洲有圆桌骑士，他们不分主次，每个人各占一席；东方则有梁山好汉，虽然都是自家兄弟，但还是排了108个座次，聚议之时，说话最管用的还是大哥。在过去的文章中，我之所以赞扬欧盟的旗帜，一个重要的原因就是我在这面旗帜上看到了欧洲圆桌会议的现场。

任何规则都会在客观上影响人性的呈现。众所周知，从人性的角度出发，每个人身上都潜藏着某种或善或恶的东西。至于如何向外界呈现，除了决定于内心的驱使（良知与欲望），同样受制于他与环境的互动（放纵与约束）。这也是人们心悦诚服地相信"一个好的制度会使坏人变好，一个坏的制度会使好人变坏"之原因所在。

无须高深理论，即使是生活经验也在反复告诉人们一个好的规则可以帮助呈现人性之美好。比如，公共场所排队所倡导的秩序文明，灾难来临时让妇女与孩子先走的人类道德等等，这些都可以在一定程度上约束人们，劝人向善。同样，会议组织者果真秉持某种民主与开放的原则，就应负责建立并且遵循一套行之有效的议事规则，使会场真正成为公民议事的场所。而不是给权力体系拍X光，透视会场上谁更有权力说话。

转型期的中国，具有民主精神的议事规则不仅适合会场，同样适用于所有的公共辩论。今日公共空间，最不乐见却又并不少见的情形莫过于：两位辩论者交锋刚开始，很快便有一方开始怀疑对方之人格与动机，接下来吵来吵去，都说对方不配和自己辩论，一场原本可期的理性争辩终以谁都是"浑蛋"和"小人"收场。如果他们能和南塘的农民一样懂得点"萝卜白菜，各有所爱"，这种无谓的冲突定会减少很多。

回到"罗伯特议事规则"，笔者在此夸赞南塘农民，并非是说有了这个规则，农民的开会问题和民主问题就彻底解决了。就像民主既是一种制度安排，同时又是一种精神气质，"萝卜白菜规则"进入南塘的乡村会议，其意义显然并不止于民主实务本身，更在于它使会场上的农民面貌一新，让人看到农民在维护群己权利时有着怎样的风度。

底线理想与偷鸡寓言

没什么词汇比“底线”更能给人一种凛然的正义。国家被外敌侵略时，生长于斯的国民多会奋起反抗，因为侵略者触及了这个国家的主权底线；妻子与人私通时，男人们通常会怒不可遏，甚至扬言杀了这双“奸夫淫妇”，因为他们相信“春风又绿江南岸，男人头顶绿不得”。同样，被乡村干部挖了祖坟的农民，也不吝以死相拼，因为祖坟里不仅埋着他的父辈，同样埋着他底线尊严之地雷。任凭平时忍辱含垢、唾面自干，但若是被人“欺负至此”，他埋藏多年的愤怒恐怕就要彻底引爆了。

无论是否同意上述观念或者行为，但你不得不承认底线无所不在。而且，底线有着平衡社会的法力。2008 年暑假我回江西老家，发现村庄周围的古树被村干部盗卖殆尽，唯独祖坟边上的古树留下来了。这些树之所以没被强卖，便是因为有壮士以祖宗之名拼命，以致里应外合的树贩子与村干部不得不无奈罢手。现实近乎荒诞，在这里法律与政治道德都不足以阻挡权力与资本的合谋，倒是那几座孤零零的祖坟——被新政府批判的“旧文化”与“旧势力”，像是一座座捍卫尊严的堡垒，为这个村庄守住了一点底线。

“人不可以消灭人”

谈到底线，不由得让我想起两部欧洲电影：

一是法国导演阿兰·查巴特的《RRRrrr！！！》，它讲述的是一个大约发生在三万多年前的浪漫故事。让我至今难忘的一个细节是：有一天，“美发族”发现了一具女尸，大家为此议论纷纷，有说是植物杀死的，有说是动物杀死的，也有说是老死的。有意思的是，当有人猜测是“死于人手”时，立即引来一片哄笑——简直是天方夜谭！在这些可爱的原始人看来，人杀死自己的同类是不可想象的。在那些野兽出没、人心简朴的蛮荒岁月里，人类必须互相依靠才能向大自然要求最基本的生存权。人不能消灭自己的同类，或许是这些古人类的共同底线。和那个遥远的时代相比，文明人的底线却是越降越低，以至于在二十世纪甚至彻底失去了底线。

与此相关的另一部电影是奥地利导演迈克尔·哈内克的《暴狼时刻》，该电影所涉及的是人类的未来：在一场大灾难袭击欧洲之后，一对年轻夫妇带着两个孩子逃离了城市，打算到乡下住上一段时间。然而，当他们赶到乡下时发现自己的房子已经被一个陌生家庭所霸占。更不幸的是，陌生家庭的男主人决定不惜任何代价保护“自己的”栖身之地，竟然毫不犹豫地枪杀了这座房屋的真正的男主人……迈克尔·哈内克的作品以剖析人性见长，在他眼里，文明竟是如此脆弱——“在灾难面前，所有的道德体系都可以轻易坍塌。”这样兵荒马乱的时刻，你去背诵“风能进，雨能进，国王的卫兵不能进”的“产权宣言”似乎已经不合时宜。

《暴狼时刻》并非只是一则关于人性的消极预言，哈内克向观众无情地展示了人性中的黑暗以及一个社会在底线崩溃之时将要面临的灾难。灾难会导致底线的崩溃，而底线的崩溃必定酿造更大的灾难，直至人类苦心孤诣积累的文明自毁殆尽——而在这方面，几千年来的短暂历史已经给出了足够多的答案。

奔跑的断头台

每个人都有自己的底线。所谓"羊急了也会咬人"，连一只孤独的羊都有自己的底线，更何况是人？然而，尽管人人似乎都在或者都会"为（自个儿的）底线而战"，但你也不得不承认，在人类历史与社会生活中，各种底线并非牢不可破。所谓"共同底线"，有时不过是一根便于我们在大海中搜索有关沉船的苦难记忆的缆绳。

谈到法国大革命，许多人首先想到的是罗伯斯庇尔的残暴与随之而来的人头滚滚。殊不知，这位以"革命刽子手"形象出现在历史舞台上的法国青年曾经是个满目温情的人道主义者，一个坚定的死刑废除论者。然而，当革命的怪兽被唤醒并且横冲直撞时，同样是这位罗伯斯庇尔在人群中喊出了"路易必须死，因为祖国必须生"的惊人口号，并且在革命广场上竖起了屠杀反对者的断头台。冲破了底线的暴力总是遵循着相同的逻辑，不久后，当罗伯斯庇尔被热月党人押上断头台时，不过是换了句口号："罗伯斯庇尔必须死，因为共和国必须生。"不难发现，当"人不可以消灭人"不能成为一个社会的共同底线，任何人都有可能成为"奔跑的断头台"的下一个目标。

"二十世纪流血，二十一世纪流汗。"我曾经满心欢喜，人类终于在二十一世纪进入了一个改良的世纪。然而，二十世纪的血腥记忆让我也不得不时时思考保障人类“以流汗改变世界”的底线是否真实存在。且不说索尔仁尼琴笔下并不遥远的古拉格群岛是一种怎样的苦难象征，在纳粹暴行揭露几十年后的1994年卢旺达不还是发生了种族大屠杀？面对数以万计的死难者，人类底线何存？打开世界历史，各类宗教总是苦口婆心地教导人们不杀生、不偷盗、不邪淫，然而这些清规戒律何时阻止了野心家们以宗教之名杀生、偷盗和邪淫？直至今天，死刑仍在许多国家存在，国家以合法的“公共杀人犯”的身份继续为“人可以消灭人”提供某种正当性。更令人吃惊的是，那些令人毛骨悚然的私刑，就像2008年10月发生在中国政法大学的弑师案一样，竟在中国人那里收获了震耳欲聋般的掌声。真应了那句话：断头台上的铡刀，在自己的脖子上最重，在别人的脖子上最轻。

有底线么？在复杂无比的人性面前大谈底线是不是过于浪漫？至少，我们该相信人类永远也回不到电影《RRRrrr！！！》里的那个“人不可以消灭人”的美好年代了。

一切皆有可能

然而，尽管设置、认同并且捍卫底线在某种程度上说意味着一种浪漫主义，但我们也不得不承认，没有底线的生活将会变得黑暗无比，没有底线的社会注定充满荒诞。如果地球和万物都失去了引力，我们将飘向何方？

相信许多人都看到过一个与以下版本类似的帖子：“早晨起床，掀开黑心棉做的被子，用致癌牙膏刷完牙，喝一杯掺了三聚氰胺的牛奶，吃根柴油炸的洗衣粉油条，外加一个苏丹红咸鸭蛋，在票贩子手里买张车票，准时赶到地下烟厂上班，9点30分偷偷用山寨手机看股票从 6124.04 点跌到 1240.46 点，中午在餐馆点一盘用地沟油炒的避孕药喂的黄鳝，再加一碟敌敌畏喷过的白菜，盛两碗陈年粮煮的毒米饭，晚上再来一盘瘦肉精养大的死猪肉腊肉——这就是一个中国人的幸福一天。”

虽然这种糟糕的、夸张而戏谑的生活不会集中在某一个人身上，但是公众对近年来中国社会生活之底线沦陷的焦虑是显而易见的。而且，这是一种真实的焦虑。种种关于底线沦落的事实与传言，早已经使中国社会一步步陷入失信的深渊。

网上流传的“国内十大著名荒唐禁令”所揭开的则是另一种荒诞。在这一系列著名的“禁令”中，竟然有一条是“中小学教师严禁奸污猥亵女生”。据称该条款出现在湖南省益阳市赫山区和资阳区两个教育局颁发的“教师准则”内。很难想象这种完全触犯刑律的行为条款，会出现在教育系统的道德“禁令”之中。莫非这个禁令是要给中国刑法补画一条底线？抑或是地方教育当局认为中国重新回到了几十年前法治崩溃、“一部婚姻法治天下”的旧时光景？

有人说，人与动物的真正区别就在于人有“想象力”。或许，有底线社会和无底线社会的区别同样在于后者有着无人可及的“想象力”。在一个没有底线的社会 J·K·罗琳注定一生受穷。当人们可以不受外界与内心的约束为所欲为，现实所创造的故事将远比罗琳笔下的《哈利·波特》更戏剧，更多彩，更扣人心弦，也更魔幻。

当警察可以推开公民的住宅将看黄片的夫妻抓进派出所，当乡干部可以带领教师和推土机去碾平村民的庄稼，当年轻的法官离奇地“被自杀”在看守所里，当准新郎因“躲猫猫”撞墙而亡，当居民有产权的住宅可以被拆迁队在光天化日之下捣毁，当一位被审讯的孩子的母亲会在失踪数月后突兀地出现在精神病院里，我们不得不说，在一个权力失禁、公民无声的无底线社会里“Nothing is impossible”——一切皆有可能。

可叹的是，在这个重观赏而轻思考的喧嚣年代里，人们似乎更倾心关注低腰裤是否撞到了“社会底线”，而对于那些可能真正导致社会危机的“底线的崩溃”却不闻不问。

转型与偷鸡

春秋时期，宋国大夫戴盈之有次和孟子谈治理。孟子谈到了民生疾苦，希望政府减免苛捐杂税。戴盈之也承认了这一事实，但是他表示真正取消捐税今年还不能实现，要到明年才行，今年只能够减轻部分捐税。孟子听后，于是给戴先生讲了一个故事：

有这么一个人，每天都要偷邻居家的鸡。有人去劝告这个偷鸡贼：“偷盗行为是可耻的，从现在开始，你别再偷鸡了。”偷鸡贼听到后却说：“好吧，我也知道这不好。这样吧，请允许我少偷一点，原来每天偷，以后改为每月偷一次，而且只偷一只鸡，到了明年，我就不偷了。”

这是一个非常值得回味的寓言。假使你足够细心，就不难发现，这个偷鸡贼的故事更像是一个关于转型期的故事。

在一个功能正常的社会，“不能偷鸡”无疑是一道底线。然而在一个正处于转型时期的国家里，人们对这一底线的态度却兵分两路：“激进者”往往要求“底线一次到位”，即禁止一切偷鸡行为，任何人都必须遵守公民道德规范与法律（这何尝“激进”，其实不过是一种正常要求罢了）；而着眼于“改良效果”的人则接受了“底线N次到位”——“毕竟鸡贼比以前偷得少了！”言语之间，甚至还会心存感动。在后者看来，最重要的是巩固已有的“减偷成果”，所谓“日拱一卒，不期速成”。当然，对于许多人来说，真正的痛苦在于“N”是个未知数。没有人知道这种偷盗行为什么时候会真正结束。

通常，人们将底线视为一种精神或者道德上的最低限度的约定，正是在此基础上形成了道德或者精神上的共同体。有意思的是，无论是“底线失守”“守住底线”还是“底线沦陷”，这一切似乎都已经承认底线是一种既定事实。就像人们慨叹“人心不古”，遗憾只在于得而复失。然而，透过上述偷鸡寓言，不难发现，有些底线（比如“不许偷鸡”）还只是一种未遂的理想。有人心急火燎，有人漫不经心，所谓转型期，不过是一种“有理想在”却又偏逢“理想未遂”的状态。

站在文明的阶梯上，你不得不慨叹“底线”这个词竟是那般暧昧。在某个地方或某个时间，也许它是理想，但在另一个地方或者另一个时间，它却成为底线。就像宪政在今日中国仍是一种理想，而在其他有的国家却已经是底线。回顾或远或近的历史，百余年来中国人所有值得称颂的努力，不就是为了让宪政这一“底线理想”变成“底线现实”么？而人类的进步，不正是让曾经苦苦追求的理想一次次成为现实中的底线，并由此步步为营，接近更广阔、更真实的自由与幸福么？

从限政到宪政

如何限制权力，规范权力，使已经建立起来的政府不至于从“必要的恶”沦落为“必然的恶”，一直是世人关注的焦点。显而易见的是，正在为宪政而努力的今日中国，若要告别过往的窠臼，获得一个有希望的前景，一切还得从不断地限政与控权开始。

三种限政思路

论及权力制衡，当说几百年来人类已经收获颇丰，而最具代表性的制衡方式莫过于以下几种：

一是洛克与孟德斯鸠为代表的“以权力制约权力”。前者认为国家既然是一种“必要的恶”，就应该“二权分立”，将立法权与执法权分立；后者则在此基础上提出立法权、司法权和行政权“三权分立”。

虽然分权学说始于英、法启蒙思想家，但是据此完成制度创新、建立政府的却是大洋彼岸的美国人。1787 年 9 月由制宪会议通过，次年 6 月为 9 个州批准而生效的《美利坚合众国宪法》是世界上第一部成文宪法，直至今天仍一锤定音地成为美国的立国之本。所谓制度创新，表现为美国制宪先驱根据当时只能建立联邦制国家的实际，给分权制增添了联邦和州两级政府纵向分权的内容；同时，在设计中央政府内部分权机制时，也摒弃了洛克和孟德斯鸠的行政权隶属国王的思想，而是将行政权授予间接选举产生的总统。这部宪法精心设计了一整套纵向和横向分权的措施，通过联邦政府和州政府纵向分权和联邦政府内部立法、行政和司法三个部门横向分权来限制政府权限，约束政府行为。

二是贡斯当的“以权利制约权力”。贡斯当曾以提出“五权分立”——包括世袭制议院、选举制议院、中立的王权、行政权和司法权——而著名。在目睹法国大革命国民公会因独揽行政、司法和立法大权终于酿成人头滚滚的惨剧后，贡斯当意识到作为法国大革命思想来源的卢梭之错误就在于，其“契约论”让每个人毫无保留地将自己的所有权利让渡给共同体（国家），以为失去了一切时也将获得一切。然而事实上，这些将自己和盘托出而丢盔卸甲的人民，其所集体创造的不过是一个能不费吹灰之力便可以从他们手中夺走一切的权力。在那里，曾经鼓吹废除死刑的人道主义者罗伯斯庇尔不也变成了杀人如麻的革命者，最后他本人同样难免被押上协和广场上湿漉漉的断头台。

由此，贡斯当在提出“以权力制约权力”的同时，补充了“以权利制约权力”的思想，即必须承认公民有一些任何权力都不能剥夺的基本权利，以防止我们今天经常提到的“少数人暴政”与“多数人暴政”。在他看来，一旦主权不受限制，个人在政府面前将无处可逃。“世界上没有不受限制的权力……公民拥有独立于任何社会政治权力之外的个人权利，任何侵犯这些权利的权力都会成为非法权力。公民的权利就是个人自由、宗教自由和言论自由，包括公开表达的自由、享有财产及免受一切专横权力侵害的保障。”（贡斯当，《古代人的自由和现代人的自由》）简单说，人在与社会签约并成立国家时，并不让渡其所有权利。如亨利·梭罗所说：“我们首先是人，然后才是公民。”

三是托克维尔的“以社会制约权力”。在考察了美国民主后，托克维尔同样发现孟德斯鸠的三权分立并不足以保障一个社会的民主自由，由此提出社会制衡机制，将结社自由视为抵抗政府权力的堡垒。在《论美国的民主》一书中，托克维尔认为“一个由各种独立的、自主的社团组成的多元社会，可以对权力构成一种‘社会的制衡’”。在他看来，如果没有结社自由以防止政党专制或大人物专权，筑起防止暴政的堤坝，“一个伟大的民族不是要受一小撮无赖的残酷压迫，就是要受一个独夫的残酷压迫”。

如果读者细心，就不难发现，从孟德斯鸠、贡斯当到托克维尔，他们身上暗含了两种形式的三权分立：一是孟德斯鸠主张的国家权力内部的三权分立；一是国家权力相对于个人权利（贡斯当）与社会权利（托克维尔）之间的“三权分立”，也就是说国家、社会与个人之间的权界分立。如果说孟德斯鸠追求的是权力内部的自我净化，那么贡斯当与托克维尔所要完成的则是以权利为基础的个人与社会针对国家（政府）的抵抗，是还个人与社会限制权力的主动权。而这也正是现代公民社会的理论来源。

改革开放的限政之维

在洛克看来，“自然理性告诉人们通过契约组建国家，国家权力来自于人们授予的自然权利，人们失去了一部分自然自由而得到了社会自由。”然而，一个不可回避的事实是，在改革开放以前的相当长时期内，个人与社会都被权力所淹没。在1956年中国完成“对农业、手工业和资本主义工商业的社会主义改造”后，经济与社会更被扫荡一空。当党政权力无孔不入地渗透到了社会的每一个角落，此时的中国甚至连家庭这个古老而基本的社会单元都已经岌岌可危。且不说此时夫妻因为阶级斗争反目成风，“大跃进”甚至让许多人在自家做饭的权利也被没收。这种“大锅饭”具有进攻性，社员们只准到集体食堂吃饭，各家做饭的大铁锅必须交到大队砸了炼钢铁。

中国的经济体制和政治体制都是照搬列宁模式建立，而按照列宁在《国家与革命》里的理解，整个社会不过是一个“国家辛迪加”，政府是这个国家垄断大公司的总管，全体公民都成了国家的雇员。显而易见，这种集权性的制度设计是将全体公民都绑上了国家的战车，而且杜绝了社会“自雇谋生”的出路和在灾难来临时逃出生天的机会。

伴随着改革开放的到来，人们渐渐意识到，中国转型的关键在于如何逐步实现经济自由与政治民主，而改革开放所指向的首先是限政与分权，是改变“以党代政”的痼疾。在《呼唤法治的市场经济》一书中，著名经济学家吴敬琏这样提到邓小平的“限政思路”：

邓小平历来把克服以党代政、党政不分的错误做法，实现党政分开看做进行政治体制改革和建设社会主义民主制度的关键。早在抗日战争时期，邓小平就在论述抗日根据地民主建设时鲜明地提出过“反对‘以党代政’”的口号。他尖锐批评了把党的领导误解为“党政不分，以党代政”“党权高于一切”的错误观念，要求改变“包办一切”“遇事干涉”的错误做法，肃清“‘以党治国’的国民党遗毒”……在1980年8月18日所作的《党和国家领导制度的改革》这篇纲领性报告中，邓小平指出，“党政不分，以党代政”“权力过分集中”“在加强党的一元化领导的口号下，不适当地、不加分析地把一切权力集中于党委，党委的权力又往往集中于几个书记，特别是集中于第一书记”，是出现官僚主义、机构臃肿、滥用权力、压制民主、专横跋扈、贪赃枉法等弊端的制度性根源。

中国改革的总设计师为“限政”指明方向。尽管在吴敬琏看来，“遗憾的是，现在二十年过去了，对这些问题的认识还不统一，问题也没有获得解决”。但不可否认的是，中国始于上世纪七十年代末的分权与限政之路仍在日积跬步，以其特有的节奏与方式进行。而这一切首先得益于政治型的计划经济向法治型的市场经济的缓慢转型，得益于个人与社会从“大一统”的国家体制中不断解放出来。

这种解放首先是个人从国家体制中的出走，逐渐收复如贡斯当所说的不能让渡与剥夺的权利；其次是个人相聚在社会，并在一定程度上完成托克维尔意义上的结社自由。当然，这首先只是经济上的结社自由——组建企业。

谈到改革之初经济上的结社自由，熟稔中国改革的吴敬琏曾经谈到过一个“可笑”的细节。上世纪八十年代农村的私有化实现以后，一些专家提出让城市的私人企业合法化。第一个起作用的是中国共产党中央委员会研究机构中的林子力教授，他用了一个现在看起来可笑的办法，引用《资本论》第一卷里面的一个算例，说只要雇工不超过八个人，雇主就是个体劳动者而不是资本家。所以从1983年开始，雇八个人以下的企业就被叫做个体劳动者的企业，允许存在和发展。

当然，这种“可笑”的背面却是可敬。它所体现的是在一个“摸着石头过河”的时代里，人们如何绞尽脑汁、百折不挠，一点一滴突破旧有体制的智慧与决心。而正是这些“可笑”的事物的成长，渐渐构成了今日中国经济与社会对政治权力的限政与分权。

关于这一点，法学家江平从不吝惜自己对市场的积极评价：市场经济和民主政治本来就密不可分，市场经济本身就蕴涵着民主政治，或者说市场经济本身就推动着民主政治。市场讲主体地位平等，必然包含平等要素；市场讲意思自治，自然与契约自由密不可分；市场讲人为本位、权利为本位，则直指人权。平等、自由与人权是市场经济暗含的政治诉求。事实上，上世纪八十年代反腐败最响亮的口号如“打倒官倒”所反映的也是限权之争，而非驱逐市场的意识形态之争。

改革至今的一个共识是，市场经济关乎法治而非意识形态。市场没有资本主义和社会主义之分，只有真假之分。没有法治就没有真正的市场经济，提倡市场经济就是提倡法治经济。而一旦承认市场经济是法治经济，就不难理解，真正的市场经济将通过限政与分权为中国未来的宪政打下基石。

法律与自由

“金钱是万恶之源”无疑是对金钱的污蔑。君不见，那富可敌国的微软不仅给世界带来了优秀的软件，也为世界贡献了一个伟大的慈善家。回顾人类历史上的种种悲剧，真正的结论或许应该是“不受约束的权力是万恶之源”。而对权力最有力的约束，对社会最有力的保障，莫过于可兑现的法治。如洛克所说：“法律的目的不是废除或限制自由，而是保护和扩大自由。这是因为在一切能够接受法律支配的人类的状态中，哪里没有法律，哪里就没有自由。”（《政府论》）

权力是“法无授权即禁止”，权利则是“法无禁止即自由”。显而易见，法治所要调整的是国家与社会的方方面面，包括市场经济、私人生活以及政府行为。以权力计，若要改变一些政府部门动辄自我授权，事事要管的执政思路，就必须对政府不断限权，要求兑现法治。

兑现法治首先得有法可依。不可否认，改革开放以来，中国在规范政府行为方面已经出台了不少法律。

公法方面。近二十年来以限制公权为目的的几部行政单行法陆续出台。1989年《行政诉讼法》颁布实施，这是中国首部行政单行法，使得“民告官”“行政程序须合法”等理念落实到了法律层面并且渐入人心；1996年遏制“乱处罚”的《行政处罚法》实施；2003年针对“乱审批”的《行政许可法》实施；2004年被称为政府行政权力十年间第三次“缩水”的《行政强制法》实施。法律专家指出，上述单行法出台实际上已将大部分行政权力纳入法律框架，作为行政基本法的《行政程序法》由此呼之欲出，该法的最终颁行将标志着中国行政法体系的基本完善。此外，在规范权力方面还有《立法法》《公务员法》《反垄断法》等几部法律陆续出台。

私法方面。过去中国是以公法秩序为核心的社会，上世纪五十年代中期开始的公有制改造和随后的“三面红旗”几乎让“私有财产”这个概念从中国大地上消失。如今，随着社会财富的增长与民众权利意识的增加，有关私法立法的呼声日益高涨，作为权利宣言书的《民法典》也在酝酿出台。用法学家江平的话来说是“私法就要向公法争夺地盘，要求保障，其中还包括了要防范公共权力对私人领域的威胁”。

与此同时，修宪也提纲挈领地参与了这场限权运动。如2004年“人权入宪”与“私产入宪”秉承了保障公民权利、限制公共权力的宪政思想，被视为中国宪政路上的一个里程碑。

然而，限制权力毕竟是一个系统工程，一些政府官员的个人腐败、组织性腐败以及权力扩张等行为并不会因为宪法的存在以及几部法律的出台就戛然而止。举例说，2004年7月1日执行《行政许可法》以后，现在的实质性审批比几年以前有增无减;《物权法》生效后，各地无视民权的“推土机政治”仍在大行其道。更具反讽意味的是，2008年8月1日，历经十四年磨炼、素有“经济宪法”之称的《反垄断法》正式实施。然而，据《反垄断法》起草小组成员介绍，当初在制订草案时就计划2008年8月1日前要制订四十余个配套规则，“迄今为止，无一出台”。和《破产法》“刚出台就破产了”一样，被媒体称为“出师未捷身先死（无法执行）”的《反垄断法》出台后遇到的第一件事就是利益部门的“非暴力不合作”。

从“嬴政”到宪政

宪法是一份公民权利的清单，最重要的是让它不成为一张最大的“权利白条”。

从政治文明的角度来说，以限制公权、保障民权为精神指引的宪法不愧为人类历史上最伟大的发明。回顾中国两千余年的历史，省思当下中国人的所有努力，不难发现，中国已经以及将要完成的历史，即是一部从“嬴政”走向宪政的历史。

嬴政乃秦始皇之名。本文所谓“嬴政”则是指秦始皇开创的“大一统”专制政治。有人或许说，秦始皇极力主张“事皆决于法”，多少有点“法治”精神。这种想法着实是对历史太过多情，因为秦始皇更主张“天下之事无大小皆决于上”，将自己视为“法”的化身，求执政者、司法者与立法者三位一体。所以，嬴政时代的“法治”，说到底不过是“繁刑严诛”的“高度自治”——这个天下全由皇帝自己说了算。所以才有了“妄言法”“焚书令”“挟书令”“诽谤法”等钳制思想自由的严刑峻法。秦始皇是专制主义的始皇帝，此后历朝历代都争着“学习嬴政好榜样”，不求天长地久，但求今朝拥有。

与“嬴政”的中央集权相比，宪政则主张“宪法集权”，而宪法必出自于公意。显然，以时人对历史的认识，宪政与“嬴政”所表达的实际上是好坏政治的两个极端。一个处于转型时期的国家，说到底即是处在由坏变好，由“嬴政”而宪政的中途。百余年来，中国社会由封闭而开放，由传统而现代，虽然其间不乏沉浮甚至倒退，但宪政终为人心所向，中国正在接近光明而有希望的一极。

十九世纪末，随着中国资产阶级改良运动的酝酿和启动，孟德斯鸠的分权立宪学说开始在中国传播。康有为、梁启超、严复都明确提出了三权分立的变法主张及方法。孙中山也在欧风美雨的影响下创设了“五权宪法”，在立法、司法、行政三权之外增加即考试权和弹劾权。值得一提的是，为落实“五权宪法”，孙中山为中国人设计了一条“军政、训政、宪政”的宪政之路。谁知其后的掌权者在民主的初级阶段“训政”训上了瘾，竟忘了有宪政这第三阶段，直到最后被一群“无政府主义者”赶走，迎来了“最是仓皇辞庙日”，终于无政可训。经过一百年的等待与挫折，今日中国人知道，宪政无关训政，宪政只能在宪政中求取。如胡适所说，宪政是宪政最好的训练。

二十一世纪的今天，随着中国政府由管理控制型向公共服务型政府的逐渐转变，“有限政府”“透明政府”“责任政府”等理念日益彰显。所谓“有宪法不等于有宪政，有法律并不等于有法治”，与此对应的是公民权利意识的成长。这方面，最具代表性的一个细节莫过于“民告官”的井喷式增长。二十世纪八十年代每年的“民告官”案件不过几十件，如今，“秋菊打官司”以及官方败诉早已不是新闻。仅 2003 年至 2007 年的五年中，中国各级法院受理一审行政案件 47 万余件，其中 2007 年首次突破年 10 万件。这种对权力的“日常的抵抗”表明，每位中国公民身上都有宪政基因。

宪政的唯一条件是人，宪政及其倡导的政治生活已为越来越多的中国人所熟知。凯恩斯说过，一种好的思想要改变人类历史的进程大约需要五十年时间。当然，实际情况可能更长，这也是笔者感慨中国“错过胡适一百年”之原因所在。尽管早在二十世纪初便有不少先贤接受了宪政思想，懂得宪政乃是一种平常人的政治，是一种“幼稚的”一学即会的操练，然而不得不承认，至今中国仍处在这场尚未完成甚至尚未真正开始的转型之中。

第五章　开放的传统

呦呦鹿鸣，食野之苹。

我有嘉宾，鼓瑟吹笙。

——《诗经》

有朋自远方来，不亦乐乎？

——《论语》

从孔夫子到“孔先生”

2006年，北大教授张颐武主张“要善待孔子一样善待章子怡”“一个章子怡胜过万本孔子”。此言一出，除了引起部分媒体的讨伐，在网上同样招致无数谩骂。当说，孔子与章子怡，一老一少，一男一女，一死一活，两人时代际遇也各不相同，硬是要将两人放到一起PK，比比谁更伟大，着实是给公众出了道难题。

同在蓝天下，在笔者看来，以一个人的人生实践为标准去否认另一个人的价值，就像责备加勒比海的海豚为什么不去红磨坊跳舞一样荒诞不经。

“多选题”还是“是非题”？

曾经占据统治地位的儒家思想在很大程度上束缚了中国的发展，限制了中国人的创造力。正因为此，上世纪初，当人们意识到“孔先生”误人子弟时，陈独秀等人将“德先生”与“赛先生”请进了中国大课堂。

当然，与此同时，孔子也成了中国没落的替罪羊或替罪狼。钱穆先生曾在《国史大纲》里开宗明义地指出，吾民对吾国历史应该保持“温情与敬意”。然而，彼时已经出离愤怒的“国人”纷纷拿孔子“泄公愤”，以为只要彻底否定了孔子，便可以拉直中国人的脊梁，“孔圣人”因此“由神而鬼”，经历两重天。当然，这种善恶两分的极端主义在近年来又开始抬头。随着中国经济成长，中国人渐渐恢复了信心。当“敢为天下先”的才子佳人们积极推动中国公民社会的建设时，“敢为儒学后”的文人学士同样大张旗鼓地搞“复兴儒教运动”，要为孔子“封圣”。于是，“尊孔”还是“废孔”，再次成了舆论的焦点。从中可见的，更有知识分子的势利。

以上这些争论都没有谈到问题的最紧要处。众所周知，国学并非只有儒学，孔子也不是中国价值的唯一生产者与引领者。在中国由封闭社会走向开放社会的今天，我们首先要做的是立足现实回答“中国需要什么样的孔子”这道“多选题”，而不是“孔子是否伟大”这道“是非题”。换言之，在面对历史人物时，应该学会做选择题，而非判断题，以期找出对这个时代有用的东西，而不是牵强附会地全盘肯定或全盘打倒。

“十佳青年”孔丘

应该说，孔子的一生，是积极有为的一生，是自我实现的一生。在那个“礼崩乐坏”的时代，孔子奔走呼号，试图通过道德重建人的价值与社会秩序，知其不可而为之，着实是做了件了不起的事。然而，不可否认的是，远在春秋时期，孔子和被诛杀的少正卯一样，不过是“十佳”或“百佳青年”中的一个，是那个时代的“青年领袖”之一。

弘扬中华传统的最好方式，莫过于恢复人们关于过往知识和历史的记忆。只有真心寻找失落的记忆，我们才有可能立足过去再造文明。从这方面说，我们应该把孔子的思想纳入到中国文化体系中，而不是反其道而行之把中国文化纳入到孔子的思想体系中。如果我们把民族思想比做仓库，孔子思想不过是储藏其中的工具或产品，我们应该好好利用它，改造它，而不是膜拜它。任何主义和思想，就像是锄头，都是我们援手可用的工具。它应该是被我们握在手中用来开辟道路的，而不是堆积于我们面前用来阻塞交通的。不论其它典籍，只需翻开《吕氏春秋》，就知道当年的中国思想达到怎样的高度，有着怎样的气象。

“半吊子人的传统”

有人总结出一个“神州悖论”：中国自称“神州”，然而却没有“神”。关于这一点，我并不赞成。从传统上讲，西方似乎只有天上的神（上帝），而中国不但有天上的神（玉皇大帝）、地下的神（阎王），而且还造出了无数地上的神（天子）。所以我说，中国并不缺少“神鬼传统”。中国最缺的恰恰不是“神的传统”，而是“人的传统”，目前中国最需要建立的也正是这种“人的传统”。

应该说，两千年前，孔子便已经着手建立一种“人的传统”。孔子志存高远，希望建立一个大同社会，所谓“大道之行也，天下为公，选贤与能，讲信修睦。故人不独亲其亲，不独子其子；使老有所终，壮有所用，幼有所长，矜寡、孤独、废疾者皆有所养”。孔子提倡“仁爱’，讲“匹夫不可夺志”“己所不欲，勿施于人”，凡此种种，都关乎建立一种“人的传统”。同样，孔子的思想中也并不缺少开放的观念。

孔子认为“性相近，习相远”，主张“文化下嫁”“天子失官，学在四夷”。由此而聚徒讲学，首创中国私学。孔子“有教无类”的教育思想至今仍为人所赞美，究其原因，就在于孔子打破了此前“学在官府”的特权。

然而，孔子所建立的仍不过是个“半吊子的人的传统”。

孔子把维护奴隶制统治阶级的统治思想概括为“礼”“乐”，所谓“礼乐不兴则民无所措手足”。把恢复和巩固西周周礼的统治秩序叫做“仁”，所谓“民兴于仁”。但是，在春秋时期仍然不可避免地出现了“礼崩乐坏”的局面。然而今天，当我们站在历史的峡谷里游目骋怀，不难发现，孔子时代的“礼崩乐坏”，实际上是霞光之下，每个人都在赶自己的路。然而，在孔子眼里，那种失去等级之分的场面显然过于混乱，“是可忍，孰不可忍”。于是，孔子要求人们“克己复礼”，遵守“君君、臣臣、父父、子子”的社会道德。

笔者认为，孔子只看到了这个转型时代的乱象，却没有看到乱象之下的蓬勃生机；或者说，只看到了“时代在交媾”，却没看到“时代在孕育”。事实上，先秦时期文化与思想的繁荣，正是拜“礼崩乐坏”之所赐。也正是在这个“让公田长草”的时代，在这个思想解放、精神自由的时代，“天子失官，学在四夷”，由周天子垄断的政权及其思想，逐渐失去往日的权威，人们开始把目光投向自我实现，寻找并创造自己的价值。而这一切，正是“百家争鸣”得以出现的一个历史大前提。与此相关的时代背景是，此时诸侯林立，竞相招贤纳士，为诸子创造了一个学术自由的环境。从这方面说，中国人曾经享受过的思想自由与社会进步，并不逊于那时花开的雅典。

遗憾的是，当社会回到“大治”，当孔子的道德之学被注入制度为统治者所用，当孔子被各代帝王追授为“优秀意识形态分子”，实际上也是他背负骂名的开始。由此而论，孔子在很大程度上是代人受过，是手枪替代枪手谢罪。当然，孔子被利用的直接原因，正在于他建立起一套等级森严的“半吊子人的传统”。

人力车文明

有人讲，东方是精神文明，西方是物质文明。比较东西文明，1926 年 7 月胡适路过哈尔滨租界附近的一座小城市时曾有如下一段感悟：

“我在这里游玩的时候，有一件事令我很注意：中国城里一切运输都是用黄包车或是用其他人力车，但是在租界上这种车子不准通行……那些夸耀东方精神文明者，对于这种种事实可以考虑考虑。一种文化容许残忍的人力车存在，其‘精神’何在呢？不知道什么是最低限度工资，也不知什么工作时间的限制，一天到晚只知辛苦地工作，这还有什么精神生活呢？”胡适因此认为，东西方文明的一个区别在于东方是“人力车文明”，而西方是“摩托车文明”。我们可以轻松找到两种文明的区别，前者燃料来自于人，而后者则来自于自然。

如马尔库塞谈及人类创造工具的悖论，发明工具者亦为工具所奴役。就像发明家发明了自行车，同时也限定了骑车者必须用手抓住车把。同样，当孔子为中国人“发明了”道德人力车时，也因其拙劣的设计开始奴役中国人——在没有人力车时，人们各顾各走路，寻找自己的归宿；而有了“孔子牌”人力车后，便有了坐车与拉车之分，人的不平等因此被仪式化或合法化了。无疑，孔子“君君、臣臣、父父、子子”的若干主张，就是要把一些人扶正在车上，并将另一部分人套上索枙，逼迫他们必须在人力车前跑步前进。

历史证明，人多不直接奴役人，而是通过工具（譬如说制度、主义、道德）间接奴役人。所以，当“孔子牌”人力车被君王钦定为“帝国人力车”时，这也决定了崇尚道德的孔子为世界最不道德的“人力车文明”提供源头活水。

孔子虽然讲“己所不欲，勿施于人”，讲“仁爱”，但是其在制度上的思考是极其有限的。孔子以道德之名将一小部分人扶上人力车，但是绝大多数人所获得的却是“非人”的待遇，只能在人力车前“当牛做马”。而套索缠得再人性化，也逃不出我们关于“天鹅绒监狱”的定义。只要这种设计从一开始便为人奴役人提供合法性，那么孔子所谓的“仁政”，就不过是要求坐在人力车上的王公贵族的皮鞭，要轻轻地落在拉车者的背上而已。

显然，鞭打只是统治之恶的一种，轻轻鞭打也并非真正的善治。与此同时，人力车夫们的反抗更发自于对这种制度设计的不平。当他们终于不堪重负时，便出现“人仰车翻”式的改朝换代。如果那些新近爬上人力车座的人，仍然赞成这种秩序，假以时日同样会面临新的“人仰车翻”。这一点，我们称之为历史的“恶性循环”。

换言之，面对“礼崩乐坏”的现实，孔子试图用周礼的形式去匡正变化多端的社会现实，但是他并没有从更深的制度层面去考察问题，没有真正做到以人为本。其实，“以德（制）服人”的周礼，不过是套等级森严的宗法制度，其所谓“礼不下庶人，刑不上大夫”的规定，更彰显了社会之不公。然而，孔子却赞叹“郁郁乎文哉，吾从周”。孔子所犯下的，也许是个简单的逻辑错误——既然周礼如此完美无缺，何以会出现“礼崩乐坏”之乱局？

从“德先生”“赛先生”到“孔先生”

商汤盘铭有云，“苟日新，日日新，又日新”;《诗经·大雅·文王》里也谈到“周虽旧邦，其命维新”。旧邦如何获得新命，一直是人们关注的焦点。

若干年前，我在探讨法国社会的阶层流动时提及瓦尔特·本雅明，一位流亡思想者。在1925年的那不勒斯旅行中，本雅明由城市多孔性（La Porosit é ）的结构看到了社会生活对于一个人的行为和态度的渗透，指出“多孔性是这个城市永不衰竭的生活法则，是无处不在的”。换言之，多孔性正是旧邦获得新命的源泉。

如上所述，在中国大课堂风雨交加之时，因为“德先生”与“赛先生”的到来，孔子被逼下课。值得一提的是，自改革开放以来，中国获得前所未有的活力，更有赖于另一位先生，他不像“德先生”和“赛先生”那样为人们所瞩目与高歌，但是却在滴水穿石，一点一滴地改造中国。这就是我所说的“孔先生”。当然，此“孔先生”并非本文所论及的孔子，而是指在一个开放社会中被奉为常识的“多孔性”的价值，开放的价值。它和民主与科学价值一样，共同推进中国社会的成长。

孔子已逝，“孔先生”当来。开放的社会是多孔性的流动社会。没有多孔性的制度，就不会有活力四射的社会。如有学者论及法国十九世纪社会的流动性：流动的机制给现代政治民主进程以深远的影响，因为在等级社会里，社会上层既要求下层服从，又给下层以某种意义上的“保护”，上下层之间存在某种“权利”与“义务”的纽带……这种家长式的经济关系与社会关系的存在，致使下层对上层存在一种心理和观念上的依赖，这也是庇护性政治即专制政治存在的社会基础。当社会流动出现后，新经济链条把人与人连接起来，原来上下层之间那种“权利义务”的关系解除，人人成为自由的人，万能的行政权力和专制的庇护性的政治制度从此失去了存在的基础，而这种流动性使等级金字塔倒塌，在国家权力与人民大众之间形成一个中间阶级，它的特性同样是多孔性，可以流动的。

今日中国可谓“三代同堂”，它部分体现为前现代（政治）、现代（经济）与后现代（文化）参差为营。尽管中国正在从封闭社会走向开放社会，但是现代性的完成仍需要经历一个漫长的过程。而要完成这种现代性，就必须充分认识到开放社会的重要性，必须着手建设一个多孔性的社会。这种开放不仅意味着中国打开国门，它同样意味着在社会内部有尽可能多的通道，让更多的人有自我实现的机会。我相信，正是许多人标榜自我价值的自我实现，对旧观念、旧事物的改造起着摧枯拉朽般的作用。这也是我为何在一系列文章中为“超级女声”辩护，并将人们在合法框架下可以“一夜暴富”视为社会进步之原因所在。那些对人类有卓越贡献的人，那些冲破封闭走在时代前列的人，那些心怀远见又能身体力行的人，那些带领大家告别谜团走向柳暗花明的人，其贡献理应为社会所识。

让孔子的归孔子，让章子怡的归章子怡。“孔子 PK 章子怡”本质上是“孔子 PK 孔先生”。正是在谋求开放社会的语境下，笔者主张中国知识界应该抛开孔子“存废之争”，而应该更多地关注开放社会的建设，关注今人的自我实现及其对于整个社会发展的长远意义。中国现在应该讨论的不是需不需要孔子的问题，而是如何做好我所说的“孔先生”这门功课的问题，是如何解决好社会的“多孔性”的问题。如果说“德先生”和“赛先生”分别着眼于群体权益与社会整体性进步，那么“孔先生”则着眼于个体自由与自我实现。而中国能否获得脚踏实地的进步，前者与后者同样至关重要。

一个人的传统

人生而现代，却无往不在传统之中。

在《死亡诗社》这部电影的开篇，校长问学生们什么是威尔顿教会学校的四大支柱。在大庭广众之下，学生们异口同声地回答是“传统、荣誉、纪律、优秀”。然而在私下里，学生们则把这所按部就班、载满荣誉的名校视为“地狱”。

新来的基丁老师讲的每句话都显得那样意味深长，“大多数人都生活在平静的绝望中”。为了不枉度“不纵即逝”的青春，年轻人应该迎难而上，敢于挑战传统和权威。当然，如果我们视界开阔，就不难发现，敢于创新与挑战权威，同样是一种传统。所谓“挑战传统”，可能是以一种新的传统挑战另一种传统。

传统即信息

什么是“传统”？《现代汉语词典》里关于传统的经典解释是“世代相传、具有特点的社会因素，如文化、道德、思想和制度等”。如果我们将文化、道德、思想以及制度等都视为一种信息变量，就不难发现，所谓传统同样是可变的。即使传播如此发达的今天，也没有人能给我们一个关于中国传统的精确指标。从传播学角度来说，因为时光永无歇息地流逝，传统在传播的同时，也在不断地加入新的元素。比如，新的传统（噪声）不断地被发明，而旧的传统（信息）在一点点消逝。新旧交替或交融，才有了我们今天的传统。

传统即信息。换言之，传统作为信息整体而存在，在时间和空间中不断地编码与流播。然而，任何信息都有开放性，所谓“隔墙有耳”“没有不透风的墙”就是这个道理。当传统变成信号发射，会有各种各样的噪声（积极或消极）加入进来。由此，我们至少可以得出以下两点结论：

①旧传统不可能完整地传达到下一个时代；

②旧传统可能为本地或他者新传统的发明提供材料。

当传统被视为信息，我们就不难理解为什么中国传统中充满悖论。毕竟，信息有真有伪，它只追求传播，并不负责绝对正确。

如明恩溥在《中国人的素质》里所指出，“中国政治家的生活和国事文件，好像卢梭的忏悔一样，充满着最崇高的情感和最卑鄙的行为。他杀了一万个人，然后引述孟子的一段话，讲人的生命是神圣的。他把修河堤的钱装进自己的腰包，结果使全省惨遭洪水之害，然后他再悲叹耕者失其田”。

作为鸦片战争以来对中国人性剖析最深刻的人士之一，明恩溥的批评，同样可以作为一种外来信息加入到对中国传统的改造。

传统的发明

谈到传统的改造，我们有必要回顾一个经典的“寓言”。

实验人员把五只猴子关进一个笼子里。笼子上面挂着一串香蕉和一个自动喷水装置，只要有猴子拿香蕉，马上会有水喷向笼子，将五只猴子淋湿。每次尝试都失败后，最后猴子们达成共识：不要碰香蕉，否则水会喷出来。

后来，实验人员把其中一只猴子换掉，换进一只新猴（A猴）。“A猴”看到香蕉，立刻去拿，结果被另外四只猴子暴打一顿。因为那四只猴子认为“A猴”的行为会让它们淋水，因此齐心协力制止“A猴”碰香蕉。当“A猴”的每次尝试都会引来一阵暴打，它便很快接受了香蕉屁股摸不得的所谓“猴子共识”。

用相同的步骤，实验人员陆续换掉了所有旧猴。当新来的“B猴”想拿香蕉时也遭到其他猴子的暴打。有意思的是，维持秩序者同样也包括“A猴”。当禁忌变成了一种传统，“A猴”变成了传统的忠实捍卫者。就这样，当笼中猴子都被换成新猴子，也没有哪只猴子敢动笼子顶上的香蕉。它们甚至不知道什么时候、什么原因香蕉成为禁忌。即使实验人员早已经挪走了喷水装置，猴群仍会通过他律与自律来维护它们的“猴子共识”。这便是“传统”的由来。

当然，这里的传统是一种消极的传统。就像房龙在《宽容》里写的一样，第一个走出山谷的人，回来后注定要被乱棍打死。套用哈维尔关于人权与主权的叙述，这个故事同样告诉我们，“人是上帝的造物，传统是人的造物”。传统只有不断地被发明，被改造，真正以人为本，传统才会有价值。

关于传统如何被发明，在霍布斯鲍姆主编的《传统的发明》一书中有详细叙述——“那些表面看来或者声称是古老的‘传统’，其起源的时间往往是相当晚近的，而且有时是被发明出来的”。作者通过对威尔士的民族服装、苏格兰的典籍再造、英国皇家仪式变迁、英国统治下印度庆典礼仪的变化、非洲民族对英国中产阶级生活方式的模仿以及 1870 至 1914 年英、法、德三国民族节日和大众文化方面的变化等不同的个案来详尽地论证“传统是被发明”这一似乎违背常识的看法。在这里，传统不再是不变的、恒定的历史连续性叙述的神话，而是源于晚近历史的“发明”和“生产”。

在中国，最好的例子莫过于汉人的头发。清军入关时，为了保住所谓“头可断，发决不可剃也”的传统，因此有了“江阴十日”，清军屠城，死 17 万人；至清廷势去，民国初立，过去“留头不留发，留发不留头”的剃头令又变成了“留辮不留头，留头不留辮”。而时至今日，中国男人的长发传统与辮子传统早已双双绝迹。

就像汉语被发明并成为中国人的母语一样，一切文化、制度和思想一样，也都是人之造物，都是被人发明出来的。人类文明的杰作，就是通过人力一点一滴地努力，终于聚沙成塔、滴水穿石，在有意无意中创造出来的。

传统无国界

德国外长费舍尔谈到德国与欧盟的关系时意味深长地说：“德国是我们的家乡，欧洲是我们的未来。”当然，我们可以放宽过去与未来的视界，将这种文化观念应用到人类全部的历史。

必须承认，“传统”语义的模糊在一定程度上助长了偏见。有人刻板地以为“传统”就是“传而统之”，就是坚守本土文化，于是倾向于将自己的文化走向海外视为对传统的弘扬，而将外来传统的引入视为文化殖民或侵略。

如前所述，“传统即信息”，传统一经发明，就不可能像国家机密一样被死守，或像祖传秘方一样代代单传。开放与传播是信息的属性，传统一经发明，其所面对的注定是全世界。真正的文明会让人类相通，任何先行者都不会独享自己的文明。尽管传统的发展，有强弱先后，然而不可否认的是，任何国家或民族的传统，都从属于人类这个大传统，都有自己的长处，只是历史风云际会，各自发展出了自己与众不同的形式。人类不过是徘徊在理智与情感之间的钟摆，它决定了不同的传统同样具有某种同一性。

有人曾经得出结论，认为直觉是东方的传统，理性是西方的传统。譬如说，古往今来，中国的学说，包括政治、社会与人生，多是语录体的结论，而没有推理的过程。然而，我们不能就此论定中国没有理性思维的传统，那些理性思维的传统只不过是被历史的烟尘所掩盖，失去了往日的光辉罢了。

有位法国老人曾经问过我一个简单的问题，当我转述给中国学生，无一答错。然而，我的一位法国校友却被难住了。

“本雅明有三个姐姐，每个姐姐都有一个弟弟，本雅明家有多少兄弟姐妹？”相信读者立刻就能得出答案。大概过了两三分钟，这个法国学生算出来了，答案是七个。本雅明，加上一个姐姐，一个弟弟，再加上一个姐姐，一个弟弟，再加上一个姐姐，一个弟弟。我说，答案不对。他仍不信，继续在纸上画三条线在求证。直到我和他讲每个弟弟都是本雅明本人，他才恍然大悟，说自己笨。

讲这个故事，并非要证明法国人笨。法国是世界上鲜有的具有创造性的民族，它不但为世界进步贡献了笛卡尔、帕斯卡、居里夫人、雨果、托克维尔，同样贡献了奥运会与世界杯，甚至欧盟。然而，人类的思维却是那样奇特无比，“理性”有时也会让我们绕弯路。倘使我们不能意识到自己理性的有限性，难免执迷不悟，将半吊子理性视为真理。不可否认，启蒙运动以来出现的一系列乌托邦悲剧，正是与此有关。

当然，东方人鼓吹的直觉同样面临问题。黄仁宇曾在《万历十五年》中批判中国“以德治国”和没有数目字管理。在我看来，孔孟之学便是一种源于直觉的学问，而专制中国所建立的统治，同样是一种疑神疑鬼的直觉统治。得天下者终日疑心他人谋反，于是“从直觉中来，到幻觉中去”，把整个国家变成一座上至皇帝老儿、下至黎民百姓都无法脱逃的监狱。而“清风不识字，何必乱翻书”式文字狱案的发生，更见证了这种疑神疑鬼的直觉统治走到了极致。

今天，我们可以批评中国古代的注经学问没有发展成诠释学，批评巴金没有达到索尔仁尼琴的高度。然而，中国并非没有抽象思维的传统。

举例说，庄子便是一个很好的逻辑大师。事实上，庄子在欧洲的普及程度，并不逊于孔子。庄子因“化蝶”“子非鱼”等著名思辨收获的美名，甚至超过了孔子。同样，《墨子》的思想也有很强的思辨性。

两汉时期的今文经学和古文经学，不能说它没有思辨性，而魏晋玄学更是“中华民族抽象思维的空前发展”（冯友兰语）。历史上没有哪个时代能像魏晋那样沉迷于抽象思维。《世说新语》里便有这样一个故事：某户人家在婚宴之后安排了一个辩论会。当时人们谈论的问题主要是有与无、共相与殊相、一般和特殊等的关系，因此被称为“玄学”。其时盛况，不禁让人想起流行于十八九世纪英国的咖啡馆与法国的沙龙。

《晋书》里有一个“看杀卫玠”的典故。据《卫玠传》载：“京师人士闻其姿容，观者如堵。玠劳疾遂甚，永嘉六年卒，时年二十七，时人谓玠被看杀。”意思是卫玠玉树临风，活活被京城里色胆迷人的粉丝团给看死了。

不过，《世说新语》认为卫玠之死另有原因：卫玠渡江后，去拜见王大将军（王敦），晚上坐着闲聊，大将军就召来了谢幼舆（谢鲲）。卫玠见到谢鲲很高兴，都不顾和王敦说话了，就一起谈论玄理，直到天明，王敦也没插上话。卫玠身体向来不好，母亲不允许他应酬太多。由于当晚疲惫过度，卫玠从此一卧不起，一命呜呼。

也就是说，卫玠是狂热于辩论而累死的。

中国的传统充满悖论。一方面，要格物致知；另一方面，又要经世致用。显然，过于强调经世致用，格物致知便会受影响。对于卫玠而言，空谈只是误了自己的身体。然而，对于大多数中国人而言，空谈则被理解为“误国”。

钱穆先生在《中国历代政治得失》一书中反思中国为什么没有西方社会系统的政治学理论时曾做过如此分析：

“汉代兵制是全国皆兵的。在西方，直到近代普鲁士王国在俾斯麦为相时历经了不得已的压迫才发明了这样的制度的，而我们在汉代也就早已实行了……近代的中国人，往往藐视自己以往的政治传统，又说中国没有成套的政治理论，没有大的政治思想家。当然，在中国以往的著作里，很少有专讲政治理论的书，也很少专以政治思想成名的人物。这并不是中国人对政治无理论，无思想，只因中国的读书人多半做了官，他们对政治上的理论和思想，早就在实际政治中表现了。用不着凭空著书，脱离现实，来完成他书本上的一套空理论。”

钱穆先生此言未必完全正确，却为我们开辟了一个思路，即中国之所以没有诞生一套完整的政治理论，是因为中国历史上空谈的人太少，知识分子多为“经世致用”的五斗米折腰去了。因此，中国的政治理论基本上都是“头痛医头，脚痛医脚”的郎中理论。所以，中国没有发明“三权分立”，却发明了“三从四德”。

从知识培育的角度上说，“空谈”不但不“误国”，反而可能成为一个民族集体理性成长的关键。事实上，西方哲学与政治学理论，很多便是从几何式的空谈出发，一点点积累为经世致用的科学的。

2005年，笔者曾在中国驻法大使馆教育处遇到一位职员，这位先生和我谈到中国交响乐之所以没发展起来，就是因为齐宣王的儿子打压了“滥竽充数”。这个说法似乎有些荒诞。然而，我们从中也能得到一些有益的启示：附庸风雅、装腔作势，未必全然是坏事。启蒙时代，法国沙龙文化之所以蔚然成风，正是因为许多附庸风雅的贵妇人参与其中，无意中担当了推动社会进步的重要角色。她们和南郭一样起着“维持形式”的作用。有形式，然后才有内容，在此意义上，我们更能理解正是历史的风云际会造就了传统。

一个人的传统

二十世纪九十年代以降，随着民族主义的抬头，中国“尊孔运动”热闹非凡。近几年更是如火如荼，出了“读经运动”“汉服秀”“文化保守主义”，从文化生态上来说，这一切本无可厚非。让我忧虑的是，那些锦衣玉食的才子佳人，何苦非要在中国选出个“文化黄帝”来惟其独尊。

“天下苦秦久矣”，此苦自在专制主义。众所周知，自始皇帝以后，中国大一统思想盛行。在此背景下，中国历史上的所谓传统，都在不同程度上践行着“成王败寇”的宿命。秦始皇和若干年后活跃于柏林的希特勒一样，抛投书本搞“篝火晚会”，或将人种到庄稼地里去，无非是想形成一种新的独一无二的传统。

汉武帝之后，董仲舒搞“罢黜百家、独尊儒术”，儒家文化虽然从此得到尊重，但也未必迎来了好光景。从此前被始皇帝视做魔鬼，到后来又被汉武帝当做天神，归根到底，儒家文化所受的都是“非人的待遇”。当中原儒文化大行其道，在春秋战国时代生龙活虎的吴楚文化开始气息奄奄，“君君、臣臣、父父、子子”成了中国的传统。五四运动时期，孔子本以为从此可投生凡胎，谁想到黑云电火之下，又被激进的知识分子当成鬼魅推进了臭水沟。

关于孔子及其学说的是是非非，直到今日，似乎仍未脱离大一统的思想枷锁。即使几位曾经与我论战的“文化保守主义者”，“挟孔子以令诸侯”，又何尝不是想有朝一日在学术上一统江湖。

笔者真正关心的是接下来的问题：今日中国能否建立一种不关乎神鬼，而是关乎芸芸众生的“人的传统”？中国洋洋洒洒几千年历史，难道只有孔子这个千疮百孔的传统？难道孔子生前死后的中国人都枉度了他们的一生，以致中国传统“白茫茫一片真干净”？

当后现代主义者鼓吹一切宏大叙事都已经寿终正寝时，我坚信有个东西却是与人类同在的，这就是人类追求幸福与自由的最大传统。如果今日中国人能够心怀高远，学着打开视界，就不难发现，中国的传统不过是人类大传统中的一个小传统而已。而且，从某种意义上说，一个人争自己的传统，就是争国家的传统，争国家的自由。

传统如文化，无远弗届。今日中国人谈宪政、谈人权，往往要先跑到欧洲去找哈维尔先生帮忙。然而，早在一千多年前，中国的孟子就说过“民为贵，社稷次之，君为轻”。短短十个字，便道出了“人权高于主权，主权高于政权（君权）”的真谛，把一个立宪国家的价值取向讲得清清楚楚。

什么是一个国家的传统？在我看来，人人皆有自己的传统，一个国家的传统应该具体到每个人身上。中国人说自己是“炎黄子孙”，其实这里讲的炎黄并非炎帝与黄帝本人，而是一个符号，而炎黄子孙亦更不是炎帝和黄帝的子孙后代，而是炎黄那一代人的子孙后代（当然也包括其他许多外域融入的血统）。也就是说，所谓“炎黄”是指一个时代的生息，而非一个家族的血脉。

从血缘上来说，每个人都有自己的祖先；从传统继承上来说，每个人都有自己的文化血缘（或传统血缘）。比如我读胡适，胡适的思想便是作为中国文化的一种传统进入我的思想；我读董时进，董时进为我研究农民问题加入历史感；我读英人卡尔·波普尔，波普尔同样会成为我在文化上的思想来源。这些思想相互辉映，加上我自己习得的经验与日常的思考，久而久之，会在我身上形成一种既属于我自己同时又可能影响他人的传统。换言之，传统离不开具体的人，且因人而异，因此传统是有个性的，是可能变化的，而不是大一统、人人可以如法炮制的。

每时每刻都在成为历史，并且形成新的传统。没有哪个时代是属于一个人的。历史也不会为了一个人，或一种思想书写。所以我说，人类有一个大的传统，中国有一个相对大的传统，每个人有自己的小传统。由于每个人成长的环境、经历的世故、接受的教育不同，这个小传统自然也不同。正是这些甚至可能大异其趣的传统，组成了中国的大传统。它们有些被历史淹没，有些存在于我们的生活之中，甚至成为流行物。

鉴于有许多比金子还珍贵的传统被王权淹没或被历史遗忘，所以我坚持弘扬传统的最好方式，不是给皇帝老儿迎驾一样让某个曾经称王的传统或学说再次称王，而是逐步恢复历史的记忆，让所有的传统、智慧在知识的图景下复活。我相信凡此种种努力终有回报，就像我们下围棋，一颗貌似死去的棋子，在新的时势下会恢复生机，甚至于无声处翻盘，就像那瓦霍语那样建功立业。二战时期，正是那瓦霍人使用的已经濒死的语言，在被编成密码用语后，让日本人很快输了太平洋战争。

在《争自己的传统，就是争国家的自由》一文中我谈到：我虽然已经离开乡村很多年，却依稀记得老家的坟山上时常有人哭错坟头的情景。想来一个国家的传统就像是一大片坟地，理论上人人都能找到自己的祖先(属于自己的传统)。但是由于年代久远，或遇到风暴雷雨，或有人搬走了墓碑，拿去捣衣或做猪圈，祖坟因此并不十分清晰可辨。于是来了几个貌似有思想的知识分子，他们站在高地之上，指称某个巍峨的土包就是你们所有人的所有祖先的坟，仿佛其他的那周遭的坟头都是兔子逃生时刨出来的。然而，在这个渐次开放，崇尚知识而非真理的时代，谁还会去相信那些鬼话？！谁愿出那哭错坟头的洋相？

“我们是欧洲的先人”

言及“中华文明”，人们多随之以“源远流长”。由此可见，文明永远“在河床”“在路上”，处于不断地交汇与形成之中。文明没有定型，只有转型。

如上所述，真正伟大的传统，是人的传统，是具有开放精神的传统。人类千百年来的努力，不过是建立一种关乎人类幸福与自由的人的传统。因此，我们既要敢于面对过去、不遗余力地打捞历史记忆，又要敢于面向未来、倾情打造一个生龙活虎的社会。而不是以“成王败寇”的庸俗与短视来钦定本国“大一统”的传统，或在“子为父隐”的历史观里耗尽青春岁月。

每个民族都有伟大的传统和卑劣的传统，如今领先于世界的文明，不过是伟大的传统压倒了卑劣的传统。西方国家并非自古就尊重人权，上世纪的美国，仍然在废奴运动的旋涡里挣扎；而法国妇女取得选举权，也是上世纪四十年代的事。

在巴黎，我曾遇到一位到欧洲旅行的中国官员。他的心态和中国这个充满活气的国家一样同时充满了悖论。一方面，他为“没落的欧洲”没有北京、上海那样用高楼大厦装点的现代化而不知所以；另一方面，又会在不经意间流露出对中国文化的自卑之情。有一次，他甚至直截了当地问一个德国人：“你们歧视我们中国人吗？”

显然，较之于欧洲，尤其在如何维护人的权利等方面，中国仍是个发展中国家。但是，任何积极推动中国文化与社会改造的人都没有理由自卑。作为历史的迟到者，当代中国人更像是欧洲的先人一样肩负时代命运。今天的法国知识分子不能嘲笑那些致力于国家转型的异乡人，正如他们不能隔着时代嘲笑雨果、大仲马及其笔底走向宽恕的冉阿让和基督山伯爵。

这是一个伟大的时代。随着中国经济的成长，中国人对自己的传统渐渐恢复了信心。笔者以为，弘扬中华传统的最好方式莫过于恢复人们关于过往知识和历史的记忆。只有真心寻找失落的记忆，我们才有可能立足过去再造伟大的传统与文明。当记忆留存，伟大的传统不会死去，即使睡去也会在夜半觉醒；而卑劣的传统，无论如何改头换面、招摇过市，终究会被人们识破与抛弃。

托克维尔说：“当过去不再照亮未来时，人心将在黑暗中徘徊。”

影片《满洲候选人》同样见证人之存在决定于自己的真实记忆与自主抉择。当记忆被淘空与置换，当思想被控制与操纵，我们便不再是我们自己。正因为此，我认为这个时代的希望就在于可以不知疲倦地寻找那些飘散于历史旷野中的或强或弱的声音，寻找那些我们百倍珍视的信念与价值，共同建设属于中国、更属于世界的伟大的传统。

整理国故：从墨子到胡适

伴随着中国经济与社会的成长，中国同时迎来了传统文化热。众所周知，自鸦片战争以来的一百多年间，中国从一个曾经在经济、政治、文化方面遥遥领先于世界的大国，沦落到在西方的洋枪洋炮面前不堪一击。巨大的反差，使中国知识界在思考这个问题时，纷纷将矛头指向了本国的传统文化，认为它是导致中国落后与受辱的根源。同样，迫于革命形势的需要，扶正革命理想的合法性与优越性，传统文化也被彻底否定。

而当中国渐渐走出意识形态的桎梏，走出“不破不立”“推倒重来”的革命思维，开始诚恳地对待周边国家与地区，尤其是亚洲四小龙（新加坡、韩国和中国的台湾、香港地区）的发展，人们发现，中国的传统文化也并非完全一无是处，而重拾传统文化也被视为中国人恢复民族自信心的一个象征。

当然，在此背后，还有许多其他因素，如港台新儒家代表人物的推动，填补后政治全能主义信仰真空的民族主义的回潮，全球化背景下的文化认同，社会诚信与商业伦理的缺失，以及政治层面以德治国、以人为本、构建和谐社会等诉求的推波助澜。正是这些因素所造成的天时、地利、人和，在商业媒体的包裹下，成就了以“孔子热”为代表的“国学热”，以“学术超女”于丹为代表的“读经热”。

整理国故，再造文明

为了更好地理解传统文化在中国的命运，让我们重新审视上一世纪的极端年代。在革命思维下，“整理国故”运动一直被视为一股反动的文化逆流，颇遭物议。论者一方面批评它在政治思想上诱导青年脱离现实政治，另一方面又指责它在文化思想上背离新文化运动的方向。

事实并非如此，胡适并没有脱离中国现实的国情。在揭橥整理国故运动的《新思潮的意义》一文中，强调“多研究些问题，少谈些主义”所对应的便是当下的问题。而且，也是最重要的问题，是“社会人生切要的问题”，是“关切人生”的“逼人的活问题”，亦即正视社会现实的政治问题与人生问题，而非仅局限于学术问题。虽然中国后来有启蒙与救亡之争，但胡适的意义与远见却是无人可以低估的。

另一方面，“但开风气不为师”，胡适又是一个在时间上打通过去与未来的先行者与协调者。当时的中国，正陷于两种极端力量之间，保守者极度恋古，而革命者又秉持“不破不立”的思维，认为但要有个好的未来，就必须推倒重来，完全否定过去。如陈独秀所说：要拥护那德先生，便不得不反对孔教，礼法，贞节，旧伦理，旧政治。要拥护那赛先生，便不得不反对旧艺术，旧宗教。要拥护德先生，又要拥护赛先生，便不得不反对国粹和旧文学。（《新青年》6卷1号10页，转引自胡适《新思潮的意义》）

相较而言，以胡适为代表的一批知识分子则是介乎其中又超乎其上的一股力量。他们中和、理性，提出了“研究问题、输入学理、整理国故、再造文明”的口号，主张立足“评判的态度”“重新估定一切价值”，从中国传统文化中寻出中西文明的有机结合点。

胡适认为，“我们对于旧有的学术思想，积极的只有一个主张——就是‘整理国故’。整理就是从乱七八糟里面寻出一个条理脉络来；从无头无脑里面寻出一个前因后果来；从胡说缪解里面寻出一个真意义来；从武断迷信里面寻出一个真价值来”。比如谈到墨家时，胡适说：“大凡一种学说，决不是劈空从天上掉下来的。我们如果能仔细研究，定可以寻出那种学说有许多前因，有许多后果。”胡适又说：“要不懂他的前因，便不懂得他的真意义。要不懂他的后果，便不能明白他在历史上的位置。”他把墨家思想学说看做先秦诸子思想学说中一部分来研究，考察墨家与其他各家的关系。

至于“整理国故”的目的，就是“再造文明”。据胡适的理解，“文明不是笼统造成的，是一点一滴地造成的。进化不是一晚上笼统进化的，是一点一滴地进化的。现今的人爱谈‘解放与改造’，须知解放不是笼统解放，改造也不是笼统改造。解放是这个那个制度的解放，这种那种思想的解放，这个那个人的解放，是一点一滴的解放。改造是这个那个制度的改造，这种那种思想的改造，这个那个人的改造，是一点一滴的改造”。

在被称为“全盘”“彻底”反传统的新文化运动的诸多思想先进中，胡适首先提出要“整理国故”，就像波普尔在晚年主张要有“媒体审查”一样的确有些出人意外。为什么在新文化运动达到顶点、“新思潮”势如破竹的1919年，胡适突然发表《新思潮的意义》一文，提出要“整理国故，再造文明”的主张？此论既出，立即引起不小争论。

一方面，在胡适的倡导下，从二十年代初起，“整理国故”开始流行起来。胡适也身体力行，不遗余力。另一方面，同时代的知识分子更有不少人对此嗤之以鼻，认为“这种整理事业的评价我们尤不可估之过高。整理的事业，充其量只是一种报告，是一种旧价值的重新估评，并不是一种新价值的重新创造，它在一个时代的文化的进展上，所效的贡献殊属微末”。(郭沫若,《整理国故的评价》)。回顾二十世纪中国革命走过的弯路，笔者以为，胡适整理国故的意义与贡献，首先并不在于它是否达到整理的目的——毕竟，整理国故不是一个人，甚至也不是一代人所能完成——而在于他对中国历史所抱持的态度。

在否定历史的革命到来之前，胡适提倡“整理国故，再造文明”，主张“一点一滴的改造”，自然有其先知的一面。不过，胡适的这种思想，放在人类历史的大背景下，也并非超前。他所要求的，不过是和爱德蒙·柏克所理解的那样，不要全盘否定本国的历史与文化，不要一代代白手起家，做“没有本钱的生意”。

下跪救不了国学

“国学”产生于西学东渐、文化转型的特定历史时期，由于中国文化出现认同危机，人们杜撰出了“国学”这个概念并试图加以拯救。然而，国学的内涵与外延也并不确定。和“关系”一样，“国学”是个中国特色十足的词汇。要想翻译得准确，大概只能直接译成“Guoxue”，然后加上各种注解了。

不乐见的是，二十一世纪的今天，当文化保守主义者要求将儒学上升为“国教”时，这些人又将本应体现在“国学”上的“温情与敬意”（钱穆语）转向了另一个极端——对“国学”的迷信。

比如在2007年，为弘扬国学，郑州市晋唐书画学校把自己印制的十万本《弟子规》无偿赠送给市内小学，作为学生自律和书法选修课。赠书第一天，赠书方的张森校长面对要赠出的5000本书，虔诚跪下。面对众人惊异，张校长称自己是“对国学的下跪”，目的是希望国人从孩子开始振兴国学，与异域优秀文化百家争鸣。

据说这位校长坚持推广国学十余年，由于历史上的“批林批孔”，国学一度沉沦，而一些外来文化以及近利文化则“抢滩”国人思想，致使真正的国学一度没落。现在很多国人都认识到了国学的好处。“越是民族的越是国际的，我对国学下跪，是我要推广国学的决心和诚心。振兴国学必须从孩子们抓起，这正是我免费赠书的缘由。”

本书作者并不怀疑该校长对于“国学”所具有的某种“虔敬”之心，以及匡扶国学的诚恳。显然，张校长跪在尚未成年的孩子们面前不仅仅是一种“抒情方式”，既然“国学从娃娃抓起”，这里的下跪自然也是一种“讲道理”的方式，一种“在明明德”的方式。

同样，下跪有时是一种用膝盖代替嘴巴辩论的急中生智。就像中国酒宴上的酒鬼劝酒，不善于劝的人总是少了些花言巧语，于是一口闷了下去，只听“咕咚”一声，“我啥也不说了”，于是别人也只好啥也别说了。当众下跪有时候也是这样，那些想方设法劝谏别人听从或者跟随自己的人，同样只需“扑通”一声，同样只需“我啥也别说了”，最后别人也只好“啥也别说了”，自当他是对的——谁要是辩解或者反对，多少是有些残忍了。在此意义上，藏在这种下跪背后的，却是一种逼人就范的“道德软暴力”。

王小波在《知识分子的不幸》里这样写道：知识分子最大的罪恶是建造关押自己的思想监狱。知识分子的长处只是会以理服人，假如不讲理，他就没有长处。王小波对国学的看法是：“这种东西实在厉害。最可怕之处就在那个‘国’字。顶着这个字，谁还敢有不同意见？这种套子套上脖子，想把它再扯下来是枉然的；否则也不至于套了好几千年。它的诱人之处也在这个‘国’字，抢到这个制高点，就可以压制一切不同意见；所以它对一切想在思想领域里巧取豪夺的不良分子都有莫大的诱惑力。”

在急功近利、人心浮躁的当下，“国学”二字更像是个可供连锁的名牌。国学的作用来自两方面，一是利于推销，“国字号”加“老字号”的学问，年代久远，好号召大家都来买，所以有了近乎天价的“国学培训班”；二是好保护自己，谁要是反对国学，谁就在“与国家作对”，与文化上的立国之本作对。如此一来，“国学”便成了可攻可守的学术坦克。做学问的人，一旦将自己的主张包装到“国学”里去，就算入编装甲部队了。近年来中国文化保守主义者之大呼小叫，有人听见热闹，有人听到荒凉，而我听到的则是国学装甲车的链条拖过大街。

任何一个国家只可能通过知识寻求解放，而不是“通过国学寻求解放”，更不可以跪倒在国学面前等待国学的拯救。那样，我们活生生的人、知识的主人就真的要被国学奴役了。而真正的学问，本也无所谓属于哪个国家或者民族，知识在人们获得的那一刻起就是属于全人类的。在一次访谈中，哲学家黎鸣向本书作者谈到他对“国学”的理解：任何一门“学”，一旦被命名为“国学”，就一定会成为该国人民精神的枷锁，成为对该国人民的智能发展形成严重阻碍作用的教条。从人类的历史上看，所谓的“国学”，并不只是给中国人带来过巨大的灾难。“世界上凡是把一门单一的学说命名为‘国学’的国家，也全都尝到过历史的苦头。”

每一个国家都应该珍惜自己的过去，无论是自己下跪，还是逼人下跪，都救不了国学。说到底，所谓国学也不过是流淌于中国历史长河中的几件文化产品。就像微软的 Windows，产品好用不好用，还是使用者说了算。微软有今天的事业，盖茨没有下跪，他的营销团队也没有下跪。

如肯·威尔伯在《万物简史》一书中所说，“我们都想认可、尊重全世界过去文化里的许多重大成就，尽可能多地保留和吸取其智能。但不管如何，文明这辆列车在运行之中，从最初到现在，若是只看反光镜驾驶可能会导致更多的事故。”笔者以为，一个人即使是开着一辆质地优良的“传统牌装甲车”，如果只顾在后视镜的指导下横冲直撞，而不随时往前看，同样不会有一个好的前程——等待他的显然只有危机重重。

国学不如知识

中国人常讲“礼失求诸野”，却很少谈到知识被主义或国家充公时求诸什么。回顾历史，我们不难发现，当一个学派被尊奉为“国学”，往往也是这门学问步入穷途末路的开始。浅显的道理是，国学是国家之学而非社会之学，是封闭之学而非开放之学。与此相反，我们之所以可以通过知识寻求解放，是因为每个人都有无限接近真理的可能，每个人都可以通过自己不断地学习取得进步，可以通过互相纠错共同推动一个社会滴水穿石的成长。

不可否认，儒学当年成为国家之学，对于其他学派来说不啻是一场灾难。众所周知，早在战国时期，和儒家一样，墨家同为显学。孟子曾感慨“天下之言，不归杨，即归墨”；韩非子在《显学》中称“世之显学，儒、墨也”；吕不韦同样孔、墨并举，说“举天下之显荣者，必称此二士（孔、墨）也——孔、墨之后学，显荣于天下者众矣，不可胜数”。至于墨家之没落则在《史记》中有所体现。在这部被称为“究天人之际，通古今之变”的史学巨著中，有关墨子这个“人”的记忆几乎消失殆尽。司马迁含糊其辞，只为后人留下寥寥数字——“盖墨翟宋之大夫。善守御，为节用。或曰并孔子时，或曰在其后。”

或许，儒、墨之分野，关键在于儒家走上层路线，并最终导致文化精英与统治者合流；而墨家来自劳动阶层，走的是下层路线，墨家的衰败，实际上也是中国社会力量在王权背景下彻底衰败的一个必然结果。当王权择器而用，致儒之鼎盛而墨之极衰，难免为历史留下无数“笔头剥削锄头”“笔头磨秃变棍棒”的悲剧。还应该看到的是，当儒学上升为“国学”与“帝王之学”，同样是儒学被“充公”并且从此不能继续发展与自我修正之原因所在。正因为此，笔者认为，一千年来儒学表面上被王权圣化，但内底里早已因为摧断脊梁而被矮化为“侏儒学”。

如上所述，若是墨家文化没有湮没无闻，中国社会不但不会被王权全面压倒，甚至还有可能在其后的漫长岁月里培育出民主政治。只是历史早已不容我们如此多情地假设。回到当下，笔者讲“中国重新发现社会”，可以肯定的是，“重新发现社会”的要义在于重新发现个体在历史中的创造，在于尊重每个人的思想尊严与人生价值。在此背景下，有理由相信，今日中国从重新发现胡适到重新发现墨子，作为中国重新发现传统与社会的重要一环，至少在观念上将为中国转型带来一个光明的前景。

重新发现墨子

2006 年 11 月底，改编自日本漫画的电影《墨攻》开始上映，票房成绩不俗。该片讲述两千三百多年前墨家弟子革离运用其高超的守城术与技战法帮助弱小梁国抵御十万赵军的故事。

有学者断定影片编导对墨学“知之甚少”“无知者无畏”，这种苛刻批评显然低估了《墨攻》的标杆意义。在我看来，《墨攻》诞生于中国电影市场的意义，关键不在于电影人是否完全读懂了墨子，而在于墨子之精神回归大众生活，见证了此一时代中国民众的思想高度。

上世纪九十年代以降，随着民族主义的抬头，中国“尊孔运动”可谓热闹非凡。近几年更是如火如荼，出了“读经运动”“汉服秀”“文化保守主义”。凡此种种，从文化生态上来说，本无可厚非。令人忧虑的是，当那些自封为“新儒家代表”的“文化保守主义者”试图为“儒教”抢占中国传统的头排甚至呼吁建立“儒教”，或者如有人批判以尊孔之名“讨政府以德治国的欢心”时，笔者却发现这些“文化投机者”或复古者未得要领——其实，近三十年来中国政府早已“另辟蹊径”“暗通款曲”，在被罢黜的百家（如墨家）之中寻找智慧，并不认同才子佳人们跪在孔像下面的“独尊儒术”。

中国重新发现墨子，此一特征，自“胡温新政”以来表现尤为明显。透过“胡温新政”以来中国主要的政治议题，不难发现，诸如“创新型国家”“和谐社会”“和平崛起”“节约型社会”等等都能从墨家学说中找到精神或思想之源流。

一、创新型国家。中国政府讲创新，讲科学发展观。而墨子是“东方的亚里士多德”。墨子的科学思想最集中地体现在《墨经》以及《大取》《小取》之中，里面既有科学概念的定义，也有方法论的探讨。墨子善于从几何的观点看待具体世界，并且做了世界最早的“小孔成像”实验。墨子曾制成“木鸢”，据说三天三夜飞在天上没掉下来。难怪有人说，倘使墨学不曾没落，中国早成科技大国。可惜古代思想家只有墨子重视科技，而后来者都搞科举、忙着争当七品芝麻官去了。所以，直到今天，谬种流传，科学家求官成风以至于无所作为的例子屡见不鲜。

二、和谐社会。“胡温新政”的一个显著特征是推动中国社会的改革，开展社会建设，“和谐社会”自此而出。同样，“兼相爱”也是墨子的核心思想之一。与“兼相爱”齐名的“交相利”同样可被视为市场经济的一个精神源流。墨子的义利合一也可以视为现代市场经济的伦理准则和得以存在的基础。尽管中国知识界在解构什么是“和谐”时与官方话语时有出入，但是二者与“兼相爱”相行不悖。

孟子曾说墨子兼爱，“摩顶放踵，利天下为之”。显然，墨子兼相爱始于人性平等的原则。在他看来，人性本无差别，如同蚕丝一样，“染于苍则苍，染于黄则黄”（两千年后，洛克在《人类理解论》中提出了“白板论”）。基于人性有“恶化”的可能，墨子先于韩非提出了“法治”，规范人性。墨子反对“命定论”，称“执有命者，此天下之厚害也”。

三、节约型社会。几十年来，在“GDP 压倒一切”的错误政绩观的引导下，中国资源的过度开采与对环境的破坏早已有目共睹。无论是生态社会主义还是节约型社会，都对这种只图一时一势的经济增长敲响警钟。

墨子也讲求节约，主张节用、节葬、非乐、非命，反对繁文缛礼，反对厚葬久丧，认为这些都是对社会资源的浪费。

四、和平崛起。近年来，面对西方国家的担忧，中国政府不遗余力地强调中国的崛起是和平崛起，中国要做负责任的大国。与此对应，墨家始终站在民众立场上，其“非攻”思想是建立在弱小一方的基础上，认为战争是一种盗窃行为，战争的获利者为君主，受害者为人民。应该说，墨子是世界上最早的和平主义者，也是中国最早的世界主义者。关于这一点，在影片《墨攻》中同样有所体现，主人公“革离”

或许就是“革命，然后离开”，是位切·格瓦拉式的革命流浪汉。

针对大国侵略小国，墨子提出了尖锐批评。在墨子看来，这些“精神分裂者”以偷人一瓜一果为耻，却以侵占一国一城为荣，实为“颠倒黑白”。所谓“窃人之桃李瓜姜者，数千万矣，而自曰义也”。

五、中国重提社会公正与墨子精神遥相呼应。无疑，社会公正同样是墨子坚守的一项重要价值。墨子痛恨“国相攻”“家相篡”“人相贼”“强劫弱”“众暴寡”“富侮贫”“贵傲贱”。在《非乐上》中，墨子批评当政者无视民众生存权与休息权，指出民有三患：“饥者不得食，寒者不得衣，劳者不得息。”从这方面说，“胡温新政”中的“新三民主义”——权为民所用、情为民所系、利为民所谋——与墨子之“三不得”在精神上亦有契合。今天，中国政府在逐步解决了民众“不得衣”与“不得食”等“温饱问题”后，开始着力解决“不得息”的问题。显然，从总量上说，中国民众已经获得了越来越多的休闲的权利。

从墨子到胡适

墨子的“三表”思想与“三个代表”并无关系，但是细心的读者会发现，它与上世纪初胡适舶来的“实用主义”却有着相同的精神气质。

墨子所说的“三表”，包括（一）借鉴前人的经验教训（本之）；（二）从百姓的经验中寻找立论的根据（原之）；（三）使政治符合民众的利益（用之）。前二表讲的是知识的来源，既强调经验与传统，又主张民众当拥有解释权和创造力——这一点颇像胡适主张的“整理国故，再造文明”；至于后者“符合国家百姓人民之利”，更可视为“实践是检验真理的唯一标准”之古代版。或许，正是因为这种“神似”，早在上世纪之初，胡适就称墨翟是中国有史以来“最伟大的人物”。

所谓新思想，都是旧主张。不可否认，每个国家在思想变迁中所取得的进步，都不可能是在一夜之间完成的，它必然得益于历史的点滴报偿与累积回馈。在历史并非风平浪静的发展过程中，许多“不合时宜”的思想既会因一个特殊的时代的降临被遮蔽，同样会在新的时代开启时重新显山露水。

几年前笔者曾在《错过胡适一百年》一文中提到，改革开放以来的中国在某种意义上说已经重拾了胡适的道路。众所周知，1949 年建国以后相当长的一段时间内，胡适思想一直受到批判。从五十年代毛泽东组织的数百万字的大批判，到今天“谁代表中国二十世纪精神高度”的胡鲁之争以及《胡适全集》的出版，都不难看出一个时代思想解冻与观念进步的大脉络。

今天，当我们重温改革开放以来的中国思想历程，许多关键点都可以从胡适思想中找到印证。

而我在该文中列举的种种神似，并非认同今天的“中国道路”与当年的“胡适道路”完全重合，但是不同时代的人们对世界的理解具有相通之处是有目共睹的，它也间接说明人类在经历山重水复的挫折之后可以抛却隔阂，让理性贯穿历史。与此同时，必须承认的是，我们身处人类知识的大传统之中，而知识本身是一个开放的平台，并非简单地用“自由主义”或“社会主义”等一个单一的主义可以概括。只有以知识为信仰，一个社会才能取得脚踏实地的进步。虽然胡适及其实用主义等思想在中国没有被明确“翻案”，但是邓小平以来的中国改革与胡适思想之间存在着某种渊源是不可否认的。其更广大的背景是，当一个国家重新踏上由落后到进步，由封闭到开放的道路，以更加理性务实的态度寻找自己的现代性时，必定会经历一个重新发现传统的过程。

进一步说，在人类文明进程中，传统不仅是不断地被发明创造出来的，同样需要不断地被发现出来。如果说胡适的思想重新被发现是百年来中国政治思想由极端走向理性的一个脚注，那么中国重新发现墨子更意味着今日中国人在重新寻找自己文明的坐标时已跨越两千年皇权上接到了先秦——一个和五四时期一样充满自由气息的时代。

谁是新青年?

1915 年 9 月，陈独秀在《青年杂志》(即后来的《新青年》)上发表《敬告青年》一文，感叹中国人的衰老:在中国，人多以“少年老成”相谓，而在英美等国家，却以“年长而勿衰(Keep young while growing old)”相勖。“青年之于社会，犹新鲜活泼细胞之在人身。新陈代谢，陈腐朽败者无时不在天然淘汰之途。”

当我们重新回味这段话时，不难发现，在早年陈独秀身上所具有的某种改良倾向——新陈代谢必然是有序的、渐进的，是“天然淘汰之途”，而非《美丽新世界》里所写的那样疾风骤雨般制造“新人”或“新青年”。

谈到实证主义时，陈独秀表示:“举凡政治之所营，教育之所期，文学技术之所风尚，万马奔驰，无不齐集于厚生利用之一途。一切虚文空想之无裨于现实生活者，吐弃殆尽。……若事之无利于个人或社会现实生活者，皆虚文也，诳人之事也。诳人之事，虽祖宗之所遗留，圣贤之所垂教，政府之所提倡，社会之所崇尚，皆一文不值也！”由此可见，在陈独秀眼里，政治的终极目的是生活，是厚生利用，而非其他虚无的宏大理想与道德说教。

不可否认的是，在经过二十世纪诸多波折之后，时至今日，生活文明已被视做政治文明的重要标杆。关于这一点，即使是在若干年以前，我们亦可从米兰·昆德拉的小说中找到证据。在《生命不可承受之轻》中，昆德拉说，那些行进在大街上的捷克人民手里高举某个主义万岁的标语，而喊在他们心里的没有写出来的口号却是“生活万岁”。从某种意义上说，承认“生活万岁”，就是从集体自负回到人的内心与本性；让极端的革命狂热回到脚踏实地的改良，让削足适履的政治从此服务于人的生活。所谓政治当为人所利用，而非人为政治所奴役。

同样，在谈到科学时，陈独秀抨击了那些不切实际的臆想。“欲脱蒙昧时代，羞为浅化之民”的中国人当以科学与人权并重，急起直追。“无常识之思维，无理由之信仰，欲根治之，厥为科学……夫以科学说明真理，事事求诸证实，较之想象武断之所为，其步度诚缓，然其步步皆踏实地，不若幻想突飞者之终无寸进也。”

上世纪初，中国正面临一场文化与政治上的危机，在选择疾风骤雨的革命与润物无声的改良之间，陈独秀最终选择了前者。显然，陈独秀的家长式作风与激进的态度使他在参与社会改良时同样保持着一种“舍我其谁”“唯我独尊”的立场。应该看到的是，在几十年后的新启蒙运动中，当中国知识分子群起要求“告别革命”时，其所告别的，并非带来社会进步的革命本身，而是在革命无序中滋生的“真理病”与强制。因为“真理”及其排他性的存在，在一定条件下，原来的进步力量会迅速转向保守甚至反动。关于这一点，在二十世纪初期自由辩论的黄金时期，陈独秀已经表露无遗。

1917年1月1日，胡适的《文学改良刍议》在《新青年》上发表，因此引发了一场意义深远的“白话文学运动”。在这场争论中，主持《新青年》的陈独秀的立场是“（白话文运动）是非甚明，必不容反对者有讨论之余地，必以吾辈之主张者为绝对之是，而不容他人之匡正也”。而胡适所持的自由立场是，“此事之是非，非一朝一夕所能定，亦非一二人所能定。甚愿国中人士能平心静气与吾辈同力研究此问题。讨论即熟，是非自明。吾辈主张革命之旗，虽不容退缩，然亦绝不敢以吾辈主张为必是，而不容他人之匡正也”（《新青年》，第3卷第3号）。在胡适看来，陈独秀之“不容”，恰恰是中国政治与社会败落的症结所在，是迫切需要改进的地方。

1925年12月，北京发生《晨报》报馆被焚事件。时已成为“新青年领袖”的陈独秀对此回答竟是一个“该”字。这个态度让自由的胡适一时寝食难安。在给陈独秀的信中胡适表示，争自由的唯一原理是：“异乎我者未必即非，而同乎我者未必即是；今日众人之所是未必即是，而众人之所非未必真非。争自由的唯一理由，换句话说，就是要大家容忍异己的意见和信仰。凡不承认异己者的自由的人，就不配争自由，就不配谈自由。”（《胡适遗稿及秘藏书信》，第20册）

在胡适看来，没有宽容精神的新青年就不是真正的新青年，他们注定会重拾旧势力的道路。诚如是，有同乡同人之谊的陈独秀不但无法做朋友，“简直要做仇敌了”。

无疑，胡适之于近现代中国的贡献，在于倡言精神独立与思想宽容。胡适提倡“做学问要于不疑处有疑，待人要于有疑处不疑”“容忍比自由还更重要”。1926年5月，当鲁迅、周作人和陈源之间的论争转向彼此对骂时，胡适“怀着无限的友谊的好意，无限的希望”，致信给鲁迅、周作人和陈源：“……三位这八九个月的深仇也似的笔战是朋友中最可惋惜的事……我最怕的是一个猜疑、冷酷、不容忍的社会。我深深感觉你们的笔战里双方都含有一点不容忍的态度，所以不知不觉地影响了不少的少年朋友，暗示他们朝着冷酷、不容忍的方向走。”

（《胡适书信集》，上册）

如胡适所说，二十年代，“不容忍的空气充满了国中”。这一切与“五四运动总司令”陈独秀等人启蒙下成长起来的“新青年”不无关系——“并不是旧势力的不容忍，他们早已没有摧残异己的能力了，而是来自一批自命为最新人物的人”。胡适所担心的是，“如果一个社会不容忍的风气造成之后，这个社会要变成一个更残忍更惨酷的社会，我们爱自由争自由的人怕没有立足容身之地了”。（《胡适遗稿及秘藏书信》，第20册）

然而，早在1915年，陈独秀在《敬告青年》一文中如此诠释个体解放与精神自由：“解放云者，脱离夫奴隶之羁绊，以完其自主自由之人格之谓也。我有手足，自谋温饱；我有口舌，自陈好恶；我有心思，自崇所信；绝不认他人之越俎，亦不应主我而奴他人；盖自认为独立自主之人格以上，一切操行，一切权利，一切信仰，唯有听命各自固有之智能，断无盲从隶属他人之理。”

陈独秀早先的这一主张与胡适奔走呼号的自由思想不谋而合：“现在有人对你们说，‘牺牲你们个人的自由，去求国家的自由’！我对你们说，‘争你们个人的自由，便是为国家争自由！争你们自己的人格，便是为国家争人格！自由平等的国家不是一群奴才建造得起来的’！”（胡适，《介绍我自己的思想》，1930年）

孰料，当陈独秀成为新青年们景仰的导师之时，他已自封为真理的绝对拥有者，以致当日有志同道合者拂袖而去。二三十年代，胡适偎心挂怀的是，只有每个人争自由，中国才会有自由；与此相反，陈独秀认为只有跟着陈独秀本人争自由，中国才会有真正的自由。

自由迟早是要到来的，然而不容辩说。在写给陈独秀的信里，胡适坚持即使是一个常识，每个人都应有机会自己判断，而非通过强力灌输。如其所言，“我的根本信仰是别人有尝试的自由”。

英人卡尔·波普尔有言，多见一只白天鹅不能证明所有天鹅是白的，因为只要有一只其他颜色的天鹅出现，“天鹅皆白色”这个命题就会被推翻。既然谁也无法保证此“真理的白天鹅”可以永远不被证伪，那么“非真理”“非主流”的价值就有自我尝试的权利。换言之，人类没有一劳永逸的真理，只有基于经验与创造而生的源源不断的知识，人类只能“通过知识寻求解放”。

1920年9月，陈独秀发表《论政治》，公开与年轻十二岁的胡适决裂。九十年前的这场风云际会不欢而散，新文化运动从此绑上了政治的马车冲出了原有的跑道，其本质上是中国知识精英关于真理标准的一次分道扬镳。如果说陈独秀曾经代表着与帝王中国决裂的新青年的勇气，胡适则在某种意义上代表着新青年的灵魂。陈独秀一生颠沛流离，思想多有流变，至晚年重新回归五四时期民主、科学的立场，而胡适一以贯之地坚持自己最初的关于自由与容忍的理想。

亲历了二十世纪的风雨洗礼与返朴归真的中国人渐渐知道，真正政治文明必定奠基于生活文明之上。没有生活文明，政治文明就会失之空洞与轻佻。应该说，今日中国人多以生活诉求（而非政治诉求）为旗，为自己的权利奔走，它非吊诡而是真实地表明了中国的进步。正是这种对生活文明的琐碎而真实、循序渐进的追求与争取，在一点点锻炼中国的政治文明，推动中国积百年之沉郁的转型。

“庸俗革命家”与“增量历史”

曾经读过一本名为《蚂蚁的革命》（La Revolution des Fourmis）的法国小说，书中提到的“庸俗革命家”这个概念给了我非常深刻的印象。所谓“庸俗革命家”，就是那种不论付出什么代价、采取什么手段，也要在其有生之年见到所有革命成果的人。不可否认，人类历史上的许多社会运动，由最初的革命走向最后的极端，便是在这种心理驱动下发生的。关于这一点，法国大革命无疑是最好的解剖样本。

“没有本钱的生意”

1789年爆发的法国大革命，无疑是世界历史上的划时代的大事件。转年，柏克发表《法国革命论》，猛烈地攻击法国大革命的原则。你也许会说，柏克带有长久以来英国人对于法国人的偏见。但不可否定，柏克在书中提到的一些观点有着极其重要的时代内涵。柏克反对法国大革命的一个重要原因，在于这场革命不是来自生活经验，来自现实生活，而是以抽象的理性观念为基础。在柏克看来，法国大革命所标榜的“自由”是一种形而上学的抽象概念，那只能造成灾难。真正的自由乃是现实生活中的具体自由，是符合自然秩序的自由。“高谈一个人对食物和药品的抽象权利又有什么用呢？问题在于怎样取得和支配它们。”

和卢梭主张的“天赋人权”不同的是，柏克更注重“人赋人权”。柏克并不否定“天赋人权”里人权的价值，但是认为它更多只是价值论上的，而非方法论的。天赋是先天的，是既定的，而人赋是后天的，是需要生长培育的。在此意义上，柏克所谓“人赋人权”，既包括价值论，又包括方法论。如胡适所主张，考虑到人的局限性与社会的复杂性，只能是一点一滴地建设。

对于流行于革命岁月的乌托邦主义，柏克认为它们也是靠不住的。“人性是错综复杂的；社会的目标也有着最大可能的复杂性；因此之故权力就没有一种单纯的意图或者取向是能够适合于人性或者人事的性质的。当我听说有任何新的政治体制在寻求并且炫耀自己设计的简捷性的时候，我就毫不怀疑可以断定设计者们对自己的行当是全然无知，或者根本就不懂得自己的责任。”“他们不尊重别人的智慧；他们以对自己的过分自信取代了这种尊重。对于他们，一种事物的规格只要是旧的，就有足够的理由被毁掉。至于匆促建立起来的新规格，他们也丝毫不关心它的持续……”在柏克看来，当理论家们所号称的权利走向极端，“这些政治的宏伟目标就是要使法国变形，从一个伟大的王国变为一个大赌场；把它的居民变为一个赌徒的民族……”

同样是在《法国革命论》一书中，柏克这样写道：“你们（指大革命时期的法国人）开始得很糟糕，因为你们是以鄙视属于你们的一切事物而开始的。你们是在做没有本钱的生意……尊敬你们的前人，你们也就学会了尊重你们自己。你们就不会认定法国人是一个昨天的民族，是一个天生低贱、奴颜婢膝的可怜虫的民族，直到1789年的解放为止。”

什么时候4等于3？

4等于3，你相信吗？如果你不相信，我可以用数学的方法证明给你看。

具体解答步骤如下：

第一步：假设 $A+B=C$；

第二步：推出 $(4A-3A)+(4B-3B)=4C-3C$；

第三步：整理方程式 $4A+4B-4C=3A+3B-3C$；

第四步：提取公因式 $4(A+B-C)=3(A+B-C)$；

第五步：去掉同类项 $(A+B-C)$；

结论：$4=3$。

看到这里，有些读者一定会兴奋起来。他当然知道4是不等于3的，这是常识。否则，这世界也太荒谬了吧。然而为什么出现这荒谬的等式呢？

聪明的读者大概注意到了，问题出在第一步的假设上：

既然 $A+B=C$，那么第四步“$A+B-C$”便会等于0。也就是说，$4(A+B-C)=3(A+B-C)$ 实为 $04=03$，而这个等式之所以成立，正是因为这个0已经“毁灭”了与其相乘的任何数字的价值。

在此，我不是为了研究数学，而是想借此机会表明我对历史的态度。回想世人否定一切历史、打倒一切旧文明的态度与行为，何尝不是将这个“否定一切的0”加入了这个乘法运算，从而颠覆了世界的秩序，使世界失去本真的意义？这个“0”就像一场否定一切的荒诞革命，使历史创造都灰飞烟灭，余下就是“一穷二白”了。

而我所谓做“历史的加法”“历史的增量”，追求的是文明正向的累积，而以“否定一切的0”做“历史的乘法”，实则是使历史归零，归于虚无。在我看来，无论在哪个国家、哪个时代，凡急功近利地以为只要否定过去的一切，便可以从头再来，便可以开创一个“勇敢新世界”，都是不切实际的。忽略0在乘法运算中具有否定一切的能量，其最后所能收获的“文明的等式”，只能是“04=03”式的毁灭与“4=3”式的荒诞。

历史的加法

在此，我们不必赘述发生在二十世纪的中国革命所走过的曲折。只需通过几个生活的片断，谈谈过去的“革命思维”对今日中国仍然有着怎样的影响。

2006年河南项城市政府打算投6500万元巨资，大规模维修袁世凯的旧居，并为此动员市民捐款。倡议一出，立即引来部分公众的讨伐。除了抗议政府动员纳税人捐款外，也有不少人将矛头指向了袁世凯的历史地位——由于袁某人“窃取了革命果实”，是中国宪政运动史上的历史罪人、一个复辟主义者，所以，为其重修故居是个错误。更有甚者认为此举是为那些顶过王冠的死鬼招魂。

中国人常讲“爱屋及乌”，意思是说“爱人者，兼其屋上之乌”。号召捐款一事诚然值得商榷，至于后者，由于人们习惯于把袁当成中国历史上的“不吉祥的乌鸦”，在其故居问题上，大家无疑有点“恨乌及屋”了。

此前不久，浙江横店集团宣称筹资200亿元，准备耗时五年在横店再造圆明园时，面对波涛汹涌的反对之声，笔者提出“增量历史”这一概念。意思是，面对历史与未来，我们应该尽可能地多做“历史的加法”，既为还原历史，也为盘活历史的存量、谋求历史的增量。

其一，就历史本身而言，为更好地了解过往的一切，社会理应尽可能多地发掘史料，务求接近历史真相。不可否认，今日史学研究多有“英雄主义”倾向，就像树典型一样做“历史的减法”、削枝去叶，仅将余下“有用的事迹”入史。以至于我们的历史粗犷得只剩下两极分化的“好话”和“坏话”，只有著名的“好人”和“坏人”。

其二，着眼未来，人类历史就是一个不断创造、不断谋求历史增量的过程，一个循序渐进、点滴积累的过程。为此，要尽可能鼓励创造并保护已有的创造物，因为人类一切增量历史都源于创造的累加。历史存量加上增量将转变为一个更大的存量，见证人类文明的累积与成长。

关于前者，袁世凯的一生并非只有83天，今人否定袁世凯，只是反对袁氏当国，夭折了革命，显然这与其故居没有任何关系。事实上，袁世凯的故居，也是父辈遗留下来的，作为历史文物，有理由得到修葺与保护。这也是二十年前河南省将袁宅列为省级保护文物的一个重要原因。

谁也不会一口咬定袁氏当上皇帝是因为故居为他打开了魔法之门。果真如此，恐怕需要拆除的就不只是这灵异的故居，还应该包括住了二十几位皇帝的故宫。

至于后者，如果修葺旧宅可以较好地保留旧时建筑的风貌，对于历史存量的保持与增加无疑是有益的。一方面，该旧宅见证了旧中国的一段历史；另一方面，我们至少不能否认那些为了讨生活而建起该宅子的民众的汗水与智慧。若是因袁废宅，是否意味着我们对那些名不见经传者的人生及其平凡无奇的创造进行了某种意义上的株连？显然，那些人在做“历史的加法”，与此相反，主张拆去旧宅者，所做的却是“历史的减法”，历史并不会因为他们雷厉风行“拆屋子”而有所增益。楚霸王一把大火，并没有烧掉帝制，他烧掉的只是无数劳工用血汗换来的一座建筑。

同样的事情发生在德国，有一个小镇准备砍掉希特勒当年种下的一棵树。其实，树木何辜？

将汉字绑去杀头

汉字，让中国人诗意地栖居。今日中国人无不庆幸汉字逃过了上一个世纪的劫难。它祸起中华衰微的国运，也源自城市脆弱的人心。好在这毕竟是个伟大的民族，穿越历史无穷的险境，逢山开路，遇水搭桥，终以忍辱负重之心，使中华文明薪火相传，未蒙灭顶之辱。

1918 年钱玄同首先在《新青年》上发难，在这篇《中国今后的文字问题》中，钱玄同称，“废孔学，不可不先废汉文；欲驱除一般人之幼稚的、野蛮的思想，尤不可不先废汉文”，“欲使中国不亡，欲使中国民族为二十世纪文明之民族，必须（以）废孔学，灭道教为根本之解决，而废记载孔门学说及道教妖言之汉文，尤为根本解决之根本解决”。钱玄同希望中国能废除汉字，因为“处处都足以证明（汉字）这个老寿星的不合时宜，过不惯二十世纪科学昌明时代的新生活”。那个时代大多数有头有脸的文人，对用来表达自己思想的汉字几乎到了仇恨的地步。鲁迅被称作“民族的脊梁”，却差点上房揭了“汉瓦”，将汉字绑去“杀头”。鲁迅说，汉字是“愚民政策的利器”，是“劳苦大众身上的结核”，“倘若不先除去它，结果只有自己死”。与此同时，文人政治家瞿秋白也不甘示弱，其对汉字的辱骂几乎到了“丧心病狂”的地步：“汉字真正是世界上最龌龊最恶劣最浑蛋的中世纪的茅坑。”在瞿秋白眼里，拉丁文字是印有ISO9001标签的抽水马桶，代表先进文明。

清末以降，国事既已衰微，西学乃当务之急，“西体中用”“中体西用”之争便是明证。糟糕的是，中国大多数激进知识分子为使“东方不败”，纷纷将西文视做葵花宝典，“欲练神功，必先自宫”，索性阉了这“象形文字的残余”。透过一个世纪的烟云，回想起历史上的这些声音，笔者时常惊诧于中国知识分子勾肩搭背、群起赶时髦时有多么疯癫。无论是国统区的国语罗马化运动，还是“汉字一定要走拉丁化”的“反右斗争”，都让我在事后想起它们时冒一身冷汗。语言是一个民族的血液，是承载文明的江河，失去它，就失去了根本。这与古人所说的“亡其国，先亡其史”的道理是一样的。国破山河在，城春草木深。若是将汉字消灭了，对于整个中华民族来说，“山河”就不在了。

陈独秀与胡适也是主张废除汉字的。只是胡适态度稍显温和一些，认为一切都得慢慢来，先把汉字变成白话文，再谈消灭汉字，因为文言文里有太多的单音节词，“决不能变成拼音文字”。胡适持此主张，虽是权宜之计，但他的白话文运动让汉字这个“象形文字的残根余孽”能爬出“中世纪的茅坑”，多少算是救了汉字。所以才有今日汉字与拼音同生共气的机会，这大概是迄今为止最经典的“中西合璧”了。

其实，真正“茅坑援手”、挽汉字茅坑于既倒的还是不愿“被进步”的中国老百姓。因为在精英们努力推广罗马汉语和拉丁汉语时，草根阶层大多“甘心愚昧”，没有一点“与时俱进”的精气神。所谓思想的“龙种”收获现实的“茅坑”，字母化在中国一直只停留在自负革命的知识分子的书斋里，汉字因此存活下来。这或许是中国历史上唯一一个可以“愚昧图存”的例子。它让我相信柏克所说的保守主义有其金贵的一面。

“Exiled to English”

以上是我2003年写在《汉字与国运》一文中的主要内容。关于此文，网上曾经有很多讨论。在我看来，上世纪初许多中国人主张废除汉字，实乃逻辑上出了问题。清末中国出现严重危机，包括民族心理。废汉字，即是这种心理危机的失控、泛滥。此景，如农民种庄稼，遭受虫害，颗粒无收。第二年，不去努力灭虫害，却要消灭种子。如此舍本逐末，再文盲的农民也不会去做。事实上，这秀美的汉字不但不是中华文明的施害者，反而是文字狱的受害者。

至于我们该如何改革汉字，我想最紧要的还是还汉字以自由。胡适等人在新文化运动做了些努力，如文言变白话，汉字有了大进步，形式上得到了一定解放，然而精神上汉字仍不自由。几年前，我译陈彦先生的《中国之觉醒》一书，如同用法语开“三中全会”。为什么呢？因为他原籍中国，我来自中国，书也是中国研究，用的却是法文。最初我对海外华人忙着用外语写书很不理解。后来在巴黎大学做了几篇论文，渐渐有了共鸣，有次竟一口气写了十几天，忽觉快意平生。为什么？这并非我长于写法文，而是因为没有不自由，意创笔随，无拘无束。我瞻前顾后，无非查查字典，校校语法。几年以后，当我在《纽约时报》上读到旅美华裔作家哈金写的《Exiled to English》（逃亡到英文）一文，更是感同身受。

西文较汉字并非优越却有优势，这和文字本身无关。我从不怀疑汉字的表达能力，况且，表达方式可以变化多端，比如从诗到词，从戏曲到小说，从文言到白话。我长在江南，漂泊异乡，每念及少年情境，常回吟丘迟之“暮春三月，江南草长，杂花生树，群莺乱飞”，可谓梦萦魂牵。今天白话再好，也是抵达不了这几句骈文的意境的。当说，各种文体，各有各的千秋，各有各的繁荣，也各有各的局限，若只限于其中一种，汉字仍不自由。唐宋诗词的繁荣，不失为中华文明的瑰宝，但这种格律词牌让文人才子醉心写了几百年的情绪，玩填字游戏，也是一种局限，还是因为汉字不自由。

汉字逃过上世纪的劫难，终是件令人欣慰的事情。如果我们失去了母语，我们的心灵将会面临怎样的漂泊，当我们的孩子读不懂我们的童年，又将是怎样的惆怅悲伤？写《汉字与国运》一文，并非笔者泥足保守，而是心向更真实的自由。寄语中国，无论是激进的还是保守的，无论是左派还是右派，对过去的一切，现在的一切，多点理性和宽容，更不要视自己文明为无物。所谓“苏格拉底有苏格拉底的庙宇，孔子有孔子的庙宇”，将自己的文明连根拔去，终究是不理智的。今日对汉字最好的改造，不在于向外求，而在于给汉字更多的自由，更理性、更宽容地对待汉字和使用汉字的人，这点政府和民众都有责任。使用汉字的人，珍惜已经获得的自由，也宽容他人使用汉字的自由，努力争取完全的自由。若说汉字与国运之有关联，仍在于汉字是否自由。

“民国不如大清”

旅美历史学家唐德刚先生在《袁氏当国》一书中提到“民国不如大清”的现象。“一个曾经数千年不断改革修正的政治社会体制，不可能一无是处，在抵挡不了西方文明的挑战而逐渐崩溃之时，断壁残垣之下往往也有黄金和名人字画，不可玉石皆焚。不幸的是，我们老一代的探索者多是一次革命论者，以为一座合乎他们理想的西式摩天大楼立刻就可耸入云霄。结果往往适得其反，新居未建，而故居已拆，群众露宿街头，饿殍载道，疠疫横行，如此则受害群众就要抱怨今不如古，民国不如大清了。"

在这里，我们不妨将"建新居"理解为做"历史的加法"，而拆旧居理解为做"历史的减法"。不可否认，人类在革故鼎新中进步，有时也不可避免地会用到"历史的减法"。然而，要想做好"历史的减法"，首先要做好"历史的加法"。否则，就难免会出现唐德刚所说的"群众露宿街头，饿殍载道，疠疫横行"那种状态。虽然我们从价值上认同民国较清朝、民主伊拉克较专制伊拉克是个进步，但是，如何在转型进程中先做好加法再做减法，无疑是个值得探讨的问题。

笔者曾将中国的传统总结为"拆迁"二字。转型期的中国，"China"也时常被人们念成"拆哪"，以此自嘲中国式"拆迁文明"。虽然中国有几千年文明，然而，所谓气象万千的农民起义，都不过是一个朝代对另一个朝代的拆迁运动，而且都是先拆迁，后搬家。与此相反，由于时刻保有我之所谓"增量历史观"，文明晚于中国许多城市的巴黎却成了世界上最诗性浪漫、最有文明气息的城市。相信所有到过巴黎的人，都会感受到"增量历史"所带来的震撼。

事实上，我之所以主张废除死刑同样是出于对增量历史的考量。国家以多数人的名义将束手就擒者绑去杀头，并不会使历史有所增加。在我看来，"杀人偿命"同样是在做一种"历史的减法"。如两百年前贝卡利亚所说，国家对杀人犯进行报复，实际上是安排公共杀人犯杀人。断头台竖起之时，即是在杀人犯对人类做了一次减法后，再由国家做一次减法。

一个旧制度可以被消灭，继而代之以新制度，借此达到历史增量的完成。然而，杀死一个人，并不会使人类历史有所增加。死刑判决只会给人类带来长期亏损，一个人不会因为被消灭而变成一个新人，所以这种“历史的减法”将是永久的。

从猢狲怎样到公民?

2006年，萨达姆终于被吊死了，这一点已经确凿无疑。有疑问的是，被吊死的究竟是个独裁者，还是个老头?

打掉王冠，割掉脑袋。有人欢呼，独裁者得到了“应有下场”。然而，在我看来，独裁者的“应有下场”是从权力体系中消失，而非在肉体上消失。事实上，萨达姆被剥夺一切权力、被剔去所有尖牙和利爪的时候，“独裁者萨达姆”便已经死了。

伊拉克没有因为独裁者被吊死而恢复安宁。在萨达姆被处死之后，伊境内发生数起暴力事件。美联社2009年4月公布的一份统计数字显示，伊拉克战争至少造成了11万伊拉克平民的死亡。截至2009年11月9日，驻伊美军士兵死亡人数已达4362人。各式冲突更给人一种“诸神渴了”的乱象。没有谁会怀疑美国政府深陷伊战泥潭，而伊拉克也已坠入内战的深渊。

12月24日，美国《时代》周刊将伊拉克人选为年度重要人物。入选理由是“挣扎在死亡线的边缘”。自“解放”以来，伊拉克百姓每天都在经受无尽的精神和肉体的双重折磨。即使是在萨达姆当政时期，这个国家历经十二年多的经济制裁，伊拉克民众也从未遭遇过如此地狱般的生活。

在此笔者并不怀疑民主之于伊拉克的价值，但是伊拉克今天的乱局，难免给人一种“民主伊拉克”不如“专制伊拉克”的错误印象。这不是“民主伊拉克”不好，而是“民主伊拉克”的大厦根本没有建立起来，而“专制伊拉克”的流弊却在大街上明火执仗、耀武扬威。

几年来，随着萨达姆这棵大树的倒掉，原先的猢狲早已散尽。然而，对于这些猢狲来说，如果在树上曾经有过“美好生活”，或者觉着下树后的生活不如树上或想象中如意，多半要找机会重新上树。

如上所述，美国大兵将伊拉克大树锯倒，将猢狲赶跑。然而，旧树已去，新楼未建，今日伊拉克犹似花果山。臣民时代的猢狲若不能直接住进民主时代的房屋，且逢乱世，就难免要忍受此一过渡时期的天寒地冻了。

从臣民社会到公民社会，从猢狲到公民，此一转变决定于各种社会力量的成长，而社会成长的关键就在于个体权利与意识的崛起。在此转型过程中，外力与内力的共同作用无疑是重要的。然而，战争的害处即在于打破或中断了原有的历史积累，并且增添了许多不确定因素。

总结美国和伊拉克以及伊拉克内部不同教派之间的屠戮，不难发现，这两个国家仿佛被报复诅咒。如甘地所说：“以眼还眼，只会使全世界都变成瞎子。”显然，今日伊拉克最需要的是和解、宽恕与拯救，而不是将那些“罪恶者”推上绞刑架，继续做人类的减法。从这方面说，美、伊政府坚持处决萨达姆，既是放弃了萨达姆身上可资促进伊拉克和解的资源，也可能为当前的“复仇之局”雪上加霜。

第六章　网络社会

鱼群从不会为反对捕鱼业而集体斗争，它们只是想怎样从网眼里钻出去。

——索尔仁尼琴

平日里最让人着迷的是穿越藤桥……没什么比这个蜘蛛网更优雅，也没什么比它看起来更脆弱。

——安德烈·纪德

自从有了互联网

毫无疑问，世界正在进入一个“我即媒体”（I the media）的自媒体时代。博客、DV 以及其他便捷、大众的传播方式正在改变新闻业的面貌。当人人都可以拍 DV，都可以写网志（博客），他们也都成了另一种意义上的记者或者“议员”。

网络不仅记录正在发生的历史，而且创造历史。在这个“人各有志”的时代，每个人都可以自主地记录自己的生活与遭遇，并且借助网络等新兴媒介在公共领域发出自己的声音，做一个寂寞而真实的桅顶瞭望者。若得幸运之神的眷顾，还会凭着自己无意的一瞥，撞开历史多情的一页。正是看到这一改天换地的变革，2006 年美国《时代》周刊将网民评选为年度风云人物。

锄头、流水线与电脑

在过去，在网上冲浪被当做一种时尚，而现在更是一种必须的生活方式。阿尔文·托夫勒曾经在《再造新文明》一书中断言：世界迎来了第三次浪潮。第一浪潮是以锄头为标志，第二浪潮以流水线为标志，而第三浪潮则是以电脑为标志。第二浪潮的大众化社会已经为分众化社会所取代，同质性社会为多样性社会所取代。如今，伴随着各种社会性软件（Social Software）和社会性网络（Social Networking）的兴起，互联网文明早已经开花结果。

对于流行于网络上的意见，有人可能会说，网络意见是一种不全面的意见，不代表民意。这种批判多少带有一种乌托邦的意味，因为直至今天，历史上大概也没有什么民意是全民一致达成的，要不怎会有更像是权宜之计的"少数服从多数"的原则。事实上，在分众化社会到来之际，如何维护少数派权利更是现代政治的首要任务。如果将网络意见视为民意中的一部分，就应该相信任何网络意见，哪怕只是从网上发出的一个孤独的声音同样值得政府与社会重视。

2007年的"周老虎"事件可谓轰轰烈烈，当有些人将"全民打虎"的起因归咎于政府的"诚信危机"时，我却更愿意看到社会变迁的另一面，并将此归功于中国公民探寻真相和表达意见的能力的崛起。而"厦门PX"事件之解决，同样得益于网络（包括短信）。拜其所赐，一场"无组织、有纪律的散步"在一夜之间得以酝酿。

尽管互联网在一定程度上助长了"谣言"与"错误言论"的传播，让一些多愁善感的正人君子心怀忧惧，甚至竭尽所能掩饰这个时代亟须医治的溃疡。然而，即使如此，在关键时候互联网总是能给我们带来温暖、惊喜与光亮。自从有了互联网，信息传播的格局产生了巨大变化，每一个人都可以轻松地成为一个"新闻社"、一个"编辑部"、一部"电台"，一个"伸张权利的终端"。从"史上最牛的钉子户"到"厦门PX"事件中"手持短信"的散步者，这一切无不表明：如果有可以持续的自由权利，每位公民都能顶天立地。

中国之民意崛起，来自中国近三十年的改革开放，来自现代网络科技的发展。如果承认在中国从封闭走向开放的过程中，暗合了“重新发现社会”的过程；承认中国在逐渐地告别过去那种一切以政治为中心的“上下高度一致”的时代，就不难发现，无论是改革开放，还是互联网发展，客观上都是在个体平等的基础上形成一种横向的联合。如前所述，中央计划经济和市场经济的最重要差异就在于：前者的信息是垂直流动的，而在市场经济中，信息主要是水平及对角流动，买卖双方在各个层次交换着信息。

与此同时，互联网的过度繁荣也映照出现实生活的满是无奈。试想，若不是现实生活不如人意，无处可去，谁会整天泡在网上？若不是没有相濡以沫的爱情，谁又何苦天遥地远地与未来网恋？处于转型时期的中国，网络似乎更像是现实世界的流放之地，寄居其中有时亦不过是在失乐园后自慰与自救。互联网见证了转型期中国人的怕与爱，当人们不能种好自己现实中的田地，无力在大街上获得权利的收成，便只好对着小小的鼠标称颂不已，仿佛那是漂荡在浩瀚波涛之上的装载着国家未来的夜航船。

自古英雄出博客

开放时代是个“人各有志”的时代。网志的兴起，无疑是开放时代最好的注脚。

人有表达的欲望，就像《西游记》里，孙悟空不忘在如来佛祖的指根书写“齐天大圣到此一游”。世界各地，凡是能书写的旅游景点，我们都能看到会有人涂鸦。同样，古代文人墨客到某处都是心血来潮，留下墨宝，比如说古代的题壁诗，这种艺术形式始于两汉，南北朝时渐多，至唐宋更是盛极一时。这些可以理解为最早的博客或BBS。

当然，那时题壁诗盛行，主要原因是雕版印刷能力有限，大量诗歌不能刻印出来，而题壁简单易行，只要把作品写在墙壁上，天南海北的人读到它，就可以传播开来，题壁也因此成了诗人“发表”作品的重要途径。

宋代可考的著名的题壁诗及其作者有王禹偁《题僧壁》、苏舜钦《题花山寺壁》、王安石《书何氏宅壁》、杨万里《题龙归寺壁》、陆游《题酒家壁》、苏轼《题西林壁》等等。由此可见，旧时飞檐走壁的并非只有金庸笔底的武侠，还有才高八斗的诗人。

有关题壁的佳话很多，最有名的恐怕就是崔颢的《黄鹤楼》一诗了。崔颢题写了《黄鹤楼》之后，李白惊为绝唱，自愧“眼前有景道不得，崔颢题诗在上头”。唐代，题壁诗骤然大增，开始形成一种风气。元稹写过一首诗：“邮亭壁上数行字，崔李题名王白诗。尽日无人共言语，不离墙下至行时。”北宋周邦彦曾经填过一首《浣溪沙》，其中一句便是“下马先寻题壁字”，用现在的话说，就是一下车就钻到网吧里顶帖子去了。

《水浒传》有一回《浔阳楼宋江吟反诗　梁山泊戴宗传假信》，写的是宋江醉酒题壁。一首“心在山东身在吴，飘蓬江海漫嗟吁。他时若遂凌云志，敢笑黄巢不丈夫”，惊动了朝野。这算是早期的“政治博客”了。至于武松在杀人后，还在墙上吹牛“杀人者，打虎武松也”，倒像是武松给自己的“打虎牌”搞推广，算是“营销博客”。

当然，除了写反诗，其他类型的“题壁”也可以完成政治传播的目的。比如说宋朝有个叫卢秉的，原是县里文书小吏，一个副科级干部，比在重庆彭水县遭遇“短信狱”的秦中飞的官大一点，他在旅馆墙壁上写了首诗，后来被王安石读到，因此得到了升迁。

类似的佳话还有：清代诗人袁枚有一次路过扬州，读到一首好诗，由于当时的政府没有搞“题壁实名制”，作者具名时只留了个“马甲”，因此害得袁枚到处打听，忙了一年多，所谓“好叠花笺抄稿去，天涯沿路访斯人”。在信息沟通困难的古代，旅店、寺院等供人歇宿的地方，是信息传播的重要场所，但也只是传播而已，双向交流就困难了。

囚禁自由人的墙壁也时常为自由人所用，变成一台维护“政治博客”的服务器。比如说，谭嗣同在狱中便写下了“望门投止思张俭，忍死须臾待杜根。我自横刀向天笑，去留肝胆两昆仑”。

最有风情的题壁当属郁达夫。1931年，在游桐庐严子陵钓台时，这位忧郁的才子乘着酒兴在祠堂高墙上题了一首名为《钓台题壁》的诗，其中两句“曾因酒醉鞭名马，生怕情多累美人”早已广为人知。

有人感慨，中国是个“口号国家”。无论城里，还是乡下，今天人们见到最多的政治宣传就是标语口号。诸如“谁放火，谁坐牢”“宁可血流成河，不许超生一个”等等，这些烙有这个时代鲜明特征的宣传也算是“组织博客”或“官方博客”的重要内容了。

类似的博客形式还有很多。黑板报，就是这样一个博客。有一年，我回到阔别多年的中学，站在学校的黑板报前看了许久，感觉自己像在读博客。读到其中一句话，也颇有一些感慨——“时间不会流逝，流逝的是我们。”其实，人生最大的不幸或无奈还在于，在他的有生之年，看到“旧制度不会流逝，流逝的是我们”。我有位朋友在MSN上签名：“我能想到最痛苦的事，就是和这个制度一起慢慢变老。”

让博客口述历史

最早接触“口述历史”（Oral History）一词是在几年前读唐德刚的

时候。唐德刚有本书叫《胡适口述自传》，它为我从此打开了胡适之门，同时让我对口述历史有了深刻的印象。唐德刚是胡适晚年的入室弟子，多年坚持口述历史，最具影响的就是《胡适口述自传》。

作为一种历史研究方法，自二十世纪四十年代以来，口述历史一直是西方历史学科的一个重要分支。1948 年，美国史学家 A. 内文斯（Allan Nevins）建立了哥伦比亚大学口述历史研究室。近代中国的许多历史名人的口述传记，如《顾维钧回忆录》《何廉回忆录》《蒋廷黻回忆录》等便是由这家机构组织完成的。

按照唐德刚的说法，自古以来，中国便存在口述历史。而“口述历史”的历史至少可以推到“荆轲刺秦王”。司马迁的《史记》，很多章节便是依靠古人的口述写就。

什么是口述历史？美国作家唐诺·里齐（Donald A.Ritchie）在《大家来做口述历史》一书中给了一个学理上的定义：“以录音访谈的方式汇集传记者谈自己关于有历史意义的事件的一些个人观点。口述历史访谈就是一个准备完备的访问者对受访者提出问题，以录音或影像的形式问答，当然，同样会整理成文本，以便于流传。”

如果承认中国自古以来便存在着口述历史与口述神话，就不难推断里齐的定义十分片面。真正的口述历史并不像他所描绘的那样“衣来伸手，饭来张口”，处于被动讲述的状态。所谓“被动讲述”，即在别人的选择之下叙述历史。从传播学的角度上来说，每个人都是信息源，如果有史料可述，通常也会在日常生活中以各种形式将它叙述出来，不是一定要等到有媒体或类媒体来采访。

而一切历史都是残缺的历史。真相如果不能进入公共领域，就难免像“祖传秘方”一样失传。我们今日所见“通史”“全编”亦不过是管中窥豹，只见一斑。如马斯洛所说，“整个思想史就是说人性坏话的历史……我不认为历史真实地反映了人类精神”，“历史只是抽象的统计”。——正是在这种情况下，大家都来“不被选择地口述历史”便成了历史叙述进步的关键。

哥伦比亚大学的王际真教授曾经批评那些写“自传”的人多半是自己“卖膏药”“胡吹一通”。不难发现，这是王际真的逻辑出了问题——通过自传“吹牛”并不是自传出了问题，也不是吹牛出了问题，而是“只有一个人吹牛”出了问题。皇帝老儿给自己作传，自然是英明神武；丐帮帮主给自己作传，小乞丐的功劳也都是归于其领导有方。

一个社会的诚信只能靠“互相纠正”来争取。没有这个可以互相纠正的前提，让一个社会的大多数人遵守诚信是绝不可能的。而如果大家都来口述历史，交差验证，吹嘘者自然害怕原形毕露，因此“被迫诚实”。

“人各有志”

时下风靡中国的Blog似乎提供了这样一种可能性。

虽说是“博客”，写博客并不需要博古通今，上通天文，下晓地理。人们只需记录自己的日常思想与生活即可。无论是指点江山，还是八卦江湖，一切皆随个人心意，并不需要权威来引领思想与价值观。

从字源上说，Blog是“Web Blog”的缩写，准确意思是“网志”，一种简单即时的“个人出版系统”。在古汉语里，“志”除了“志向”外，更有“记录”的意思，比如地方志、人物志、山海志等等。在此意义上，博客大行其道似乎预示着，我们将迎来一个人人皆可记录自己命运的时代，一个伟大的时代，一个“人各有志”的时代。

"人各有志"的时代，在不侵害他人自由的前提下，人人都有权利按照自己的方式诠释和记录自己的生活。因为"人各有志，不必强求"，权威话语将从此失去往日威风。

著名传播学者麦克卢汉说"媒介即信息"。丹·吉尔默说"我们即媒介"，应该说，他们都是深得传播与媒介真谛的人。博客成为"由所有人面对所有人进行的传播"的自媒体的一个标杆。在这个"我有机会讲话"的年代，如吉尔默所说："你的声音是重要的。如果你有值得说的，人们会倾听。你可以做自己的新闻，我们都可以。"

博客使全民表达成为可能。每个人都拥有了属于自己的一个或无数个麦克风，而且这是个跨国麦克风。每个人代表自己说话，在任何时候，都可能做到同时进行，叙述就像我们日常生活一样简单平常。此一历史进程或可概括为"科技改变传播，传播改变生活，生活改变文化/政治"。

在一个"人各有志"的开放时代，人人都有自己的官方网站。它意味着人人都是自己历史的权威叙述者；意味着人人都是整个历史进程的参与者与见证者。当那些书写博客的人，不厌其烦地将自己的私人生活或者思想——无论是出于自恋还是出于责任——搬到公共领域，如阿伦特所说，它们将在公共领域获得生命。

更重要的是，对于一个正在积极推进社会转型的国家而言，"有志者事竟成"在文化或政治上也被赋予另一层含义。

"墙倒众人 Twitter"

2009 年 6 月的某天，笔者偶然读到一则有关荷兰国会议员疯玩儿微型博客 Twitter 的新闻。据说，他们当中许多人利用开会时间在键盘上埋头苦“推”，沉浸 Twitter 网站上。“Twitter 疯”就好像传染病一样，愈来愈多议员被感染，直到“议长终于忍无可忍，私下劝说他们自我约束，多放点心思在问政上”。

然而，对于许多人来说，使用 Twitter 发言本身就是一种问政方式。而且，类似微博客的流行，已经引起越来多国家网民与政要的注意。比如，在这年 6 月发生在伊朗的街头骚乱中，Twitter 便是示威者发泄不满、相互串联的一个重要渠道。由于骚乱期间伊朗政府对媒体和互联网实施管制，经由这些网站传出的德黑兰街头示威的照片以及冲突、伤亡情况甚至成了西方各大媒体报道伊朗的重要信息来源。140 个字符只能说清楚两三句话，然而正是网络上这些源源不断的两三句话，为伊朗大选后的动荡局势“火上浇油”。据称，6 月 15 日当晚，Twitter 上以“伊朗大选”为标签的信息几乎每分钟就增加 30 篇。

更耐人寻味的是，美国时间当日下午，总部位于旧金山的 Twitter 公司接到了一封发自美国白宫的邮件，“请求”该公司推后其原定于 15 日深夜进行的系统维护。《华盛顿邮报》随后披露说，该邮件内容包括：“伊朗正处决定性时刻，Twitter 显然在其中发挥重要作用，你们可以让它继续工作吗？”与此相关的背景是，据《纽约时报》报道，新上任的美国国务卿希拉里·克林顿热衷推行“网络外交”，重视利用社交网站 Facebook、视频共享网站 Youtube、图片共享网站 Flickr 和 Twitter 这些平台传递外交政策信息，声称要以网络力量来应付那些打压国内媒体的国家，而奥巴马政府已经把社交网站视为“外交箭袋中的一支新箭”。

Twitter 网站在一夜间竟然具有了某种政治影响力，令该公司创始人之一斯通颇感意外。两年前，Twitter 还只是几名科技人员的试验品，而现在 Twitter 已成为一种风靡世界的社交方式，其注册用户可以使用短信在手机和网络间传递消息，传递对象既可以是朋友，也可以是不相识的“跟随者”（Followers）。不到三年时间，Twitter已蹿升为仅次于Facebook和MySpace的第三大社交网站。上限140字符的微型博客服务器，因为动辄号召万人集体行动而让各类政治博弈者刮目相看。2009年5月初，白宫开通Twitter官方账户，邀请国民了解政府信息；同月底，甚至连朝鲜中央通讯社也以KCNA为用户名登录Twitter，发出来自朝鲜的声音。

事实上，这并非Twitter等社交网站首次显示其巨大的“煽动力”。两个月前，摩尔多瓦大选后发生的那场未获成功的“颜色革命”就被称为“Twitter革命”。从摩尔多瓦到伊朗，两次大规模抗议活动中，Twitter都是主要的召集平台。《纽约时报》4月9日曾详细披露过摩尔多瓦的青年组织如何策划“Twitter革命”。文章说，“HydePark”和“ThinkMoldova”这两个青年组织是这次示威活动的组织者。“ThinkMoldova”领导人之一纳塔利娅·莫拉里在其博客上揭秘了动员过程：“6个人，只用了10分钟的快速思考便作出决定，然后用数小时通过网络、Facebook、博客、短信和电子信箱将消息传播出去……结果1.5万名年轻人走上街头。”

如前所述，网络科技不仅改变人们的生活，同样在改变政治格局与政治传播的方式。此前，手机和短信被认为在乌克兰“橙色革命”中扮演了重要角色，而现在许多人相信Twitter引发的“革命”，并非只有科技内涵，同样涉及政治领域。

当然，Twitter等社交网站能否成为“改变历史”的角色，也有不少媒体提出了质疑。《纽约时报》认为它缺点与优点一样突出。一方面，Twitter难以被审查，即使网站被封锁，人们还可以通过短信或博客相互沟通和交流，这也是其能在伊朗政府管制互联网后依然发挥作用的原因；另一方面，由于 Twitter 上的许多消息都是未经证实的，而且不乏恶意的谣言，这也决定了受众可能被利用。具体到伊朗的本次动荡，华盛顿网络杂志 Slate 的专栏作家也列出了由 Twitter 传出的包括穆萨维被软禁等在内的大量虚假信息；而《时代》周刊同样认为，Twitter 虽然提供了海量信息，但是人们很难查找其消息来源，更不清楚发信息的人到底是在伊朗境内还是境外。英国《卫报》甚至强调说，正是因为缺少可以建立起信任的面对面的社会网络，导致摩尔多瓦的"Twitter 革命"最终失败。

尽管我在上面引述了不少媒体评论，不得不说的是，在这个一日千里的时代，传统的报纸、电台、电视台甚至"传统网站"正在失去自己的新闻优势，越来越多的受众已不再依赖报纸及其网络版获得最新消息或者突发新闻，而是通过 Twitter、Facebook、MSN、QQ 等社交网站或者社会性软件上的好友或陌生人获取最新消息。迈克尔·杰克逊猝死的消息首先出现在一家名人网站，而一向以抢报突发新闻为能事的各大电视台被远远甩在了后面。消息公布后，Google、Facebook、Twitter 等网站流量暴涨。YouTube 官方音乐视频浏览量飙升至 1000 万次，较平时增长近 50 倍。Google 甚至将"杰克逊"的搜索关键词识别为网络攻击。

自媒体时代的到来，使每一位网民都有可能显山露水，走到时代的风口浪尖。一个"墙倒众人 Twitter"的时代已经到来，它可能是摩尔多瓦式的疾风骤雨，也可能是日拱一卒的和风细雨。无论其对现实政治走向的影响如何，但是这些个人媒体对政治传播方式的改变，对宣传与管制型媒体形成巨大冲击已是不争之事。

真相拼图

费正清先生曾经这样形容往日的中国："迄今为止，中国仍然是记者的天堂、统计学家的地狱。"所谓"统计学家的地狱"，正如黄仁宇所批评的，旧时中国没有真正的"数目字管理"；而"记者的天堂"则一语道破转型期与新闻业之间的微妙关系和深长意味。

今天，已经有越来越多的外国媒体视北京为"全球记者的天堂"，向北京增派人手。如有记者所说，北京已成为全球记者心目中"希望抵达的热地""采访的天堂"。显然，任何时代都需要新闻记者，但是在一个转型国家，以新闻为业更能动人心魄。为什么那么多人喜欢挤在一起观看日出？因为人们乐见事物的新生，见证立竿见影的成长，并在必要的时候指出惊世谎言和潜在危险。

中国日益成为全球重大新闻的发源地与策源地，成为重大新闻密集的富矿区；另一方面，中国境内每年都会发生许多轰动全国的新闻事件，对于记者来说，这既具挑战性，也将是其职业生涯的重要机遇。身处转型时期的中国，旧事物尚未消退，新事物正在生长，假如新闻记者心怀使命，甘于在困厄中前行，定然不会浪费这个时代所特有的资源，并且能够因之大有所为。

真相创造历史。从美国始于十九世纪的"扒粪运动"到二十世纪的水门事件；从流行于中国各个"利益城堡"中的"防火防盗防记者"的口头禅到2007年发生在山西的"黑砖窑"事件，不难发现，探寻真相是社会进步的重要法则，是永远未竟的事业，因为任何人、任何时代都不可能获得全部真相，而只能不断地获得真相。

没有哪个时代不生长谎言，没有哪个时代没有被谎言和无知遮蔽的灰暗，甚至那些标榜探寻真相的人也会参与制造谎言或为谎言施肥。

但从整体上说，记者这个职业从其诞生开始便是以探寻和传播真相为业，并以此探寻和传播为荣耀。当然，新闻记者冒险犯难并不止于不动声色地为时代记流水账一般的真相，他必定在见证中参与，因为他知道自己身处怎样的时代，知道这个时代正在跨越怎样的难关，坚守怎样的价值并呵护那些事关进步的默契。

人人都是记者，个个都有真相。从表面上看，记者是一个职业，但是对于许多人来说，这更是一种记录和参与社会的生活方式。拜互联网和摄录科技之所赐，尤其是伴随着博客（网志）和 DV 等大众传播方式的兴起，如今每个人都有成为记者的可能，每一位受众都可以投身于未来的新闻业。历史已然无数次证明，只有让真实的信息源源不断地流向社会，让公众知晓，这个世界才有可能避免因为谎言坍塌而发生真相的挤兑与雪崩，并拥有一个可期的前景。

谈到真相的获得，时常让我想起两句话。一句是中国古人的“天不生仲尼，万古如长夜”；另一句是雨果的“若无新闻出版，万古如长夜”。对比这两句话很有意思：这位中国古人似乎相信天是一下子亮了的，像打手电一样，圣人既出，天下大白；而雨果则认为天是慢慢亮的，甚至还有可能会暗下去。所谓圣人生则生矣，甚至可以在产房里守株待兔，但真相却只能像新闻出版一样需要漫长的进化，只能靠在路上一点点寻得与拼装。如果不能好好守着，在极端的年代里恐怕这点光亮还有可能会丢掉。

相信今天大多数中国人更认同雨果的判断，而不是那位古代同胞流放自我、漫无边际的抒情。真相从来就不是从天上掉下来的，更不能指望哪位圣人高高在上的光照。

互联网特区

2007 年 11 月 24 日上午，浙江金华五十多个 QQ 群的代表聚到一起，宣告“金华市青年 QQ 群联合会”正式成立。据悉，这是全国首个以网络 QQ 群为会员的民间组织。对此，浙江省民政部门表示“其创新意义、探索价值非同一般”。

今日中国社会之风情千种，网络的兴起与流行功不可没。自上世纪九十年代中期以来，拜网络之所赐，中国人的横向交往迅速扩大，一时之间，网络聊天以及网友见面会随之成为时尚。与此同时，依托网络成立的群组也得到蓬勃的发展。网络不仅改变了中国人的生活方式，也改变了中国人的工作方式和组织方式。正是这个原因，越来越多的单位和个人选择通过 MSN 或 QQ 等即时交流工具进行交流，既为突破交流障碍，也为节省成本。与此同时，各种网络社团 / 社区应运而生，但是它们大多只能是一种虚拟存在。

任何国家的公民都不可能凭一己之力做一番有益社会的大事业，更不可能散兵游勇式地生活。随着改革开放的深入与民众权利意识的苏醒，“小政府，大社会”与建设一个“权小责大”的政府日益成为共识。一个好的政府只是负责提供公共产品，担任社会“裁判者”和“守夜人”角色。这种“公共产品”，当然也包括对公民自组织能力的建设。近几年来“社会建设”被反复提出，也因此成为中国社会力量培育与再造政府的重要契机。

前文提到，在中国从过去的封闭社会走向更加开放、更加自主的公民社会的过程中，由于旧有的仪式、习俗与文化不断地解体、重构，每个被“抛入”社会中的个体也因此陷入一种相对“孤独”的状态。从这方面说，公民自我组织不仅是一种社会需要，同时也是一种心理需要。

对于一个处于转型期的国家来说，最积极的做法通常是，政府在鼓励社会成员从旧有体制与文化中走出并在更开放的经济与社会的维度寻找自我独立性的同时，更要在制度上给予其尽可能多的便利，为重建各种社会联系提供可能。从这方面说，以网络 QQ 群为会员的民间组织的成立，理应成为这种逻辑的自然延伸。

网络之上，现实之中，近年来有关经济特区的争论此起彼伏。然而在我看来，转型期中国最大的特区就是互联网。这是一个思想的特区，也是一个交流的特区、传播的特区、公民自组织的特区。它超越了生活中的一切繁文缛节；它以技术对抗技术，冲垮了种种禁忌。

解构与风流

“饿滴神兽啊，救救饿吧！”没有谁会怀疑，这是一个解构的时代，一个惊心动魄的时代。从“俯卧撑”到“躲猫猫”，从“打酱油”到“玛勒戈壁”上的神兽“草泥马”，到“猴蛇”……主义与顺口溜，真理与潜规则，虚拟与现实，正人君子与情色录像带，奖赏与屈辱，希冀与失落，各种观念、思想与情绪相互纠葛，各种道德、名分和利益充分博弈。尽管当下中国公民尚未获得现代意义上的完整的表达自由，不可否认的是，网络忽如一夜春风来，为中国人的社会表达与个体创造，吹开花千树。

凭借铺天盖地的广告、跨国的明星阵容、数亿元的制作成本，2005 年岁尾年关，陈凯歌和陈红将众多影迷劝进影院。然而，影迷们多半是失望了，他们看到的不过是一个子虚乌有的馒头以及一个面色惨白的女人和她近乎无厘头的诅咒。

正是这个剧情“马脚”让武汉的年轻人胡戈有了一展身手的机会。2006新年伊始，《一个馒头引发的血案》的视频剪辑迅速成为人们关注的焦点。一时间，“恶搞”大行其道，而陈凯歌在机场的一句“人不能无耻到这种地步”也迅速成为网络流行语，就像几个月后黄健翔解说世界杯时的尖叫，繁殖出各式各样的版本。

《无极》并非一无是处，其之所以成为人们泄“公愤”的一个通道，首先归咎于陈凯歌对这个“惊世馒头”的过激反应。对一个脱颖而出的年轻人进行道德上的苛责与兴讼的恐吓似乎暴露了陈凯歌在观念上已经落后于这个网络时代。这是一场平民对精英的较量。在平民未长成精英之前，绝大多数人将同情的目光投向了手无寸金的胡戈。

2006年，“文学死了！”死在诗人嘴里，而且死得很难看。诗人叶匡政在《文学死了！一个互动的文本时代来了！》一文中断言“憋在很多人心里的这句话，终于可以说出来了”。

就在此时，“国家级诗人”却在“嘘”的一声中倒掉。“国家级女诗人”赵丽华的“梨花派”诗歌受到众人的嘲弄。人们不明白，为什么那一句句了无意义的大白话，诸如“我坚决不能容忍/那些/在公共场所/的卫生间/大便后/不冲涮/便池/的人”，只是因为被“国家级女诗人”的纤手按了几次回车键，便成了“国家级”的诗歌。“从明天起，做一个写诗的人，敲字，回行，一句一段……”有人说，海子之后，中国不再有诗人，而当“我/终于/会/写诗/了”成为流行于网上的“写诗秘笈”，每个中国人都变成了诗人。我的标准我做主，至于是不是“国家级”，见鬼去吧！

在《同文学艺术家谈心》的讲话中，温家宝高度评价文艺复兴时代是“一个百花竞放、硕果累累、群星灿烂、人才辈出的光辉时代”，“经济的大繁荣往往会带来思想文化的空前活跃”，任何想有所作为的政府，不仅要鼓励大家勇于追求真理，还要千方百计为社会提供追求真理的环境。

解构主义大行其道，对于今日中国来说，无疑是个积极的信号。从本质上说，它更意味着中国人获得了自己诠释生活的角度与权利。过去那种完全是灌输式的教育与宣传如今已经让位于人们对自己生活的解释。一切政治、经济与社会的话题，在法律允许的范围内人们都可以将其纳入自己的价值体系，通过自己的经验与学识，作出自己的判断。他们不再需要“观点辅导员”与“意见监护人”，每位公民都有自己观察生活、认识真理的眼睛与心灵，没有谁再可以强加给他们任何他们不再相信的东西。而那些貌似强大的说教，同样失去了动员的能力，反而被人们置之一笑。

当然，从传播学的角度来说，解构的这种积极意义还在于，言论自由与公共空间的建设，不仅必要，而且可能。如传播学者斯图亚特·霍尔所说，受众是意义完成的关键。既然任何信息的发布，意义的完成最终都是由受众所决定，那么，听者有心，言者无罪，任何言论、文学与艺术对于这个社会来说，都不至于形成直接的危害。

进一步说，解构主义的到来，既为中国言论空间的拓展提供了某种可能，同样为中国的社会觉醒树立了标杆。当人们开始意识到当下中国已经迎来了“复兴文艺”的最好时期，更有理由相信，决定中国未来命运的“文艺复兴”将肇始于这场解构运动——因为解构正在完成文艺复兴的第一步，即让每一个个体抽身于旧有的仪式，否定权威，服从内心，复活或者增加自己的创造。

盲社会的网络之眼

2008年，网上流传着一则有关广东开平市未成年人性虐待未成年人的视频。在接到报案后，警方随即展开调查。真相是：2007年7月中旬，七名女孩将一少女从开平某网吧强行带到某旅店，并约来四名男孩，对受害少女进行殴打、凌辱和强暴，并逼她自扇耳光和踏正步。一名涉案者用手机拍摄了部分过程，无意中为这起恶行留下了证据。

如唐德刚先生所感慨，人不过是脊椎动物中的一种。看到这样的“日常之恶”、用手机拍摄的“残忍的戏剧”，相信许多善良的人都难免会悲观、伤感。其实，无论受害者是谁，其骇人听闻的程度都足以成为社会之大不幸。那些少男少女在视频中所表现出来的罪恶，不仅让我们看到了潜藏于人性深处的卑污，更应让所有同时代的人因蒙羞而警醒：

为什么有人会容忍这样的罪行？为什么这些少年竟会如此凶残，肆无忌惮？为什么在相关群体中几乎广为人知的罪行，在近一年后才为警方所知？倘若不是互联网“睁着眼睛”，上述罪行会不会像没有发生一样，一切风平浪静，而作恶者却继续招摇？

法国群体心理学家古斯塔夫·勒庞在《乌合之众》中这样解释群体犯下的暴行：“孤立的个人很清楚，在孤身一人时，他不能焚烧宫殿或洗劫商店，即使受到这样做的诱惑，他也很容易抵制这种诱惑。但是在成为群体中的一员时，他就会意识到人数赋予他的力量，这足以让他生出杀人劫掠的念头，并且会立刻屈从于这种诱惑。出乎预料的障碍会被狂暴地摧毁。”

相关新闻透露，这七位少女是“结拜姐妹”，实际上已经形成了一个小帮派。当“帮派利益”形成后，这些人实际上已经将自己的灵魂部分交给了帮派，“与魔鬼缔约”，若是一起“做大事”，便会让自己成为帮派机器中的一个零件。少数服从多数，温和让位极端，“群体时常会混杂、融合、聚变，获得一种共有的、窒息自我的本性”（莫斯语）。久而久之，个人道德不得不屈从于群体意志，个人理性不得不屈从于群体情感。人们因为“理智丢失，责任分散”而丧失自己做人与合群的底线，就像被卷入了一场疯狂的舞会，此时此刻只有集体疯狂，人生舍此全无意义。

与此同时，在谴责这些少年的暴行时，更要直面导演李杨镜头下的“盲社会”。当一个人甚至一个群体失去理性时，整个社会应该如何面对，是保持目光明亮还是熟视无睹？显然，就公民社会责任而言，透过发生在开平的这出悲剧，我们所看到的却是太多失望。尽管许多在私下传看过视频的学生包括一些成年人都知道个中行为是有罪的，但是竟没有一个人去报案，因为“怕惹麻烦上身”。

和李杨的“盲系列”电影（《盲山》《盲井》）相反，由蒋雯丽主演的电影《刮痧》反映的则是另一种社会现实。在这部据说反映中美文化冲突的电影里，美国医生给中国小孩例行身体检查时偶然发现孩子背上有刮痧留下的印痕，立刻电话报警。随后，警方不仅通知儿童权益保护机构出面，甚至决定暂时剥夺孩子父母的监护权，有问题法庭上见。

发生在开平的这起案件无疑暴露了中国未成年人保护方面的问题。然而，我更愿意将此归咎于这些孩子以及周边社会人权观念的淡漠。所幸在作恶者狂欢、围观者绕行的时刻，如今还有互联网——所幸网络睁开了正义之眼。

“网络弹劾”与公共戏剧

抽烟不但有害健康，也可能有害仕途。2009年，一度闹得沸沸扬扬的南京市江宁区房产管理局局长，以抽1500元一条烟闻名的周久耕，被免去房产管理局局长职务。

从官方通讯社的报道来看，周久耕被罢官不外乎三个原因：一是“发表了不当言论”；二是“存在用公款购买高档香烟的奢侈消费行为”；三是“在社会上产生了不良影响”。在这里，前两个问题应该都不是真正的问题，否则周久耕官早就丢了。显然，其丢官的关键在于第三条，即犯了众怒。

早在此前，在周久耕表示自己坚决查处降价房是“对百姓负责”之后，许多网民不但不买账，反而对他的言论“厌恶至极”。在绝大多数人看来，房价只有降到大家买得起的水平才是真正“对百姓负责”，否则一切免谈。

由于中国尚没有真正意义上的官员财产申报制度，又因近年来有若干房管部门领导因腐败下台，在不知道周久耕究竟有多少财产的前提下，网民的确有理由浮动“腐败猜想”，质疑他凭着一点公务员薪水如何能开得起凯迪拉克，抽得起1500元一条的烟，戴得起10万元一只的手表。接下来的情形是，周久耕不但被“人肉搜索”，而且遭到了无数网民的戏弄与嘲讽，诸如“周至尊”“久耕托市”等民间词语应运而生，广为流传。一场集体参与的“网络弹劾”由此渐渐进入高潮。

就在网民享受“弹劾”之愉悦时，必须承认的是，只能盯着某位官员的香烟、手表来反腐败，充其量只是一种表面上的、肤浅的反腐败。对于这种蜂拥而起的“网络弹劾”，我宁愿将其视为一场轰轰烈烈的公共戏剧。而且，虽然在现实生活中它偶尔起到了“弹劾”的作用，但在反腐败效率方面却是十分低下的。这不仅表现在它从头到尾会花掉网民大量的时间和精力（更别说有时还会功败垂成），更重要的是，在舞台上人们追求“戏剧正义”，然而当观众各自离开剧场，几人还会去关心那个丰富了他们业余生活的反面典型？

仅就约束权力而言，网民这种即兴而业余的反腐败尽管不乏意义，但其更多只是标本意义或象征意义。显而易见，当下中国最需要的仍是独立机构的专业反腐败，是一整套能够在日常约束权力的有效机制。如果没有这种有效机制，那种体现或者奉承广场民意的反腐败，完全可能沦落为一种意见的装饰，一种为民意泄洪的政治技艺。

当然，另一方面，社会进步有一个过程。透过周久耕“对百姓负责”这一政治表态在网上所受到的“民意狙击”，不难发现今日中国社会已取得怎样的成长。从政治传播的角度而言，说是一回事，做是另一回事；怎么说是一回事，怎么理解又是一回事。众所周知，在过去一些官员们大谈“为人民服务”时，人们通常只知被动地接受“服务”，却很少有渠道反馈这种“服务”质量如何，能否更换。而现在，借助网络，以网民形象出现的公民们可以对那些伪称自己“对百姓负责”的官员集体说不。

网民不是全体人民，但在这个时代它却有着极其特殊的现实意义。和“人民”这一概念不同的是，网民不只是一个集体称谓，它更是一个个意见终端与权利终端，一个个具体的人，它兼个人身份与集体身份于一身。当“人民”变成网民，每个人都是直接表达自己意见的权利主体，每个人都是集体利益最真实的代言人。正因为此，网上流传的各种有关周久耕的零星反对意见，最后能上升为一种不谋而合的集体表达，能够汇聚成强大的民意潮水，终于浮走了混世者的官帽。

今日中国，网络更是一种推动社会运动和社会进步的工具，担负着相较其他发达国家更多的时代重负。毋庸讳言，在过去政治表达十分落后的条件下，民众尤其缺乏集体表达反对意见的渠道，而现今网络鬼斧神工、攻城略地。拜其所赐，民众随时可以端起键盘，成为表达自己公共意见的网民。而“网络弹劾”戏剧的真正意义就在于，它一次次激发人们关注公共事务的兴趣与信心，不断培养和历练人们的公共精神。在此意义上，这种公共戏剧的意义远非“反腐败”所能丈量，因为它不仅关乎社会道德之再造，同样将以滴水穿石之功再造政治。

对于一个社会来说，民意崛起并非可以取到立竿见影的效果，有时还可能毫无作用，因为民意会遭遇强力的抵抗甚至反噬。比如说，每位公民都应该享有宪法赋予的言论自由，但在实际操作中，我们却看到许多无法无天的县官使其治下的异见公民因言获罪。与此同时，对于制度建设的推动也往往收效甚微。但是，网络的存在已经让制度内的“害虫”不敢过于招摇，因为它们随时可能被聚焦于网眼之下，被定点爆破。古有“看杀卫玠”，今有“看杀贪官”。

互联网执政与眼球权利

据称，在“黑砖窑”事件曝光时，当时的山西省长于幼军一直高度关注网上的反应。“有一次，我起码打了十几个省厅和地市官员的电话，问他们‘有没有看网上？’都说没有，都不重视网络。”今日中国互联网不仅是一种认识真理的工具，同样是一种新的治理工具。从中央到地方，中国政府对互联网的重视是显而易见的。在2008年“两会”上，中央领导人希望网络能成为民众与中央沟通的平台，互联网将从学用、商用、民用走到政治生活前台，更加深刻地影响中国社会。

地方官员也在不同场合鼓吹学好、用好网络，“如果党政官员不愿、不会、不能利用网络和群众保持沟通的话，那可能就会变成现代社会的聋子和瞎子”。

互联网改变执政观念。执政党对互联网的重视在一定程度上表明了网络时代的中国政治进入了一个新阶段。与此相关的背景是，据中国互联网信息中心2009年1月份的统计数据显示，中国网民数量已经达到3.6亿，居世界第一。网民的政治参与，部分弥补了现实政治表达的“贫困”，日益影响着政治决策和高层思考。即使是那些曾经视互联网为洪水猛兽的人也渐渐相信，与其把互联网视为挑战，不如顺势而为，使其变成可以提高政府执政能力的一次机遇。

所谓“互联网执政”不过是“新闻执政”的拓展。“新闻执政”（Governing with the news）的提法源于美国白宫发言人，它区别于传统政治传播中的“宣传统治”（Rulling by Propaganda）。不难发现，在由封闭走向开放的路途中，中国同样经历着由“宣传统治”到“新闻执政”的转变。国务院新闻办的官员亦表示，中国政府应对新闻媒体的态度已由“媒体控制”“媒体管理”过渡到现在的“媒体合作”。

据说美国总统的新闻班子会适时地把信息透露给守在白宫外的记者，并将此视为“给野兽喂食”。不幸的是，在一个处在矛盾凸显期的社会，公众同样像渴望正义之肉的野兽，他们通常会在间歇性发作的正义声讨中“尝鲜即安”，然后心满意足地离开，这也是许多争端大事化小、小事化了，不能彻底解决的原因所在。

显然，互联网上的拦轿喊冤和随之而来的互联网执政并不能实现人们期许的普遍正义，因为互联网并不足以支撑起一套行之有效、一以贯之的规则，不能消解制度上的贫困。如果一个社会凡事都要靠民意来推动，那么其制度建设就一定有不尽人意之处。显而易见，民意更需要在制度上落实，而不是依靠网络上风起云涌的街头运动“头痛医头，脚痛医脚”。零星的社会工程诚然需要所有人的努力，但是这种“计件式维权”终究不如扶起一种制度更有效力，更符合一个宪政国家的政治伦理。

政治是管理公共事务的艺术，善治的实现必然离不开公众的广泛参与。然而，在网民毫不吝惜地赞美互联网为中国正在形成的开放社会立约时，同样应该看到，互联网议政与互联网执政的过度繁荣，也从另一个侧面反映了其他治理途径的严重缺位，尤其反映了主流媒体——诸如报纸、电台、电视台——作为舆论平台的失效。在中国，网络更像是政治与社会表达的一个替代品或者集合器，它集街头运动、议会辩论、舆论监督与社会监督等于一身。它表面上热烈无比，却又有着杂烩一切的暧昧。作为博弈工具的互联网，一次次见证了原本可以在法院解决的问题，却不得不首先经过一场场轰轰烈烈的“媒体审判”或者“互联网审判”才能推动;原本可以在日常行政中解决的问题，却要通过互联网上风起云涌的声讨“定止纷争”。

比如“厦门PX”事件中，百位政协委员的提案曾被搁置一边，直到这一切被搬到互联网和手机上才渐渐引起重视。同样，山西“黑砖窑”案引起全国声讨之前，山西地方官员却像是生活在巨大的盲点之中，实乃熟视无睹。

还应该看到的是，靠吸引眼球而获得的权利只是一种“眼球权利”。如果不能真正在制度的日常运行中保障这种权利，一旦公众的视线挪开，维权者难免会再度陷入“权利的贫困”。

从下跪到散步

有了危机怎么办？对于有些人来说，最省事莫过于两种：一是自杀，二是下跪。

比如说在电影《色·戒》里面，女主角王佳芝稀里糊涂地做了特工，在执行任务前，特工头子给了她一粒毒药，让她在“情急”时吃下去。这个招数无疑是十分狠毒的，意思是你要是失败了，就不要再连累组织了。这种“置成员于死地”而“求组织之后生”的偏方早已广为人知。

至于下跪，电视机里，大导演们更为大臣与草民们设有“专跪”，须臾不忘推销帝王时代的美好生活；网络之上，“跪求”一词也同样像瘟疫一样传遍了每个角落。此外，近年来有关下跪的消息，虽说是“新闻”，但对许多人来说，却也是司空见惯寻常事。比如说，西安10户购房者因开发商未按时交房在售楼处跪求返还首付款；南京一老妇因孙子打人当街跪求不要报警；桂林一老汉当街跪求一男子还他刚从三轮车上掉落的一袋薯粉；胶州一女考生因错过考试最后入场时间，向监考人员下跪求情；重庆一公司搞“下跪训练”，让员工当街下跪乞讨，据称乞讨是该公司的培训项目。更令人哭笑不得的是，在法制“休克”时，有执法者同样使用“下跪疗法”：北京某交警抓到一辆违章车，司机70岁的母亲下跪希望通行，而这交警无奈抢先给她跪了下来，算是把“非下跪不足以抒情”演绎到了极致。而此前，他的一位包头同行为了维持交通秩序索性跪到了地上……

令人称奇的是，二十一世纪的今天，有关权利、法律和商业之事，如何竟要通过下跪来解决？莫非这就是所谓“男儿膝下有黄金”？而且取之不尽，用之不绝？中国人的膝盖更像是一座金矿，如果不能逢山开路、遇水搭桥，那就在自己的膝盖上寻找出路。种种“下跪新闻”

似乎在向我们道明中国社会生活里的另一种真相——一方面，非下跪不足以维权；另一方面，非下跪不足以抒情。

虽然我们对社会组织的成长时常抱以厚望，不可否认的是，如果没有头脑，失去人对个体尊严的感受与领悟，这个组织充其量只能发展成一个庞然大物，而不会使社会有力量。或许这也是当下中国“洗脑型企业组织”的困境所在。关于这一点，看看市面上流行多少“向军队学管理”之类的书籍就知道了。

百余年前，英国传教士麦高温在《中国人生活的明与暗》中嘲讽中国士兵不能抬头挺胸，“没有充分利用父母赐予的每一英寸高度”。美国传教士明恩溥同样在《中国人的素质》谈到中国人的糊涂生活：当有一个曾经当过兵的仆人被问及自己的身高时，他们都没有计算肩膀以上的部分。因为对他来说，负重时锁骨的高度才是最重要的。明恩溥由此嘲讽中国人——“除了脑袋之外是要派各种用场的，因此忽略了脑袋”。考虑到当年绝大多数中国人缺乏独立思考的能力，这种描摹也并非无中生有。

更令人痛心的是另一种“有组织下跪”。2007年，蚌埠东部的鲍家沟的村民，奔走呼号十几年解决不了当地日益严重的污染问题，最后百般无奈的村民们只好组织起来，当然不是做什么惊天动地的事情，而是趁着国家环保总局检查组前来视察时“紧急下跪”——上百位村民守在村口“跪请政府治污”。

尽管网上也有“跪求”，有“Orz”（英文字母模拟的跪姿），但是网络让许多中国人的生活开始变得昂扬，却是不争之实。中国向何处去？每当看到那些习惯于“意识形态问题意识形态解决”的朋友们流露出某种悲观情绪时，我便会反问：你是否想到传播技术的发展对于中国有着怎样的意义？

如果能够看清政治的本质就是传播的艺术，就不难理解一项具有革命性的传播技术的发展必然会改变一个社会的政治与生活。互联网对中国而言具有史诗性的意义即在于此。

当然，一项技术从发明到广泛运用会有一个时差。在手机刚开始流行的时候，尽管手机都内置了收发短信的功能，但是大家却很少用它。直到2001年开始，短信的使用量才出现了井喷式增长。忽如一夜春风来，千树万树梨花开，短信神话向我们表明，那些蛰伏于日常生活中的传播科技，可能在无声处酝酿惊雷。

2006年8月15日，重庆彭水县教委办事科员秦中飞因为用短信的形式写了首《沁园春·彭水》，而以涉嫌“诽谤罪”被关押一个月。该案被曝光后，在舆论压力下秦中飞才得以告别“短信狱”，当地公安局、检察院最终承认秦中飞诽谤案属于“错案”。如果说“秦中飞案”最初表现为一位公民的单打独斗，那么2008年发生在“厦门PX”事件则展示了另一个视角。出于对自己居住的城市的爱护，短短几天内，厦门人创造了“百万短信议政”的纪录。由于此前代表民意的105位政协委员的反对声音被轻视，这里的“短信议政”更像是一种社会自觉，是一个群体在意识到自己身处危险之中的“紧急救济”。在官方的救济通道不畅时，正是新兴的传播科技给社会带来了新的救济的可能，使“大家一起去散步”成为可能。正因为是“新兴的”，才让固有权力部门猝不及防。尽管其后“厦门PX当局”仍然摆出“只许政府劈叉（PX），不许百姓散步”的威权Pose，然而，于民心大势而言，终究只是螳螂一臂。

从“秦中飞案”的即兴嘲讽到厦门“反PX”时的群起议政，不难发现，借助短信、互联网等传播方式，被讥为“犬儒化”或“马铃薯化”的中国人在群体沟通、联合以及社会网络化方面已经有了更多选择。2007 年台湾地震导致许多中国人无法正常上网，其间所有烦躁不安，已深刻说明科技对于今人“识字、进步、生产”究竟有多么巨大的影响。生活便利与民心向背已经决定了中国社会的互联网化具有刚性发展势头。而这种不可逆性同样表现于“短信议政”的具体实践。不难想象，即使某些权力部门反对“短信议政”，也不可能真正收回民众收发短信的权利，更多只能在过滤信息方面为所欲为——而权力的使用一旦下放到技术层面，其实一切已经简单了。

换句话说，在全世界都在点电灯时，有权有势者即使有心让自家囤积的劣质煤油卖个好价钱，也不敢明目张胆地否定电灯的价值，更没有能力冒天下之大不韪，让人们唾弃电灯而团结在昏昏欲睡的煤油灯下。

再造新文明

一百多年以前，在信息时代尚未破晓之时，大概是意识到人们对信息的过度攫取会毁掉自己的生活，梭罗离开了喧闹的城市，走近了瓦尔登湖。就像今天，拔了网线，关了电视，过不被信息垃圾包围的日子。显然，对于绝大多数人来说，那些发生在远在天边的大事小情，无论是一场血淋淋的自杀式袭击、绑匪的演讲，还是女明星成功或者失败的隆胸术，与我们的生活其实是毫不相干的。

我们不得不面临这样的尴尬：无用的信息管道像章鱼的爪子一样连接我们身体与生活的每一根神经，有用的信息却在黑箱之中无路可寻。这种失衡让我们提倡使每个人免于成为“标准阅读器”的“第六种自由”时显得多么力不从心。

笔者从 1996 年开始上网，一路见证了中国网络社会的荣辱与成长。相信许多朋友也和我一样，在网络上度过或者耗费了一生中最美好的光阴。有时我们也会因为自己成为“信息成瘾者”变得烦恼不安，即便偶尔下定决心享受几个“信息斋戒”的日子，也难免会像个网络时代的逃犯一般鬼使神差地接上网线，再被网络引渡回来。然而，尽管知道互联网并非享受生活的美好所在，但对于那些关注社会成长的人来说，互联网却是一个必不可少的“时代监视器”，一条参与政治与社会生活的街道。在这里，你不仅可以看到这个转型时代的困顿与挫折，更可以触摸到这个时代的脉搏与心跳。

和许多人相比，对于当下中国的转型，我有着较为乐观的判断。一个最重要的原因便是传播的发展既在一定程度上改变了人们生产、生活的方式，同样在改变人们的思维以及社会结构。正如著名传播学者哈罗德·伊尼斯（1894—1952）所断言：“一种新媒介的长处，将导致一种新文明的产生。”如果伊尼斯先生有幸活到今天，相信他会激情澎湃地将这个时代的文明定义为“互联网文明”。

如何做一个网络时代的好公民？在本节结尾，还是让我们回味阿尔文·托夫勒写在《再造新文明》一书中的那段话吧：“容许犯错，不妄下断言，尊重多样性，再加上一些幽默感及有所节制，这些是我们展开二十一世纪的新旅程时，行囊中不可或缺的求生工具。”

“周老虎”
——一个时代的标本

世界上从来不乏“用谎言教导谎言”的例子。比如母亲为了教导孩子做人要诚实，便会对孩子说：“小朋友千万不可以说谎喔！否则他的鼻子就会变得很长，像小木偶的长鼻子一样。”与此相比，对于那些不断地掩盖真相的人来说，所要做的则是“用谎言守卫谎言”。这就是我们通常所谓的“撒一个谎，就得用一千个谎来圆它”。

一场平民与真相的恋爱

当然，这里的“守卫”，并不意味着说谎者只是龟缩于精舍，他同样走街串巷具有进攻性。比如你刚拿出一个证据，他便会一口咬定证据是伪造的，怀疑你的人格。然后再动情地向大家表白自己如何被人陷害，如何三过家门而不入，以及爱国等等。

就在人们努力寻找有关“周老虎”的真相之时，我们也看到，有媒体挥起道德的大棒教训人们多关心“民众疾苦”，仿佛它们是因为关心民众体力不支才跑到这个娱乐场上来喘口气，或者搬援兵来的。显而易见，这种表白不仅无视了在意见市场里每个人都有各自言说的权利，同样忽略了追寻华南虎真相所负载的意义。

或许“周老虎”的虎头虎脑不会像格瓦拉的头像那样流行，但是无论如何它已经成为人们代言真相与谎言交锋的一个符号。同样重要的是，透过这次刨根问底的追寻，我们看到了对真相的渴望使社会找到了一种久违的团结。在此意义上，寻找“周老虎”背后的真相更是在重建或者重申一种价值伦理与道德风尚，而那些指责媒体陷于混乱、丢失责任的人，真应了我常说的那句话——只是看到了时代在交媾，却看不到时代在孕育。

这是一场平民与真相的恋爱，如诗人海子所说：“今夜我不关心人类，我只想你。”对于许多人来说，这里的“你”，就是真相。而你，也在人类之中。

什么力量让“周老虎”落网?

2008年6月29日上午，陕西省政府新闻办通报了“华南虎照片事件”调查处理情况，宣布农民周正龙拍摄的“华南虎照”是一个用老虎画拍摄的假虎照，雪地虎爪照片也是用事先制作的木质虎爪模具捺印的。周正龙造假，涉嫌诈骗罪，已被提请批准逮捕。13名责任人受到行政处理。

继13名官员被处理、周正龙被批捕之后，陕西省罕见地召开数年未见的整风大会，要求各级干部吸取教训。据称，陕西省已要求省林业局等作出书面检讨。同时，林业系统职员被禁止再谈论“华南虎照”处理结果。个中缘由，耐人寻味。不过许多人仍然相信“周老虎”事件还没有真正落幕。

就在周正龙成了“最大输家”的同时，打虎派内部也在悄然分化，一些人开始对周正龙这个“替身演员”抱之以“同情”。一方面，官方所谓的新闻通报内容都在意料之中，而且撇清了有关公职人员参与造假的嫌疑；另一方面，且不说周正龙是否真的有罪，在这起疑似集体造假的案件里，让周正龙一人“受罪”，显然有失公正。如果周正龙是为诈骗2万元奖金，那么1000万国家拨款又是谁的目标？为此，许多网友认为眼下最需要做的是对周正龙的PS水平进行鉴定，借此揭开这场涉嫌集体造假事件的更多真相。谁又能相信一位普通农民此前能够任凭全国舆情的风吹浪打，却“胜似闲庭信步”？早在2008年5月初，“华人福尔摩斯”、美国著名刑侦专家李昌钰博士不也对着虎照发了一通意味深长的感叹：“照片后期处理得相当好，我只能说咱们中国农民很不错，PS的水平太高了”。

不过，无论如何，从一开始“挺虎派”与“打虎派”的分立，到政府顾左右而言他，直至现在公开宣布处理结果，狙击纸老虎总算是取得了一次小胜，至少真假已辨。虽然一切还没有过去，或许还有更多真相有待揭开，但回顾这场骗局怎样被揭穿，总有一些力量值得我们思索与怀想。

a. 真相的力量

“谎言重复一千遍便是真理！”对于希特勒时代的宣传部长戈培尔的这句话，相信许多人都不会陌生。此前的另一个德国人，铁血宰相俾斯麦却是这样揭示谎言，“在打猎之后、在战争之中、在选举之前，都是一个人说谎最多的时候。”无论从政治、生活，抑或是人性的角度，理解俾斯麦的这个观点并不难。只是，在影像流行的今天，“说谎最多的时候”似乎还应该包括“在拍摄之后”。因为蒙太奇与PS是那样容易以假乱真。所谓“PS”，简单说就是通过制图软件对影像进行扭曲变形或者移花接木。

八个多月来，尽管在面对媒体与网民质疑时，周正龙一次又一次地欺骗舆论，甚至表示愿以自己的脑袋担保虎照是真的，周家父子“甘愿为作假去坐牢”；尽管陕西省林业厅的部分官员火速开博并且调动自己的泪水与“爱国主义”一次次为周正龙的“义举”辩护，甚至真相大白时仍在感慨不要让“华南虎照”沦为现代“和氏璧”；尽管此后还有周正龙拍到的“虎爪印”作为其不曾撒谎的佐证……但是，一个常识是，无论有多少谎言，重复多少次，有过多少修饰与强调，真相永远只有一个。相对真相来说，谎言永远是谎言。谎言重复一千遍也还是谎言，就好像1000个0相加之和仍然是0一样。

作为一种客观而且唯一的存在，真相不服从任何权力与权威的宣判，也不会为多数人或者少数人的意见改变自己的面貌。真相只可能被遮蔽，但是永远不会被改变。尽管人们时常视抵达真相为畏途，但是，真相永远站在那里，即使有些是我们暂时甚至永久无法触摸到的，但是，无论如何，真相永远都会在那里等待人们去发掘，真相也因此将给那些寻找它、相信它存在的人们以力量。

b. 网络的力量

互联网不仅是一种信息传播的工具，也是一种价值观，一种追求真理的方式。“纸老虎”事件同样表明，真相不是凭着几张照片与几场官方新闻发布会便可以“宣布出来”。真相必须经受检验，只有通过对场景的不断还原，不断寻得与拼装，不断地交叉验证，我们才有可能一步步接近真相。

在此，让我们感谢互联网及互联网精神，并一起见证中国公民探寻真相的能力的崛起。毫无疑问，互联网的发展对今日中国以及世界具有史诗性的意义。阿基米德曾经说：给我一个支点，我可以撬动地球。今天，我们同样可以说，给公民与社会一个网络的支点，虽不能撬动地球，却可以撬动任何由谎言编织起来的帝国。

"周老虎"事件最早被曝光是在著名摄影网站——色影无忌论坛上，众多摄影爱好者从老虎大小、拍摄远近比例等专业角度分析后，均认为虎照有假。伴随着"挺虎派"与"打虎派"的激烈交锋，越来越多的社会力量开始卷入其中。直到"老虎卧瀑图"的最终出现，将"周老虎"还原为"年画虎"，有关虎照的真假已无悬念。有评论指出，"打虎派"里的中科院北京植物所研究员傅德志、法律人士郝劲松、义乌年画商骆光临，分别代表了三种力量：科学、法律和事实。显然，能将他们的意见合而为一的正是网络的力量，正是无数网民的参与。

c. 时间的力量

这一力量，与其说是时间，不如说是坚持，是对真相的锲而不舍。人们常说，时间是最好的治疗师，时间会让人淡漠痛苦与羞耻。其实，时间并不只是让人忘记，时间同样会让人跨越艰难，记住过去，同样会拂去流沙，为人们捡回失落的记忆，让被遮蔽的真相逐渐显现。

11 月 15 日"年画虎"跃然网上，有关专家与年画印制厂商也表示"有 99% 的概率是同一只老虎"——这已经是亲子鉴定的概率了。甚至连著名的"挺虎派"也开始公开"反水"，直言"周正龙虎照片为假"。有关真相的另外的"1%"大概也只剩下周正龙及其他相关造假方的正式表态了。伴随着反对力量的逐渐占据上风，尽管周正龙扬言要起诉厂家和网民，显然也不过是虚张声势以作抵抗。谁都知道，这一幕闹剧此时已经接近尾声。当大家苦求的真相几乎变成了人所尽知的“常识”，最后大家等待的不过是一个投降仪式。尽管大家心知肚明，就纸老虎的真假问题而言，这一投降仪式已经没有什么决定性影响。大家等待的只是更多真相与具体的问责。

为什么许多人仍在为一个迟到的仪式而寝食难安？为什么真相大白后官方依旧沉默，而周正龙可以继续像大明星一样四处出镜？如果说周正龙只是一个“替身演员”，那么藏在他背后的若干演员、导演与投资方又姓甚名谁？尽管这一切有所拖延，但是自始至终人们并没有放弃“讨回真相”的努力——怀抱真知与理想，心存希望，相信时间。只要相信时间，时间就会站在追求真相的人一边。

d. 象征的力量

2007年发生在重庆的“史上最牛钉子户”事件为什么会成为众人瞩目的焦点，一个重要原因就在于它石破天惊地出现在世人面前时便已经具有被符号化与象征化的潜质，并且很快地被赋予时代内涵与象征意义。

同样，在媒体与网民的极度关注下，“纸老虎”的出现很快形成标杆被公众添加意义。一方是造假者信誓旦旦，浑水摸鱼，混淆是非，寡廉鲜耻；一方是质疑者拼装细节，众志成城，仔细求证，穷追猛打。互联网时代，一场真理与谎言的搏杀就此展开。“周老虎”事件完成了社会力量有权利、有能力探寻真相的一次总动员。与此同时，在真相水落石出之时，这一事件更成为衡量民意在转型期中国与网络时代究竟有多重要的一块试金石。

当然，这一切也为我们提出一个时代疑难，其他非典型的或者未被发掘“意义”的“周老虎”可能因为不被关注而继续招摇。

e. 马戏的力量

众所周知，自罗马以来，世界上便有了“面包 + 马戏”的统治术。面包自然是让人吃饱肚子“不去造反”，而马戏是让人耽于娱乐“忘记造反”。当给予面包与马戏便能说服民众，使之有了肉体上的基本满足与精神上的享乐消磨，并且因此丧失批判当权者与改革政治的动力，一个社会便有可能从此“太平”。事实上，这也是古罗马的统治者大建角斗场的原因之所在。如今，传播或者文化学者时常感慨，尤其在大众传媒俘获了人们的视听之后，后者将会“娱乐至死”。

然而，在一定程度上，“周老虎”事件或许可以纠正人们对“马戏”的偏见。如果我们承认能够制造流行的马戏对正统或者权威具有一种难以言说的解构力，就不得不看到转型期中国网络上的种种“解构性恶搞”或“参与型马戏”的存在让我们看到了另一种生机。

积极参与公共事务时常需要一种高尚的情怀，但是这并非必要条件。如果大家觉得有利可图，即使是“微利”，也有可能会参与。当然，这种“微利”可能是实体上的，也可能是精神上的。具体在“周老虎”一事上，“打虎派”之所以越聚越多，同样是因为人们从荒诞不经的谎言中找到了乐趣。作为对“周老虎”PS 技术的呼应或者反叛，网上很快出现了“我拍到了野生周正龙”“野生外星人”等等图片。马戏式的解构、欢娱与嘲讽显然推高了人们对这一事件的传播、参与和关注度。

“周老虎”事件的被广泛关注也将让我们看到社会运动的发生与发展及其出路。一个时代的进步总在细微中发生，一点一滴向前，而是否有大进步同样在于利益相关方是否“有利可图”。至少“周老虎”事件便是这样，有人要观摩互联网时代的马戏风云，有人要显示自己 PS 图片的技艺，有人要张扬自己的科学精神与良知，有人要规范政府行为，有人要访问量与发行量……正是上述种种无意的共谋促成了这桩推动社会进步的生意。只要各种力量能够汇集其中并且充分博弈，只要大家能为自己的利益与感受自由发言，社会终究会走向开阔之境——朝善的方向，即使是以蜗牛的速度前行。

吃吃喝喝的民主

——“网络咖啡”精神源流考

卡尔·波普尔说：“人类历史并不存在，存在的只是人类生活方方面面的历史。”一个社会的民主历程同样包含了各种生活方式与生活观念的进步。

由于民主与社会生活的这种紧密联系，在我们考察民主的生成与发展时不得不将目光投向那些生长于日常生活中的细枝末节，而本文所要关注的正是那些为许多宏大叙事论者所不愿提及却又在真刀实枪地影响着人类文明进程的“吃吃喝喝”。

显而易见的是，民主实践并非只是建立起一种简单的投票制度并在此基础上完成所谓民主精神的“间歇性发作”。民主不仅仅是一种制度，更是一种生活方式、思维方式与精神气质。

饮品中流淌江河

中国人习惯用“源远流长”来概括自己的文明。和世界上许多文明一样，饮料有着同样悠久的历史。且不说进化论相信人是从水里一点点变出来的，回顾有史可载的文明，那些曾经盛极一时的文明古国无一不是择水而居。

水是人类最早的饮品。随着文明的发展，水不断地被赋予意义。在中国，除了洪水记忆之外，诸如“防民之口，甚于防川”“上善若水，厚德载物”“水能载舟，亦能覆舟”“摸着石头过河”等等都印证了水与文明进程息息相关。至于《红楼梦》里的“任凭弱水三千，我只取一瓢饮”，更说明在文人墨客的眼中“水”就是“茫茫人海”。

托尔斯泰曾经在《酒色与生命》里质问人们为何拒绝清醒——喝酒是为了窒息自己的良心。无疑，中国历史是充满了酒气的，其中既有天子呼来不上船也不上床的才子佳人，亦有像魏晋刘伶那样的自我放逐者——整日醉醺醺，像个村干部，还让人扛一把锄头跟在后面，嘱咐“死便埋我”。

为什么人们愿意通过饮料来寻欢作乐？美国作家汤姆·斯丹迪奇在《六个瓶子里的历史》一书里对此作了细致的分析。以酒为例，在斯丹迪奇看来，这种饮品之所以受欢迎就在于它是均质物，只要是同一坛子里的酒，每个人得到的都是一样的。在这方面，它比鱼肉更有优势。

显然，这种便于分享的特性使饮品天然地获得了进入公共生活的通行证。与此同时，这种开放性与流动性意味着一旦有人下了药，所有饮用者都会中毒。由此我们不难理解为什么人们会在共饮时产生一种“同壶共济”“有福同享，有难同当”的公共精神。或许正是这个原因，古今中外的“梁山好汉”们在搞“诙谐黑社会”时要大碗喝酒、开香槟庆贺。尽管椅子上早已排出了座次的高低，但在喝酒时大家觉得彼此还是平等的。

今天，包括咖啡、茶、酒、可乐在内的各种饮品可以轻而易举地抵达世界每一个角落。如上所述，饮料的作用并不限于解渴，它同样作为一种完备的意义系统在参与人类的社会生活。当反全球化人士将象征“美国势力”的可口可乐打翻在地，我们不难看到饮料被赋予了一种怎样的文化内涵。它们汇成一条条看不见的江河，在社会中载浮载沉，见证各自的命运。

从雅典到罗马，两种饮酒方式

埃斯库罗斯说：“铜器是外貌的镜子，葡萄酒是思想的镜子。”显然，古希腊人更钟情于葡萄酒。在他们看来，只有野蛮人才喝啤酒。不过，具体到饮酒方式上，同样钟情葡萄酒的古希腊人和古罗马人却有着两种截然不同的态度。

古希腊人的交际酒会是一种类似现代沙龙的聚会，人们相聚畅饮，分组辩论，展示各自的才情与立场。酒的均质与平等以及人们约定俗成地从同一个容器中取酒，无疑使古希腊的交际酒会具有某种民主的品格。

据说苏格拉底能饮善辩，当时也经常光顾这种交际酒会，而且当别人都喝醉时，他能保持清醒。柏拉图因此称赞他能够通过葡萄酒寻找真理，却又不为美酒所奴役。不过，在柏拉图看来，更多的人并不配享受美酒。在《理想国》中他反对民主，认为把过多的权力放到民众手中会导致无政府状态，更多人“饮少辄醉”，不配享有民主的美酒——而且，只有专制才能改变这种无政府状态，恢复社会秩序。

罗马人曾经慨叹自己征服了希腊，却被希腊文化打败了。这句话多少有些言过其实。显然，他们虽然继承了希腊人喝葡萄酒的风俗，却没有继承希腊人的民主精神。在取代希腊人成为地中海霸主后，罗马人很快将葡萄酒分出了三六九等。希腊人的交际酒会是平等的论坛，人们一边讨论哲学与人生，一边在公用的容器中取酒；而罗马人却在酒宴上为不同地位的人修筑了阶梯，大家在自己的碗里掺水兑酒，不再有公共的调酒器。与此同时，阔绰的主人还会带上仆人，以显示自己的地位和身份。

或许有人说，酒是个好东西。然而，在罗马时代，这个本可由世人共享的“好东西”，却因为程序的差异而导致完全不同的结果。这种差别难免让人想起古中国人发明的“阴阳壶”。这种壶的外表与普通壶并无区别，在宴会上也被视为一个公共的容器。不同的是壶内被分隔成两半，可以一半装美酒，一半装毒酒。在这里，“阴阳壶”更像是一个隐喻。人们将“喝着相同的酒”视为一种平等，为此甚至激动得抱头痛哭，然而，在不合理的制度或人为安排下，任何貌似平等的东西都有可能被破坏。设若装在“阴阳壶”里的美酒被人下了毒，那些未曾领略“民主美酒”的人，完全可能遭到“二次迫害”：他们不仅在肉体上中了“冒牌民主”的毒，更会在精神上得出一个“民主是毒药”的结论，仓皇逃离现场。

理性时代的网络咖啡

相较于理性时代的万种风情，我们今日生活似乎略显平庸，至少在饮料的发明方面乏善可陈。

十七世纪以前，欧洲是啤酒和葡萄酒的天下。不过，好景不长，它们很快被一个崭新的时代所抛弃——咖啡成了理性时代的最佳饮品。用一位英国观察家的话来说：“咖啡使欧洲各国的轮廓逐渐清晰起来。”

1667年，托马斯·乔丹在《来自咖啡馆的新闻》里写到，“如果你是个追求智慧与欢乐的人，如果你喜欢打探新闻，就像来自世界各地的人一样——就像荷兰人、丹麦人、土耳其人和犹太人一样，那我向你推荐一个去处，那里的新闻无所不有、包罗万象：去咖啡馆里倾听吧——那儿的消息句句属实……上至君主大事，下到老鼠轶闻，古今多少事，都在咖啡馆”。

从十七世纪开始，欧洲的咖啡馆里聚集了越来越多的客人。他们谈论生意与政治，交流思想与见闻。为了招揽客人，一些店主特意将近日货品价格、股票价格及航海时刻表贴在墙上，订阅外国刊物供客人阅读，顾客甚至能读到刚从印刷机上印出来的小册子。

耐人寻味的是，在1680年伦敦出现廉价的邮政服务设施后，咖啡馆成了人们收寄信件的重要场所。每个咖啡馆都有自己的老主顾，就像我们今天在家上网，他们一天通常会光顾几次，边喝咖啡，边听人们谈论大事小情，时而检查是否有自己的新邮件。毫无疑问，咖啡馆为我们铺开了一个新社会的蓝图：这是一个开放的不断有陌生人加入的新世界。如有政府要员在其日记中见证：在咖啡馆里，无论是深刻的哲理，还是繁复的生活琐事，你都可以自由地谈论，但是，你永远无法预料到你下一秒钟将遇见谁，以及会听到什么。

事实上，许多著名思想家便是在咖啡馆里完成自己著作的。比如亚当·斯密在“大不列颠咖啡馆”完成了《国富论》的大部分章节，并且会将它们拿出来与大家讨论。与此同时，活跃于巴黎的咖啡馆同样成为启蒙运动的重要源头。众所周知，狄德罗编撰《百科全书》的大部分工作便是在巴黎的“摄政咖啡馆”里完成的。与英国咖啡馆谈天说地、无拘无束不同的是，当时的法国咖啡馆表面上虽然可以自由进入，但是里面却藏了不少政府的耳目。人们不得不学会忍气吞声，直到有朝一日法国大革命乌云压城，一些激进主义者举起手枪，旁若无人地站到咖啡馆的桌子上高喊：“拿起武器，公民们，拿起武器！”

国王查理之烦恼

当然，咖啡占领欧洲并非一帆风顺。1652年，亚美尼亚人帕卡·罗西在伦敦开设了第一家咖啡馆后，火爆的生意很快引起当地酒馆老板的强烈抗议。不久，这个外乡人被赶走。而就在伦敦的咖啡馆遍地开花时，一些知名的学者与评论家加入到反对派的阵营，指责咖啡馆消磨了人们的斗志。更有女性抱怨咖啡吞没了她们的生活：由于喝了过多的咖啡，她们的丈夫“像沙漠一样不结果子”。

任何新生事物的崛起都会触及一部分人的利益，后者的反抗难免为专制者的倒行逆施提供某种民意上的庇护。显然，伦敦市民的抱怨正中查理二世的下怀。1660年，这位年方三十的落魄者因为得到聚集在咖啡馆里的民众的支持成功复辟。但是，敏锐的国王很快注意到以清教徒为首的反对派不时在咖啡馆里“为反叛密谋”。像所有嗜权者一样，曾经依靠咖啡馆登上王位的查理二世深谙个中玄机，于是动用了一种我们姑且称之为“过河拆桥”的政治手腕，试图通过关闭伦敦所有的咖啡馆来避免自己的成功之路被“野心家们”依葫芦画瓢。

查理二世的“居安思危”在一定程度上解释了为什么那些靠造反起家的“革命者”一旦大权在握，其针对潜在反对派的镇压往往比世袭王者还要用心险恶、变本加厉的原因。人们不会忘记，就在几百年后，为避免读书人的种子生根发芽冲破自己的统治，同为读书人的波尔布特们将海内外无数柬埔寨人诱杀。

无疑，理性时代的咖啡馆更像是二十一世纪互联网的文化雏形。

今日世界，我们很难想象将有怎样胆大妄为的政府会查禁互联网。然而，1675 年 12 月，查理二世着实冒天下之大不韪颁布了一道查禁咖啡馆的公告。不过，这个公告一宣布，立刻便引起全社会的反对。因为经过二十几年的发展，咖啡馆已经成为伦敦社会生活、商业生活与政治生活的中心场所。

就这样，这道禁令变成了一纸空文。查理二世虽然贵为君王，有权有势，却不得不拜倒在几粒咖啡豆面前，这或许就是我们通常所说的“形势比人强”。一份来自官方的统计表明，到十七世纪末，英国的咖啡馆有三千多家，而当时英国人口不过 60 万人。

餐桌上的民主

“茶杯里的风暴！”十八世纪，当孟德斯鸠听说圣马力诺发生政治动乱时曾经这样评价。在他看来，发生在圣马力诺这个仅有万余人口的小国里的动乱，对整个欧洲局势无足轻重。然而，对于处于转型期的国家来说，“茶杯里的风暴”往往是生活与思想之双元革命的开端，不容小觑——细心者甚至可以从中听到一个旧时代被摧枯拉朽的声音。

不可否认，人类文明史同时也是一部民主发展史。人们通常错误地以为，历史上的那些伟大的时代变革不过得益于几位时代英雄的“历史拍拖”与“一夜风流”。然而，文明的发展终归是一个系统工程，不是懒汉播种，可以毕其功于一夜。正如民主，无论你是否愿意，它更多是在经年累月地吃吃喝喝、唠唠叨叨中发生与消长。

回顾中国历史，人们或许会惊叹，同样是提神醒脑的茶叶为什么在英国奇货可居，而中国人却用它们换回了鸦片。关于这一点，我们或许可以从“莫谈国事”等招牌中找到答案。黑暗时代，“莫谈国事”

不过是一个社会无力反抗时的“免战招牌”。所幸历史终究要跨过泥潭，如今大行其道的“网络咖啡”让所有后进国家终于有机会异地重温了十七八世纪欧洲咖啡馆文化的万千气象。“网络咖啡”像是一种饮品滋润着中国人的精神生活——如有学者感慨：“国家是我的，凭什么要我莫谈国事？”

今天，当我们回首英、法等国家的转型，不难发现，由咖啡馆文化应运而生的餐桌上的民主与自由，作为一种秩序文明会沿着既有的逻辑自发地拓展。任何自由都可能从餐桌上生长到社会生活的每一个角落——从餐桌到书桌，从厨房到广场。君不见，今日巴西的议会大厦，其造型不就是一个面包外加一副碗筷？

为开放社会立约

转型时代必定经历一个辞旧迎新的过程。当旧的已去，新的未建之时，出现价值认同危机在所难免。在此意义上，咖啡馆对于两三百年前正处于激荡中的欧洲国家来说可谓居功至伟。一方面，咖啡馆把人们从旧有生活仪式与体制中解放出来，使每个人都可能成为压垮旧制度的最后一根稻草；另一方面，因咖啡馆而搭建的公共生活又让那些思想或灵魂失去了庙宇的人不至于无家可归。咖啡馆成了社会生活的枢纽，为人们在公共生活与私人生活间搭起桥梁。就像今天在中国开花结果的互联网一样，在理论上向所有公民开放。

不难发现，无论是传统咖啡馆还是现在的网络咖啡屋，其所订立的规则从本质上说就是为一个开放的社会立约。在这里，人们应该遵守一个重要原则就是将自己的社会地位关在咖啡馆门外。如那些做“启蒙运动的生意”的咖啡馆老板一再声明，“不论是贵族绅士，还是商业人士，我们皆欢迎，在这里，大家笑语盈盈，平起平坐。”“此处不设上座，以省去你的担心。阁下尽管随便入座，纵有贵人驾到，亦不必起身退避。”

刘易斯·科塞在《理念人》一书中指出，咖啡馆最重要的意义就在于去除了等级，并且在彼此接触中，形成了新的标准。在咖啡馆时代以前，标准是由贵族或宗教精英人物制定的，那些听命决策的人们处于相对隔离的状态，并不能公开讨论并检验这些标准。然而，当大家在咖啡馆里聚集一堂，人们不再只是悄悄地坚持自己的观点，而且还可以通过自由辩论形成一个群体意见并由此作出决策。如果人们每天享受跨越出身、等级和地位的交往，他们也必须尊重彼此的看法，培养倾听的艺术，“在此基础上形成一种尊重别人思想的合群、宽容的态度，填平沟壑，使分歧失去棱角”。

正是因为这种融合与重组，当许多人为往日中国价值体系的分崩离析而忧心忡忡，或为现实的羁绊而一筹莫展时，另一些人却选择了一种相对乐观的态度——一个社会改天换地的进程正在悄无声息的自斟自饮中酝酿，而于那个咖啡香浓、虚拟或现实的所在，于无数键盘与杯盏的辗转起伏间，人们听见了一个时代的脉搏。

第七章　补遗

二十世纪流血，二十一世纪流汗

——巴黎答客问

本篇访谈根据本书作者2004至2009年间的数篇谈话整理而成。一部分内容来自作者在巴黎寓所里与友人的闲谈，其余部分辑录于近几年间作者分别接受《南都周刊》《南方周末》《大江生活城市周刊》以及美国《芝加哥论坛报》、丹麦《政治报》、法国国际广播电台等境内外媒体采访时所表达的观点。

从鲁迅到胡适

问：中国人谈二十世纪，绕不过鲁迅与胡适。有人说，胡适是二十世纪少数堪与鲁迅比肩的大师，你怎么看鲁迅与胡适？

答：在关天茶舍回一些朋友们的帖子时，我谈到鲁迅和胡适不是一个境界，引来不少争论。有位网友读后说我运笔如龙，回答精彩，但也表示“看待胡、鲁二人，实在不须是坐翘翘板：把一人顶起来，就非要压下另一个去”。这点我是赞成的。在这里我要说明的是，我区分胡、鲁二人，不涉及各自的人格。在我看来，鲁迅更多是孤立、否定与苛刻，而胡适则是合群、建设与宽容。今日中国最需要的是宽容，而不是“一个也不宽恕”。

我推崇胡适不只是为了怀念他，还因为他对当今中国的济世功用。毫无疑问，中国社会现在是一个混合体。一个集前现代、现代、后现代“三位一体”的怪胎。当今中国如何真正实现现代化，实现文明政治、轻松生活，我认为有两个要件：一方面要保守已有的现代，另一方面需要现代、后现代文化瓦解前现代的消极的东西，就像网络文明正在无孔不入地瓦解专制主义一样。众所周知，后现代最重要的特征就是宽容，是多元化，是胡适先生晚年倡导的“容忍比自由还更重要”。此一层面，“鲁迅精神”显然是格格不入的。

李慎之先生说“二十世纪是鲁迅的世纪，二十一世纪是胡适的世纪”。我的理解是，“二十世纪是流血的世纪，二十一世纪是流汗的世纪”。前一世纪是革命的世纪，后一世纪是改良的世纪（我把它理解成真正的革命）；前一世纪风雨飘摇，终点回到了起点，基本上宣告失败；后一世纪需要大家的耐心，需要多一些坚定与坚守，甚至包括无可逃避的忍辱负重。不要像庸俗短视的革命家一样，盼着在有生之年看见革命的一切成果。

几年前，我第一次去海南旅行，当车子行驶在新修的宽阔路面上时，我突然有一阵感动。我在想，我写了不少慷慨文章，但之于中国的贡献，也许不如一位民工。他们虽然被泼上了廉价的污名，不如精舍里的学者们高贵，但修出来的路都踏踏实实，是可以看得见的。这种自责，一直延续到了今天，并有了下面的结论：我们这代人，与其拿着主义去“争夺青年”，还不如脚踏实地，像民工一样一点一滴地建设。他们修筑的同样是政治意义上的“第三条道路”。就像马尔罗所说，真正有济世精神的人，会忙于修建公墓与图书馆，而不是忙于革命。

在光明中失明

问：启蒙是否结束？什么是真正的启蒙？

答：有一次坐在索邦内广场的雨果塑像下面和一个德国学生聊天，她对我说，在西方，启蒙结束了，大家整天好像没有什么事，不像你们中国，危机四伏，德国人现在都不知道自己的敌人在哪呢！

启蒙结束了吗？我不这样认为，虽然基础主义与普遍主义的受挫让启蒙运动陷入困境。我十分赞同哈贝马斯的立场——既反对历史虚无主义对传统的否定，又不放过对现代性的各种弊病的批判。现代性是一项并未完成、需要不断完善、不断更新的事业。我以为，人类除了追求自己的幸福与自由外，没有其他的宏大叙事。后现代主义和启蒙时代的主义论一样，在这个追问下双双破产。一方面，宏大叙事颗粒化，每个人的精神都还原到最朴素的境地；另一方面，人人都追求自己的幸福自由，这是人的天性，这个天性汇合成一组宏大叙事。它将击破空洞与虚无，人类会因此团结。

康德说，启蒙就是人类摆脱自己加之于自己的不成熟状态。所谓不成熟状态就是：我们在需要大胆运用自己理性的领域却接受别人的权威。康德举了未成熟状态的例子：有本书能代替我理解，有位牧师能代替我拥有良知，有位医生代替我选择食谱。这几个例子，不幸预言了此后启蒙运动何以陷入困境，即启蒙者大包大揽，争当真理代言人、牧师与医生。然而，没有人能做到真理在握、绝对正确，因为我们生活在一个有限的世界；我们拥有的是短暂的生命；我们的知识理性同样是有限的，如波普尔所说，历史没有宿命，我们能做的就是运用自己的有限理性不断地纠错。在此意义上，启蒙没有绝对的是。

在法语中，启蒙是Lumi è re，是光明的意思。启蒙，说到底就是要有光。这种光不是先验获得的，也不可能被谁后天绝对掌握。启蒙没有结束，但是推销绝对真理的启蒙时代已经结束了。中国现在流行的某些精英主义仍然具有启蒙时代的一些危险特征。即，以自己的话语权的优势，对大众运用牧师与医生式的权威逻辑。历史是人民写的，历史文本却是知识分子写的。知识分子的这种职业便利，决定了这个群体通常自视过高，在解释历史与现实时，总倾向于夸大自己的作用。

以自己为救世主者就像这样一群“鸟人”，他们飘在空中，鸟瞰世界，自信真理在握，略作思考便可以为尘世开出包治百病的偏方。这是一种致命的自负。就像在黑夜里打手电，他们不是谦卑地把光打到远处，照亮道路、田野与山峦，让你自己判断该往哪走，而是对着你的眼睛照射，告诉你这就是你需要的光明，舍此全是黑暗。那一刻在你眼中，除了他们手电里射出的光亮外，你什么也看不见，导致启蒙后失明。这就是我时常提到的“在光明中失明”。梭罗在《瓦尔登湖》结束语里有句话说得也很好——那种使我们失去视觉的光明，对于我们是黑暗。

这个世界，每天都有孩子在出生，在长大，在问自己或问大人十万个为什么。人类的处境其实就像这些孩子，除非人类灭亡，否则启蒙永远也不会结束。启蒙的前提是自由，每个人都有公开运用自己理性的自由。有自由才有平等，有平等才会有自由交流。只有在这种自由、平等的语境中，我们才有可能真正享受医生的食谱，并能随时发现其中的毒药。同时，启蒙者不因对理性的不正当运用，加上自己天马行空的幻觉，做了教条主义和他律的奴仆。

今天是永远的现代，启蒙是一项未竟的事业。启蒙就是自由交流，它不止于言论自由。言论自由可能是单向的，而自由交流是一种互动，是彼此尊重，是程抱一院士所说的“一加一大于二，接近三”。

大家都来DIY

问：有人说中国文艺复兴的时代已经来临？

答：文艺复兴的前提是这个时代必须张扬一种价值。中国要张扬的价值是什么？这似乎还是个“国家机密”。文化产品不同于其他产品，它不是以复制多少件来计算的。举例说，一个音像店，摆满了DVD，全是些好莱坞的大片与帝王戏，而像《鬼子来了》这样的国产好片在国内不能公映，这说明在某种意义上中国文艺复兴的条件还不成熟。值得庆幸的是，由于传媒科技的发展与普及，一个自我解放的时代正要到来。个体传播的兴起，是中国实现平稳转型的历史机遇。

当代中国，“在浮躁中前进”。消极而言，互联网像大众传媒的专栏文章一样，裹挟无数泡沫，浇灭了智者嘴上的烟斗；积极而言，后现代的价值观挟传媒科技之力正在瓦解前现代的铜墙铁壁。比如歌手自己刻录CD卖、学生拍DV电影在网上发行以及个人博客的兴起……个体的崛起打破了文化上的垄断，从此告别崔健、张艺谋等“文化代言人”。中国正在走向多元化，主流文化流行于民间，它们不会被几打子精英简单地代表，也不会因为某个精英的“堕落”而背上黑锅。我在巴黎大街上经常能看到章子怡的脸，我觉得她亲切，若有人说中国文艺将在她身上复兴，就有点太扯脸蛋了；同样，说她丢中国人的脸蛋，自然也是扯淡。一个理想的社会应该是这样，无论富有还是贫穷，人们能按照自己的意愿经营自己，DIY自己的人生，DIY自己的文化，甚至制造流行与时尚。胡适曾说，每个人争自由，就是为国家争自由。

今天，每个人DIY自己的文化，也就是DIY中国的文化。中国文化的转变，将更多地决定于这些文化的消长。如果民众都起来维护自己的利益，正视自己的欲念，表达自己的主张，假以时日，转型定将水到渠成。所谓民主，说到底就是自作主张、讨价还价。市场经济，也是对民主生活的一种训练。人们有权DIY自己的经济、文化与生活，是民主得以实现的基础。

自由即秩序，宽容即自由。北京王府井大街上出现“汉服青年”是件令人愉快的事情。与其说有人在搞复古，不如说这是中国文化走向多元化的一个注脚。当你在巴黎大街上看到一些裹着被单式衣服的黑人妇女，最初可能觉得有些不伦不类，但久而久之，你会从中领略到一种国际情怀、一种宽容、一种城市文明的温暖。服饰多样性是文化多样性的一种表述，文明的富庶，来自文化多样性，得益于彼此宽容。

法国国王弗朗索瓦一世一辈子做了两件大事：一是打意大利战争，结果功败垂成，当了俘虏；二是积极向当时已经气象万千的意大利学习，因此成为法国文艺复兴之父。对于一个国家而言，学习他者的文明远比征服它更重要。对内对外，有兼收并蓄的宽怀雅量，是中国文艺复兴的前提。

民族主义，转型时期的乡愁

问：如何看中国的民族主义及对中国未来的影响？

答：现代政治意义的民族主义在中国的形成是很晚近的事。尽管中国历史上曾经有义和团运动，但是整体而论，今日中国并不适合极端民族主义生长。

首先，从传统上讲，中国文化具有天下主义传统，没有可供民族主义走向极端的哲学支撑或思想来源。所谓“普天之下，莫非王土”“四海”“宇内”等都不具备“民族国家”的概念。举例说战国和三国时期的混战，大家要争夺的是“天下”，而不只是为了统一民族国家。此外，中国也没有发育出那种排他性的宗教，中国文化极其包容。

应该说，中国的知识分子继承了这个“四海之内皆家国”的天下传统。今日中国思想界在这方面也有着足够的清醒，大家努力做的是公民教育。当极端民族主义抬头，许多人会起来积极反对。

其次，从一个大的时势上讲，中国现在从一个封闭的社会走向开放的社会，和平发展是现在的主流。即使相当一部分中国人有“复仇心理”，但是审时度势，权衡利弊，他们也未必真的可以抛弃现有的、通过努力渐渐取得的有质量的生活。历史也证明，小家不幸福，大家也幸福不到哪儿去。我曾经打了个比方，国家是个珠宝盒，其价值是次于作为珠宝的国民的价值的。我们常讲中国民智已开或渐开，就是因为越来越多的人意识到了自身的价值。

要强调的是，自1990年代以来，中国出现意识形态真空，从官方拜祭黄帝陵开始，政府希望通过民族意识凝聚民心。但是，我相信这种凝聚是一种内敛式的民族主义，而不是扩张型的民族主义。换言之，中国人广泛认同的是一种文化民族主义，而非具有进攻性的政治民族主义。从中国现在执行的外交政策和危机应对来看，政府已经意识到极端民族主义的危险性。迎合极端民族主义不但不会增加政府的合法性，相反可能会使其引火烧身。所以，在2005年爆发的反日游行时，像吴建民那样有开放思维的外交官会在高校举行演讲，安抚学生，平息众怒。

我不认为中国的民族主义像外界担心的那样危险，极端的民族主义者有，但不会成什么气候。举例说“网络民族主义”，不过是中国人活得太压抑的一种表现，因为实在没有什么好的政治话题可谈，于是让民族主义和“反美”捡了便宜。这是一种口水民族主义，是一种释放情绪的民族主义，是一种“休闲民族主义”。中国人礼外严内，郑和下西洋，连下半截都没带，哪有什么侵略性？真正的民族主义者，其身上是具有某种信仰成分的。然而，你若是去问占中国绝大多数人口的农民，有多少人坚持民族主义立场，恐怕他们连你的这个问题都懒得关心。

目前中国人心涣散，一盘散沙，更需要这种民族认同感。这种认同感，让民族主义具有某种人道主义的特征。如我在《米哈博桥上的眼泪》一文中所写的巴黎：“一个弥漫书香的民族，爱它的祖先，用他们光荣的名字温暖一座城市；爱它的子孙，为他们呵护过去与现在的一切人与物；爱他们自己，做一个幸福的人，甘于辛勤、奋斗一生，最后可以温暖地死去。”

民族主义本身并不危险，真正的危险是政治与信息——包括商业——的不透明，它可能操纵民族主义，最后也可能被民族主义操纵，水涨船高，骑虎难下。增加民族凝聚力是实现政治的一条途径，但过于依赖民族主义，在特定的时期，也可能会因民族主义失控，造成“引狼入室”的乱局。

海德格尔讲，语言是存在的家园。在英人伯林笔下，文化民族主义是一种天然生成的，也是最不具有侵略性的民族主义。人需要自由，也需要群体归属感。若没有可归属的群体，人会觉得无依无靠，会觉得不幸福快乐。所以，我希望民族主义只是一种乡愁，只是一种像乡愁一样高贵的痛苦。

从文化情感上说，我们每个人其实都是民族主义者。当我们尊重其他民族的民族情感时，我们便有了一种世界主义的情怀，一种对“地球是全人类家园”的怀乡之情。一个真正的民族主义者，同时也应该是个世界主义者，他要有开阔的心胸去接纳外部世界的美好。文明的成长如同一个人的成长，它得益于自由交流。转型时期，是满地乡愁的时期。它有《告别列宁》和《地下》里的彷徨与失落，更有对未来幸福自由生活的无限期许。

愤青也有理性

问：如何理解愤青？

答：愤青现在已经被标签化，道德化，这并不利于我们分析社会问题。在我看来，愤青作为一股力量，本身是无所谓好坏。它是把双刃剑，既可能有利于一个国家，也可能遗祸于一个国家。我们不能简单地在理性与愤怒之间画上等号或不等号。一方面，愤怒未必有理；另一方面，愤怒也不必然意味着理性丧失。法国思想家帕斯卡讲，“心有理性忽略之理性”，这里讲的心，同样包括愤怒。就像我们对一个无家可归的人报之以同情，因为他的不幸流下感伤的泪水，这是不需要任何理性算计的，皆人性使然。所有人类理性都是以人为前提，即是说建立在人的自觉上，由此我们说在理性与愤怒之间有一座可以互相抵达的桥梁。今日中国人心离散，犬儒流行，有愤怒青年在，未必是件坏事。凡高也曾经讲过一句话：“一个人不要让灵魂之火熄灭，但也不能让它烧出来。”在此，我们不妨把“灵魂之火”理解为某种愤怒，把“不要让灵魂之火熄灭”理解为不断地为自己的生命提供给养，避免活于麻木；同样我把“不能让它烧出来”，视之为一种理性。在此基础上，我认为一个国家或一个人的最好的前途或状态就是愤怒与理性能互相救济。

问：你曾经写过一篇关于王直墓的评论，批评中国的极端民族主义，在网上引起一些争论。

答：关于我写在《南方都市报》上的《汉奸也是人民的儿子》，我想立论本身是没有问题的。但是，该评论被搜狐网转载后，一天内有了大概五百条回复，其中有四百条给我贴上了“汉奸”的标签。一位法国外交官朋友看到后，甚至告诫我从此谨言慎行，小心卷入中国正在上升的极端民族主义浪潮。首先我要说，一个独立思想者被读者谩骂并非全然是坏事。积极生活与积极思考是同样重要的。如果你能积极处之，这些谩骂不过是表明了你的文章找到了真正需要阅读它的人。即使你不是出于说服的目的，至少你会相信，当这些“认死理”的人了解到一些与他们不同的观点，这对他们思考世界或中国时可能是有益的。他们不会立即改变“先入为主”的观点，但是也许能够“后入为辅”。

谈到王直，我的观点是，没有谁生来就是做汉奸的坯子。既然“时势造英雄”，自然也会“时势造汉奸”。所谓时势，就是一个时代的命运。从这个角度上说，今日中国人更应该反省的是我们的文化与时代本身，而不是停留于指责某人是“汉奸”，实际上也是在为众人开脱。如雨果评论法国大革命一样，“真正的革命观点是不指控任何人。谁都不是无辜者，谁都没有罪。”事实上，从时代命运或社会的角度来说，王直这位被追认的“汉奸”亦不过是弱者。

至于为什么许多人反对你，那不是我要考虑的。值得一提的是，传播学有个“沉默的螺旋”的理论，可以用来解释这个现象：人们在表达自己想法和观点的时候，如果看到自己赞同的观点，并且受到广泛欢迎，就会积极参与进来，这类观点越发大胆地发表和扩散；而发觉某一观点无人或很少有人理会，即使自己赞同它，也会保持沉默。

否则，为什么同一篇文章在不同的论坛得到的反馈却完全不同？为什么在门户网站里是一个十恶不赦的“卖国贼”，而在天涯、凯迪等论坛却成了“国家的栋梁”？

问：你认为现在还有什么在为中国的民族主义推波助澜？

答：中国已翻过了“奖状治国”的时代。关于这一点，还是要从“谁投资、谁受益”这个实用的角度来分析。九十年代以来，中国的民族主义受到了海内外学界以及各国政府持续的关注。九十年代的“说不”热，不过是一次关于民族主义营销的成功案例。同样，现在像《环球时报》等报纸关于民族主义的暧昧态度，我宁愿把它看做是该报关于民族主义的市场营销。此类媒体真正关注的不是极端民族主义，而是极端利润主义，是发“未来的国难财”。所以，我讲中国的极端民族主义（如果有的话）的一个重要特征是“休闲民族主义”与“经济民族主义”齐头并进，水涨船高。

我之所以对中国的民族主义持怀疑态度，还因为中国并没有一个关乎民族主义的“统一纲领”。比如说，中国指向美国的“民族主义”偏重官方色彩，目的是要保住中国政治的本土特色，然而事实上，从历史上讲，中美之间并没有什么难以化解的深仇大恨，和世界上许多国家一样，中国的发展在很多方面受惠于美国；而对日本的“民族主义”则偏重民间。由于日本侵华犯下的滔天罪行以及中国两党争相放弃索赔的历史玩笑，战后几十年，这种仇日情绪被简化为“中国要复仇”，但这是一种“复仇主义”，而不能简单归类为极端的、排外的、扩张型的民族主义。如果说民族主义仍以民族利益为最高指引，那么“复仇主义”所追求的则是一种情绪上的宣泄与满足，它可能包括一毁俱毁、玉石俱焚。这种复仇与人们追求的幸福与自由并无关系，甚至完全背道而驰。

如何看待"左"派毛主义者?

问: 为什么"左"派毛泽东主义者对改革开放和中国的发展那么失望?

答: 一方面是社会本身的变化，改革开放三十年来，当一部分人先富起来，而另一部分人变相被国家抛弃；当权力寻租的现象越来越猖獗；当贫富分化的事实越来越严重，人们对中国发展的失望是整体性的。只要不无视社会发展过程中出现的种种不公正，无论是左派，还是右派，都会表现出某种失望的情绪。

但是，自由派或者右派与"左"派毛主义者不同的是，前者不仅看到了这种不公平，同时看到了社会整体性的进步，即从过去的极权体制中走出来后，从纵向来看，每个人的权利实际上都比过去扩大了，社会也更加多元开放了。至于在改革过程中出现的问题，他们倾向于认为这是改革不彻底的结果，如政治体制改革未真正启动，人民没有真正意义上的参政议政权，而这也是今天权力与资本勾结、不受约束的原因。这一切，本应在改革的过程中得到解决，而不是回到未改革之初。那个时代，中国的经济、政治与社会实际上已经处于崩溃的边缘。一个国家，若不能给民众带来幸福，这个国家之成立，实际上失去了某种正当性，在理论上已经接近破产。

相较右派或者自由派而言，"左"派无视几十年来中国改革开放的成就。这多少有些口是心非。一方面，从个人来说，他们尽得现在社会开放多元的好处；另一方面又站在社会的角度，否定这种好处。当然，我并不否认毛时代也有些好东西，比如当时的社会相对公平；但是从逻辑上讲，不能拿现在最坏的东西和那个时代最好的东西相比来证明那个时代比现在好。所以，我倾向于认为这种比较不是心灵有问题，就是头脑有问题。

问： 为什么他们觉得那么被边缘化、被孤立？

答： 在表达方面，极“左”派的确在一定程度上失去了表达的平台，这主要归功于中国媒体的市场化。中国传媒现在处于半自由与半封闭之间。一方面它们要迎合市场，另一方面又不得不面临政府的管制。最后的结果就是，在政府与市场之间找一个平衡点。如果像过去一样完全听任政府而无所作为，媒体就只有死路一条，这就决定了媒体必须向民意市场提供合格的产品。而今日中国，最真实的民意是希望能够走向政治民主化，经济市场化和社会公民化。

另一方面，一个不是靠大选产生的政权，必须不断通过政绩来重述其合法性。几十年来的经济成长使改革开放已经是中国政府合法性的一个来源，在此意义上，政府自然也不希望极左派来干扰改革或者彻底否定改革。因为这种否定，不但会阻挠新的政绩的实现，而且可以被理解为挖政府合法性的墙脚。

至于社会层面，虽然大家也在呼吁公正，甚至说“想念毛主席”，但是这种想念严格说并不真实。其一，民众想念毛主席是一种功利主义的，而非价值论或者观念上的。如果现在的社会足够公正，毛主席这个符号就会被忘掉。或者说，毛主席对于民众来说，只是证明现在某种不好的牌，但它并不足以自证毛时代好。其二，对于毛犯下的错误乃至罪过，许多真相是被遮蔽的，如果民众对此有一个清晰的了解，这种“想念毛主席”的情感也会大大减弱。这也决定了毛主义者将失去群众基础。

问： 为什么左派毛泽东思想能够吸引中国的年轻人？

答： 由于对真实的历史缺乏了解，很多年轻人对现实失去了判断能力。长期以来，中国重意识形态化政治教育，而轻公民教育，许多年轻人对社会与国家的关系，个人与社会的关系的理解，其实是与现代社会格格不入的。从这方面说，与其用观点劝说年轻人，不如让他们了解更多的史实。

另一方面，年轻人被吸引，也表明他们对现实的不满以及渴望对未来有所担当。同时，这并不意味着他们将来如果有所作为，就必定要把中国引向一个封闭的中国。

问：崇尚毛的人，为什么能够忽视毛发起的“文化大革命”和大跃进对老百姓的伤害？

答：为了推崇而推崇，为了反对而反对，为了目的，可以不择手段。这种有意的忽视和断章取义，表明他们对世界的理解缺乏足够的客观与真诚，表明毛主义者只是将毛当做一个反对现实的工具，而非一种可以溯古的价值。

问：“左派”日益活跃的运动对中国政府危险吗？它能够改变政治吗？

答：目前中国“左派”和“右派”政治还没有形成和西方政治生活中的共同底线，比如在民主与自由方面没有达成共识。当然，在有些方面也有共识，比如官民对立。事实上，自古以来，中国一直未解决的问题还是上下关系，是官民关系，而不是公民社会层面的左右关系。只有从臣民社会走向公民社会，只有权力不再高高在上，只有官员不再是公民的监护人、父母官，只有当社会可以公开地、受法律保护地表示自己的反对，中国社会才能说是获得了历史性的进步。宋朝的时候政治宽松，朝廷议政多少有点两党制的意思，但所有朝臣都不过是给帝王人家打工，都是皇家的打工仔，说停薪就停薪了，说解雇就解雇了。如果再考虑到可能被抄家，被杀头，实无异于当奴隶。

整体而言，中国政府面临的危险不是左右派的社会运动，而是来自政府是否能够跟上社会求变的思潮与步伐。中国不可能回到左派要求的时代，也不可能完全按着某些当权者的意愿滞步不前。未来会怎样，取决于各种力量的博弈。

爱国首先是个自由问题

问： 中国青年应该如何爱国？

答： 相较以前，中国的确在进步。以前爱国是无条件的，而现在无论爱国还是不爱国，怎样爱国，这些原本不是问题的问题也成为问题。而且，曾经无人质疑的高尚情感，在很多场合，比如网络之上，如今已经沦为一种“脏话”。

如果我们站在三十年来社会成长的角度来加以审视，不难发现，这种“精神分裂”暗含着一种自省，表明有越来越多的中国人正在走出旧有的“国家至上”的价值体系，开始重新审视一个现代国家的价值内涵以及国民应该就此秉持一种怎样的情感，并认同：从个人权益来看，爱国首先是个自由问题。

问： 抵制家乐福运动已经过去了一段时间，法国青年会有如此强烈的民族主义情绪和国家认同感吗？

答： 法国也有愤青，不过从整体上看，法国的世界公民化程度很深，同时社会表达也很充分，任何人都可以表达自己的观点。你可以反对，别人可以反对你的反对。而且，别人不会因为你不反对，便说你不爱国。就像1968年的“五月革命”，在这场运动中，法国社会一直保持着自己的理性。当有人不仅撬走了铺路石，而且连根拔起了拉丁区本来就为数不多的树木，并开始焚毁居民的汽车时，市民终于忍无可忍。很快，媒体对学生的同情声浪明显减弱。社会有自我纠正的过程。当观点可以平衡运动，社会就不易走向极端了。

时代如何“变话”

问： 你提出，“俯卧撑”的流行表明网民开始关注公共事务了。这种起哄式、带有戏谑意味的网络语言能真正传达网民诉求吗？

答： 不是开始吧，应该说网民一直是关注公共事务的，过去很多公共事件也是网民推动的，从孙志刚、非典、“黑砖窑”到“周老虎案”……只是现在大家又找到另一种方式，就是通过类似“做俯卧撑”这样的词语“公开地窃窃私语”。这不是简单的起哄，我更愿意将其理解为一种日常的、磨碎了激烈的“起议”，一种特别的、夹杂着嘲笑的反抗。

当然，由于不能尽情、尽理地表达，从传达民意的角度来说，这种“马戏式”的表达是打了折的。但我不觉得无聊，实际上这是一种全新意义的“新话”。奥威尔在《1984》里面谈到用一种“新话”替代旧的话语以便让民众忘记过去，而现在流行于网络上的“新话”，恰恰是社会收复思考能力的一种尝试，其所见证的是中国社会的成长。如果承认话语是观念的载体，就知道今日“新话”的出现是件很有希望的事情。今日的“新话”代替过去的“新话”，我说这是——江山代有“新话”出，时代后浪推前浪。

至于表达不畅，中国过去几十年官方话语对社会话语侵蚀得很厉害，现在实际上是民间或者社会话语开始复苏了，社会在创造新的语言。当人们回归生活的经验与常识，必然会重新拾起甚至创造适合或者属于自己的说话方式，而不是简单的“听话”。所以，如今社会层面不仅有大众话语、知识分子群体话语，还有代表八〇后、九〇后的年轻人话语。互联网话语更是千奇百怪，且不说“拍砖”“灌水”“顶”早已流行，更有“火星文”横空出世。比如“3Q得Orz”，这小段火星文字一般人恐怕是看不懂了，译成正常汉语就是“感谢得五体投地”。大凡追求思维乐趣的人，看到孩子们这种奇思妙想，大概只有赞叹的份。如果这点小创造都要去封杀，语言生活谈何趣味？

这里有个关键词——“变话”。看中国的变化，其实是可以从“变话”中看到的。我理解的“变话”，就是话语体系的变化。过去只有官方的话语体系，现在是官方话语体系和民间（或者说社会）话语体系并存。

与此同时，这种“变话”还表现在，除了创造“新词”，同时也创造“新义”。比如在“公家至上”的过去，“钉子户”是一个不折不扣的贬义词。但是，随着国民物权观念的萌发与成长，如今“钉子户”在某种程度上已经成为捍卫民权的一种象征，网上甚至还出现了“钉子户引导人民”的“PS版油画”。

问：比起知识分子话语体系，网络话语的影响是否同样有力？如“俯卧撑”式调侃。

答：网络话语影响不小。“俯卧撑”在网上刚开始流行，南京的中央路上便立即出现了一张巨幅房产海报——“房价不会跳水，只是在做俯卧撑”。此前，也有媒体分析中国上气不接下气的股市“已经进入俯卧撑阶段”。其实，“做俯卧撑”这个词即使慢慢消失，新的词语也会出来。比如最近不又有了“裸体做官”吗？很形象。不要小看这种调侃。一个好的笑话或者嘲笑，胜过一个大道理。中国现在有些东西还没法儿跨越，网民都来“俯卧撑”，我想一方面是在寻求心理慰藉，另一方面也说明大家心存希望，在关注一些事情。表面上看，上述“新词”的流行或者重新阐释都有些戏谑的成分，不过，它们让我想得更多的却是这个转型时代的“变话”，“随风潜入夜，润物细无声”。

鹿桥说《未央歌》里的时代是诗歌加论文的时代。我想我们这个时代是有诗歌，有论文，也有俯卧撑。也就是说心灵、理性以及介乎心灵与理性之间的模糊表达都有。但无论是做论文，写诗歌，还是做俯卧撑，都是一种表达意见的方式。对于中国公共空间的成长来说，我更倾向于将这种“俯卧撑”表达看做一种增量。如果我是“非俯卧撑”表达者，我会继续我原来的表达方式，“来做三个俯卧撑”更不会强制我减少自己的表达。简单说，“俯卧撑”只是增加了一种社会批评的形式。

个人与国家

问：请分别回答下面四个问题：你为国家做了什么？国家为你做了什么？你还能为国家做什么？国家还能为你做什么？

答：其一，我对国家的最大贡献，不是少年时勤学苦读走出了闭塞偏远的山村，给了自己一个相对宽阔的前途；不是大学毕业后拿了几倍于父母的薪水，可以作为家族的“临时政府”或“小政府”为他们提供教育、医疗、社保等福利却从不向他们征税；不是在巴黎留学时让外国朋友看到我来自东方，是个意气风发、彬彬有礼的好青年；也不是和平常人一样相亲相爱、生儿育女，谱写诗歌、赞美胡适，热爱学生、创造雕塑……而是自始至终都保持着一种自由的趣味与独立的人格。

其二，污蔑不是一个好品性，我决定在自己还没有一个好记性之前，拒绝回答类似问题。不过我心里很清楚：倘使我的生命中还有些美好的记忆，那绝不是因为国家对我做了什么，而是因为国家对我没做什么。

其三，把一生当做自己的远大前程，这才是我的主观愿望。至于客观上我能为国家做的，不过是和所有时代同路人一起，以批评建设国家，使国家这一工具为公民所用，而不是相反。否则，这就是“人为物役”了——因为我们是人，而国家不是人。我知道自己正在参与一个细碎的工程，也从不奢望这些批评能在一夜之间改天换地。但毕竟功不唐捐，通过大家一点一滴地努力，日复一日地做事，终究会多一些改变的希望。所谓“草色遥看近却无”，至于这种努力最终能否有个赏心悦目的前景，我相信在更远的将来回首时，你我都能远远望到。

其四，国家过度操劳，理应好好休息。五十多年来，国家为我们把心都操坏了。我们这代人自立且独立，在许多方面真的很不想麻烦国家。既然国家没有一个集体的胃代替我消化，也请国家不要用一个并不存在的集体之脑代替我思考。如果是在会场上，我会“含笑”劝告国家回到自己的座位上，让我把接下来的话讲完。

有钞票，有选票

问: 谈谈你对中国改革开放三十年的整体看法。

答: 要了解改革开放三十年，就必须把它放到建国六十年的背景下来看。1949 年以后的三十年是中国不断集权化的三十年，一切都是政治领袖说了算，而改革开放则是去集权化的三十年。前三十年，资本、社会与知识都被国家没收或充公，有割资本主义尾巴、集体化、大跃进、反右、文革以及无所不在的单位体制等等，这个时期名义上虽然是社会主义，但实际上是“国家吞并社会”“有主义没社会”的三十年。在社会崩溃之后，中国政治与经济也差不多走到了崩溃的边缘。也就是在这个基础上，中国政府被迫开始了政治调整。所以我说1978年以后，实际上是中国开始重新发现社会，或者社会解放的过程，是人的觉醒的过程。

而这三十年，同样可以分为三个十年，八十年代群体争民主，波澜壮阔；九十年代是个体争自由，润物无声；而最近十年，则是社会与国家充分博弈的十年。中国人不断地从国家体制中抢回自己。从集体主义到个人主义，从主权到人权，从政治到生活，从官方话语的衰微到民间话语的流行，这实际上也是中国人重新发现社会的维度。许多变化平时不觉得，但回过头看十年、二十年的变化，却是波澜壮阔的。所以，当有人对中国未来表示悲观时，我却认为中国因为社会的成长而大有希望。而且，伴随着中国经济与社会的成长，政治必定会有一个大的改观，从有钞票到有选票，不过是件水到渠自成的事。

社会运动与底线政治

——反思法国“五月风暴”

1968 年 5 月，一场波澜壮阔的社会运动冲击法国。它不仅在极短时间内席卷了法国的各所大学，而且迅速扩大到工人阶级，引发了全国性大罢工，并最终导致国会改选、总理下台。而这一切，事先似乎毫无征兆。政治观察家们认为不可能在西方国家出现的“古典意义上的革命”，在不可能的情况下爆发了，而且这一次又是在巴黎。

一群在战后成长起来的年轻人，起来反抗一个欣欣向荣的社会。这是人们关于“五月革命”的粗略印象。至于这场“革命”有何意义，那个五月到底发生了什么，四十年来，即使是当年亲历其中的“六八分子”，也是众说纷纭、莫衷一是。针对这场“革命”的批评与记忆，都在一定程度上出现了断裂。

“要么现在死，要么永远不死”

上世纪六十年代中期的法国，正处于战后重建的“光辉三十年

（LesTrente Glorieuses，1945—1975）”的中途。五十年代“欧洲经济共同体”削减关税，扩大市场，法国成为世界第四大出口国，进入了空前的繁荣。货币坚挺，经济年增长率保持在 5% 上下。国家结束了殖民战争，并且扭转了工业化和城市化落后的局面，农村人口向城市外流已接近完成。

然而，在“经济繁荣、政治安定”的表象之下，法国同样面临着一场“物质上升，信仰下降”的危机，仿佛社会在懵懵懂懂的富裕中丢失了理想。与此同时，马尔罗、加缪、萨特、福柯等人的思想，戈达尔的电影叙事等等焕发张力，一切有关人的意义的询问也为这场社会运动打下了“造反”的底色。简而言之，1945 年戛然而止的灾难与现在的丰衣足食形成了一个鲜明对比，当有关人类命运的宏大叙事渐渐让位于日常生活的柴米油盐时，这一代法国人对目前的庸碌生活表现出了一种非同寻常的不安。关于这一点，在“五月革命”即将发生前的一个月，戴高乐甚至也在不同场合这样吐露心声：“如今再没有什么事要对付了，也再没有什么英雄业绩可创造了，我反倒觉得没劲。”

不可否认，法兰西有着举世无双的创造力。在很多方面，如科学发明，人道主义、自由、平等人权观念，法国当之无愧是人类的进步之源。不过，尽管法国历史上发生了许多革命，但是“不自由，毋宁死”并不足以概括法国人的特性。在我看来，更准确的概括当是“不创造，毋宁死”。正因为此，法国在任何时候都会表现出一种特立独行的行事风格，安于锦衣玉食、随大流显然不是法国人的性格。乌托邦在这片六角形的土地上永远不会褪去油彩，当有关生命与生活的意义探寻开始发酵时，一个响亮的口号立即开始流行——“要么现在死，要么永远不死。”

历史将这一任务交给了大学生。这是一群出生于 1944 年到 1950

年之间，从未经历过饥饿与贫困，未体验过“战斗到一无所有”的人。然而，充沛的精力、不可一世的理想主义，以及不断穿梭于家庭、社会与学校等种种束缚之中的他们，却有着超乎寻常的敏锐。

处于一片安定繁荣之中的六十年代，来自各阶层的孩子越来越被中学会考和上大学所吸引，加上战后法国人口快速增长，大学生人数从1958年的20万增加到1968年的50万。然而，大学教育却对生源膨胀装聋作哑，不思改革，以至于在学生眼里，大学变成了一种“只谈存在，不谈意义”的社会结构，一个“无用知识的自动发送机”和“毕业文凭制造厂”，这种填鸭式教育使他们患上了“知识不育症”。

如此危情，早在1964年哲学家保罗·里克尔在《精神》杂志上就发出警告：“如果国家不采取适当办法解决大学的发展问题，将会招来酿成全国性灾难的学校大爆炸。”而事实上学生们的确正在做这方面的准备——不能说眼下这个世界十足糟糕，有时它甚至是美好的，但是，为了一个更好的世界，一个有面包更有玫瑰的世界，法国需要一场运动。

社会运动与街头戏剧

1968年5月，学潮从南泰尔蔓延到索邦，愤怒的学生占领巴黎大学，导致警察干预，继而形成一种“反抗—镇压—反抗”式的循环升级。应该承认，对于这一事件，起初政府表现得有些过于自信，以至于人们讥讽它在风暴来临时更像是一个“聋哑政权”。它墨守成规，支支吾吾，既想平息事态又不想向“街头压力”让步，甚至异想天开通过抓捕几个捣乱分子实现对学生的分而治之。直到5月中旬，运动演变为一场全国性的危机，总罢工扩大到所有部门，到5月24日，法国已经陷入瘫痪状态。戴高乐的讲话变成了国民的耳旁风，这下轮到反抗者装聋作哑了，一切理性的声音都被淹没在运动的节庆声中。

的确，似乎没有比这更美好的时刻。年轻人沉浸在“同仇敌忾”织起的团结、友爱中，在幻象之网里一起冲锋陷阵。面对牛气冲天的街头运动，许多起先彷徨的人也加入其中。就像那些经不起同伴热情忽悠的中国人，会在沪指六千多点时慨而且慷地杀进股市。1968 年 5 月，许多法国年轻人相信，如果不去大街上走走，不去拉丁区的巷道里撬起几块铺路石，人生可能会因此黯淡无光——法国人不怕错过赚钱的机会，怕的是错过一个改天换地的时代。

“同学们，向前跑吧，旧世界就会被抛在脑后。”至于跑到哪儿去呢，人们并不清楚。四通八达的大街，被街垒分割成一个个舞台，也像是一架架巨大的跑步机。显然，在这里真正上演的更像是一场场革命的戏剧，它让每个人有机会相信自己会走上时代的风口浪尖。如果说过去是平庸的一群，现在每个人都可以堪称“伟大”“顶天立地”。雅克·本尼特在《红与黑的春天》里这样描摹：“从今以后，我们有节日可过，有创造奇迹的时间，有自由讲话的权利……人从新石器时代过渡到雅典式的民主，奴隶少了，但多了成千上万的广场！驱走了黑夜，战胜了权力，生活将会改变，终于可以活得自由、平等、博爱、幸福了……”而且，相较于法国大革命时期罗伯斯庇尔的“你不想自由，强迫你自由”，“五月风暴”似乎甚至有些清高与孤芳自赏：“如果一个人不想通过奋斗取得一样东西，那么你给他东西也没有任何意义。”“不要来解放我，我负责自己解放自己。”法国著名思想家雷蒙·阿隆在《费加罗报》上提出了自己的批评：“大学生和工人们将又一次对这些日子的罢工、节庆、游行、无休止的讨论和暴动留下美好的回忆，仿佛日常生活的烦恼、技术和官僚主义所造成的窒息感需要时不时地突然宣泄一下；似乎法国人只有在革命（或者假革命）的心理剧中才能使孤独感得到解脱。”

当然，事实也并非全然这么糟糕。不管怎样，这只是一群共和国的孩子。他们有热情，有责任心，希望通过自己的努力创造一个能协调法律和自由、劳动和平等的美好社会，一个真正享受博爱和无等级制度的美好社会，一个无僵化体制，既无监狱，也无精神病人的美好社会。

“六八底线”

在法国过往的历史中，革命总是会让人想起那些滚动在巴黎街头的湿漉漉的人头。然而，今天人们知道，革命者的勇敢在于赴死而不在于杀戮，因剑得到的，必将因剑而失去。

尽管人们习惯于将发生于这一年的这场社会运动称为“五月风暴”或者“五月革命”，然而，今日法国，人们更倾向于用“Mai 68”（1968年5月）这一中性的时间刻度来标刻这段历史。的确，和以往的“风暴”或者“革命”相比，它已经脱胎换骨。其中一个最重要的表现，即是从政府到社会，无论是参与运动、反对运动者还是维护秩序者，都保持着一种心照不宣的默契——拒绝暴力和流血是“五月革命”的共同底线。在此意义上，我们可以说，如果法兰西要继承其“革命”传统，那么1968年5月可被视为法国革命的新起点。或者说，“六八底线”才是1968年5月这场运动留给世界的最珍贵的遗产。换一个角度说，这种表面激烈，实际平和的社会运动，也是一种“告别革命”的方式。

学生方面，作为学生运动领袖之一的科恩·本迪特对暴力并无偏爱，人们在他身上看到的是对雅典式民主的追求。对于零星出现的暴力事件，本迪特认为“搞暴力并不是运动负责人决定的，而是大学生自发地选择了抵抗……我们没有任何责任”，“尽管一切有些过分，但毕竟还是恪守在民主的范畴内”。

“足够的行动，足够的词语。”这是“五月风暴”中的一道风景。“拥有你的爱，但不要放下枪杆子”，“最美的雕塑是铺路石的砂岩石，最具批判力的石块就是打在警察脸上的石块”。“铺路石下是海滩”等等，一切更像是一种浪漫抒情，一种随心所欲的创作。当一切云开日出、风平浪静，不难发现，那些标语口号中尽管充斥了对暴力的怂恿，但更多只是一种美学意义上的暴力宣泄。对于许多人来说，口号被发明出来，有关暴力的审美便已经完成。我曾说，没有嘴上起议，将有街上起义。发生在法国的这场运动，显然不是暴力革命或者带有暴力性质的街头起义，而是一场不折不扣的“街上起议”。

尽管政府一度严重错估形势，甚至认为法国已经走到了“内战的边缘”；尽管学生夸大其词，将警察描绘成挥舞棍棒的德国党卫军，但从整体上看，事情并没有那么糟糕。一方面，学生们没有异想天开地去攻打政府；另一方面，政府同样心知肚明的是：巴黎大学被占领以及割据四方的街垒只是一种反抗的象征，而不是一种军事手段。有数据表明，五六月间，巴黎有两千多人受伤，其中200人受重伤，此外，还有5人死亡，但并不是警察开枪所致。革共青联的领袖感到奇怪的是，那些被创作者们画上“SS”（党卫军）标记的警察并不狰狞，他们乐于同学生们讨论，愿意理解。当然，背后的英雄是警察总署署长莫里斯·格里莫，一位有教养的人道主义者。从运动开始到结束，他尽其所能地避免流血悲剧的发生。所以，人们不仅看到他经常在拉丁区和示威者讨论，而且在警察开始变得粗暴、即将失控时，格里莫还亲自致函给每一位警察："打击一个倒地的示威者就是打击自己、打击警察的职业形象。"

如让·戈夫在《1968年5月，无奈的遗产》中所说："六十年代末的历史形势是不同寻常的。昔日的血腥暴动，二次大战的恐怖，阿尔及利亚战争时期的镇压、残忍和屠杀都还停留在人们的脑海里，但国家毕竟进入了新时代。它结束了殖民战争；阶级斗争虽然尚未消失，但已不再是'你死我活'的殊死斗争。"

事实上，在这场运动中，法国社会一直保持着自己的理性。当有人不仅撬走了铺路石，而且连根拔起了拉丁区本来就为数不多的树木，并开始焚毁居民的汽车时，市民终于忍无可忍。风暴正在酝酿灾害，很快，媒体对学生的同情声浪明显减弱。《世界报》社长伯夫·梅里批评说："学生们虽然得到了慷慨的声援，但也会因盲目而自毁。不管正确与否，有哪届政府会容忍巴黎的街道布满街垒？"《图片报》则开始动员："我们没有权利让警察和他们的水枪独自承担这种大事。"很快，"反对者的反对者"也开始走上街头，要求"把索邦打扫干净"，"法国要工作"，"共产主义行不通"。这些不甘心永远生活在"混乱诗歌"回声中的巴黎人，开始对法国的无政府状态说不。

"索尔仁尼琴效应"

观点平衡世界，真相消退激烈。"五月风暴"退潮后的"后戏"，同样是我们回忆或者梳理这场社会运动不可或缺的一部分。

和世界许多地方一样，"五月风暴"发生时，巴黎沉浸在格瓦拉式的革命情调里。对于刚刚发生在遥远中国的"文化大革命"，巴黎极左派们更能感受到一种心气相通的朦胧之美。

尽管和中国实为“政治大革命”的“文化大革命”相比，“五月风暴”更具有文化革新的内涵，但是二者之间有所呼应是显而易见的。至少，中国的“文化大革命”吸引了许多法国知识分子和年轻学生——对他们来说，“文化大革命”像是一场否定现政权并反对个人主义和资产阶级世界观的斗争，是“在实践中超越斯大林主义”，是避免苏联发生的情况重演的唯一办法。遗憾的是，由于历史的局限，这些人对这场运动的“工具性”及其他“黑暗面”一无所知。当然，这种一无所知，还包括这一代法国人对世界其他地方的乌托邦试验的错误理解。

二十世纪七十年代中后期，极左派的革命理想在法国正式退潮，有赖于一个真实世界的呈现。这一时期，苏联作家亚历山大·索尔仁尼琴的著作《古拉格群岛》法文版面世，种种有关斯大林独裁统治的真实细节震惊了整个巴黎；两年后的1976年，中国结束了巴黎左派们怀揣春兔的“文化大革命”；1978年，红色高棉惨绝人寰的种族大屠杀也渐渐为世人所知。这一切，足以让活跃于当年的“六八分子”从希望陷入失望，并且“走到绝望的尽头”。

“索尔仁尼琴效应”说到底就是“真相的效应”，历史以其特有的残忍让那些原本诚心诚意想着推动社会进步的人背负起一种“逻辑上的负罪感”。就像早在十年前的1958年，曾在信仰上改弦更张的埃德加·莫兰在《自我检讨》一书中所感慨，对“昔日信心的源泉”，今朝已经“形同陌路”。呼应中国的文革，巴黎的极左派曾经相信“红宝书”可以解决“人类遇到的所有问题”，然而，事实告诉他们，天堂不可能通过这种方式堂而皇之地被搬到地上来。克劳迪和布鲁瓦耶勒在《幸福的石头》一书里的诘问是意味深长的：那些极端的“六八分子”虽然没有时间，没有力量，没有愿望用鲜血去彰显活力——“这很好！但共犯暴行的条约，我们不是一样签了吗？”

要面包，更要玫瑰

岁月无情，当年意气风发的年轻人如今已经步入生命的暮年。反思这场运动，主流态度不外乎两种：一部分人持否定态度，有人甚至将这场运动简化为一场“打砸抢”、一场“意识形态病”的急性发作；另一部分人则得了怀乡病，1968年的5月，只是他们人生中一个远逝的梦想。至于在这一运动中受到冲击的官方，尽管他们当中许多精英都是“‘六八’下的蛋”，但没有人会给当年那群“越革命越想做爱，越做爱越想革命”的才子佳人们颁发奖章。

毫无疑问的是，1968年5月改变了法国。如上所述，这与其说是一次“失败的革命”，不如说是一次“成功的改良”。度过七十年代的广泛的自责与失落后，当历史进入八十年代，“五月革命”的成果才依稀显现。过去僵硬的社会关系消逝了，象征性的等级制度不明显了，取而代之的是工资的迅速提高而带来的收入等级。“五月革命”以其特有的反抗方式改变了当代法国的历史风尚。用一个法国学者的话来说，“五月革命”以后的法国的生活变得性感。

从此以后，“对话”与“商讨”成了法国政治中的一个常态。法定的程序、绝对的命令、神圣的指示不再那么高高在上。“五月风暴”以其特有的方式客观上完成了社会力量对政治力量的一种抗衡或者分权，表明这场文化革命所具有的政治内涵。

几百年前，托克维尔曾经指出，法国大革命的一个根源在于法国农民受到的束缚大幅度减少，生活水准显著提高，而随着手铐的去除，剩下的脚镣往往会变得百倍的不能容忍。这说明，革命或者群体性混乱并非都是在一个国家政治、经济走向崩溃时才会发生。发生在1968年的“五月风暴”，同样具有这一内涵。不同的是，这次“革命”已经不像往常，而是褪去了尖牙利爪。

进一步说，每个时代都有自己的疑难，革命并非只是发生在贫穷、落后或有冲突的地区，解决了“温饱问题”不等于解决了“革命问题”。法国“五月风暴”便是在一片莺歌燕舞的社会转型中发生的，而且，这场“革命”也是人类历史上第一次不是为了面包，而是为了玫瑰而发起的。1968年的法国，正处于法国由古老的农业社会向工业社会强力转型的混合时期，上世纪八九十年代即将流行的新潮思想，与二三十年代的家长制社会并存。这种新旧混合同样表现在那些要求革新的年轻人身上——他们喊着二十世纪之初的革命词语，引领法国走向一个新的时代。

可以肯定的是，无论是1968年“不创造，毋宁死”的改革诉求，还是今日法国遭遇的“谁改革，谁下台”的政治困境，其背后的逻辑都是法国的社会力量对政治运行有着深刻的影响。或许可以说，从1968年开始的“五月革命”并没有真正结束，政治力量与社会力量的对话或者对垒从来没有停歇。正是对话的存在，避免了社会与国家之间的冲突与动荡。

世界永不完美，冲突还在继续。回顾发生在四十年前的这场近乎风花雪月的“革命”，不难发现，对于任何国家来说，当危机来临时，最重要的是社会力量与政治力量必须恪守自己的边界，一起守住底线，一起守望未来。

错过胡适一百年

我常把读书的乐趣融于人的历史。在所谓人的历史中，读传是条捷径——传记“浓缩人生精华”。你甚至只需几个小时，就能把一个人看进了坟墓，想象他在坟墓中仰卧起坐，唉声叹气。茔墓之外，我们在逝者的影子下完成对社会的回忆与改造，完成对往届社会优良品质与智慧的追索与继承。

坦率地说，是黄仁宇让我重拾对历史的兴趣。我是说，我从学术上看出了历史的乐趣。这位国民党军官在美国写了《万历十五年》，用他的话来说，他研究的是大历史（Macro-history），这个词很玄乎，我倒宁愿把它想成“随心所欲读历史”。黄仁宇的学问的确是做得很好，也很中立，因此也给了我们读者一次换个角度读历史的机会。黄仁宇和周恩来同是南开校友，遗憾的是，南开大学没有把肄业生周恩来的礼遇分给肄业生黄仁宇一点，但这并不影响黄仁宇声名远播。

读了黄仁宇的历史书，我开始对海外的中国史家产生了兴趣。作为旅美学者，唐德刚自然成了我书屋里的贵宾了。虽然直到今天，唐德刚的书我只看了两本，一本是《晚清七十年》，另一本即是我这里要介绍的《胡适杂忆》——严格地说，还有《胡适口述自传》，收录在《胡适文集》中。对于胡适的追寻，大概就是从这本书开始的。

唐德刚是胡适晚年的入室弟子，曾亲自录制并译注《胡适口述自传》，被公认为海外论胡允当者。唐之“胡说”，不辱大方，意创笔随，明珠走盘，的确是些好书。唐德刚在《杂忆》书尾称：“关于了解胡适——尤其是青年知识分子要了解胡适，我个人的看法，最可靠的两部书，便是《四十自述》和《胡适口述自传》。”在我看来，《杂忆》是可以和上述两本比肩的。在该书中，唐德刚对胡适没有太多的隐讳，尽可能地做到客观（当然，也有些看法和读者大相径庭）。

在杂忆胡适时，唐德刚并未因为是胡适的入室弟子而像罗尔纲写《师门五年记》《胡适琐忆》时那样毕恭毕敬，更多是尖刻、风趣与超脱。比如谈到胡适与政治，唐德刚说胡适是“不要儿子，儿子来了”；胡适容忍，是“爱惜羽毛”“畏首畏尾”（借李宗仁语）；搞政治胡适后天不足，“在主观条件上，胡先生所缺乏的是：他没有大政治家的肩膀、中上级官僚的脸皮和政客与外交家的手腕，他甚至也没有足够作政论家的眼光”；胡适被杜威老师牵了一辈子鼻子，做了几十年齐天大圣，最后发现自己不过是个癞和尚的保镖；老顽童甚至向读者回忆起胡老师挤上公共汽车时的情景，“一个瘦骨嶙峋的脊椎动物”。

当然这些并不影响唐德刚对老师的正面评价：“（胡适是）近代中国唯一没有枪杆子做后盾而思想言论能风靡一时，在意识形态上能颠倒众生的思想家。”胡适的确是个圣人，在他身上，全然没有两千年来无数乡愿、学究、家天下帝王及其臣仆们自阉精神的“继往”，更没有极端年代否定一切打倒一切狂阉他人的“开来”。

对于“五四运动”，唐德刚与胡适的观点并不一样。胡适是矛盾的，一方面，他反对政治，另一方面，却又做了一辈子的政治票友，“胡先生是反对五四运动的。他认为新文化运动的夭折，便是把五四运动政治化的结果”。唐德刚后来解释道：“新文化运动这部列车，被这批小伙计扳错了方向盘，就横冲直撞起来，结果，目的热，方向盲，列车出了轨、翻了车，弄得伤亡遍野。可怜的老胡适也被弄得教授当不成，新文化运动前功尽弃，而跑到纽约来落草。所以他反对五四运动。”

对于五四运动的是非褒贬由来已久。胡适的观点是：“新文化运动才是那害了两千年瘫痪病的中国固有文明的对症良药，是当前救国救民的唯一道路。”胡适的理想是在一个非政治化的环境下投身文化与科学教育，再造文明，完成中国的文艺复兴。折腾了一百年往回看，胡老夫子不是没有他的道理。忽略真正的文化和教育，仅靠几个先知先进带着群盲打打杀杀瓜田分地杀资本家，仅图一时一势的革命，是不能真正改良社会的。革命到底是解放人的事业，而不只是解放猪圈里的牲口，让它从张家的院子跑到李家的厨房。

历史车轮鬼打墙。转到二十世纪后半叶，中国到处都是“人文关怀”。除了卖猪饲料的，什么样的企业都开始将“以人为本”的招牌挂上了大街。当然，以人为本并非舶来品，甚至可以说是中国的国粹。中国从来就是以人为本的。只不过，中国的人本是以钳制人为本，而西方的人本却是以尊重人、解放人为本。关于这一点，胡适在一次出游东北时有所感悟：中西方文明的区别是，前者是人力车文明，后者是摩托车文明。所以胡适要在思想上解放中国，再造文明，要实用主义，要杜威哲学，要全盘西化（后措辞为“充分世界化”）；因为要自由，所以要容忍。胡适说的容忍并不是菩萨说的容忍。

胡适一生奉行多研究些问题，少谈点主义。唐弟子给胡老师的“挽联”却是，“多研究经济，好研究问题”。

“胡先生告诉我，他在康乃尔读大学本科时，对经济学就没有兴趣，未尝先修有关经济学的科目，因而他一辈子对各种经济学也很少涉猎。这便是他老人家晚年谈政治问题的致命伤”“胡适之先生对中国民主政治的发展，虽然生死以之，他却始终没有搞出一套完整的理论来。不是他无此才华，而是他在社会科学上无此功力！没有一套完整的理论来对近百年——乃至三千年——的中国政治经济的演变做一番通盘的了解，而只是头痛医头，脚痛医脚地去搞一点一滴的改革，那就必然扶得东来西又倒。”

胡老夫子如果知道他的入室弟子这样给他盖棺定论，定会气得从棺材里坐起来。生死以之，忙了一辈子竟然被弟子说成了只是头痛医头，脚痛医脚的江湖郎中。

胡适生前建树颇多，也因此被“我的学生毛泽东”（胡适语）组织了大陆学界搞了数百万字的批判。

胡适膝下有二子，长子胡祖望，得名于胡母冯顺弟，有光宗耀祖之意；次子胡思杜，由胡适亲赐，寓意“思念杜威”，既表达了他对老师的敬重之情，更含着他一生对自由主义的坚定信仰。1949 年后，胡适去了美国，祖望继续留在美国，而思杜却留在了大陆，并于华北人民革命大学改造。1939 年 6 月 27 日，性格泼辣的江冬秀在给胡适的信中写道：“小三（胡思杜）死没有出息，他要学政治，日后做狗官。”其实在那样一个政治压倒一切的年代里，即使胡思杜当年不问政治，政治最后也是会问到他的。

“不要儿子，儿子来了。”胡适曾说，“思杜是我创造的”。大意是说中国该选择杜威，更要一代代“思杜”下去，但他怎么也不会想到，他的儿子竟会朝他飞来投枪，称他是“帝国主义的走狗”。1951 年，胡思杜在《中国青年》上发表了《对我父亲——胡适的批判》：“他对反对派的赤胆忠心，终于挽救不了人民公敌的颓运，全国胜利来临时，他离开了北京，离开了中国……今天，受了党的教育，我再不怕那座历史上的大山，敢于认识它，也敢于推倒它，也敢于以历史唯物主义的天秤衡量他对人民的作用。从阶级分析上，我明确了他是反动阶级的忠臣，人民的敌人。在政治上他是没有什么进步性……这一系列反人民的罪恶和他的有限的（动机在于在中国开辟资本主义道路的）反封建的进步作用相比，后者是太卑微不足道的……在他没有回到人民的怀抱来以前，他总是人民的敌人，也是我自己的敌人。在决心背叛自己阶级的今日，我感受了在父亲问题上有划分敌我的必要。经过长期的斗争，我以为在阶级上大致划分了敌我，但是在感情上仍有许多不能明朗割开的地方。除了自己随时警惕这种感情的危害性以外，我并要求自己树立起工农大众的感情来。”

对胡适的批判，我在《胡适日记》第八卷（1950—1960年）里能找到不少记录。

1950年9月23日

附录一则英文剪报：Chinese ex-envoy denounced by son（《中国前公使受到儿子的谴责》）。引语是“胡适之子接受共产党教育，胡适成为攻击目标——指控其受美国影响”。

1950年9月24日

附录一则英文剪报：The case of DR.Hu Shih（《胡适案》），剪报提到，胡适博士获悉其子“因受中国共产党人的赤化反戈一击”，谴责他是“反动派的忠实官吏及人民的公敌”消息后，做出下述简明但是意味深长的评论。他说，过去我们注意到，在共产主义国家中是没有言论自由的；但现在还可以看到，在这些国家中也没有“沉默的自由”。他说，在共产主义的统治下，人们必须做效忠与信仰的声明。就目前的情形而言，没有“沉默的自由”导致目前令人作呕的滑稽事件的发生。我们所有的人对此一定会感到非常难过，不是为胡适博士，而是为被迫做出这种虚假荒唐声明的年轻人。……胡适博士时常睿智尖刻地批评国民党政府的种种错误，然而，面临国民党政府与共产主义（从知识上和道德上奴役人）两种选择时，他显然选择了前者……

另附一则英文剪报：Father not disturbed（《父亲巍然不动》）。

1950年9月26日

附录《华侨日报》9月25日的文章，文章提到“胡适被自己之儿子声讨为帝国主义走狗及人民公敌”。

1950年9月28日

胡适收到两位朋友转给他的胡思杜批判他的全文——《对我父亲——胡适的批判》（分别刊于《大公报》和《工商报》）。

1950年10月4日

附录一则剪报：Danger zones，No freedom of silence（《危险地带——没有沉默的自由》）。

1950年11月11日

“……（侄儿）思猷某日在芜湖共党干部开会时，说了许多话。散会后，人就不见了。芜湖公安局宣布他是自杀的，并且留有遗书给他的妻子庆萱，但庆萱没有看见这遗书，也没有找到尸首。”

1951年2月24日

江冬秀收到亲戚的一封信，署名“弟友生”。“但此信明明是受他人逼迫，抄了别人所拟好的信稿，寄出来向我作宣传的！”（胡适）

1951年11月26日

附录《什么立场？为谁服务？京津高校六千人改造思想》：

［新华社北京十一月十二日电］北京、天津高等学校教师思想改造学习运动，一个月来在中央人民政府教育部京津高等学校教师学习委员会领导下，已经有了初步的成绩。参加学习的教师已从三千多人增加到六千一百八十八人。部分学校的职员也参加了学习……北京、天津高等学校的学生对教师的思想改造学习表示极大的关怀和兴奋。许多学校的学生都向教师提出了他们的意见和希望，帮助教师反省和批判……

1951年12月7日

附录11月30日香港《大公报》上的一则报道——《北大南大教授分别座谈控诉胡适，检讨张伯苓》。

1951年12月10日

附录《京津高等学校教师的学习运动》一文。值得注意的是，这则剪报出自储安平主编的《新观察》杂志。

1951年12月17日

附录《控诉胡适批评自己——北大教师展开批评与自我批评》。

1952年1月3日

附录1951年12月22日刊于《大公报》的《从我自己看胡适》(顾颉刚)。在该文中，经过改造"认识了改良主义无益有害"的顾颉刚指出，"这二十年来，我陆续发现了胡适的种种毛病……现在觉悟到应该严格分清敌我，所以我确认胡适是政治上的敌人，也是思想的敌人，唯有彻底清除他散布的毒素，才尽我们的职责。我们是如何的光荣，能受毛主席的领导，走上正确的思想道路"。

1952年1月9日

附录一则英文剪报：Hu Shih——Red’s New Target（《共产党的新目标——胡适》）。其中写道，“胡博士的书在全国被禁。与此同时，各地方所有出售共产主义的书籍杂志的书店都停止销售胡适的著作……用一位敏锐的观察家的话来说，反胡运动是‘性格暗杀’。他指出，敌人痛恨胡是因为他是正统的中国生活观和世界观的代表，而这两者与共产主义理论恰好是对立面”。

1952年1月20日

附录一则剪报。《大公报》总编辑王芸生发表文章，污蔑“胡适这个人，是小资产阶级知识分子爬上买办资产阶级的一个典型。他爱出风头，热衷名利，矛盾善变，走上风，往上爬，爬进买办资产阶级的营垒，成了勾结帝国主义出卖国家民族利益的反革命派。据胡适的一位老同学告诉我：胡适留学美国，原是学农的，到辛亥革命成功，他说他‘有做大总统的希望’了，就弃农改学文哲了”。

这里值得注意的是，写过《为国家求饶》的王芸生和储安平一样，都是旧中国了不起的媒体人士。然而，相较而言，储安平保持了自己的风骨。储安平的《观察》变成了《新观察》，但是储安平却是旧人一个，保持了自己的人格，所以他能批评“党天下”。王芸生的转变是显而易见的，比如抗战一胜利王芸生就表示：“我们建议政府要做一件事，就是——取消新闻检查，开放言论自由。”（《政府可以先做一件事》，1946年9月1日）当《大公报》记者因采访学潮而被逮捕时，他义正词严地抨击了国民党当局的暴行，并尖锐地指出：新闻检查不仅有“掩饰罪恶，包庇顽邪”的作用，而且还会“使政府与人民都受了蒙蔽……使报纸丧失了信用”；在这种情况下，“一切撒谎欺罔的责任”，就只能“由执行新闻检查的政府一肩承担”了（《逮捕记者与新闻检查》，1947 年 6 月）。然而解放后，虽然《大公报》没有改为《进步日报》，但是 1949 年到 1952 年，《大公报》的发行量从 16 万份急剧下降到 6 万多份，广告收入减少了 60%。王芸生以阶级斗争的理论为武器，不断地反省、检讨、自责、自污，并积极参加政协组织的学习以及各种社会活动。而在 1931 年，胡适在《后生可畏》一文中曾经赞扬《大公报》：“不但从一个天津的地方报纸变成一个全国的舆论机关，而且安然当得起‘中国最好的报纸’的荣誉。”原因是《大公报》坚持了两个底线：一是“登载确实的消息”，二是“发表负责任的评论”。

此外，1952 年 1 月 8 日胡适的日记里有一则剪报，作者是美国专栏作家 George E.Sokolsky，对胡适最近被批判进行了回顾。他写道，“胡适对现代中国之贡献可与但丁、薄伽丘、彼特拉克之于文艺复兴时期的意大利之贡献媲美。他沟通了古代与当代。他用人民的口头语言（而非古汉语）创作诗歌。他的《中国哲学史》（卷上）风靡中国。他编辑出版的大量小说，在中国广为流传，家喻户晓，被人们称为‘文学革命’之父。他早年就学于康奈尔大学和哥伦比亚大学，受到威廉·詹姆士和约翰·杜威的影响，并将美国的实用主义带回中国。无论人们对实用主义的看法如何，胡博士没有将全部精力投入到学术研究中，而是成为一个勇于身体力行的人，对他的时代产生了深远的影响”。谈到胡思杜对胡适的批判时，这位专栏作家写道：“读到这篇令人伤感的文章（指胡思杜的公开信），不禁想起约翰·J. 斯维夫特上尉结束在匈牙利的监狱生涯后对记者说的话。他说‘这不可能发生在我的身上’‘这里不可能发生这种事’这两句话应该从英语语言中删除。”

事实上，从 1949 年开始，京津地区高校和文艺界陆续掀起整风和批胡运动。北大副校长汤用彤、北大法学院院长钱端升、清华哲学系主任金岳霖以及梁思成、朱光潜、费孝通、顾颉刚等名教授都纷纷著文批判以胡适为代表的中国自由主义思潮。1954年12月9日，郭沫若在《人民日报》发表《三点建议》说："中国近三十年来，资产阶级唯心论的代表人物就是胡适。"郭是五十年代大陆批胡的主帅，他在1954年11月8日接见《光明日报》记者时说："我们在政治上已宣布胡适为战犯。"其后一直到文革，作为"买办资产阶级代表和唯心主义代表"的胡适终于被轮番批得千疮百孔。

1949年11月，胡适在台湾以发行人的身份出版了《自由中国》。《自由中国》标榜自由、民主，讨论的问题从理论到实际，其根本主张是言论自由和建立反对党。应该说，胡适的这些主张对于台湾当权派同样是致命的。蒋介石将胡适的思想视为其潜在的敌人，欲除之而后快。他们先是散发一些批胡反胡的小册子，比如《胡适与国运》《向毒素思想总攻击》。后者第一条即是："有一种叫《自由中国》的刊物，最近企图不良，别有用心，假借民主自由的招牌，发出反对主义，反对政府，反对本党的滥调，以达到颠倒是非，淆乱听闻，遂行其某种政治野心的不正当目的。"

1930年4月，胡适曾写信给杨杏佛，称"我受了十年的骂，从来不怨恨骂我的人，有时他们骂的不中肯，我反替他们着急。有时他们骂的太过火了，反损骂者自己的人格，我更替他们不安"。五十年代，他又说，"我挨了四十年的骂，从来不生气，并且欢迎之至"。说这话时，他大概不会料到，1957年，儿子胡思杜被划为右派，后自杀身亡。胡适痛失骨肉，"思杜"的希望化作一缕轻烟。历史以其特有的残忍将胡适的自由主义大旗扔进了虽前仆而无后继的悲观处境。江冬秀常抱怨，"胡适房间里给死人的地方多（胡适爱藏书），给活人的地方少"。

事实上，胡适彼时，凄凉晚境，已经无人愿为他挺血肉之躯，更不会如他改写的《西游记》第八十一难“观音点簿添一难唐僧割肉度群魔”般割肉喂了小鬼，一切苦难只得由他自己去担当了。

读书人一生长叹！2001年，我花了半年时间通读《胡适文集》，时长痛短痛，嘘声震壁。盖是因为以下胡适诸多理论，几十年后当年曾经敌视他的政府，无论台湾当局还是中国大陆都在悄悄地实践着：

实践是检验真理的唯一标准（胡适的真理观：见七十年代末中国结束“两个凡是”所引发的真理标准讨论）；

大胆地假设，小心地求证（胡适版“摸着石头过河”：几十年后见于中国经济体制改革）；

多研究些问题，少谈些主义（胡适的实用主义：见于邓小平的“黑猫白猫”论）；

容忍比自由还更重要（胡适的多元论：见于2001年中共“七一”讲话，意识形态之争开始放松，“社会主义与资本主义长期共存”）；

充分西方化（中国改革开放，充分世界化）；

教育破产的救济方法仍是教育（“再穷也不能穷教育”）；

把国民党分成两半或成立一个新的政党实行民主政治（胡适的两党制设想几十年后在中国台湾实现）；

宪政是宪政的最好训练（国民党放弃党政与训政走向宪政，新中国成立近四十年后中国农村出现海选及其他民主试验）；

宁鸣而死，不默而生（台湾解开报禁）。

…………

胡适说，“生命的意义就是从生命的这一阶段看生命的次一阶段的发展”，可惜胡适大半辈子看到的只是我们这个民族的荒诞与扰乱。在《晚清七十年》中，唐德刚曾说中国穿越历史的三峡，大约要花两百年的时间（1840—2040 年）完成第二次社会文化转型。但只要你看看中国过去一个世纪的理论折腾，你就知道胡老夫子为什么在棺材里仅坐起来一次是不够的。笔者仍是相信：错过胡适，就错过了一百年的好时光。胡适不仅是罗曼·罗兰笔下的约翰·克利斯朵夫，更是奥里维。他是思想之军，而不是暴力之军。他被忽略了，却从未有人能把他击垮。

与大规模批判相反的是，关于胡适的思想，殷海光、李敖等人有着高度的评价。在殷海光看来，胡适的这种思想，就是开放的社会（Open Society）里开放的自我（Open Self）所具有的思想。整个的西方社会，就是浸润在这种思想之中。所以，实质说来，整个的西方社会大致生活在胡适思想中。或者说胡适思想大致是从整个西方社会的实际生活中提炼出来的。而这种思想，正是西方人过着自由、平等、康乐和幸福的日子的源泉。现在的问题，并非胡适思想将来在中国是否会普及的问题，而是必须让胡适思想在中国普及，中国人才有办法，中国人才能坦坦易易地活下去，中国才有起死回生的可能。其他的思想路子，不是情感的发泄，就是历史的浪费。

同样，李敖在《播种者胡适》一文中写道：

> “显然的，以胡适今天所处的地位来看，他还不是一个过时的人。过时的人社会早把他遗弃，至少不再重视他……我们知道他还是一个毁誉交加的新闻人物，可笑的是乱骂胡适之的人和乱捧他的人一样，统统抓不到痒处！一个稍有现代化头脑的人，一看就知道胡适思想只不过是一个‘开放社会’（Open Society）所应具有的最基本的必要条件。说他叛道离经则可，说他洪水猛兽则未必。基本在某几点上，我们还嫌他太保守、太旧式，想不到这些平淡无

奇的起码言论居然还不为人所容，这真是中国社会的大悲哀！”

李敖还说：“我真希望胡适之是过了时的人了。胡适之不过时证明了我们四十年来没进步。学术与时代的进步对个人来得快才好；学术与时代赶过胡适之总比还让胡适之卖老命来得好。胡适之是一个豪迈的人，他若能看到学术与时代跑到他前面，他又何吝于自己是个落伍者？”

关于胡适与他的思想，唐德刚在《胡适杂忆》中有一段精彩的点评，摘录如下：

> 一次在背后看他打麻将，我忽有所悟。胡氏抓了一手杂牌，连呼：“不成气候，不成气候！”可是“好张子”却不断地来，他东拼西凑，手忙脚乱，结果还是和不了牌。原来胡适之这位启蒙大师就是这样东拼西凑，手忙脚乱。再看他下家，那位女士慢条斯理，运筹帷幄，指挥若定。她正在摸“清一色”，所以不管“好张子，坏张子”，只要颜色不同，就打掉再说！

其实“只要颜色不同，就打掉再说”，又岂止胡家这位女客。在胡氏有生之年里，各党派、各学派、各宗师……哪一个不是只要颜色不同，就打掉再说呢？！胸有成竹，取舍分明，所以他们没有胡适之那样博学多才，他们也就没有胡适之那样手忙脚乱了！

时光倒流一百年，读后大笑，我笑出了眼泪。

“上帝”为什么不亲自传教

2006年11月16日，弗里德曼先生走了，许多人开始怀念他。张五常说，“他是还会站在那里的。”不过，在我看来，继续站在那里的不只是拿了诺贝尔奖的经济学家，更是一位杰出的政治学家。显然，弗里德曼对政治与国家的理解超越了与他同时代的人，更超越了那位被美国人选为政治Party“总主持”的肯尼迪先生。

众所周知，肯尼迪总统在就职演说中留下了一句疑似不朽的名言：“不要问你的国家能为你做些什么，而应该问你能为你的国家做些什么。”就在人们以饱满的热情四处传播、赞扬肯尼迪的爱国主义时，弗里德曼却以如炬慧眼洞见了这位明星总统话语里的黑暗——正是这种个体与国家职能的倒置，在肆无忌惮地腐蚀一个国家自由的根基。

要市场经济，也要市场政治

回顾二十世纪国家主义的狂热，生活于今天的人们不会忘记“爱国”如何一度沦为肮脏的字眼。在弗里德曼看来，肯尼迪的这句名言前后两部分都没有正确地表达出合乎自由社会的理想以及公民和政府之间的关系。家长主义式的“你的国家能为你做些什么”意味着政府是保护者而公民是被保护者。这个观点和自由人对自己命运负责的信念显然是背道而驰的。同样,“你能为你的国家做些什么”意味着政府是主人或神，而公民则为仆人或信徒。对每个自由人而言，国家只是自由人的集合，而不是超越于自由人之上的东西。自由人对共同继承下来的事物感到自豪并且对共同的传统表示忠顺，但是从本质上说，政府仍不过是一个手段，一个工具。政府既不是一个给我们带来恩惠与礼物的人，也不是使我们盲目崇拜和为之服役的主人或神灵。所以，弗里德曼说:“除了公民们各自为之服务的意见一致的目标以外，他不承认国家的任何目标;除了公民们各自为之奋斗的意见一致的理想以外，他不承认国家的任何理想。”

正是在此基础上，弗里德曼坚定地认为:自由人既不会问他的国家能为他做些什么，也不会问他能为他的国家做些什么。而是会问:“我和我的同胞们能通过政府做些什么”，以便尽到我们个人的责任，达到我们各自的目标和理想，其中最重要的是:保护我们的自由。进一步说，政府可以为我们所用，才是政府得以存在的合法性基础。紧接下来的问题是:通过什么样的手段我们才能让自己一手建立起来的政府不至于成为一个会毁灭我们自由的、无法控制的怪物?

显然，这种担忧并不是多余的。回顾人类文明进程，不难发现，对自由最大的威胁是权力的过度集中。其结果是，公权力武装到牙齿强大无比，私权利却如窗户纸一捅即破。所以，为了使国民持久地保有自由，一方面，我们承认政府是必要的，通过政府这一工具我们可以行使我们的自由，可以共同致力于某一个目标。与此同时，还应该看到的是，由于权力集中在当权者的手中，它势必对自由形成威胁。

道德王是靠不住的，用弗里德曼的话说，“已经集中起来的权力不会由于创造它的那些人的良好愿望而变为无害”。

所以，政府一旦建立起来，公民立即兵分两路：一方面要借助政府防范外在的敌人；另一方面，又要防范来自内部的敌人，即政府本身。前者是防范霸权，后者是抵御极权。必须指出的是，只有权倾一国的极权与祸乱世界、横行无忌的霸权，才有可能真正成为全民公敌。

那么，如何剔除政府的尖牙利爪，使其不再伤害民众？任何稍有点政治头脑的人，都不会反对政府的存在，人们的分歧只是在于如何制造政府。如果我们承认人类永远生存于一种竞争状态之中，就应该承认，任何政府的成立都得益于本国国民的挑选与豢养。所谓“有什么样的人民就有什么样的政府，有什么样的政府就有什么样的人民”讲的就是这个道理。整体而言，无论是以民主的或是非民主的方式建立政府，都是一国国民选择或放弃选择的开花结果。问题的关键在于：任何有责任心的公民，都不应该在制造了政府后又与政府断绝一切联系，任凭它像孤儿一般长大，沾染野蛮的习气，缺乏教养。

关于这一点，大凡有真知灼见者都会不约而同地意识到，最有效的办法是将政府关进或劝进笼子里，即通过宪政使公权力得到约束。显然，弗里德曼清晰地看到了这一点，限制权力的最好办法是分散权力，而美国的联邦制的好处是，它不仅允许民众参加选举，还允许他们在不同的州里选择自己的生活。在这里，我们不难发现，弗里德曼所主张的，是一个国家不仅要有自己的市场经济，同样有自己的“市场政治”。活跃于政治市场的竞争不仅体现在不同国家之间的移民，同样体现在一国之民可以按照自己的意愿自由迁移。就像他说的，“假如我不喜欢我居住的州所做的事情，我能迁移到另一个州”。

不可否认，时间与地理上的这种开放，正是一个开放社会最动人心魄的图景。这种开放同样表现在，人们不仅有可供选择的市场经济，同样有着可供选择的“市场政治”，那些不为人们接受的，或者经过实践证明不能真正有益于国家与民众的政治，终将被人抛弃。政治市场的形成对于一个开放社会所具有的决定性意义是显而易见的。没有谁可以做出永远正确的选择，如果说政治意义上的选举意味着在时间上公民可以“通过选择救济选择”，那么日常生活中的自由迁徙同样意味着人们可以在地理层面“通过选择救济选择”。这也是为什么当法国前总理若斯潘疾呼“要市场经济，不要市场社会”时，笔者则主张“要市场经济，更要市场政治”的原因所在。没有市场政治，就不会有真正的市场经济，也只有当政治进入市场，充分竞争，才有可能创造出廉价而有力的公共产品。

选择与真理

假如我们承认市场的意义在于促成交易各方以平等的讨价还价获利，那么，就不能忽略市场的出现同样关乎精神革命。即，在市场经济与市场政治面前，每位“经济人”与公民都可以选择一种抬头挺胸的生活。进一步说，政府维护的是程序正义，是如何更好地提供公共产品，但是它并不负责或垄断每个人对生活意义的解释。就像体育场上的裁判员无权过问运动员在家里时是否早睡早起，究竟和谁在谈恋爱一样。

回顾人类历史上的权力运行，我们同样发现，几乎所有“前现代政治”都有着一个共性——从表面上看，权力拥有者都会或多或少地承认自己不过是在代行某种神圣的权力。而这种“神圣的权力”，要么来自一个虚拟的民众实体，比如“人民”、“群众”；要么来自某种神秘的力量，比如“上天”“上帝”“神”等等，而不是那些具体的、掌握选票的人。在此情形下，无论是代行“人权”，还是代行“神权”；无论是君王或政府，作为权力拥有者与使用者，它们都是民众获取权利的唯一中介。而且，在口头上君王或政府至少会承认自己之所以存在，是为了“万民之福”。

在此，不妨将这些政治称为“中介政治”。显然，“天子”“君权神授”等等统治术都是这个逻辑的延续。就“天子”而论，如果我们将民众比做A（此岸），将君王比做B（唯一桥梁），将天比做C（彼岸），表面上看，君王存在的合法性是天赋予的，但是，究竟天有怎样的意图，解释权完全在君王手里。换言之，权力的起点表面上是在C那里，实际上是在B那里，B因为有强力的解释权而在这里拥有了对C和A的绝对主动权。B想要“天”具有怎样的意义，“天”就有怎样的意义。当社会认同这种天的统治，同样意味着臣民在君王的金口玉言中不断地被添加意义。

启蒙运动以来，“人民”这一概念和“天”一样，被强力随意定义与打扮。所谓“人民”不过是从此岸的民众（A）中提炼出的一个具有神性的概念。从表面上看，政府的合法性来自“人民”，但是，由于它是一个虚拟的主体，一个可塑性概念，其解释权在政府手中，这也意味着权力的起点仍在政府（B）。事实上，这也是纳粹当年口口声声代表人民，最后却只能代表人民作恶的原因所在。

不难发现，在“前现代政治”时期，人们尊重的不是精神平等的契约，而是一些神秘力量。一方面，皇帝、教会、极权组织都会通过对上天、上帝、人民等概念的解释来合法化、强化自己的统治，他们吹嘘自己是上天之子，或是通向天堂与真理的唯一中介，并且漫天要价，收取天价过桥费与中介费；另一方面，当民众在法庭上反抗而不得时，同样会将自己的拯救希望诉诸鬼神，有的甚至还会希望自己变成厉鬼，为往世的冤屈复仇。对鬼神资源的挖掘，为我们生动地展示了长期存在于人类历史上的一个悖论——人类的正义只有通过“非人类”的赠予才可以解决。

在人类的心灵深处，“非人类”总是那样迷人。那种先验式的“天赋人权”总是比生长于大地上的“人赋人权”更具有合法性，也更具有煽动性。所以，历史上即使是那些“人赋政权”的起义，通常也会打出“天赋政权”的旗帜以招揽民心。比如说在中国，陈胜、吴广揭竿而起时以鱼腹藏书言明“天意”，表明是“天”要灭秦；水浒里的造反派同样搞“替天行道”，借“天”落草，继续上演“天民反抗天子”的历史连续剧；太平天国时期，洪秀全让杨秀清口吐白沫，搞天父与天兄的“行为政治”，就在口中白沫四溅之时，这位“米斯特杨”立即变成了一部传达上帝旨意的传真机。当然，这与上帝联网的传真机的真正价值就在于世上仅此一部，正是这种绝无仅有垄断了来自天堂的所有消息。从这方面说，历朝历代，以祖宗、上天或真理之名义夺权者，多半都有一个口吐白沫，争当上帝传真机的过程。谁又能说，前苏联的《真理报》不是这样一部收发真理的传真机呢？

伏尔泰说：“如果上帝不存在，就应该把它造出来。”陀思妥耶夫斯基同样真诚地相信，人类确实制造出了上帝。二十世纪，当启蒙运动将人的理性上升为真理，而权力拥有者因为独占真理而获得某种神性时，他们同样将自己变成真理与民众之间的唯一中介。不同的是，从前所谓的“君权神授”，此时变成了“政（府）权（力）真理授”。权力垄断了有关真理的一切定义与解释，从而使自己变成了真理的唯一生产者与捍卫者。

如果说民主是“通过选择救济选择”，那么专制则是“通过真理救济真理”。两者虽然都是行动上的重复，但其意义却有着天壤之别。民主“以选择救济选择”，是在试错与纠错的基础上实现的，所以在骨子里它是具有忏悔精神的。与此相反，“以真理救济真理”的可能结果却是，为了维护最初的真理的正确与威严，必须不断地制造新的真理，真理才因此具有某种原教旨主义气息。其一逻辑更像是，说了一个谎，必须用一千个谎来圆它。

不难发现，正是因为源源不断地生产真理，导致真理因为通货膨胀而贬值或失去信用，真理因此只具有审查而无动员的效力。换言之，它可以明白无误地告诉民众什么是符合真理的，但是却不能号召大家继续为真理效忠，为某种神秘力量献祭。

显而易见的是，西方国家终于从神权走向人权，实现民主政治的好处就在于，公民知道自己需要怎样的公权力，有着怎样的私权利，知道自己每时每刻的想法，一切都由自己做主，而不必揣测那缥缈的“上帝”或“真理”究竟为何水性杨花、朝三暮四，更不必担心被那些垄断了上帝与真理的解释权的唯一“政治中介”揩油。

一只特立独行的猩猩

权力垄断者不遗余力地告诉人们，唯有自己才是国民走向幸福生活的唯一可能。就像媒婆“会说媒的两头瞒，不会说媒的两头传”，为了获取垄断权力的高额利润，垄断信息无疑是政治中介“揩油”的最有效途径。关于这一点，前南斯拉夫著名导演库斯图里察的史诗电影无疑有着很好的诠释。

《地下》是一部充斥着酒精、枪声和吉普赛音乐的影片，是一部浓缩了前南斯拉夫从1941年到1992年巨变的心灵史。主人公马高(诗人)

和黑仔是贝尔格莱德的黑道双雄，在干着走私勾当的同时又和革命党有着紧密的联系。德军入侵贝尔格莱德时，黑仔迷上了话剧演员娜塔莉，并且因为和纳粹军官争风吃醋被纳粹逮捕。庆幸的是，黑仔被马高救了出来；不幸的是，受了重伤的他和许多群众一样被马高送到了自家的地窖里避难。马高因此成了他们和贝尔格莱德的唯一联系人。

解救只是绑架的开端。四年之后，侵略者被赶走了，南斯拉夫解放，身居高位的革命诗人马高已经和娜塔莉结婚，到处揭幕、演讲、朗诵诗歌，被群众崇拜。卑鄙的是，他没有把德国人被赶走的消息告诉生活在地窖里的人，而是以各种手段让他们相信战争还在继续，告诉他们报国的唯一方法就是在地窖里为“革命”继续制造枪炮。为此，马高调慢了地窖里的钟表，伪造空袭警报，每次到地窖里代表铁托看望同志时总是打扮成一副刚被纳粹折磨的样子，以此激发黑仔们的斗志。而这些被同志绑架了的同志，做梦也想不到，马高早已变成了军火贩子。

二十年后，在一场醉醺醺的宴会上，生活在地窖里的猩猩索尼无意中扣动了坦克的扳机，将地洞打开。当这些前南斯拉夫的幽灵从地底冒出来的时候，他们回到的已经不是纳粹占领的家园，而是米诺舍维奇执政的时代。黑仔荷枪实弹，带着儿子祖凡一起为消灭纳粹继续战斗，身穿纳粹军装的演员被他们打死……

影片中，儿子祖凡更像是一个隐喻。黑仔的妻子被带到地下室的当天，便生下了祖凡，然后死去。祖凡的一生，是地下室生活的见证。像电影《楚门秀》一样，自一生下来，祖凡便生活在谎言世界里。地下室里的生活，是他生活的全部。所谓的外部世界，对他来说，不过是虚假的宣传、过时的照片、戏剧和影音资料拼凑而成。所以，当这位穴居者第一次来到地上时，将月亮当做了太阳，并且“指鹿为马”。

柏拉图在《理想国》里有一个著名的洞穴寓言：

> 有一群囚犯在一个洞穴中，他们手脚都被捆绑，身体也无法转身，只能背对着洞口。他们面前有一堵白墙，他们身后燃烧着一堆火。在那面白墙上他们看到了自己以及身后到火堆之间的事物的影子，由于看不到其他任何东西，这群囚犯会以为影子就是真实的东西。而且，除了墙上的影子之外，世界上没有其他东西了。

不难发现，一个与真实世界隔绝，又被无数虚假的负信息包围的群体，会对现实做出怎样错误的判断！祖凡的命运，就是这些戴着镣铐的文化囚徒的命运。

意味深长的是，在地窖生活的所有生物里，唯一没有被马高洗脑的是那只开炮的猩猩。显然，它不是动物战士，也不是人类利益的守护者，它不过是随心所欲触动了大炮，这不经意的破坏在客观上起到了解放地下室的作用。从这方面说，猩猩与人言语不通未必是件坏事。至少，在这个地窖里，猩猩保持了自己的独立性，不为马高虚假的战争宣传所蒙骗。所谓“众人皆睡，猩猩独醒”。

在此，我们不妨将场景转换到发生在1840年的鸦片战争。当时的英国人，何尝不是这样一只猩猩？自哥伦布以来，欧洲人开始在茫茫大海上胡乱摸索，以至于将美洲误认作印度。而到了中国，历史的风云际会使他们将鸦片装到了枪膛里，并且扣动了扳机。正是那几声隆隆炮响，打开了中国的千年暗室。明白这一点，我们就不难理解为什么说在一个思想高度统一的国家，若想寻求解放，就不得不借助外力——哪怕有时候它只是一只猩猩，但至少它是一只特立独行的猩猩。

如上所述，革命诗人马高同样是通过制造一个虚假的意义来实现少数对多数的统治。当他将世界分为地上与地下，并且垄断地下与地上的一切传播途径，由自己负责解释地面上的一切时，他便成了救世主一样的英雄。他首先剥夺了穴居者的一切，然后一点点地给予。而这些心怀恐惧的人同样毫无戒心地把自己了解地面上一切事情的权利交给了马高。

《地下》里有一段假传圣旨的情节。为了鼓励黑仔在地下室里安心干活，马高以铁托同志的名义转送给他一块手表，并向他转告了铁托的“原话”：“现在离战争结束还早呢，告诉黑仔，在地下别让他出来。他是决战必需的人才。”黑仔为此欣喜若狂。谎言，就像萨满咒语一样，只有你相信它时才会起作用。对马高深信不疑的黑仔们因此变成了一群为虚幻的“自由”概念生产枪炮的奴隶。就像中世纪的人们把自己追寻真理与幸福的钥匙全盘托付给教会，使这个“中介巨无霸”有机会揩尽人与上帝的油水。

“信上帝，但不信教会”

人人生而平等，多么动听的口号！然而，谁也不能否认，在这个世界上，没有谁生而平等。无论身高、体重还是智力，无论是时代的境遇还是父母的条件，每个人都不可能绝对平等。但是，我们推进政治文明的意义，就在于可以通过一代代的努力，以期建设一种制度，让每个人生而自由，让每一位共和国的公民都有条件含着一把自由的钥匙诞生。

弗里德曼曾引用某位法官的话说，“我移动拳头的自由必须受到你下巴所处的位置的限制。”为了合群生活，不彼此伤害，人们被迫将自己的钥匙部分上交给政府代为保管。然而，随之而来的问题是，掌管仓库的钥匙的人，是否会将仓库据为己有？高薪聘请的保姆是否会将主人锁在门外让他回不了家？

俄国思想家舍斯托夫在《钥匙的统治》（*Potestas Clavium*）里写道，天主教徒引用圣经里的话认为，“上帝把自己的权力转授给了自己的继承人，直至现在仍然健在的教皇。”天主教徒坚决地对多神教徒说，“钥匙是有的，它保存在地上，只是不在你们的破庙里，而在我们的神庙里。”当信仰上升为权力并且开始取代国民的思想，教会与教徒们同样相信自己已经抵达真理，拥有了通往最后的秘密和永恒极乐之路的钥匙。如舍斯托夫说，天主教所信仰的，不是上帝，而是它自己。假如基督重现人间，伟大的宗教大法官定会把他烧死，就像它烧死了所有的异教徒。

陀思妥耶夫斯基在《宗教大法官》里写下了他深切的忧虑。当耶稣重新回到人间，作为上帝权力代理人的宗教大法官，不但不像仆人一样侍奉耶稣，反而逮捕了它。《宗教大法官》为我们讲述了人类不再渴望“天上的粮食”，而是沉醉于“地上的粮食”的故事，也间接印证了中国人讲的“县官不如现管”。魔鬼徘徊于人间，上帝习惯于对恶的纵容与惩罚，当人类需要正义时，它总是姗姗来迟。

同样的原因，在几百年前，路德视教皇为反基督徒。在经历了十年僧侣生活后，他不得不相信自己落入了反基督徒的阵营，确信他所服务的，不是基督，而是基督的那个永恒的、不共戴天的仇敌。所以，对他来说，当他走进修道院时，他期待的是自己的拯救，逃避的是毁灭，同样，当他离开修道院时，他期待的同样是拯救，逃避的同样是毁灭。

在没有上帝之时，每个人心中都有一个上帝；当上帝的印象由教会充公并制成标准像推广，这也意味着人们将钥匙的全部权力转交给一个人或一个机构，这个联系人与上帝的唯一中介因此也变成了人与上帝沟通的最大障碍。廉价的许诺从此取代了活生生的上帝，取代了人类真正的自由。教会脚踩两条船——在上帝那里代表人民，在人民那里代表上帝。对于教会来说，这是一笔两头有赚的宗教生意。正是因为这种不信任，在波兰感觉自己一直处于“赔本赚吆喝”状态的米奇尼克们产生了“信上帝，但不信教会”的念头。

然而，在舍斯托夫看来，钥匙的统治一直保持着自己旺盛的生命力。侍奉上帝的人拥有教徒，哲学家们拥有群众。绝大多数人都被教会如何去过一种劳动的、有节制的生活。更重要的是，教皇找到了与哲学家妥协的途径，而哲学家也不再与教皇为敌，甚至把它视做自己的同盟。思想与权力的合流，必将以貌似浑然天成的暴力，拒绝政治回归于国民内心的抉择。

十九世纪，天上的神死了；二十世纪，地上的神死了。有人担心，在娱乐至死的二十一世纪里，一切都失去了意义，恐怕人也快保不住了。然而，我们内心仍有一种信念，人可以坚定地活下去——因为时间没有崩溃，选择仍在继续。有选择才有希望，我们的全部希望就在于可以选择。

如上所述，在一个推行市场政治的国家里，“选民就是上帝”。既然“教会”不能完全表达“上帝”的心声，“上帝”为什么不亲自传教，借此直接言明自己的愿望？同样，如席勒在诗歌《愿望》里所慨叹，既然谁也不会给地上的生灵以天上的保证，为什么不让他们从此栖身大地，倾听内心的声音？

世界离独裁只有五天

今日世界，多数国家都已经实现了政治民主化，而尚未实现民主化的国家也正在试图从“后极权”的坑坑洼洼中走出。许多人可能会认为，当历史翻过黑暗的一页，过去那个血腥而愚昧的时代将一去不复返了。然而，真的可以高枕无忧了吗？

世界离独裁有多远？35 岁的德国导演丹尼斯·甘赛尔透过他杰出的电影《浪潮》（Die Welle）给出了一个惊人的答案——世界离独裁只有五天。

纳粹速成班

汽车摇摇摆摆，车外人来人往，影片《浪潮》在一片轻松而热烈的摇滚音乐中开场。这是一所普通的德国中学，主人公赖纳·文格尔是该校一位老师。不巧的是，今天他被告知自己喜欢的“无政府主义”课被另一老师抢先一步，而且事情已毫无回旋余地，文格尔只能硬着头皮在接下来的“国家体制”主题活动周上主讲他并不喜欢的“独裁统治”。

故事就这样围绕着接下来的一周展开：

星期一。文格尔来到教室时，教室里一片自由散漫的气氛。显然，文格尔并不适应这个课堂以及他将要讲的课。“如果我是你们会去上无政府主义的课，而不是听这倒霉的独裁统治。”这是他的开场白。当他将“Autokratie”（独裁统治）写在黑板上时，学生们仍在看闲书、发短信，东倒西歪，以至于文格尔不得不停下来希望大家“给点反应”“好歹这一周要打发过去”。然而，就在大家七嘴八舌、漫不经心地讨论独裁统治时，文格尔陷入了深思。显然，他并不相信学生们所说的“纳粹已经远离我们了，我们德国人不必总带着负罪感”。或“独裁统治不可能发生在今天，因为没有民众基础”。课间休息后，文格尔让学生重排桌椅和座次，他准备做一个试验，让学生们体会独裁的魅力。文格尔说，独裁的主要特征就是“纪律性”。通过口头投票，最后文格尔成为课堂上的“元首”。接下来他要纠正大家的坐姿，而且发言时必须站立，必须尊称他“文格尔先生”，不服从者可以退出。

星期二。文格尔再次走进教室时正襟而坐的学生们向他齐呼“早安，文格尔先生”。“纪律铸造力量，团结铸造力量。”这节课，文格尔要求大家站起来像军人一样踏步，“感觉所有人都融为一体，这就是集体的力量”。而且，踏步的另一个目的是，一起将楼下的“无政府主义课”踩在脚下，“让我们的敌人吃天花板上的灰”。显然，通过这种集体行动，文格尔试图给“独裁班”的学生们一种优越感——“无论表现怎样，我们这个班也比楼下的‘无政府主义班’要好”。接下来，文格尔与学生们一起讨论是否需要穿着统一的服装，最后大家一致同意将一种廉价的白上衣与牛仔裤定为他们的“制服”。

星期三。课堂上，只有女生卡罗继续穿着她的红上衣，其他学生都如约穿上了白衬衫。制服使卡罗陷于一种前所未有的孤立：她仿佛不属于这个集体。上学路上，她的男友在说她“自私”，而现在文格尔几乎无视她的存在，同学们也不和她讨论，并视之为异类与不合作者。有人建议给班集体取个名字，最后“浪潮”从“恐怖小组”“梦想家俱乐部”“海啸”“基石”“白色巨人”“核心”等名字中脱颖而出，成功当选。红衣女生被冷落，她提出的“变革者”无人响应。这节课还定下了“浪潮”的标志。当晚，“浪潮”成员开始在城市的各个角落张贴他们的浪潮标志。

星期四。在“浪潮”组织中获得归属感的成员们的创造力也被激发出来。课上有人动议，既然每个团体都有自己的手势，浪潮也应该有一个属于自己的独一无二的手势。这是一个右手在胸前划波浪的手势。越来越多的学生加入“浪潮”，并以是否做这个手势与他人划分界线。甚至连卡罗年轻而玩世不恭的小弟弟也加入进来，甘愿为“浪潮”把门，凡不能做浪潮手势的人，都不许进学校。卡罗越来越觉得情况不妙，她奉劝文格尔立即中止这个游戏，因为他“已经控制不住局势了”。

星期五。课程接近尾声，文格尔希望大家将参与“浪潮”的体会写下来。文格尔激进的教学方式同时受到来自校方与家庭的越来越大的压力。因为情绪失控而掌掴女友卡罗的马尔科后悔不已，乞求文格尔能终止这一切，并指责这所谓的“纪律性”不过是法西斯的一套。文格尔知道，一切该结束了。现在需要的只是一个如期漂亮的结尾。当晚，所有浪潮成员都收到文格尔发来的一条短信：事关“浪潮”的将来，周六 12 点务必在学校礼堂开会。

星期六。学校礼堂。文格尔让学生关闭了礼堂。在选读了几篇学生们关于“浪潮”的体会后，文格尔发表了一番振奋人心的演讲，并煽动学生们将其间提出异议的马尔科揪上台来。在一片“叛徒！叛徒！”的高呼声中，马尔科被争先恐后的学生们举到了台上，以接受惩罚。事情本来到此为止，接下来文格尔要告诉大家的是，“我们现在做的就是法西斯当年做的”，并宣布独裁实验结束，“浪潮”从此解散！然而，不幸的是，事情并没有按着文格尔的意愿发展下去。狂热分子蒂姆拔出了从网上购得的手枪，乞求文格尔不要解散“浪潮”。“浪潮”是他的第二生命，他绝不允许背叛，即使文格尔也不成。电影由此进入高潮，蒂姆枪杀了一位同学并在绝望中吞枪自尽，重重地倒了下去。

这就是“浪潮”的故事，或者说是一个“纳粹速成班”的故事。它速成亦速朽，然而一切顺理成章。

蒂姆是一个隐喻

《浪潮》是根据美国加州帕洛阿尔托市克柏莱高中发生的真实历史事件改编。那是在 1967 年 4 月的一节历史课上，一位学生向老师罗恩·琼斯提了个问题，“为什么德国人声称，对于屠杀犹太人不知情？为什么无论农民、银行雇员、教师还是医生都声称，他们并不知道集中营里发生的惨剧”？对此，琼斯不知道如何回答。之后他决定，大胆地进行一项实验。他要重建纳粹德国，一个微型的纳粹德国，就在他的教室里。他想让他的学生们亲身体会法西斯主义，不仅体会其恐怖，也体会其魅力。而且，不出琼斯所料，正如《浪潮》所表现的，越来越多的人加入到这一实验中，陷入一种难以自拔的狂热，而且告密成风。五天以后，当几百名学生在礼堂里伸出手臂向琼斯致以崇高的“浪潮”问候礼时，你首先能想到的，或许正是瑞芬斯塔尔在《意志的胜利》(1934)中记录的德国人向希特勒欢呼的场面。不过一切还好，琼斯最后控制了局势，戛然而止——“我们差一点就成为了优秀的纳粹。”在最后的聚会上，琼斯接下来给学生们播放了一部关于第三帝国的影片：帝国党代会、集体、纪律、服从，以及这个集体的所作所为：恐怖、暴力、毒气室。琼斯看着一张张不知所措的脸。最初的那个问题得到了回答。

相较琼斯的教学实验来说，《浪潮》的结局显然更富戏剧性，残酷的陡转让你不得不认为导演甘赛尔从《死亡诗社》的结尾中获得灵感。尽管这种剧烈的冲突招致一些批评。但在我看来，狂热者蒂姆的出场，恰恰是《浪潮》区别乃至超越琼斯教学实验之关键所在。我甚至认为，从影片所要达到的思想高度来说，《浪潮》的主人公与其说是文格尔，不如说是蒂姆。

蒂姆性格内向、不善交流，少有成就感，在学校更是经常被人欺负，被人称做“软脚虾”。也许是这个原因，他一直希望周围能有几个“兄弟”。为此，他经常给其他男生送些小恩小惠，并在后者近乎鄙夷的目光中讨好说：“是送你们的，我们是兄弟。”然而，事实上，没有人把他这个窝囊鬼当兄弟。

对于为什么加入“浪潮”，每个成员都有自己的理由。显然，对于蒂姆来说，“浪潮”更意味着一种梦寐以求的力量，就像他后来握在手里的手枪一样。文格尔的介入与“浪潮”的成立，显然给一直处于“校园底层”的蒂姆的生活带来转机。而且，他竟是那样全心全意，甘于冒险犯难。为了制服，他焚毁了家里所有名牌上衣。制服的确给蒂姆带来一种神奇的力量感。当他被欺负时，他开始试着反抗，而与他同穿制服的“浪潮”成员也走过来保护了他。因为浪潮的存在，蒂姆感觉自己不再是一条虫，而是一条龙的一部分。在喷涂“浪潮”标记时，他不顾危险爬上市政府大楼。他不仅用假手枪吓退了寻衅斗殴者，甚至自告奋勇要成为“元首”文格尔的保镖，弄得文格尔莫明其妙。蒂姆诚心诚意地想维护“浪潮”的坚固，要光大它的荣耀。在他看来“浪潮”就是他梦想中的帝国，而文格尔先生就是能为他引领未来的领袖。

了解了蒂姆的这种近于迷狂的心理，就不难理解为什么他最后会拔枪。从中也不难发现，在类似“浪潮”的组织中，加入组织的过程，实际上也是一种互相绑架的过程。它提倡以组织的名义消灭异类，却不允许成员主动退出，因为主动退出对于组织而言是一种不可控的行为。文格尔不再是他自己，而是浪潮的利益代言人。当他像赵匡胤一样被手下皇袍加身，他只能应允，而不能主动退出。

伏尔泰说，“人人手持心中的圣旗，满面红光地走向罪恶”。荷尔德林说，“总是使一个国家变成人间地狱的东西，恰恰是人们试图将其变成天堂”。一个人信仰乌托邦并非恶，真正的恶是这种乌托邦被赋予魔力，从而具有进攻性。显然，在《浪潮》中，蒂姆更像是一个隐喻，被革命唤醒的怪兽，被科学家创造的弗兰克斯坦，抑或其他。“浪潮”使蒂姆获得了“新生”，他的成长远远超出了文格尔所能控制的范围。组织之我的成长，同时意味着个体之我的消亡。

通向奴役之路

“纳粹速成班”不仅为观众展示了一个微缩的纳粹德国，也清晰地呈现了这些学生如何通向奴役之路。与之同时进行的是个体如何被集体化异化。

在第一节课上，当被问及“独裁统治的基础是什么？”学生们回答包括意识形态、控制、监视、一位元首等等。同样，高失业率与社会不公、通货膨胀、政治信用破产、民族主义等等，这一切都有利于独裁的诞生。不过，这都是一些从书本上学来的知识，当这一切变成一种日常的和风细雨时，“浪潮”成员们似乎都失去了警觉，而是沉醉于他们的同志友爱和共同理想。

在《浪潮》中，观众几乎可以看到所有有关独裁的典型元素：没有原则的集体主义，泯灭个性、消除差异的制服，对异己的隔离与言论自由的取消，一个元首，替罪羊，光天化日之下类似黑话的手势，煽动性的反政府演讲，利他名义下的强迫，对未来利益的许诺，标榜团结的仪式，归属感等等。

而且，“浪潮”不仅是一个平等的集体，也是一个健康的集体，站起来回答问题首先是“为了促进血液循环”。星期六的会场上，当文格尔指责马尔科是受女朋友唆使的“叛徒”时，旁边一位女生称马尔科“已经被传染了”。在他们看来，谁反对浪潮谁就是瘟疫。只有拥护“浪潮”的人才是健康的。为了维持这种健康，文格尔在演讲中指责德国在全球化过程中成为输家，政治家根本是经济的傀儡。“当我们把自己的星球一步步推向毁灭的时候，那些富人却在一旁摩拳擦掌，建造空间站，还想从高处来欣赏这一切。此时此地，我们要创造历史。从现在开始，浪潮将席卷全国，谁阻止它，浪潮就将它吞噬。”也正是这个原因，觉醒者马尔科被当做敌人要被“浪潮”清除、吞噬。

关于为什么加入并沉醉于“浪潮”，文格尔选读了学生们的部分感想：“这几天的生活十分有趣，谁最漂亮，谁成绩最好都不重要，‘浪潮’让我们人人平等。出身、信仰、家庭环境都不重要，我们都是一场运动的一分子，‘浪潮’让我们的生活重新有了意义，给了我们一个可以为之奋斗的理想。”“从前我总是惹是生非，‘浪潮’让我投身于一件有意义的事，这就足够了。”“如果我们能够相互信任，可以取得如此巨大的成就，我愿为此重新做人。”

然而，如果说民主扩展个人自由的范围，而专制却对其加以限制；民主尽可能地赋予每一个人价值，而专制却仅仅使每一个人成为一个工具、一个数字；民主在自由之中寻求平等，而专制则在约束和奴役之中寻求平等，那么，显而易见的是，浪潮寻求平等的过程，实际上也是一种通向奴役之路的过程。

正如文格尔最后打开谜底时所说的：“你们还记得我曾经问过的问题吗，独裁统治是否会实现，而我们现在正在做的，就是法西斯主义。我们自以为高人一等，比别人优秀，我们将所有反对我们的人排除在这个集体之外，我们伤害了他们，我们不知道还将会发生多么严重的事情。”“浪潮”本是个中性词，当它成为一种暴力，便成了吞噬一切的恶。

人性没有终结

纳粹党徒阿道夫·艾希曼被抓回耶路撒冷审判时，一个问题困扰着许多人。“艾希曼以及其他千百万名参与了犹太人大屠杀的纳粹追随者，有没有可能只是单纯地服从了上级的命令呢？我们能称呼他们为大屠杀的凶手吗？”著名的极权主义研究专家阿伦特发现了一种基于日常服从的恶。也就是说，艾希曼之所以恶行累累，不是因为他本性恶，而在于他在一种恶的体制中“尽职”，而这种尽职的背后，是一种集体无意识，甚至还是一种美德。

为此，美国心理学家斯坦利·米尔格拉姆在1974年做过一个很著名的实验：请一批实验志愿者在一群实验组织者——心理学家们的监督下，考察一群被实验对象的单词记忆能力。每个实验对象的身体被连接到一根电击棒上，电击棒由志愿者们操控，被实验对象每次背错一个单词，志愿者就要对他进行电击一次，电压强度逐次提高 15 伏，最高达到 300 伏。实验过程中，很多被实验对象在高压电流的刺激下，反复挣扎，发出惨叫，请求停止实验，当时情形如同梦魇，按照一般人的逻辑，目睹被实验对象的种种挣扎，很多志愿者一定会停止电击，放弃实验。然而事实是，所有志愿者中只有很少的人停下来，其余全部完成了实验，也就是说，对被实验对象都实施了电击，最高达到 450 伏。也就是权威在场时，人们会服从权威，即使作恶，也不会觉得有什么心理不安。

当民主政治在全球攻城夺池、遍地开花时，弗兰西斯·福山认为人类历史“已经终结”。在福山看来，自由民主制度是“人类意识形态发展的终点”和“人类最后一种统治形式”。然而，即便如此，谁也不能打包票说，人类可以坐享民主之成，从此一劳永逸，因为“人性没有终结”，因为任何制度都不如人性古老，亦都比人性更早消亡。无论是独裁，还是民主，抑或是其他形式，皆出自人性。否则，我们今天就不会屡屡读到令人毛骨悚然的新闻。

比如 2008 年 4 月 13 日晚，昆明某高校发生一起内衣丢失的小事，激化成一桩恶劣的校园暴力案件。10 个女生围住另一位不停殴打，有人向她头上浇淋吃剩的方便面汤，有人在她脸上用眉笔写字。更为恶劣的是，甚至当着男生的面，这些人强迫这位女生脱下裤子暴露下身，并用手机拍下施暴与受辱的照片和视频……

谁能想象，这些恶正是被视为善与美的象征的女人干的。我曾经说，没有底线的合群，人类会走向疯癫。每个人心目中都住着一个暴君，每个人都是独裁的种子，也都有灌溉独裁的潜力。只要条件成熟，这一切难免会与一种恶的集体主义里应外合，长出独裁的恶之花。

世界离独裁只有五天。让我们回到1967年4月克柏莱中学的那场试验。就在试验结束之时，罗恩·琼斯对他的学生说："和德国人一样，你们也很难承认，竟然做得如此过分，你们不会愿意承认被人操纵，你们不会愿意承认，参与了这场闹剧。"

附录

减政主义（杜亚泉）

减政云者，减并官厅，减少官吏，减省政务，即减缩政治范围之谓也。此主义在欧洲及日本各国间，颇倡导之。盖欲矫繁复政治之弊，节政费以养民力，减政权以顺民情，一方面去人民依赖政府之心，以破除政府万能主义之迷误，一方面消人民嫉视政府之念，以防止无政府主义之蔓延，是固政治学上重要之论题也。我国数年以来，施行宪政，模拟他国之繁复政治，包举一切，而能力不足以副之，弊害以形，致反对之声，一时哄起。自此以往，又恐有因噎废食之举。与其事庞言杂，一时失坠于冥冥之中，复见阻于哓哓之口，不如采用减政主义，收束局面，以为持久之谋，专一精神，以赴目前之急。现在新官制将颁，大局方针，亟宜于此时考定，故揭此论题，愿与我国民共研究之。

欧洲及日本各国之倡导减政主义也，予得述其大意曰："政治者，社会上一种之事务也。政府者，社会上之政治机关，亦一种之机关也。今各国政府，组织繁复之官僚政治，视社会上一切事务，均可包含于政治之内，政府无不可为之，亦无不能为之。政权日重，政费日繁，政治机关之强大，实社会之忧也。社会之人，或习焉不察，讴歌于政府万能之下，至事事依赖政府而为之。营一业则请国库之补助，举一事则求官厅之保护。民间独立心之薄弱，实为当局者多年之干涉政略所养成，积之既久，遂不自觉其迷误。法国人收获葡萄之时节，向由政府告示，久之则以此告示为不可少。识者谓蒸饼之制造发卖，若向由官吏营之。则其人民亦必生一种迷误，以为此蒸饼苟为民间之私业，则必有不足供给之忧矣。令人之谓无学部则教育必衰，无农工商则实业不振，亦犹是焉。夫社会之事物，有自然法则管理之，此为政者之所不可不知者之也。社会之活力（才力财力结合之作用），有一定之制限，政府决不能创造之。有研究学术之活力，则教育自兴，有生产之活力，则实业自盛矣。社会之发展，有一定之秩序，政府亦不能揠助之。知能之竞争烈，则发展于教育；物质之需要增，则发展实业矣。一国政府之本分，在保全社会之安宁，维持社会之秩序，养其活力之源泉而勿涸竭之，顺其发展之进路而勿障碍之，即使社会可以自由发展其活力而已。教育也，殖产也，政府惟司其关于政务者，不必自为教育家，自营农工商之业也。夫国家教育之兴，非政府多颁学堂章程，多编教科书籍之谓；国民实业之盛非政府多营官有事业，多定检查方法之谓。总言之，国运之进步非政府强大之谓。不察此理，贸贸焉横张政权，增加政费，国民之受干涉也愈多，国民之增负担也愈速。干涉甚则碍社会之发展，担负重则竭社会之活力，社会衰而政府随之。试亲法国政府，官吏之数，多至六十万人，政费占国民生产力十分之三，长此不变，其能久乎？欧美之无政府党，所以主张无政府主义，且欲以暴行达其目的者，亦以欧美之民，对于繁重之政权，浩大之政费，久抱不平，于是设理想之社会，以谓政府非社会所必须，且认无政府为社会之真态。此种主义，在今日观之，适足以扰乱社会而已。然此危险不平之党，甘为安定秩序之敌者，实由好事喜功之政府，激之而成也。故欲图社会之进步，计政府之安全，非实行减政主义不可。”

夫各国政府组织繁复之官僚政治也，有统一之才能，有监督之方法；其官厅之治事也，敏捷而有调理，其官吏之服务也，精勤而有历练，其为国民谋福利也，盖无不周而且至；有识之士，犹窃窃焉忧之，以谓于社会无益而有害，其势且不可久。若夫我国，人才为贮，财力未充，政府虽有改弦易辙之心，官僚犹仍泄沓偷安之习，乃不自量力，尤而效之。规模不可不备也，于是乎增设若干之官厅，添置多数之官吏；而又不可无所事事也，于是乎编订种种之条例，设立种种之名目；新政之规模略具矣，而旧日之习惯，不可尽废也，于是乎有重规叠矩者，有纷歧错杂者，且有无关于政治而为赘瘤者。群流并进，新旧杂陈，当局以张皇粉饰其因循，朝士以奔走荒弃其职务，问其名则百废具举，按其实则百举具废。孟子曰：“以若所为，求若所欲，犹缘木而求鱼也。”此之谓矣。持此以往，吾辈逆料其结果，殆不出两途：一曰迫于财政困乏，仅仅维持现状而不得，且敷衍益甚，而几等于削减；一曰不顾民力之竭蹶，益益进行现在之政策，则搜刮愈力，而终至于溃决。其尤不堪设想者，则一方面行其敷衍之策，而政治销灭于上；一方面尽其搜括之实，而经济溃决于下，大局遂不堪问矣。此吾之所以欲持减政主义以挽目下之颓风，而纾将来之实祸也。

或曰：“减政主义者，各国人民理想上之言论也，今各国政府不但无采用之倾向，且示反对之趋势，而乃欲采用之于吾国，其亦审察吾国社会上之情势，固适用乎否乎？夫吾国之社会，非欧美社会之比也。欧美之社会，有组织之能力，有秩序之观念，崇尚公德，热心公益，故政府即不为之谋，社会亦能起而自谋之，减政主义，犹或可行也。若我国之社会，离如散沙，杂如丛莽，道德之堕落，有江河日下之观，经济之困难，有杼轴其空之感，今若实行减政主义，一切听其自然，吾恐永无进化之期，终有陆沈之祸耳。”然予以为此社会悲观论，非真相也。我国国民独立性质之强，自治基础之固，正有未可自蔑者。若谓社会之进步，必仰政府之提携，不如反而言之，谓政府之进步，仰社会之提携，较为确当。试以近事以正之，则宪政之实行，虽出于先皇之英断，而亦未始非社会鼓吹之力。他如禁烟之渐著成绩，游学之日见增加，虽由政府惩治之严，奖励之厚，平心而论，亦社会之倾向也耳。非然者，以林文忠、曾文正、李文忠之政略，而效果不如今日者何也？以此观之，则吾社会之精神，亦讵逊于欧美，但急起直追勿自菲薄也可耳。抑吾更有进者，则以吾国之历史证之，知吾国社会之情势，实有不可不采用减政主义者。吾国古来，以恭己无为为至治，而以庸人自扰为至戒。观始皇一统以后，立强大之政府，繁苛之政令，其中亦非为人民永久之谋者，然卒遭人民之反抗，不旋踵而破灭。汉室继之，乃一反其所为，崇尚宽大，萧曹相业，以清静定一称，遂开四百年长久之基。一成一败之间，情势已昭然可见。又如王荆公之厉行新政，其意岂不欲便民，卒以干涉太繁，反为民病，此亦我国政治家之殷鉴也。纪文达有言：“三代以下，以不扰民为治。”盖减政主义之先觉者也。

或曰：“减政主义者。消极之主义也，退化者也，非进化者也。由简单而至繁复，自然界之一大原则，不能逆其势而行。今者世界竞争，纷纭繁变，我国家唯有取进行之方略，决不能保退守之习惯。非然者，老成持重之政府，亦岂好为此铺张扬厉之举哉！诚以内忧外患，交起迭乘，鉴于大势之不可违，时机之不可待，不得已而为之耳。今若采用减政主义，则衮衮诸公，适得遂其妇人醇酒之私，养其缓带轻裘之度，而守旧之师儒，偷安之疆吏，正得藉法繁赋重为口实，以摧残宪政之萌芽，中国之亡，可立而待矣。”然此实误解减政主义之真意者也。孟子曰：“人必有所不为而后可以有为。”减政主义者，即有所不为以期有为之意，乃以消极之手段，达积极之目的，似退而实进者也。若今日之政府，则以积极之面目，行其消极之志趣，似进而实退者也。吾亦知吾政府非好为此铺张扬厉之举者，诚不得已而为之；然此不得已云者，即今日政治上之病根，而铺张扬厉者，乃今日政治上之病态。减政主义，即对于此病之特效药耳。才力不充也，则去其旁骛之精神，财力不济也，则汰其繁杂之费用，推陷廓清而后，乃就当先之急务，立一定之范围，刻意励行，坚持勿懈。减政主义，岂无政府主义之谓哉！岂使政府伴食于朝堂，委蛇于寮属，而无所事事之谓哉！盖将以此揭宪政之外幕，以显其光荣，抉官僚之假面，以清其神气，一方面使政府有所资以措手，一方面使政府无所借以藏身。必涂泽之政治，既淘汰无遗，庶真正之政治，有发现之日，则减政主义之赐矣。

今姑持减政主义以观现在之政治，其不属于宪政范围内者，可置勿论。就属于宪政范围以内而言，而使吾人感其事之无益，觉其费之可省者，亦所在有之。就其重要者，略述一二。邮传部之靡费。农工商之虚设，论者啧啧，岂尽无因。若夫民政以警察之费为钜，然我国警察制度，摹拟他国，似未适合于我国之情势。盖各国人民，皆麇聚于都市，五方杂处，奸侩百出，又复车马喧阗，时虞危险，故有市街警察之制。我国一二都会繁盛之区，固可仿而行之，乃各府县之城治市集，亦复于数十武之内，植立武装之巡士，甚至乡村之间，亦间有之，其费甚繁，其益殊少。若改革之，使任司法警察等事以稍适于用，则全国之内，所节必多。（予非谓巡警可发也，惟不可使其终日植立，而无所事事耳。）至学部管理教育，事事必就绳墨，毕业奖励，综核尤严，各省学务公所及各县勤学所，以稽核名册，计算分数，费时殊甚。然此等繁密条例之结果，必碍学问之发达。兹不暇详说其理由，但思科举时代之学问所以不能发达者，非为功令所缚束乎？今学部之条例仿之科举而更甚矣，为教育前途计，实不可不大加减削者也。类此事实，势不能一一枚举。今者新官制将颁行，新内阁将成立，减政之方针，当于此时握定。立法于简，其后可繁，立法于繁，后虽减之，而款已糜，弊已甚矣。

今更持减政主义以论将来之官制。旧日之六部，今增为十二部矣。就行政之统系观之，则吏部可裁，归其一部分之事务于内阁；礼部可裁，归其一部分之事务于内务府，已为世论所公认。其他各部，以他国之繁复政治之形式比较之，似乎不可减少；然国家政治，在精神而不在形式，况宪政初行之日，形式何必求备乎？日本之持减政主义者，主张废止文部省，农商务省，警视厅及枢密院（参考日本《中央公论》二十二卷一号增田氏论文），我中国今日，亦可酌采其说。凡属内务行政，殆可合为一部；或将交通行政，分设一部，而其余之教育行政、农工商行政，不必另设专部。盖教育实业等事，全赖社会之自谋，国家仅任提倡检查之责，其直接自办之事本少也。如是，则国家行政，但分外交为一部，分军事为一部或二部，分财政为一部，分司法为一部，分内务为一部或二部，至藩属事务，今尚不得不设专部。以是计之，则设六部或八部足矣。其他中央官厅，除审计院、行政裁判所、大理院以外（内务府不在政治范围以内故不列入），一切皆可裁撤。至地方管制，各省设一行政官厅，置长官一人，分设数科，其下设厅。州县一级，置行政官一人，书记二人，足矣（除司法官外），一切司道府及同通佐杂，皆可裁撤。兵在精而不在多，官吏亦然。今日之政治所以纷烦纠杂者，就因官吏太多，彼此以文牍往还，以消日力，所谓“纸张天下”是也。此等事务，皆在官与官之间，与吾民无与。吾民之所须于国家者，除对外而求其捍卫国境，对内而求其缉除暴乱，此外则讼狱之事，不可不仰官厅裁判，赋税之款，不可不向官厅输纳而已，所谓刑名钱穀而已矣。吾望吾政府编订官制之时，勿仅存官多治事之见，而当虑及官多生事之害也。

总之减政主义者，各国社会上之新倾向也，我国政治上之旧经验也，实行宪政之前提也，救济财政之良法也。我邦人君子，勿以此反对新政者之常谈，则幸甚矣。

（《东方杂志》8 卷 1 号，1911 年 3 月）

初版后记

有理想的人海阔天空

2009年5月，应朋友之邀，我在台湾有一段短暂的旅行，沿途所见所闻，感慨良多。台湾东海岸的海阔天空，随处可见的出售土地的招牌，因政治宽松而呈现的“诙谐社会”，各地候选人为竞选打出的信心满满的政治广告，民间社会的蓬勃发展，以及未被狂热革命人为割裂的文化传统等等都给了我十分深刻的印象。尤其值得一提的是，访台期间，我特意去台北胡适纪念馆与胡适公园走了走，算是了却了平生一桩夙愿。

回到家里，桌上堆着出版社刚寄到的厚厚一摞书稿，等着我校对打磨。这是我归国几年间写的一些长文，经过几个月的重新梳理，渐渐有了本书的雏形。许是由于自己的懒惰或者其他原因，从整理完初稿到找到合适出版社出版，近两年时间过去。这难免让人有点沮丧。好在书稿的主人并不视此为挫折。书稿和人世间许多东西一样，放一放、沉一沉未必全是坏事。重要的是，在计划搁置期间你能继续自己的思考，而等待出版的这段日子也是你不断丰富自己的机会与过程。

几年前，在写《中国，重新发现社会》一文时，我便试图顺着自己的思路写一本书。回想新中国六十年沉浮、两个三十年的消长，其成败得失莫不在于国家与社会有着怎样的关系。最初配套的英文书名本想用"Chinese society since 1978"（1978年以来的中国社会）。思考再三，最后还是决定起用"China's New Revolution"。在我看来，"中国的新革命"似乎更紧贴当下中国的变迁与发展。而基于对权利的普遍信仰，社会一点一滴收复本当属于自己的领地，重新确立国家与社会以及社会与个人的边界，也是中国当下最真实、最有希望的革命。文明的累积、历史的加法、秩序的演化与拓展……恰恰是这场"新革命"告别过去的"不断革命论"，使几乎陷于绝地的新中国在社会自由自我的生长中开始脱胎换骨，一个满眼生机的"新新中国"由此应运而生。

论及"revolution"，许多人立即想到以及所能想到的只有以武力推翻原有政权的行为。这种印象或者观念多少有些狭隘。《易经》里早就有"汤武革命，顺乎天而应乎人"的说法。它表明古代中国人似乎更侧重从天命之变革来看"改朝换代"，而非暴力手段之运用。商务版《现代汉语词典》里的"革命"一词，并非只有被压迫阶级以暴力夺取政权的第一义，它同样有关乎"根本改革"的第三义，如"思想革命""技术革命"等等。而在《牛津英语字典：历史原则新字典》（The Oxford English Dictionary: A New English Dictionary of History Principles）里，关于"revolution"的解释则不下十种，其开宗明义第一义即为天体运行；第二义则是人心中对某一考虑或者反应的大转变；至于"武力推翻原政府"则位居第七义，而且从历史上看，那也是发生在十七世纪以后的事情。

"二十世纪流血，二十一世纪流汗"，这是我关于这个时代的判断。事实上，在上世纪初，中国人是在努力争取收获一个"流汗的世纪"的。这方面，尤其体现于二三十年代各地掀起的"救活农村"、拯救农民的乡村建设运动。一批从海外学成归来的学者与国内一些有识之士意识到农村的衰败，以“捧着一颗心来，不带半根草去”（陶行知语）的精神，不畏艰苦投身于这场“先知先觉”的运动。诸如阎锡山的“用民政治”（启民德、长民智、立民财）以及改革村制的设想；晏阳初以“第五大自由”（免于愚昧无知的自由）为旗，推动平民教育；梁漱溟重建“人生向上，伦理情谊”的儒家理想以及着眼“中国有阶级斗争之力量，而无阶级斗争之目标”的乡村建设，等等，无一不是“流汗之革命”。梁漱溟亦坦承：“乡村建设，实非建设乡村，而意在整个中国社会之建设，或可云一种建国运动”“实为吾民族社会重建一新组织构造之运动”。只可惜造化弄人，这一切蓬蓬勃勃的景象，因为日寇入侵带来的血流成河无情中断，而梁漱溟在邹平建起的乡学村学，也被本地暴民焚为灰烬。一切又恢复到过去的模样，仿佛什么也未发生过。

虽然中国社会的自发成长屡遭挫折，但是历史并不会就此滞步不前。毫无疑问，就社会的自我演进而言，1970 年代末以来的中国正在发生一场根本性的改变。而且，从整体上说每个人都受益于这场由封闭而开放的大转变。2005 年第二届“超女”大赛的决赛当晚，我以“一个开放的社会必将前途无量”为题给《南方都市报》与《新京报》撰写社论，同样是基于这一考虑。在我看来，“超女”之热闹非凡不过是一个开放社会应有的千姿百态，而张靓颖等一夜成名的歌手亦不过是通过自己努力终获成功的邻家女孩。

回想自己近些年来的成长，从乡村到城市，从城市到西洋，终于又回到中国，行行走走，冷暖自知，不也是无数邻家男孩中的一个？如果取得了一点点微不足道的成绩，不也是得益于这场转变？因为可以参与式见证这个时代的变革，生于七十年代的人是尤其幸运的。在我五六岁开始有记忆时，作为“中国的新革命”的重新发现社会之旅则刚刚开始。

发现社会之旅同时是发现个人之旅，从墨子到胡适，从杜亚泉到董时进，中国历史上有太多美好的人与物值得追忆，不可胜数。本书所谓“重新发现社会”，归根到底是发现个体的价值、创造的价值。

在一次留学高峰论坛上，有媒体问我在巴黎最浪漫的事是什么，我说最浪漫莫过于我住在十六区，距塞纳河只有五米之遥，每天清晨坐 RER 从艾菲尔铁塔下穿过，赶到索邦大学图书馆看书，倦了就到院内广场的雨果像下静坐，喂鸽子，聊天，看人来人往，看漫天流云舒卷……此地此时，感觉平生所有的苦都烟消云散了。

据说，维克多·雨果在很小的时候十分崇拜夏多布里昂。他曾经用自己的一生发誓——“要么成为夏多布里昂，要么一无所成。”若干年后，雨果的成就只在夏多布里昂之上。人类群星闪耀时，我也有许多引以为荣的榜样，从雨果、罗兰到胡适，从波普尔、茨威格到弗里德曼……然而这些年来，尤其是在我三十岁以后，对历史、对人生有了些见识，我最想对自己说的一句话是：“要么成为熊培云，要么一无所成。”没有谁的人生可以复制，你最有希望的事情就是做最好的自己。我相信，每个人的生命都是一部史诗，区别只在于有的人坚持写完，有的人过早放弃。

有理想的人海阔天空。读书、写作、旅行，和志同道合的朋友们一起心有所想并身体力行，做点力所能及且自认为是推进社会进步的事业，这样的人生是无比美好的。

在本书付梓之际，培云要特别感谢挚友 L 多年来的鼓励与欣赏，正是其热忱的支持使本书柳暗花明，得以出版；感谢瓦当兄与梁毅兄为编辑本书所做的细致工作，精益求精；感谢南开大学尤其文学院诸位师友及学生们的无私帮助与宽容；感谢南方报业、新京报社及中央电视台、阳光卫视等媒体朋友一如既往的提点与支持；此外，作为时代同路人，尤其要感谢为本书作者带来思想与行动启迪的茅于轼、秦晖、王学泰、陈志武、丁学良、李炜光、吴思、陈婉莹、钱钢、熊景明、邱立本、程抱一、陈彦、于硕、Pierre Musso、Gil Delannoi、许医农、梁晓燕、信力建等优秀学人与社会贤达。因篇幅所限，恕难一一列举。

此外，尤为感谢刚刚逝去的唐德刚先生，他关于转型期中国穿越“历史三峡”的预言为我打开视界。感谢梁文道兄为本书作点睛之序，他的文字为本书增色不少。每次相聚虽然短暂，但在这个常识依旧匮乏的年代，梁兄之文与道、之演讲让培云望尘莫及。

“世间风物论自由，喜一生我有，共四海丰收。”这是我的邮箱签名。我的一生料定与四海有缘，等完成手边正在进行的另一部关于中国乡村的书稿，则开始下一次漫长的旅行。无论在纸上，还是在路上，培云总是满心期待与有缘的朋友又一次相逢。

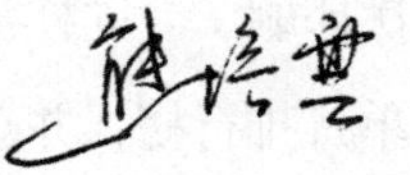

2009 年 11 月 16 日

补记

我是即将来到的日子
——二次重印后记

没想到，《重新发现社会》出版不到半年时间，会引起这么大的关注。先是在半个月内紧急加印了一次，接下来很快又销售一空，需要第三次印刷了。同样没想到的是，本书在“新浪中国好书榜”中一直高居单月排行榜，并获季度总榜亚军。我写书自然不是为参加什么竞赛，但看到本书的价值能够得到这么多读者的认可，亦备感欣慰。

仔细想来，本书受此礼遇，一切也在情理之中。伴随着公民社会的成长，一个公民阅读的时代，一个“深阅读”的时代已经悄然来临。几十年来，中国的国情在很多方面虽然旧颜未改，但是民情却发生了耐人寻味的变化。封闭社会是“有什么样的政府，就有什么样的人民”；而一旦走向开放，则是“有什么样的人民，就有什么样的政府”。在接下来的年月里，我料想所能看到的，恐怕也将是民情改变国情，改变中国，使之终于走上一个宽阔的前途。而且，你也绝不要去悲观，因为“悲观是卧底”，因为悲观会和不如意的环境一起，里应外合，掀翻原本属于你的斗志。

我的写作计划也被彻底打乱。半年来，接受不少媒体的采访，不时在各地做一些演讲。所谓辛苦，忙的其实也都是份内之事。一方面，为了让更多的读者了解作者的观点，增进自由交流；另一方面，通过准备这些讲稿，我也有机会不断补充初版书里未详解却又不可或缺的内容。

比如“国家”这一概念。有时候，你不得不感叹中国人在译介外来词汇时的手忙脚乱。且不说“革命”一词有点“拿命来”的意思，由于谐音的缘故，每次我在课堂上讲权力与权利时都要借助英文“Power”和“Right”。现在，为了把中文“国家”这个概念说清楚，我也找了一些英文单词，包括“Nation”“State”“Country”和“Land”。这四个词在中文里都有国家之意，区别也很明显：

Nation 侧重于国民、民族。State 指“政权意义上的国家”，我们在英文里经常看到的“RogueState”，实指“流氓政权”，并不涉及全体国民。Country 用得较多，主要指国土，当然也包括国民；至于 Land 一词，则多用于诗歌，指土地。就像“Motherland”一词，即包含了对故国、故土的抒情。

如果你细心，就不难发现，同样是讲国家，Nation 和 State 这两个词的属性也不一样。Nation 所具有的是主体属性、人的属性，它强调的是“我们”“我民族”；而 State 则具有工具属性，它是“我们”“我民族”建立起来的用于保护我们的政权意义上的国家。简单说，State 存在的价值与意义，在于为 Nation 服务。由此可见，同样涉及“国家”概念，二者差别之大，并不亚于人与自行车。一个族群，若不能在政治属性上看到这种差别，闹出“自行车骑人”的笑话，也是在所难免。

“国家”词义纠结，有时好区别，有时难解难分。前者，杜甫的

“国破山河在”里的“国”，指的是“State”的概念；后者，艾青的诗句“为什么我的眼里常含泪水，因为我对这土地爱得深沉”里的“土地”，实际上也是国家。

再说“一寸山河一寸血，十万青年十万军”。这是抗战时期蒋介石为动员青年学生参加中国远征军而写下的诗句。在这里，“山河”包括了“Country”“Land”；“十万青年十万军”则有“Nation”之意；考虑到发出动员令的是蒋介石治下的国民政府，就会发现“State”也在其中。简单说，这句诗暗含上述四个有关“国家”的词汇。

如果注意到该紧急动员是发生在一个非常动荡的年代、一个革命的年代，今日“国家”被混用、滥用就变得非常耐人寻味。当我们将国家、政权、国土、国民等概念捆绑在一起使用时，是否意味着这个国家——至少在观念上——仍然处于某种紧急状态？

同样需要特别介绍的是《重新发现社会》的分析框架。本书主要讨论的是国家与社会(State—Society)之间的关系，这组模型也可以扩展为“国家—社会—个人”(State—Society—Individual)。之所以没有用“公民(Citizen)”代替“个人(Individual)”，是因为后者优先于前者。谢天谢地，忘了谁说过这样一句话，“在人类将我们变成公民之前，伟大的自然首先将我们变成了人类”。同样，梭罗也说“我们首先是人，然后才是公民”。“公民”这个词只有放到本国才有意义，但是个人在任何时代、任何国家都有意义。你可以与国家解约，抛弃自己的公民身份，却无法抛弃自己作为人的身份。即使是一个流亡者，在异国他乡也有不被当政者杀害的自由。

更准确地说，人权是区别于公民权的，因为人权是先于公民权的。这个道理其实很简单：人权在国家成立之前就有，而公民权则出现在国家缔结之后。公民权和主权一样，是一种商量出来的权利，一种世俗权利，而人权天赋，神圣不可剥夺，具有自然法的性质。

除此之外，我在书中提到重新发现传统、发现人的价值，显然并不限于胡适与墨子。读者若已翻阅《吕氏春秋》，想必会有和我一样的惊叹——中国古人对于个体价值竟有如此精辟的论述！这也是不久前我在腾讯“燕山大讲堂”主讲《国界与自由》时着重探讨的问题。回顾历史，中国诚然不缺少埋没人的传统，但也不缺少“重己贵生”的人的传统；不缺少以天下为己任的传统，也不缺少以己任为天下的传统。墨子与杨朱之学，不失为公共精神与民权的两极。

回到出版的话题上来。本书出版后，刘苏里、徐小平、吴稼祥、吴祚来、汪中求、何力、苏小和、孟波、十年砍柴、潘采夫等先生立即做了积极推荐；同样，包括《青年时报》、《南方都市报》、《新京报》、《南方周末》、《南都周刊》、《凤凰周刊》、《中国新闻周刊》、《私家画报》、中国之声、阳光卫视、新浪网、凤凰网、网易、奥一网、天津网、人民网等报刊、广播、电视和网站进行了重点推介。我要特别感谢为此付出辛苦的朋友。从《思想国》到《重新发现社会》，我记住了每位读者朋友的深情厚谊，以及批评与鞭策。聚散。路迢迢，海角遥遥，校园是天涯。眼看暑期将至，又到离别时。二次重印之际，还要感谢帮助过我的我的学生们，并祝愿天底下所有的学子与游子，能在这个社会中找到梦想中的宽阔前途；祝愿年轻一代若当年之我，找回属于自己的时间，终于拥有罗曼·罗兰写在小说《约翰·克利斯朵夫》结尾的坚卓与澄明，自信“我是即将来到的日子”。

2010年6月7日，作者谨识

书缘与书评

《重新发现社会》是2010年上半年最重要的书籍之一，也将成为2010年各类媒体好书榜的常客。熊培云兄的路径是我这样的报人的理想之路，但我远远做不到他的努力，他的读书速度我完全做不到。其在思想领域不断掘进，以敏锐的记者、时评人，开始建构自己的思想体系，成为有创见的思想学者。2009年有《常识》，2010年有《重新发现社会》，他们所达到的，是评论人的理想归宿。

——《新京报》评论编辑、著名书评人　潘采夫

无论是熊培云的《重新发现社会》，还是孙立平的《重建社会》，都凸显了社会学者们的努力，即试图将“社会”这一新的维度纳入“国家”和“市场”这一传统二元冲突之中。

——《中国新闻周刊》书评《“社会”的新角色》，作者苏琦

这场私启蒙也只能发生在改革开放而立之年后的中国，也大抵只能由不惑未及的熊培云们来完成。50后、60后自然也不乏有识之士，

但受那个全能国家的影响过深，不是习于“先谢国家”，就是物极必反到连社会也一并敬而远之，从此只有个人；而在这样一个没有宗教传统的国家，没有过对“免于匮乏的自由”的渴望经历，却从一出生就被投入竞争洪流，80后、90后还没来得及学会敬畏，做到发自内心的理解和宽容，还得再给点时间。

——《Timeout》书评《而立之后的“私启蒙运动”》，作者黄哲

“我们首先是人，然后才是公民”，学者熊培云在著作《重新发现社会》的第一页引用了十九世纪美国哲学家亨利·梭罗这样一句话。回望自1949年后的六十年，我们不难发现，在风雨沉浮的历史背后，是国家、社会、政府与个人在权界上的错位与归位。

——香港阳光卫视的“阳光书坊”栏目专题介绍本书

熊培云因读书走出江西乡村，到巴黎留学，落脚大都市。可谁曾想，他们年轻的世界，装载着的却是“国家与社会”，思考着的却是“从自由到民主”。年轻一辈的表达方式，迥异于上辈。他们能找到更适合的词语，阐释更尖锐的问题。行云流水般的文字，承载更忧患的深思；熟读经典，善用经典，面对的却是每日发生的事情，不回避。其观察和洞见，实同辈人罕见。

——北京万圣书园总经理、著名书评人　刘苏里

今年来我读过最激动的两本书:《金融的逻辑》和《重新发现社会》。心潮有如当年读王小波那样的跌宕起伏、峰回路转、畅快淋漓，美不暇给。读这两本书，为两位中国学者笔下引领未来的杰作、照亮心灵的思想而深感骄傲和欣慰。

——新东方文化发展研究院院长　徐小平

今早读熊培云，他的忌讳“庸俗革命家”，社会建设需要一点一滴的议论与李泽厚、刘再复的“告别革命”有异曲同工之感……如熊培云说，这“也是一场历史性告别的开始”。

——《财经》杂志总编辑　何力

这将是一本长栖时间居所的书，具有一部经典作品的基本特质：直面当代最紧迫议题，关切人类最基本权利，情感崇高而温暖，论述深刻且平易，文笔优美而洗练。从思想谱系来看，《重新发现社会》是自胡适之后的最重要写作之一。

——著名政治学者　吴稼祥

熊培云的社会观察，他的文笔，是如此细致和娓娓道来，让我恨不得重回小学，对自己的文学功底、人文社会科学“推倒重来”。对于我们这些从抑制独立思考的教育体系中出来的人来说，到大学毕业时还能保留住自己个性、特别是保留住思想个性的人，实在渺渺无几，而能够像熊培云这样独特洞察人、社会与国家的人就更是难得了。读他对电影、对文艺、对著作的评论，是一种思想享受。他的才华是上帝给我们中文世界的礼物，这种礼物让我们没有理由不感激。

熊培云的妙作很多，《世界离独裁只有五天》实在是少有的经典。

——著名华人经济学家、耶鲁大学教授　陈志武

昨在《文坛开卷》和熊培云谈《重新发现社会》。他说胡适是温和而坚定的。时政评论我读得不多，但培云兄把评论写得尖锐又温和、批判又有趣、让人看到社会的阳光，读来激动。苏里老师说，培云写

文章有三把剑。我想不只是优美的文字、深厚的知识背景，最重要的是他站在高处的思维方式，温和而坚定。

——新浪读书频道主持人　文坛

一本对公民意识启蒙的好书，特别是作为一个大学生，得到的启发真是难以言说。我们这个时代真的太需要这种温和与理性的启蒙……特别是关于人是“时间之维”的观点，每个人都不应该被空间所束缚，我们拥有的只是时间。

——当当网读者

已经很久没有一本书读后让我久久难以平复。作为政治人口大国，中国不乏忧国忧民有识见的饱学之士，但因惧怕体制之伤害，大多犬儒不能身体力行；而有奋不顾身之勇者，往往没有足够的智慧唤起民众。因此真知灼见有激情又能够奔走呼号的实践者，就显得凤毛麟角难能可贵。

——新浪微博网友　朱弱水

于故乡某小书店购得熊培云先生的《重新发现社会》一书，于东北零下三十度的气温中手捧书卷边走边读，竟欲罢不能，直到手被冻得通红方止。先生的文字还是那么温暖而坚定，让我回想起了初读《思想国》时的情景。重新发现社会，任重道远啊！

——新浪微博网友　独孤求败

《申肖克的救赎》中有这样一句话：“A strong man can save himself, a great man can save another!”——强者自救，圣者渡人。感谢老师一如既

往的坚守，思想国伴随我最美好的大学时代。思想的恬静与内心的富庶，未来无穷，云终成海。

——南开大学 2007 级本科生　张虹

这是一部融记者的敏锐视角、时事评论家的犀利洞见、思想者的清明理性以及人文知识分子的普世情怀为一体的佳作；它上承中国 100 年近世启蒙传统，见证 60 年社会思想变迁，紧扣 30 年时代精神演进主脉，梳理国家与社会的复杂关系，辨析思想与主义的多重纠葛，重建国家伦理底线，扶正公民的权益与价值，捍卫常识的尊严；它是我们时代不可多得的精神档案，也是新新中国可资传世的思想文献。

——2010《新周刊》年度图书《重新发现社会》颁奖辞

重新发现我们自己（刘瑜）

让我们来假设这样一个场景：高速公路发生了一场车祸，一辆车不幸被撞翻，有个人被困在了车里。现在，关于如何解救这个人，我们有三种解决办法：第一，打电话找警察，当然代价是警察可能来得很慢，被困的人生命垂危，可能等不及了；第二，路人甲跟车里的人商量：如果你给我一万块钱，我就把你给救出来，但一个可能的情况是，车里那个人一下子拿不出一万块钱；第三，路人中有几个特别善良的人站出来，决定无偿帮助被困的人。

第一个办法，叫做“找政府”，第二个办法，叫做“找市场”，第三个办法，叫做“找社会”。政府、市场、社会，恰恰是我们人类展开公共生活的三种机制。

熊培云先生 2010 出版了一本书，叫做《重新发现社会》。单看书名，本书的核心思想就一目了然：对于解决某些问题，“政府”可能显得过于遥远和高高在上，而“市场”则显得过于无情和冷冰冰，面对这些问题，我们也许可以回过头去，“重新发现社会”。

在我看来，一本书之好与坏，不仅在于它有多深刻或者里面充斥了多少生僻术语，在于它在多大程度上把握了时代的问题和需要。面对一个胃病病人，你带来的高血压药再高级名贵也无济于事，而《重新发现社会》，则是给一个胃病病人带来了胃药。

乍一看这个书名似乎有些荒诞：社会需要被“发现”吗？难道“社会”不是无处不在吗？在日常生活中，我们常常听到这样的话：“你现在还是太幼稚，你走上社会以后就明白了……”，或者“现在社会上这么乱，你做事情可千万要小心谨慎……”在这些话中，“社会”是一个尔虞我诈的名利场，一个乌烟瘴气的垃圾堆，一个暴露人性败坏的照妖镜。但是，熊培云提醒我们，社会还可以是别的。

社会还可以是什么？社会还可以是陈光标，2008 年汶川地震后迅速组织挖掘机赶赴现场救灾的企业家；可以是“红色推土机”，歌手周云蓬为失明儿童筹款而制作的民谣专辑；可以是“立人乡村图书馆”，以公民教育为目的民间公益组织；可以是“亚洲动物基金”，呼吁停止虐待动物的民间组织；可以是微博，给在暴力拆迁中家破人亡的钟如九一个平台的网络空间；可以是豆瓣，爱书爱音乐爱电影的人们交头接耳的网络广场；可以是“单向街”，每个周末组织文化沙龙的小书店。总之，社会也可以是熠熠发光、温暖、并对弱者无限耐心地俯下身去的。

而这样的社会之所以需要被发现，是因为社会这个“秘密”往往被国家的光芒所笼罩。在一个国家至上的传统里，社会的自发发展总是被视为病毒，需要被围追堵截。社会的声音和组织往往是小荷才露尖尖角，国家的脚掌就黑压压地踩了过来。在这个传统里，“国家”不但肌肉发达、力大无比，而且在道义上也总是可歌可泣——一切与“国”字站在一边的东西都是天然正确的，爱国主义，国学，精忠报国，以至于给孩子起名字都常常是“建国”、“志国”、“卫国”等等慷慨激昂之词。相比之下，社会则像是个面黄肌瘦、发育不良的孩子，一不听话还要被拎起来打一顿屁股。在这个传统里，成立民间社团要面临重重关卡，出版发表要遭遇层层审查，请愿示威可能被视为滋事生非，举办活动则不小心成了破坏稳定。这种对社会的发展处处设防的思维，成龙先生一言道破之：中国人是要管的。虽然我们的传统里也时不时冒出"民为贵"、"仁政"、"以民为本"这样的字眼，且不说这些美丽的字眼有多少在历史上化为实践，所有这些字眼里透出的那种家长式的施舍气息，都让人忍不住想问：对不起，可以不烦劳您为我们做主，而让我们为自己做主吗？

"我可以为自己做主"，意思是，如果国家不为工人设立一个工会，也许其实，工人有能力为自己组织工会；如果国家太忙了顾不上照顾艾滋病人，也许其实，可以放手让民间组织去援助而不必垄断善意；治理腐败未必需要仅仅依靠"反贪局"，也许其实，还可以批准民间自发成立财政监督组织；对付地方政府的暴力强拆，未必只能靠中央的"三令五申"，也许其实，民间的一些维权组织和律师也有自告奋勇的觉悟。

所谓"中国人是需要管的"，大约说的是中国人中颇有些刁民暴民，历史上农民起义里这种暴民形象也屡见不鲜。但这与其说是体现了中国人的某种民族性格缺陷，倒不如说是体现了国家长期压抑社会的后果。正是因为国家不允许有组织的公民社会出现，高压锅的气阀一旦被冲破，无组织的暴民现象就会间歇性爆发。在这个意义上，暴民和顺民不过是同一枚硬币的两面。在国家的阴影下，它们都是"一盘散沙"式社会的表现形式。

但在暴民和顺民之间，还可以有不卑不亢的公民。在一个公民社会里，人们在公益的引力下不断编织流动、交叉、细密的人际网络，既可能监督政府，也可能疏导民间积怨。如果说改革开放以来，中国的进步在于通过市场化转型发现作为个体的"我"，那么中国下一步的挑战则是如何给社会松绑，通过重建社会来发现作为集体的“我们”。

《重新发现社会》的核心意图，就是重新定位国家和社会的关系。熊培云感慨：“问世间国为何物，直教人生死相许”。他自己的回答：国家仅仅是个国民谋求幸福的工具而已。那种把国家无限神话化的“拜国家教”，往往不过是统治家族、利益集团、阶级自我神话，稳固权力的遮羞布而已，根本上颠倒了国家和社会的关系——我们买一辆自行车，是用来骑而不是用来扛着满大街走的，如果不但扛着它满大街走，还动不动把它给供奉起来烧香参拜，这就是颠倒了人和自行车的关系。同理，我们让渡一部分权利给国家，仅仅是因为我们意识到，有时候通过政府这辆“自行车”，我们可以组织更有效的公共生活，但似乎没有必要因此见到这辆自行车就热血沸腾、热泪盈眶、以至于在爱车主义的感召下发出“自行车不高兴”的怒吼。

其实，正如国家没有必要遮蔽社会，社会也没有必要对抗国家，二者完全可以相辅相成，共谋国民幸福。国家在保障社会的安全、秩序、基本福利方面有着天然的优势，但正如杀牛刀无法用来做心脏手术，大卡车无法穿越小胡同，国家这架大机器对于应对社会毛细血管里的具体问题还是过于庞大笨拙，“重新发现社会”，就是恢复我们做一个政治共同体的敏感、灵活和丰富。一个理想的国家和社会关系，莫过于“我挑水来你浇园”。但如果这句歌词改成了“我挑水来我浇园，或者“只许我挑水，不许你浇园”，结果不但往往是空头支票下的无所作为，而且是民众在被长期剥夺公共事务参与权之后公共意识的萎缩。我们常常听到人们指责国人冷漠。其实，一个长期被禁锢在轮椅上的人，我们很难指责他肌肉不够发达。现在，我们已经发展到这样一个时代，你不能以关爱的名义把一个人禁锢在轮椅上，因为轮椅上的人已经“发现”了自己的双腿，他要站起来。

再版代跋

相信我们的国家，比我们想象的自由

就在我准备为本书写一个后记的时候，正好接到 FT 中文网总编辑张力奋兄的一个约稿。2010 年即将过去，力奋兄希望我能就过去的一年写一点总结性的文字，尤其需要谈谈《重新发现社会》一书出版后的一些感想。

回想整个 2010 年，我关注和谈论最多的自然是“重新发现社会”几个字。实话实说，尽管我知道这本书很重要，因为它切中了时代的要害，但在出版后引起这么大的反响，却是我没有想到的。不过，仔细想想也不意外。

如何开始这本书的写作，已经是五年前的事了。当时我刚从法国回来，还在《南风窗》杂志社工作，写了一篇关于倡言推进中国社会建设的长文，标题就是《中国，重新发现社会》。后来越琢磨越觉得这个议题非常重要，便想着将它拓展为一本书，以便将国家与社会等关系做一次较为系统的梳理。在我看来，社会瓜果凋零，国家概念混乱，既是今日中国之乱象，也是当下许多悲剧与扰乱的根源。

其后几年间，无论是完成《南风窗》的约稿，还是其他媒体的专栏写作，我都努力朝着一本书的体例写。这是一次很好的协调。有写书的计划，写作时你必须掌握全局，而写专栏的好处是它会逼迫你随时关注这个社会，使文字始终保持时代的热度。这也算是我的一种尝试吧。我常说自己是“坐得住书斋，下得了田野”，写专栏也算是我下田野的一种方式，可以让我不至于因为沉入书斋而远离现实。2009年初，当书稿完成，我先后把它给了两家出版社，但都没有出成。

第一家出版社在国内有很好的口碑，有位编辑曾经找我约过书稿。但是，当我将书稿mail过去时，很快收到的答复是“我需要你最好的那部书稿”。我想这位编辑是想要我手上正在写的关于中国乡村百年沉浮的书稿吧，我曾经和她谈起过，她很感兴趣。而眼下这本书算是被婉言谢绝了。不过再后来，我听梁文道兄说该出版社的总编辑在找我。总之，事情就这样阴差阳错了。

接下来是另一家出版社的朋友需要我的书稿，我立即发给了他。看完后他和手下的编辑都非常高兴，觉得书的质量很好。谁知辛辛苦苦几个月，待快要下厂时，编辑的一个念头让出版再一次泡了汤。编辑认为这部书稿实在是太好了，为了尽可能减少错字，他特别找了社里的一个老校对多校一遍，以求尽责。谁知道这位老校对只看了前两章就崩溃了——“怎么能这样写反右呢？这在八十年代就已经有定论了！”后面的事情就是很典型的“中国故事”了。他跑到出版社的社长那里告了状，并直接导致本次出版突然死亡。一个不思进取的老校对“力挽狂澜”，几个满怀赤诚的年轻人前功尽弃，面对如此荒诞的场面，我真是连一点叹息的热情都没有。

我只能安慰编辑，我不介意，我为此感到很抱歉，同时希望他也不要气馁。对于我个人而言，书稿因此延后出版，但也谈不上多大损失。我习惯积极地理解那些散落于生活中的种种挫折，只当是又多了一些时间，可以继续打磨书稿。这种积极的态度，同样体现在我一定是给书稿做加法而不是做减法。我的做事逻辑是，越是逆境在给你做减法时，越要想着给自己做加法；越是在悲观的环境里，越要保持乐观；越是有消极行为影响你，越要积极生活。如果别人给你做减法，你自己也给自己做减法，这何异于给自己已然不幸的命运落井下石？

而且，我也有这方面的教训。几年前《思想国》书稿从上海转到广西，再转到甘肃，为了让书能够顺利出版，我一路给书做减法，在甘肃条形码都下来了，照旧泡了汤。最后回到北京出了，算是跑完东南西北。因为《错过胡适一百年》一文未收进去，为此我一直耿耿于怀，觉得自己没有尽力，既对不起读者，也对不起自己。所以，在其后的两个月里，我在书里又增加了一些我认为非常有价值的内容。我不能因为一个老校对的反对、一家出版社老总的担心而否定书稿的价值，放弃自己的追求。紧接着是新星出版社的副总编辑刘雁女士找到我，询问乡村书稿的进度，在知道我手头还有《重新发现社会》书稿时，她开始责怪我为什么没有第一时间给她。关于这一点，除了阴差阳错，我实在没法解释。刘雁是我多年的朋友，她不仅是我思考与写作的见证人，也是重要支持者；而她能从旧体制里解放出来，多少也有我的一点功劳。

很快，书出来了，几乎未动一字。再后来的事，许多读者都知道了，该书在 2010 年 1 月份上市后，立即销售一空，年内加印七次，并且陆续获评 2010 年深圳读书月“十大好书奖”、《新周刊》年度图书奖、国家图书馆文津图书奖以及新浪“中国好书榜”十大好书奖等等。

尽管生活中难免有些不如意的事情，但这一年的确是我丰收的一年。从各路媒体到大学，从党校到政府官员，许多读者都表示了对书中观点的认同。我听说不少读者将这本书当成礼物送人。沿海某省的一位副省长，跑了四家书店买到这本书，而且特别写了一本书准备出版。我有机会提前看到了书稿，印象最深的是作者的自序，大意是说中国要有社会理想，更要有社会批评；而没有社会批评，中国就不可能实现其社会理想。

过去的一年，我感触最多的还是大家在推动中国社会成长方面的默契。这一年，旧的秩序继续被一点点瓦解，新的事物继续孕育与诞生，社会以其特有的节奏继续缓慢生长，网络科技继续重构人们的观念与生活。这一年中国的脉搏，不是统计报表上的GDP指数，也不是体育盛典上的礼花与焰火，而是互联网上数以亿计的转帖、140字的微博。这一年，人们不忘默契与坚守，继续期待围观成就社会，默契改变中国。事实上，由于中国方向已明，这种默契多年来一直存在。这也是我对未来乐观的原因之一。

我在书里谈到希望找到中国的底线与共识，一年来大家对《重新发现社会》的重视也是这种共识或者底线的一部分吧。无论是评委们为该书投的赞成票，还是普通读者的夸赞或者多买几本送人，这里面都含着他们对未来的美好社会无限期许。说实话，有时候一想到中国社会在历史上所遭遇的无穷挫折，看到封面上“重新发现社会”几个字，我甚至会热泪盈眶。一是走出封闭的年代，我们终于可以重新发现社会了；二是为什么中国的社会一次次被摧毁，一次次需要重新出发？

每有悲剧发生，许多人都在说，啊，我们需要一个真相。其实中国现在最不缺的就是真相。这么多年，这么多的悲剧，这么多的暴力，这么多的说不清与道不明，已经支撑起一个足够大的真相了。这个真相就是中国社会没有真正站起来，就是中国人活得还缺少尊严，就是中国的改革还需要一个整体性推进。

网上跪求公正的照片，每次都看得我心碎。今天，我们希望中国人“从此站起来了”，这个“此”字，既包括空间，也包括时间，包括我们的每一寸土地上的人民，也包括我们所栖身的现在，即所有人都应该从现在开始，从这片土地上站起来。而非当年一人站立，亿万匍匐。我们这代人的所有努力，就是要让每个人都活得有尊严，让社会不为权力跪求，只为权利昂扬。

回想这些年因为在出版方面遭受的挫折，以及2010年社会各界对《重新发现社会》的认同，我尤其想说的是，尽管这个国家还有很多不尽人意之处，有很多的不自由，但我们还是可以在逆境中怀抱希望，还是可以多做许多事情，而且对于人生而言，这种逆境未尝不是一种机遇，前提是你愿意解救自己，愿意有所作为。所以，在《新周刊》的获奖感言中，我特别强调“相信我们的国家，比我们想象的自由”。

（本文节选自《自由在高处》一书后记）

图书在版编目（CIP）数据

重新发现社会 / 熊培云著. — 2版（修订本）. — 北京：新星出版社，2011.5（2025.4 重印）

ISBN 978-7-5133-0250-0

Ⅰ.①重… Ⅱ.①熊… Ⅲ.①社会学 – 中国 – 文集

Ⅳ.①C91-53

中国版本图书馆CIP数据核字(2011)第061775号

重新发现社会（修订版）

熊培云　著

策　　划：刘　雁
责任编辑：简以宁
责任印制：李珊珊
装帧设计：郑　岩

出版发行：新星出版社
出 版 人：马汝军
社　　址：北京市西城区车公庄大街丙3号楼 100044
网　　址：www.newstarpress.com
电　　话：010-88310888
传　　真：010-65270449
法律顾问：北京市岳成律师事务所

读者服务：010-88310811　service@newstarpress.com
邮购地址：北京市西城区车公庄大街丙3号楼　100044

印　　刷：河北尚唐印刷包装有限公司
开　　本：787mm×1092mm 1/16
印　　张：28.5
字　　数：338千字
版　　次：2011年5月第二版　　2025年4月第32次印刷
书　　号：ISBN 978-7-5133-0250-0
定　　价：58.00元